उत्तर भारत में चमार और दलित आन्दोलन का इतिहास

रामनारायण एस. रावत

अनुवाद
कँवल भारती

राधाकृष्ण पेपरबैक्स

मूल कृति *Reconsidering Untouchability : Chamars and Dalit History in North India* का हिन्दी अनुवाद

राधाकृष्ण पेपरबैक्स में
पहला संस्करण : 2024

राधाकृष्ण पेपरबैक्स : उत्कृष्ट साहित्य के जनसुलभ संस्करण

राधाकृष्ण प्रकाशन प्रा. लि.
जी-17, जगतपुरी
दिल्ली-110 051
द्वारा प्रकाशित

शाखाएँ : अशोक राजपथ, साइंस कॉलेज के सामने, पटना-800 006
पहली मंजिल, दरबारी बिल्डिंग, महात्मा गांधी मार्ग, प्रयागराज-211 001
1, अनमोल सोराबजी सन्तुक लेन, धोबी तलाव, मरीन लाइंस, मुम्बई-400 002

वेबसाइट : www.radhakrishnaprakashan.com
ई-मेल : info@radhakrishnaprakashan.com

विकास कंप्यूटर एंड प्रिंटर्स
ट्रॉनिका सिटी-201 102
द्वारा मुद्रित

मूल्य : ₹450

UTTAR BHARAT MEIN CHAMAR AUR
DALIT AANDOLAN KA ITIHAS
by Ramnarayan S. Rawat
Translated by Kanwal Bharti

ISBN : 978-93-48157-21-8

रामनारायण एस. रावत

रामनारायण एस. रावत अमेरिका के डेलावेयर विश्वविद्यालय में इतिहास विभाग में एसोसिएट प्रोफ़ेसर हैं। उन्होंने 'दलित स्टडीज़' (ड्यूक, 2016) का सह-सम्पादन किया है। उन्हें इंस्टिट्यूट फ़ॉर द एडवांस्ड स्टडी, प्रिंस्टन (2021); अमेरिकन काउंसिल ऑफ़ लर्नेड सोसायटीज़, न्यूयॉर्क (2015); कैम्ब्रिज विश्वविद्यालय (2014) और अमेरिकन इंस्टिट्यूट ऑफ़ इंडियन स्टडीज़ (शिकागो, 2008) से रिसर्च फ़ेलोशिप मिली। उनकी पहली पुस्तक, 'रीकॉन्सिडरिंग अनटचैबिलिटी : चमार्स एंड दलित हिस्ट्री इन नॉर्थ इंडिया' को अमेरिकन इंस्टिट्यूट ऑफ़ इंडियन स्टडीज़ ने 'जोसेफ़ डब्ल्यू. एल्डर बुक प्राइज़' (2009) से पुरस्कृत किया और एसोसिएशन ऑफ़ एशियन स्टडीज़ बर्नार्ड कोहन बुक प्राइज़ (2013) ने 'ऑनरेबल मेन्शन' से मान्यता दी। 'उत्तर भारत में चमार और दलित आन्दोलन का इतिहास' इसी पुस्तक का अनुवाद है।

सम्पर्क : rawat@udel.edu

कँवल भारती

कँवल भारती का जन्म 4 फ़रवरी, 1953 को रामपुर, उत्तरप्रदेश में हुआ। वे प्रगतिशील अंबेडकरवादी विचारक के रूप में समादृत हैं। उनकी प्रमुख कृतियाँ हैं—'दलित साहित्य की अवधारणा', 'दलित चिन्तन में इस्लाम', 'डॉ. अंबेडकर : एक पुनर्मूल्यांकन', 'मनुस्मृति : प्रतिक्रान्ति का धर्मशास्त्र', 'दलित धर्म की अवधारणा और बौद्ध धर्म', 'हिन्दी समाज में नवजागरण और चन्द्रिका प्रसाद जिज्ञासु', 'स्वामी अछूतानन्द और हिन्दी नवजागरण', 'आजीवक परम्परा और कबीर', 'संत रैदास : एक विश्लेषण', 'साहित्य और राजनीति की तीसरी धारा', 'कांशीराम के दो चेहरे', 'मायावती और दलित आन्दोलन', 'आरएसएस और बहुजन चिन्तन', 'भक्ति आन्दोलन और निर्गुण क्रान्ति'। उन्होंने 'मूकभारत' और 'माझी जनता' पत्रों का सम्पादन और अंग्रेज़ी से बारह पुस्तकों का हिन्दी में अनुवाद भी किया है। वे 'भीम रत्न पुरस्कार', 'डॉ. अंबेडकर राष्ट्रीय पुरस्कार', 'विशिष्ट साहित्य सम्मान' (हिन्दी अकादमी, दिल्ली), 'शिवकुमार मिश्र स्मृति आलोचना सम्मान' और 'अंबेडकरी प्रतिभा गौरव सम्मान', नागपुर से सम्मानित हैं।

सम्पर्क : kbharti53@gmail.com

माँ कमला रावत की सौम्य स्मृति में
एवं पिता शिव नारायण सिंह रावत को समर्पित,
जिन्होंने तीन लड़कों को स्वयं पाला
और जिनकी ईमानदारी व कड़ी मेहनत मेरे लिए आदर्श बनी हुई है।

भारतीय समाज में प्रत्येक हिन्दू सामाजिक तौर पर रूढ़िवादी है, पर, राजनीति में वह आसानी से (साम्राज्यवाद के विरोध का निर्णय लेकर) समाज को बदलने का दावा करता है। यहाँ तक कि गांधी जी भी इस सिद्धान्त के अपवाद नहीं हैं।

—नन्दलाल वियोगी

अम्बेदकर की आवाज़ अर्थात् अछूतों का फ़ेडरेशन

क्रम

अनुवादकीय

यह मेरी बारहवीं अनूदित कृति है, जिसे मैंने अपने पाठकों के लिए अंग्रेज़ी से हिन्दी में अनुवाद किया है। यह इतिहासकार डॉ. रामनारायण रावत के महत्त्वपूर्ण शोध-ग्रंथ 'Reconsidering Untouchability : Chamars and Dalit History in North India' का अनुवाद है, जो 'उत्तर भारत में चमार और दलित आन्दोलन का इतिहास' नाम से आपके हाथों में है। डेलावेयर विश्वविद्यालय में इतिहास विभाग में प्रोफ़ेसर रामनारायण रावत ने उत्तर प्रदेश अभिलेखागार, केन्द्रीय अभिलेखागार, ख़ुफ़िया पुलिस की साप्ताहिक रिपोर्टों, तत्कालीन हिन्दी-अंग्रेज़ी की पत्र-पत्रिकाओं, संयुक्त प्रान्त और अवध क्षेत्र के गजेटियरों, और उत्तर प्रदेश के सभी ज़िलों की उन्नीसवीं सदी की बन्दोबस्त रिपोर्टों जैसी दुर्लभ स्रोत सामग्री का गम्भीर अध्ययन करके, तथा उत्तर भारत में अपने भ्रमण के दौरान अनेक दलित बुद्धिजीवियों, कार्यकर्ताओं, शिल्पकारों और श्रमिकों से की गई वार्ताओं का विश्लेषण करके दलितों के मूल इतिहास की रचना की है। यह तथ्यात्मक रूप से प्रामाणिक इतिहास है, जो अंग्रेज़ी-हिन्दी किसी भी भाषा में इससे पहले नहीं लिखा गया। इसलिए, कहना न होगा कि यह पहला ऐतिहासिक काम है, जिसमें दलितों के सम्बन्ध में औपनिवेशिक काल से लेकर स्वतंत्र भारत के समय तक की गहरी छानबीन की गई है।

वास्तव में मुख्यधारा के भारतीय इतिहास में कमज़ोरों का आखेट करनेवाले बहेलियों को नायक बनाया गया है। इसलिए, जिनको शिकार बनाया गया, उनके संघर्ष की गाथा इतिहासों में नहीं मिलती। दलितों के संघर्ष की उपेक्षा केवल औपनिवेशिक इतिहासकारों ने ही नहीं की, बल्कि राष्ट्रवादी इतिहासकारों ने भी की है। औपनिवेशिक इतिहासकारों ने अपने लेखन में चमारों का वर्णन एक ऐसे संगठित गिरोह के रूप में किया है, जो खालों के लिए मवेशियों को ज़हर देकर मारने का अपराध करता था। राष्ट्रवादी इतिहासकारों ने भी औपनिवेशिकों की हाँ में हाँ मिलाते हुए, चमारों को खालों के लिए मवेशियों को मारने वाला अपराधी माना है।

असल में सच यह है कि औपनिवेशिक इतिहासकारों ने चमारों के बारे में अपनी आधार-सामग्री ब्राह्मणी ग्रंथों से ही ली थी, जिनमें चमार को 'चर्मकार' कहा गया है। उन्होंने ज़रा भी अपने विवेक से यह जाँचने का प्रयास नहीं किया कि चर्मकार और चमार दोनों अलग-अलग शब्द हैं। ब्राह्मणों की कहानियों के आधार पर ही औपनिवेशिक अधिकारियों ने चमार जाति को चमड़े के काम से जोड़ा, और चमड़े के काम को ही उनका आनुवंशिक पेशा मान लिया। इसी आधार पर उनके द्वारा चमारों को खाल के लिए मवेशियों को ज़हर देकर मारने का अपराधी क़रार देना आसान हो गया। लेकिन भला हो, कुछ न्यायप्रिय अंग्रेज़ अधिकारियों का, जिन्होंने अपनी छानबीन में चमारों पर लगे ज़हरखुरानी के आरोप को ग़लत पाया। एक अंग्रेज़ अधिकारी ने मवेशियों की मौतों की व्यापक जाँच कराई, जिसमें यह सच्चाई सामने आई कि चमारों को जाति के आधार पर जान-बूझकर आरोपी बनाया गया था। उस अधिकारी ने यह भी पाया कि चमारों की बहुसंख्यक आबादी खेती-किसानी का काम करती है, चमड़े का नहीं। उसने लिखा कि चमार मूलत: किसान जाति हैं, और अन्य किसान जातियों की तरह चमार किसान भी बाक़ायदा लगान देते हैं।

डॉ. रामनारायण रावत ने हमारा ध्यान इस महत्त्वपूर्ण तथ्य की ओर आकर्षित कराया है कि चमार जाति के बारे में ही नहीं, बल्कि सभी शिल्पकार और किसान जातियों के बारे में ब्राह्मणों द्वारा रूढ़ धारणाएँ गढ़ी गई थीं। उन्होंने लिखा है, "चमारों की तरह अन्य दलित जातियों के बारे में भी पेशों के आधार पर सवर्ण हिन्दुओं की इन्हीं रूढ़ धारणाओं के कारण अक्टूबर, 2002 में हरियाणा के झज्जर में पाँच चमारों की मॉब लिंचिंग की गई; और 1880 के दशक में पूर्वी उत्तर प्रदेश में चमारों पर मवेशियों, (ख़ासतौर से गौओं) को मारने का आरोप लगाया गया था। इसी रूढ़ धारणा की वजह से कि, चमार चर्मकार होते हैं, औपनिवेशिक और उत्तर-औपनिवेशिक दोनों काल में उनके व्यवसाय और उनकी पहचान के बीच एक रूढ़ सम्बन्ध गढ़ा गया। ब्राह्मणों ने अपनी रूढ़ धारणा के आधार पर, लगभग प्रत्येक दलित जाति को कथित रूप से एक अपवित्र व्यवसाय के सन्दर्भ में ही परिभाषित किया है, जो उनके साथ अस्पृश्यता का कारण बनता है।"

इस पुस्तक में लेखक ने, डॉ. आंबेडकर से भी एक सदी पहले, उत्तर प्रदेश में शुरू हुए दलित जातियों के, ख़ासतौर से चमार जाति के अस्मिता-आन्दोलन का उल्लेख किया है। किन्तु इस अस्मिता-आन्दोलन का उल्लेख मुख्यधारा के इतिहास में नहीं मिलता। सिर्फ़ इसी आन्दोलन की बात नहीं है, बल्कि भारत के सवर्ण इतिहासकारों ने, चाहे वे दक्षिणपंथी हों, या वामपंथी, दलितों के किसी भी संघर्ष को दर्ज नहीं किया है। यहाँ तक कि उन्होंने भारतीय राजनीति के राष्ट्रीय आन्दोलन में डॉ. आंबेडकर के ऐतिहासिक संघर्ष को भी नज़रअन्दाज़ किया है।

उन्होंने पूना पैक्ट जैसी महत्त्वपूर्ण ऐतिहासिक घटना को भी अपने लेखन में जगह नहीं दी। यदि कुछ इतिहासकारों ने उल्लेख किया भी है, तो मात्र एक-दो पैराग्राफ़ में ही। यही कारण है कि मुख्यधारा के इतिहासों में दलित नायकों की उपस्थिति नहीं मिलती।

डॉ. रामनारायण रावत ने 1920 के दशक में पूर्वी उत्तर प्रदेश में शुरू हुए ऐतिहासिक किसान आन्दोलन में दलितों के प्रतिनिधित्व की विस्तार से चर्चा की है। किन्तु भारत के इतिहासकारों ने किसान आन्दोलन का ज़िक्र तो किया, परन्तु उसमें चमार किसानों के प्रतिनिधित्व की उपेक्षा की है, जो इतिहास-लेखन के उनके राष्ट्रवादी ढाँचे को दर्शाता है। उन्होंने यह उपेक्षा इस रूढ़ धारणा के आधार पर की कि चमार केवल चमड़े का काम ही कर सकते हैं, और कभी भी किसान नहीं हो सकते हैं। रावत लिखते हैं कि राष्ट्रवादी इतिहासकार हमें यह नहीं बताते कि 1921 में रायबरेली ज़िले में किसान सभा के कार्यकर्ताओं पर पुलिस की गोली से मरने वाले किसानों में सबसे अधिक संख्या दलित किसानों की थी। यह घटना रायबरेली के फ़ुर्सतगंज इलाक़े में हुई थी, जिसमें पुलिस के साथ संघर्ष में 24 किसानों की मौत हुई थी, जिनमें 16 किसान चमार और पासी जाति के थे। उन्होंने अभिलेखीय साक्ष्यों के आधार पर रेखांकित किया है कि चमार और पासी किसान सभा के सक्रिय सदस्य थे, जिन्होंने ज़मींदारों के उत्पीड़न के ख़िलाफ़ किसान सभा के आन्दोलन में इसलिए भाग लिया था, क्योंकि वे भी कुर्मी, मुराव और अहीर किसान जातियों की तरह ज़मींदारों की अत्यधिक लगान की माँग और उनके द्वारा दी जानेवाली बेदख़ली की धमकी को अपनी जीविका के लिए ख़तरा मानते थे। इतिहासकार रावत ने लिखा है कि उस समय के प्रख्यात किसान नेता बाबा रामचन्द्र ने अपनी डायरी में 1919 और 1920 की किसान सभा की बैठकों में चमार और पासी किसानों की उपस्थिति का प्रमुखता से ज़िक्र किया है। बाबा रामचन्द्र ने अपनी सूची में ब्राह्मण, ठाकुर, बनिया, चौहान, कुर्मी, कोइरी, तेली, पासी, चमार, बरही, कहार और अहीर आदि 35 जातियों के किसान प्रतिनिधियों के नामों को शामिल किया था। रावत लिखते हैं कि ब्राह्मण इतिहासकारों ने इसे कुर्मियों और मुरावों का आन्दोलन बताया है, जबकि बाबा रामचन्द्र ने 1925 से 1940 तक ग्राम स्तर पर किसान सभा की समितियों में चमारों की सदस्यता, उनकी पर्याप्त वित्तीय सहायता और कार्यकर्ताओं के लिए रसद की आपूर्ति के रूप में उनकी महत्त्वपूर्ण भागीदारी का साक्ष्य दिया है।

डॉ. रामनारायण रावत ने दलित-इतिहास को रेखांकित करते हुए लिखा है, "1927 में आदि-हिन्दू महासभा के नेताओं ने, 'अछूत' पहचान का विकल्प दिया, जिसमें सम्पूर्ण दलित जातियों को शामिल किया गया। इस विशिष्ट अछूत पहचान को बढ़ावा देने वाले सभी चमार संगठन और विचारक इस दावे के कट्टर

समर्थक थे कि अछूत इस देश के मूल निवासी थे, जो आज भी माना जाता है। किन्तु इस नई राजनीति का सबसे महत्त्वपूर्ण योगदान राजनीतिक संगठन के लिए एक मूल श्रेणी के रूप में 'अछूत' पहचान का निर्माण करना था। इस अछूत श्रेणी ने सोचने का एक नया तरीक़ा विकसित किया और नया एजेंडा तैयार करने में मदद की। इसी नये एजेंडे ने नये दलित-इतिहासों के निर्माण का काम किया और उन प्रमुख मुद्दों का निर्धारण किया, जो पिछले आठ दशकों से दलित राजनीति को आकार दे रहे हैं। अछूत पहचान और राजनीति की इस स्पष्ट अवधारणा ने दलितों को एक अलग, किन्तु परिवर्तनवादी बनाए रखने में सक्षम बनाया, जो उन्हें हिन्दू समाज की वर्चस्ववादी व्यवस्था से लड़ने की ताक़त देती है। यह पहचान 1927 से लेकर आज तक अछूत राजनीति की सबसे स्थायी विरासत बनी हुई है, जिसने दलितों के राजनीतिक और सांस्कृतिक जीवन को एक मज़बूत आकार दिया है, और जो उनकी स्थिति को 1927 से पूर्व की अवधि से अलग करता है। राष्ट्रवाद, समाजवाद और हिन्दुत्व की अधिक समावेशी राजनीति की चुनौतियों के बावजूद, अछूत राजनीति ने चमारों और दलितों दोनों के जीवन में अपनी प्रासंगिकता को दृढ़ता से क़ायम रखा है।"

डॉ. रामनारायण रावत ने दलित नज़रिये से बहुजन-अवधारणा की आलोचना की है, और लिखा है कि स्वामी अछूतानन्द की आदि-हिन्दू सभा पिछड़ी जातियों को अपने आन्दोलन से जोड़ने के पक्ष में नहीं थी। रावत ने दलितों और पिछड़ी जातियों के सामाजिक सम्बन्धों के बारे में एक महत्त्वपूर्ण टिप्पणी की है, जो बताती है कि दलितों का एजेंडा जहाँ हिन्दुत्व से मुक्ति का था, वहीं पिछड़ी जातियों ने सदैव अपनी हिन्दू पहचान पर ज़ोर दिया। उन्होंने लिखा है कि 1880 और 1890 के दो दशकों में अहीर (यादव) और कुर्मी जैसी निम्न पिछड़ी जातियाँ आगे-आगे थीं, जिन्होंने गोरक्षा-आन्दोलन में 'गो-हत्यारे' के रूप में न केवल मुसलमानों को, बल्कि अछूतों को भी निशाना बनाया था, क्योंकि अछूत जातियों में से कुछ लोग चमड़े के व्यापार में शामिल थे। रावत के अनुसार—उत्तर भारत में दलित बुद्धिजीवियों ने दलित-बहुजन सिद्धान्त को लगातार इस आधार पर चुनौती दी कि निम्न शूद्र जातियाँ हिन्दू धर्म और हिन्दू पहचान की कट्टर समर्थक हैं, और वे दलितों के राजनीतिक प्रतिनिधित्व की विरोधी हैं। इसी आधार पर रावत ने स्पष्ट किया है कि स्वामी अछूतानन्द ने अपने समकालीन नेता रामचरन निषाद के दलित-शूद्र-गठबन्धन का विरोध किया था, और उन्हें आदि-हिन्दू महासभा का सदस्य नहीं बनाया था।

डॉ. रामनारायण रावत द्वारा लिखित 'उत्तर भारत में चमार और दलित आन्दोलन का इतिहास' असल में दलितों के संघर्ष का इतिहास है, जो उन्होंने अस्पृश्यता के ख़िलाफ़, बेगार-प्रथा के विरुद्ध और अपने राजनीतिक अधिकारों के लिए किया था,

और जिसमें वे सफल हुए थे। यह वास्तव में दलितों का स्वतंत्रता-संग्राम था, जिसे उनके लिए किसी सवर्ण ने नहीं, बल्कि उन्होंने स्वयं लड़ा था। उन्होंने अपनी पहचान स्वयं निर्धारित की थी, स्वयं अपने प्राचीन इतिहास को खोजा था, स्वयं ही संघर्ष का एजेंडा तैयार किया था और संगठित होकर संघर्ष किया था। डॉ. आंबेडकर ने दलितों को 'शिक्षित होने, संगठित होने और संघर्ष करने' का मूल मंत्र बाद में दिया था, उत्तर भारत के दलितों ने इस मंत्र को पहले ही अपना लिया था। इस पुस्तक में उन सभी प्रश्नों पर गम्भीरता से विचार किया गया है, जो दलित आन्दोलन को उसके मूल परिप्रेक्ष्य में समझने के लिए बहुत आवश्यक हैं।

—कँवल भारती

संविधान दिवस
26 नवम्बर, 2023

हिन्दी संस्करण की प्रस्तावना

अगस्त, 2022 में जब कँवल भारती ने 'Reconsidering Untouchability : Chamars and Dalit History in North India' का हिन्दी अनुवाद करने की अपनी इच्छा व्यक्त करते हुए मुझसे सम्पर्क किया, तो मेरी ख़ुशी का ठिकाना न रहा। पुस्तक का अनुवाद करने का भारती का निर्णय अपने-आप में एक सम्मान की बात थी। उन्होंने मुझे लिखा, "यह आपकी बहुत ही महत्त्वपूर्ण किताब है, जिसे हिन्दी में आना चाहिए।" उन्होंने 2022 की शरद ऋतु में अनुवाद का काम शुरू किया, और अक्टूबर 2023 में पूरा किया। कुछ हफ़्ते बाद, नवम्बर में, भारती ने मुझे लिखा कि राधाकृष्ण प्रकाशन के स्वामी अशोक महेश्वरी से बात हुई है, वह इस अनुवाद को प्रकाशित करने के लिए सहमत हो गए हैं। यह मेरे लिए और भी प्रसन्नता की बात थी। भारती स्वयं भी दलित राजनीति, संस्कृति और साहित्य के एक प्रतिष्ठित लेखक हैं। मुझे ख़ुशी है कि उनके प्रयास से 'Reconsidering Untouchability : Chamars and Dalit History in North India' अब 'उत्तर भारत में चमार और दलित आन्दोलन का इतिहास' नाम से हिन्दी में उपलब्ध हो गई है। Reconsidering Untouchability...पहली बार 2011 में अमेरिका में प्रकाशित हुई थी, जिसका भारतीय संस्करण 2012 में आया। इस पुस्तक की, प्रतिष्ठित अकादमिक पत्रिकाओं में, बड़े पैमाने पर समीक्षाएँ और चर्चा हुई थी। यह पुस्तक अमेरिकन इंस्टीट्यूट ऑफ़ इंडियन स्टडीज़ (शिकागो) से भारतीय समाज विज्ञान में 2008 के 'जोसेफ़ डब्ल्यू. एल्डर बुक पुरस्कार' से, और 2013 में एसोसिएशन ऑफ़ एशियन स्टडीज़, यूएस द्वारा 'बर्नार्ड एस. कोहन बुक पुरस्कार' से सम्मानित है।

किन्तु इस पुस्तक का हिन्दी में अनुवाद पूरे चौदह वर्ष बाद 2024 में प्रकाशित हो रहा है। श्री भारती को लगता है कि यह उत्तर भारत की हिन्दी भाषी जनता के लिए प्रासंगिक और महत्त्वपूर्ण है। पिछले दशक में कई मित्रों, विशेष कर दलित

बुद्धिजीवियों ने मुझसे इस पुस्तक का किसी तरह से हिन्दी में अनुवाद कराने का आग्रह किया था। पुस्तक पढ़ने के बाद श्री भारती भी इसी नतीजे पर पहुँचे। सामाजिक रूप से सक्रिय कँवल भारती ने दलित इतिहास के नये प्रतिमानों को खोजने और समझने की चेतना से प्रेरित होकर इस पुस्तक का अनुवाद करने का कठिन कार्य किया, जिसके लिए मैं उनका बहुत आभारी हूँ।

जब श्री भारती इस पुस्तक का अनुवाद कर रहे थे, तो मैंने इसके किसी भी अंश का संशोधन या पुनर्लेखन नहीं किया, क्योंकि, हम सभी जानते हैं कि अनुवाद में न केवल एक भाषा को दूसरी भाषा में रूपान्तरण करना होता है, बल्कि उसे एक नये पाठक वर्ग की समझ के अनुरूप भी लिखना होता है। उदाहरण के लिए, इस अनुवाद के नाम को—जो श्री भारती ने उत्तर भारत के हिन्दी क्षेत्र के दलित पाठकों के लिए 'उत्तर भारत में चमार और दलित आन्दोलन का इतिहास' रखा है—मैं हिन्दी में उनके दलित लेखन की प्रक्रिया मानता हूँ। इस प्रकार, अनुवादक के रूप में श्री भारती को पूरी छूट थी।

मैंने हिन्दी संस्करण के लिए यह प्रस्तावना दिसम्बर की कड़क ठंड में लिखी है, जिसे लिखते हुए मुझे ख़ुशी और सन्तुष्टि है कि 2024 में मेरी पुस्तक 'Reconsidering Untouchability: Chamars and Dalit History in North India' हिन्दी भाषा में संवाद करती हुई नये पाठकों के साथ जुड़कर एक नई यात्रा करेगी।

—रामनारायण एस. रावत

फ़िलाडेल्फ़िया (पेंसिल्वेनिया)
संयुक्त राज्य अमेरिका
12 दिसम्बर, 2023

आभार

मैं 1980 के दशक की शुरुआत में, दिल्ली कन्नड़ स्कूल, नई दिल्ली में अपने हाई स्कूल के दिनों से ही, औपनिवेशिक और उत्तर-औपनिवेशिक भारत के लोकतांत्रिक संघर्ष की कहानियों से प्रभावित होने लगा था। राष्ट्रीय आन्दोलन के लोकप्रिय स्वरूप, बहुलतावादी लोकतांत्रिक समाज के लोगों के दृष्टिकोणों तथा सामाजिक और आर्थिक न्याय के प्रति जन-संघर्षों के इतिहास ने मुझे प्रेरित किया, और मेरे अन्दर अपने उन लोगों के इतिहास उनकी प्रेरणाओं तथा उनके सपनों का अध्ययन करने की जिज्ञासा पैदा हुई, जो भारत का निर्माण करते हैं। देशबन्धु कॉलेज के मेरे शिक्षकों ने मुझे वाद-विवाद करना सिखाया, जिसने मेरे अन्दर भारत के राष्ट्रीय आन्दोलन के प्रति, उसके अन्तर्भूत और विशिष्ट आयामों तथा उसकी वर्गीय एवं जातीय भूमिकाओं को समझने की, आलोचनात्मक दृष्टि विकसित की। इनमें से अनेक विषयों पर दिल्ली विश्वविद्यालय के इतिहास विभाग में मेरी एम.ए. की कक्षाओं में भी कई बार विमर्श किया जा चुका था।

इस दौरान बहस करने की कला को सीखने के लिए अनुकूल परिस्थितियाँ पैदा करने, प्रोत्साहित करने और एक गहन आत्मीयता के साथ जुड़ने के लिए, मैं देशबन्धु कॉलेज के अपने बी.ए. के शिक्षकों : अरुप बनर्जी, राणा बहल, आमिया सेन, अनिल सेठी और सविता सिंह का आभार व्यक्त करना चाहूँगा। विशेष रूप से अनिल सेठी का, जिन्होंने अपने छात्रों को एक प्रेरक और प्रतिबद्ध शिक्षा दी, और अपने छात्रों को सुशिक्षित करने के लिए अपना असीमित समय दिया। मेरे कॉलेज के शिक्षकों और साथियों ने ज्ञान की नई श्रेणियों से मेरा परिचय कराया, और मुझे समाज तथा इतिहास के बारे में सोचने का जो नया नज़रिया दिया, उसी के कारण मैं अपना पहला बौद्धिक विमर्श कर सका, जिसके लिए मैं उन सबका ऋणी हूँ।

कहना न होगा कि दिल्ली विश्वविद्यालय में प्रभावशाली शिक्षकों और इतिहास में एम.ए. तथा एम.फिल. के कार्यक्रमों में चुनौतीपूर्ण नये पाठ्यक्रमों ने बाद के

वर्षों में मेरी बौद्धिक यात्रा को आकार देने में निर्णायक भूमिका निभाई। इन शिक्षकों में प्रोफ़ेसर शाहिद अमीन, अपर्णा बसु, राणा बहल, सुहास चक्रवर्ती, पार्थ सारथी गुप्ता, मोनिका जुनेजा, सुनील कुमार, ज्ञान पांडेय, सुमित सरकार और नलिनी तनेजा अपने समय के संवेदनशील शिक्षक थे। मैं 1992-93 में अपने एम.फिल. कार्यक्रम के प्रथम वर्ष के सेमिनार के साथी छात्रों को भी, उनके विचारोत्तेजक विमर्श और सौहार्द के लिए, धन्यवाद देता हूँ, जिनमें सीमा अरोड़ा, अविजित चक्रवर्ती, मयंक कुमार, संजय कुमार, रूबे लाल, तारिका ओबेराय, निलांजन सरकार, रुचिका सक्सेना, प्रियंका शर्मा और शशांक सिन्हा शामिल हैं।

मैं इस परियोजना पर काम करने के लिए उन संस्थानों और वित्तीय सहायता देने वाले संगठनों, चार वर्षीय (1999-2003) डॉक्टरेट फ़ैलोशिप के लिए साउथ एक्सचेंज प्रोग्राम फॉर रिसर्च ऑन दि हिस्ट्री ऑफ़ डेवलपमेंट; शोध-प्रबन्ध फ़ैलोशिप, 2003-2004 के लिए हैरी फ्रैंक गुगेनहाइम फ़ाउंडेशन; और अपना शोध-प्रबन्ध पूरा करने के लिए उसी वर्ष मुझे शोध-सहायक के रूप में एक संस्थागत तैनाती प्रदान करने के लिए बॉडॉइन कॉलेज के इतिहास विभाग के प्रति, उनकी सहायता के लिए अपना आभार व्यक्त करता हूँ। सिम्पसन सेंटर फॉर दि ह्यूमैनिटीज़, वाशिंगटन विश्वविद्यालय, 2004-2005, रॉकफ़ेलर पोस्टडॉक्टरल फ़ैलोशिप; नोट्रे डेम विश्वविद्यालय के इतिहास विभाग में, 2005-2006 में अतिथि अध्यापन; और 2006-2008 तथा 2009-2010 के लिए पेंसिल्वेनिया विश्वविद्यालय में मेलन द्वारा अनुदानित तीन वर्षीय पोस्टडॉक्टरल शिक्षण फ़ैलोशिप, इन सबने मेरे शोध-प्रबन्ध को पुस्तक रूप में लाने में सहायता प्रदान की। 2008-2009 के दौरान अमेरिका के भारतीय अध्ययन संस्थान से, उत्तर भारत में सार्वजनिक क्षेत्र के दलितों पर एक नई पुस्तक योजना आरम्भ करने के लिए, प्राप्त उच्च अध्ययन फ़ैलोशिप ने भी मुझे उन तसवीरों का संग्रह करने में सहायता प्रदान की, जो इस पुस्तक में दिये गए हैं। इसके अतिरिक्त, मैं इस पुस्तक के प्रकाशन में सहयोग के लिए, कोलंबिया विश्वविद्यालय में विश्वविद्यालयी सेमिनारों के आयोजन के लिए प्राप्त वारनेर अनुदान के प्रति भी अपना आभार व्यक्त करता हूँ।

पिछले सोलह वर्षों में दलित साथियों के साथ किये गए संवाद और विचार-विमर्श ने भी मेरे शोध और चिन्तन पर गहरा प्रभाव डाला है। 1992-93 की सर्दियों में मैं अनेकों बार दिल्ली की बाल्मीकि बस्ती में गया और लोगों से बातचीत की, जिससे मुझे मालूम हुआ कि मुख्यधारा के भारतीय इतिहास और उसके इतिहास-लेखन में दलितों की भूमिका पूरी तरह अनुपस्थित है। मुझसे उन लोगों ने पूछा कि ऐसा क्यों है? हालाँकि इतिहास विभाग दलितों की उपेक्षा करते हैं, पर समाजशास्त्र और मानवविज्ञान विभाग भी दिल्ली क्षेत्र में अस्पृश्यता की समस्या का अध्ययन तब करते हैं, जब सवर्ण हिन्दुओं द्वारा कोई समस्या पैदा की जाती है। इस सम्बन्ध में, बाल्मीकि बस्ती के सामाजिक कार्यकर्ताओं ने सुझाव दिया कि विश्वविद्यालय के विभागों को केवल

अपने छात्रों को अध्ययन के लिए दक्षिण दिल्ली के सवर्ण हिन्दुओं के इलाक़ों में भेजना ही पर्याप्त नहीं है, जहाँ अस्पृश्यता की प्रथा को माना और व्यवहार में लाया जाता है, बल्कि दलितों की गतिविधियों और योगदान को पहचान कर और उसे अपने अध्ययन में शामिल करके उन्हें भारतीय इतिहास के शिक्षण को भी सुधारना चाहिए। इस अत्यन्त मूल्यवान सुझाव ने कभी मेरा पीछा नहीं छोड़ा, और इस पुस्तक के सवालों को आकार देने में मेरी सहायता की। दिल्ली के दलित स्तम्भकार और चिन्तक चन्द्रभान प्रसाद भी, जो अपने लेखन में भारतीय समाज पर विचारोत्तेजक टिप्पणियाँ करते हैं, प्रेरणा का एक सतत स्रोत रहे हैं। वे एक भरोसेमन्द मित्र हैं, जिनसे मेरी 1995 से ही बातचीत होती रही है, और उनके घर पर की गई बैठकों में कई पुराने और नये मित्रों से भी बातचीत हुई है, जिससे इस शोध-कार्य को आगे बढ़ाने में सहायता मिली। इन बैठकों में कई दलित और ग़ैर-दलित लेखकों तथा सामाजिक कार्यकर्ताओं से भी मुलाक़ातें हुईं, जिसमें और भी कई नये सवाल सामने आए।

अपने शोध-कार्य के दौरान, मेरी मित्रता उत्तर भारत के अनेक नगरों और शहरों में, जिनमें लखनऊ, इलाहाबाद, कानपुर, आगरा, आजमगढ़, इटावा, झाँसी, ग्वालियर और चंडीगढ़ शामिल हैं, और बाद में दक्षिण भारत के हैदराबाद में, अनेक नये लोगों से हुई। इसके लिए मैं इलाहाबाद के 'बामसेफ' (बहुजन अल्पसंख्यक कर्मचारी संघ) समूह का आभारी हूँ, जिसने मुझे भारतीय हिन्दू समाज के जातिवाद और नस्लवाद के विभिन्न पहलुओं और साथ ही लोकतांत्रिक समाज के लिए संघर्ष की चर्चाओं में भाग लेने की अनुमति दी। मैंने आगरा में लोगों से मिलने, बातचीत करने और चमार तथा दलितों से सम्बन्धित इतिहास को खोजने और अभिलेखों का संग्रह करने में कई सप्ताह व्यतीत किये, जहाँ मेरी कई प्रतिबद्ध और प्रेरक व्यक्तियों से भेंट हुई। इनमें हीरालाल, पुत्तू लाल और दयाशंकर जैसे उदार लोगों ने न केवल मुझे अपने पुस्तकालयों का उपयोग करने की अनुमति दी, बल्कि आगरा क्षेत्र में दलितों के इतिहास और संघर्ष का विस्तृत विवरण प्राप्त कराने में भी सहायता की। राधेश्याम ने मुझे आगरा में घर उपलब्ध कराया। जिन अन्य लोगों ने आगरा में मेरी सहायता की, उनमें मैं मंगतराम, खजान सिंह और प्रताप सिंह का आभारी हूँ। मैं दिल्ली में शान्त स्वरूप बौद्ध, ईश गंगानिया और डॉ. तेज सिंह तथा इलाहाबाद में ब्रिजेन्द्र कुमार गौतम और गुरुप्रसाद मदन की मित्रता के लिए भी आभारी हूँ। मोहन सिंह जाटव और उनके परिवार ने भी इस पुस्तक और मेरी दूसरी पुस्तक के लिए मेरी अनल्प सहायता की है। वे बहुत ही उदार और सहयोगी प्रकृति के व्यक्ति हैं, जिन्होंने मुझे इस पुस्तक में उपयोग के लिए अनेक फ़ोटो उपलब्ध कराए। मैं उनका और अन्य सभी लोगों का, जिनसे मैं मिला, और जिनके सहयोग की साक्षी यह पुस्तक है, बौद्धिक रूप से ऋणी हूँ।

मैं विभिन्न अभिलेखागारों और पुस्तकालयों के अभिलेखाधिकारियों, पुस्तकालयाध्यक्षों तथा कर्मचारियों (बस्ताबरदारों) का भी अत्यन्त ऋणी हूँ,

जिनके सहयोग से इस पुस्तक का अधिकांश शोध-कार्य पूरा हुआ। इनमें लखनऊ में उत्तर प्रदेश राज्य अभिलेखागार, उत्तर प्रदेश राज्य सचिवालय अभिलेख पुस्तकालय, राजस्व परिषद पुस्तकालय एवं अपराध अनुसन्धान विभाग अभिलेखागार; इलाहाबाद में उत्तर प्रदेश क्षेत्रीय अभिलेखागार तथा काशी नागरी प्रचारिणी सभा पुस्तकालय; दिल्ली में भारतीय राष्ट्रीय अभिलेखागार, नेहरू स्मृति संग्रहालय व पुस्तकालय एवं केन्द्रीय सचिवालय पुस्तकालय; इंग्लैंड में ब्रिटिश पुस्तकालय, लन्दन में ओरिएंटल व भारत कार्यालय संग्रह एवं ब्राइटन का ससेक्स विश्वविद्यालय पुस्तकालय; संयुक्त राज्य अमेरिका में : कोलंबिया विश्वविद्यालय, बॉडॉइन कॉलेज, वाशिंगटन विश्वविद्यालय, नोट्रे डेम विश्वविद्यालय और पेंसिल्वेनिया विश्वविद्यालय के पुस्तकालय—इन सबके प्रति मैं अपना आभार व्यक्त करता हूँ। ख़ासतौर से, मैं शोध अधिकारियों मीरा देवी, सन्ध्या नागर, अमिताभ पांडेय, अजय सिंह और शशि उपाध्याय, एवं कर्मचारियों उत्तर प्रदेश राज्य अभिलेखागार, लखनऊ के जस करन तथा शिव प्रसाद; अपराध अनुसन्धान विभाग के अभिलेखागार कार्यालय, लखनऊ के उपनिरीक्षक अजय सिंह; राजस्व परिषद पुस्तकालय, लखनऊ के पुस्तकालयाध्यक्ष शशि मिश्रा; उत्तर प्रदेश राज्य सचिवालय अभिलेख पुस्तकालय के अविनाश कुमार, अजय सिंह और आशीष; उत्तर प्रदेश क्षेत्रीय अभिलेखागार, इलाहाबाद के अभिलेखाधिकारी डॉ. जौहरी तथा कर्मचारी हरीश और उनकी टीम; भारतीय राष्ट्रीय अभिलेखागार, दिल्ली के श्री सरकार; इन सबके प्रति मैं अपना विशेष आभार व्यक्त करता हूँ, जिनका महत्त्वपूर्ण सहयोग मुझे अपने शोध के दौरान मिला। मैं विशेष कर लखनऊ और इलाहाबाद अभिलेखागारों के उन बस्ताबरदारों का भी उल्लेख करना चाहता हूँ, जिन्होंने मेरे शोध-कार्य में महत्त्वपूर्ण भूमिका निभाई। उनके पास प्राचीन अभिलेखों के ज्ञान का अपार भंडार है और मनोरंजन के लिए अनेक शोधार्थियों की रोचक कहानियाँ भी हैं। मेरा हार्दिक आभार ब्रिटिश पुस्तकालय के ओरिएंटल इंडिया ऑफ़िस कलेक्शन के सन्दर्भ प्रबन्धक टिम थॉमस एवं निर्गम डेस्क प्रबन्धक विंस हैरिसन के लिए भी है, जो मुझे तहख़ाने में संगृहीत असूचीबद्ध अभिलेखों का अवलोकन कराने के लिए एक शनिवार (लन्दन में मेरे फ़ील्डवर्क के दौरान अगस्त, 2001 के अन्तिम सप्ताह में को भी काम पर आए थे। उनकी वजह से ही, मैं भारतीय सांविधिक आयोग को दिये गए 'यू.पी. ज्ञापन' (ग़ैर-आधिकारिक) की क्यू (संवैधानिक) शृंखला (जिसे आई.एस.सी. वॉल्यूम के नाम से जाना जाता है) को जानने और समझने में समर्थ हो सका, जिसमें दलित संगठनों द्वारा आयोग को प्रस्तुत किये गए ज्ञापन और याचिकाएँ शामिल थीं।

मेरे पर्यवेक्षक, शाहिद अमीन, मेरे प्रबल आलोचक और समर्थक रहे हैं। मैं भाग्यशाली था कि उन्होंने मेरे कार्य में इतनी रुचि ली। उन्होंने मेरे कार्य के प्रत्येक चरण में अपने अमूल्य सुझाव दिये, और अभिलेखों में भी सही दिशा में मार्गदर्शन किया।

अपने शोध-कार्य को एक पुस्तक का आकार देना एक कठिन काम होता है, परन्तु अनेक संस्थानों के साथियों और कर्मचारियों की सहभागिता और सहायता से यह काम प्रसन्नतापूर्वक पूरा हो गया। मैं भाग्यशाली था कि मेरे अकादमिक पेशे की शुरुआत वाशिंगटन विश्वविद्यालय में पोस्टडॉक्टोरल फ़ैलोशिप (छात्रवृत्ति) से हुई, जहाँ दक्षिण एशियाई लोगों का एक दल मेरे कार्य से जुड़ गया, और मुझे अपने कार्य में उनकी बेहतरीन सलाह मिली। दक्षिण एशिया केन्द्र के निदेशक के. शिवराम कृष्णनन; अन्तरराष्ट्रीय अध्ययन के जैक्सन स्कूल के निदेशक आनन्द यांग; एशियन आलोचनात्मक अध्ययन परियोजना के निदेशक तानी बार्लो और मेडलिन यूइ डोंग; एवं सिम्पसन सेंटर फॉर दि ह्यूमैनिटीज़ के निदेशक कैथलीन वुडवर्ड; इन सभी ने मेरे कार्य को सराहा और सिएटल में शैक्षणिक वर्ष 2004-2005 के दौरान मेरे प्रयासों का समर्थन किया। कैथी वुडवर्ड तथा सिम्पसन केन्द्र के सहयोगी निदेशक मिरियम बर्था सहित केन्द्र के सभी सहकर्मियों ने पुस्तक लिखने के दौरान यथेष्ट समय और प्रोत्साहन दिया। अपने सहकर्मियों के साथ कार्य को साझा करने का अवसर बेहद फ़ायदेमन्द था, जिसके लिए मैं वाशिंगटन विश्वविद्यालय में इन साथियों का ऋणी हूँ : सिम्पसन सेंटर फॉर दि ह्यूमैनिटीज़ में मेरे साथी बोरेथ लाइ, कैथरिन मिशेल और फडजर थुफैल; दक्षिण एशियाई साथियों में पॉल ब्रास, फ्रैंक कॉनलॉन, प्रीति राममूर्ति, कैबेइरी रॉबिंसन, माइकल शापिरो, के. शिवरामकृष्णन, कीथ स्नोडग्रास, और आनन्द यांग; इतिहास विभाग के मेरे साथियों में तानी बार्लो, मेडलिन यूइ डोंग, विन्सेंट राफेल, इलियाना रॉड्रिग्ज़-सिल्वा, लॉरी सियर्स, निखिल सिंह, क्विंटर्ड टेलर, और एडम वॉरेन; भूगोल विभाग में कैथरिन मिशेल और मैथ्यू स्पार्क; एशियन भाषा एवं साहित्य विभाग में दविन्द्र भौमिक और अंग्रेज़ी विभाग में चन्दन रेड्डी। मुझे नोट्रे डेम विश्वविद्यालय के इतिहास विभाग से अपार समर्थन मिला। मैं वहाँ के अध्यक्ष (चेयर) जॉन मैकग्रीवी, और अपने सहकर्मियों पॉल कॉब, जॉन कोलमैन, डैन ग्रैफ, लियोनेल जेनसन, आशेर कॉफ़मैन, मागरिट मेसर्व, मार्क रॉड्रिग्ज़, और जूलिया थॉमस से मिले प्रोत्साहन की बहुत सराहना करता हूँ। मानवविज्ञानी सुसैन ब्लम और सिंथिया महमूद मेरे महान मार्गदर्शक थे, और सिंथिया ने तो मेरी पांडुलिपि को पढ़कर अपने सुझाव भी दिये थे।

पेंसिल्वेनिया विश्वविद्यालय में मेरा तीन साल का अनुभव मेरे शोध-कार्य के लिए बहुत उपयोगी साबित हुआ। दक्षिण एशिया अध्ययन विभाग, भारतीय उच्च अध्ययन केन्द्र और दक्षिण एशिया केन्द्र ने भी हर स्तर पर मेरा अविस्मरणीय सहयोग किया। एक महान दूरदर्शी व्यक्ति और भारतीय उच्च अध्ययन केन्द्र के निदेशक देवेश कपूर ने संयुक्त राज्य अमेरिका में 3 से 5 दिसम्बर, 2008 को पहला दलित अध्ययन सम्मेलन आयोजित करने के लिए 1,20,000 डॉलर का फंड जुटाया था, जिसने नये बौद्धिक क्षितिज खोलने में बड़ी सहायता की थी।

दक्षिण एशिया अध्ययन विभाग और दक्षिण एशिया केन्द्र ने भी मुझे 2007 और 2008 में 'वर्तमान इतिहास' पर सम्मेलन करने के लिए सहयोग किया था। पेन में भी मेरे सहकर्मियों ने पूरी उदारता से मेरी सहायता की, जिसके लिए मैं उनकी मित्रता और उनके बौद्धिक सहयोग के लिए हार्दिक आभार व्यक्त करता हूँ। पेन मुझे आदित्य बहल (1966-2009) लेकर गए थे, उनकी आकस्मिक मृत्यु से हम सबकी भारी क्षति हुई है। पेन के अन्य साथियों, जिनका मैं कृतज्ञ हूँ, में दाऊद अली, संजुक्ता बनर्जी, जोडी शावेज़, जमाल इलियास, सुरेन्द्र गम्भीर, कैथलीन हॉल, सुनील काले, क्रिश्चियन नावेट्ज़के, देवेन पटेल और रूपा विश्वनाथ; इतिहास विभाग में शेख बाबू, स्टीव हैन, स्टेफनिक मैक्करी और बारबरा सैवेज; एवं समाजशास्त्र विभाग में तुकुफु ज़ुबेरी शामिल हैं। मैं डेलावेयर विश्वविद्यालय के भी अपने साथियों को, उनके सहयोग और प्रोत्साहन के लिए हार्दिक आभार प्रकट करता हूँ।

मैं उन मित्रों और साथियों का भी हृदय से आभार व्यक्त करता हूँ, जिन्होंने पांडुलिपि को पढ़कर टिप्पणियाँ कीं और उसमें सुधार के लिए ज़रूरी सुझाव दिये। उनमें शाहिद अमीन (दिल्ली विश्वविद्यालय), क्रिस्टोफ़र बेली (कैम्ब्रिज विश्वविद्यालय), नीलाद्री भट्टाचार्य (जवाहरलाल नेहरू विश्वविद्यालय), सव्यसांची भट्टाचार्य (जवाहरलाल नेहरू विश्वविद्यालय), इयान डंकन (ससेक्स विश्वविद्यालय), डेविड गिलमार्टिन (नॉर्थ कैरोलिना विश्वविद्यालय), लॉरी गिन्ज़बर्ग (पेंसिल्वेनिया राज्य विश्वविद्यालय), डगलस हेन्स (डार्टमाउथ कॉलेज), डेविड लेलीवेल्ड (विलियम पैटरसन विश्वविद्यालय), डेविड लुडेन (न्यूयॉर्क विश्वविद्यालय), लिसा मिशेल (पेंसिल्वेनिया विश्वविद्यालय), मृदु राय (येल विश्वविद्यालय), महेश रंगराजन (दिल्ली विश्वविद्यालय), अजय स्कारिया (मिनेसोटा विश्वविद्यालय), रोमिला थापर (जवाहरलाल नेहरू विश्वविद्यालय), सुसान वाडली (सिरैक्यूज़ विश्वविद्यालय), और आनन्द यांग (वाशिंगटन विश्वविद्यालय), ऐलेनोर जेलियट (कार्लटन कॉलेज) आदि शामिल हैं। उनकी टिप्पणियों ने बहस के कई बिन्दुओं को समझने में मेरी बहुत मदद की। यदि फिर भी कुछ त्रुटियाँ रह गई हों, तो उनके लिए मैं स्वयं दोषी हूँ।

मुझे इस परियोजना पर कार्य करते हुए कई और भी विद्वानों एवं व्यक्तियों का आभार प्रकट करना होगा, जिनसे मैं भारत, अमेरिका और यूरोप में मिला तथा अपने काम को पूरा करने में उनसे विभिन्न चरणों में चर्चा करने का अवसर मिला, जिनके कारण मेरा कार्य और भी रोचक बन गया। इस अपूर्ण सूची में केसी एडकॉक, श्याम बाबू, जानकी बाखले, गौतम भद्रा, लॉरा ब्रुक, डेविड कैंपियन, कैथरिन कैंडी, दीपेश चक्रवर्ती, पार्थ चटर्जी, शॉन चौबोट, जंगम चिन्नैया, लॉरेंस कोहैन, कविता डाटला, रोहन डिसूजा, एम. गोपीनाथ, गोपाल गुरु, निकोलस जॉल, क्रैग जाफरी, उमेश झा, प्रिया जोशी, बोधिसत्त्व कर, सुवीर कौल, ऐलिजाबेथ कोल्स्की, ओवेन लिंच, करुणा मंटेना, एबी मैकगोवन, सनल मोहन, बद्री नारायण, शिखा पाठक,

इंदिरा पीटरसन, सारा पिंटो, अनुपमा राव, यासमीन सैकिया, नीलांजन सरकार, के. सत्यनारायण, अनिल सेठी, विलियम सीपमैन, साराताननबॉम, दीपू शरण, अराफ़ात वलियानी वारजी, अमांडा वीडमैन, ज्योति अटवाल और वाजिरा जामिंदार शामिल हैं।

प्रोफ़ेसर रवीन्द्र कुमार (1933-2001) एक उदारचेता और सरल स्वभाव के शिक्षक थे, किन्तु मुझे बड़ा खेद है कि वे इस पुस्तक को पढ़ने के लिए जीवित नहीं रहे।

इस पुस्तक के कुछ अंशों को मेरे द्वारा भारत, अमेरिका और नीदरलैंड के अनेक संस्थानों में प्रस्तुत किया गया था, जिसके लिए मैं उनके आयोजकों और श्रोताओं का आभारी हूँ, जिनकी टिप्पणियों से मुझे कई बिन्दुओं पर अपने तर्कों को स्पष्ट करने में मदद मिली। इस आंशिक सूची में शामिल हैं—अमेरिका के डेलावेयर विश्वविद्यालय का इतिहास विभाग; दक्षिण एशिया पर कोलंबिया विश्वविद्यालय का सेमिनार; पेंसिल्वेनिया विश्वविद्यालय में आयोजित दलित अध्ययन सम्मेलन; हवाई विश्वविद्यालय में जाति पर आयोजित समकालीन विश्व सम्मेलन; सिरैक्यूज़ विश्वविद्यालय में दक्षिण एशियाई सेमिनार; वेंडरबिल्ट विश्वविद्यालय का इतिहास विभाग; वाशिंगटन विश्वविद्यालय में दक्षिण एशिया सम्मेलन तथा सिम्पसन मानविकी केन्द्र; भारत में, दिल्ली विश्वविद्यालय का इतिहास विभाग; जवाहरलाल नेहरू विश्वविद्यालय, दिल्ली का इतिहास विभाग और राजनीति विज्ञान केन्द्र; पंजाब विश्वविद्यालय, चंडीगढ़ का राजनीतिक विज्ञान विभाग; गोविन्दबल्लभ पन्त सामाजिक विज्ञान संस्थान, इलाहाबाद, उत्तर प्रदेश; अंग्रेज़ी और विदेशी भाषा विश्वविद्यालय, हैदराबाद, आन्ध्र प्रदेश; अन्वेशी महिला अध्ययन अनुसन्धान केन्द्र, हैदराबाद, आन्ध्र प्रदेश; इंडिया हैबिटेट सेंटर, नई दिल्ली में हेनरिक बोल फ़ाउंडेशन एवं ज़ुबान बुक्स द्वारा आयोजित सेमिनार; और सामाजिक विज्ञान अध्ययन केन्द्र, कलकत्ता द्वारा शान्तिनिकेतन, पश्चिम बंगाल में आयोजित आठवीं सांस्कृतिक अध्ययन कार्यशाला, 2002; एवं नीदरलैंड में, एम्स्टर्डम स्कूल फॉर सोशल साइंस रिसर्च की सेमिनार शृंखला।

पिछले कुछ वर्षों से लखनऊ मेरा दूसरा घर रहा है, और वहाँ मैंने कुछ लोगों से स्थायी मित्रता की है। मैं वहाँ सूफ़ी खाला (सूफ़ी किदवई) का बहुत ऋणी हूँ। मेरी लगातार यात्राओं के दौरान, उन्होंने हमेशा हजरतगंज में अपने घर में मेरा स्वागत किया, और मेरी परियोजना में गहरी दिलचस्पी ली। लखनऊ में जिस दूसरे व्यक्ति का मैं बहुत ज़्यादा ऋणी हूँ, वह हैं राम आडवाणी, जो एक पुस्तक-विक्रेता हैं, और व्यक्ति के रूप में एक संस्था हैं। उनकी किताबों की दुकान मुझे अभिलेखागारों में दिन-भर की मेहनत और थकान के बाद परम शान्ति देती थी। एक और व्यक्ति, जिन्होंने मेरे शोध-कार्य में अत्यन्त रुचि ली, वह राजस्व परिषद के पूर्व अध्यक्ष ए.के. रस्तोगी हैं, जिनकी उदारता और सहायता वास्तव में सराहनीय थी। उनके निजी सहायक, विवेकानन्द डबरियाल, हमेशा मेरी कठिन-से-कठिन परिस्थिति में भी सहायता करते थे और इस बात का ध्यान रखते थे कि मुझे समय पर अभिलेखों

की फ़ोटोकॉपियाँ मिल जाएँ। श्रीमती शर्मा का अतिथिगृह तो मेरे लिए घर जैसा ही था, उनके गर्मजोशी भरे आतिथ्य का मैं क़ायल हूँ। श्री धनी राम, उनकी पत्नी और उनके बच्चों गुड्डी, पप्पी, चन्दू (डॉ. चन्द्रा) और नीरज ने मुझे लखनऊ में दूसरे घर जैसा अहसास कराया, और हमेशा इस बात का ध्यान रखा कि मुझे काम के दौरान कोई व्यवधान न हो। अन्य उल्लेखनीय व्यक्तियों में, (अब मित्र) जिनसे अपने काम के दौरान लखनऊ में मिलना हुआ, और जिन्होंने मेरी परियोजना में काफ़ी योगदान दिया, उनमें मेरे धन्यवाद के पात्र आई.पी.एस. अधिकारी एस.आर. दारापुरी हैं, जिन्होंने अपने विचार मुझसे साझा किये और अपने पुस्तकालय का उपयोग करने की अनुमति दी; अपराध जाँच विभाग में वरिष्ठ पुलिस अधिकारी चमन लाल हैं, जिन्होंने मेरे कार्य में अत्यधिक रुचि ली; और गामा राम हैं, जो अपने अतीत और वर्तमान के अनुभवों को साझा करने के लिए मेरे विशेष धन्यवाद के पात्र हैं। जब मैं इलाहाबाद में था, तो वसुधा पांडेय और आशीष बनर्जी ने मुझे अपने घर में ठहराया, और मेरी परियोजना में यथेष्ट सहायता की। आशीष के चाचाजी (श्री बनर्जी) ने इलाहाबाद में अपने घर में मेरा गर्मजोशी से स्वागत किया, और मुझे 1940 के दशक की अपनी अफ़्रीकी यात्रा की कहानियाँ सुनाकर मेरे प्रवास को यादगार बना दिया।

इस पुस्तक का लेखन अनेक स्थानों पर हुआ है, जहाँ मित्रों ने मेरे कार्य में अलग-अलग तरह से योगदान दिया। पटपड़गंज, दिल्ली में विदिशा अपार्टमेंट, कुछ ख़ास क़िस्म के बौद्धिक लोगों के साथ इस कार्य को शुरू करने के लिए सबसे अच्छी जगह थी। वहाँ मेरे पड़ोसी, विशेष रूप से बुलबुल, जोसेफ़ और रेवती वर्षों से मेरे सहृदय और स्थायी मित्र बने हुए हैं; और विदिशा में गीतांजलि, पंकज, प्रभात, रविकांत, संजीव, सौम्या, शर्मिष्ठा, स्नेहा, सुधीर और विनीता मेरे कार्य में सदैव सहयोगी बने रहे। पटपड़गंज में ही, मेरे विशिष्ट धन्यवाद के पात्र चन्द्रभान प्रसाद, मीरा प्रसाद, उनकी दोनों बेटियाँ, ख़ुशी और दृष्टि, तथा उनके घर के अन्य अंशकालिक और पूर्णकालिक सदस्य, श्याम बाबू, श्यौराजसिंह बेचैन और एच.एल. दुसाध भी हैं, जो मेरे अच्छे आलोचक और प्रेरणा-स्रोत रहे हैं। ए.एस. भसीन एक अद्भुत मित्र और शिक्षक रहे हैं। शुभा परमार और उदयन परमार ने लखनऊ में सी.आई.डी. कार्यालय का उपयोग करने के लिए उत्तर प्रदेश सरकार से अनुमति दिलाने में मेरी मदद की। हैदराबाद में, लिसा के मित्रों ने जिस उत्साह से मेरा स्वागत किया, उससे वे अच्छे मित्र हो गए। उन्होंने मुझे सुनीलकुमार बर्नार्ड, भाग्यलक्ष्मी, चैतन्या रमणामूर्ति और सुनीथा के परिवार में शामिल कराया। मैं नीलांजन सरकार का भी आभारी हूँ, जिन्होंने लन्दन में अपना कमरा मुझे किराये पर देकर मेरे रहने की व्यवस्था करने में मदद की। लन्दन में विलियम सीपमैन बहुत ही उदार मेज़बान और मित्र रहे हैं। उनके ब्रून्सविक सेंटर अपार्टमेंट ने ब्रिटिश पुस्तकालय तक मेरी पहुँच आसान बना दी थी। मुझे ससेक्स विश्वविद्यालय में आमंत्रित करने और उत्तर प्रदेश

पर कई महत्त्वपूर्ण चर्चाएँ कराने के लिए इयान डंकन का भी विशेष आभार व्यक्त करना है। मैं सर्वाधिक ऋणी रोहन डिसूजा का भी हूँ, जो पिछले पन्द्रह वर्षों से मेरे बौद्धिक साथी और मित्र रहे हैं, तथा मेरी परियोजना में सहायता करते रहे हैं। अन्त में, फ़िलाडेल्फ़िया में ब्यूमोंट एवेन्यू नाम का एक खंड (ब्लॉक) एक भारतीय मोहल्ले की तरह है, वहाँ के सभी दोस्तों और पड़ोसियों का भी मैं तहेदिल से शुक्रिया अदा करता हूँ, जो इस अद्भुत गली में हमेशा एक परिवार की तरह साम्प्रदायिक सौहार्द के साथ, एक-दूसरे से भोजन और क़िस्से साझा करते हुए आनन्द से रहते हैं।

मैं सुसान वाडली और अमेरिकी भारतीय अध्ययन संस्थान की प्रकाशन समिति के सदस्यों का भी, इस पुस्तक को अपनी भारतीय अध्ययन शृंखला में शामिल करने के लिए, हृदय से आभारी हूँ। इस पुस्तक के साथ सूइ के लगाव और करीमपुर (मैनपुरी जनपद) पर अपने काम को साझा करने के लिए उनकी तत्परता की पर्याप्त सराहना हुई है।

इंडियाना यूनिवर्सिटी प्रेस में मेरी सम्पादक, रेबेका टॉलन बेहद धैर्यवान और मिलनसार रही हैं। उन्होंने पूरी कुशलता से प्रकाशन-प्रक्रिया में मेरा मार्गदर्शन किया और इस कार्य में अपना पूर्ण उत्साह दिखाया। इंडियाना यूनिवर्सिटी प्रेस में डैन पाइल और पीटर फ्रोहलिच के सहयोग का भी आभारी हूँ। मेरी कॉपी-सम्पादक, शोशन्ना ग्रीन अद्वितीय सम्पादक रही हैं, और उनकी छानबीन और उनके सुझावों ने इस पांडुलिपि को एक शानदार कृति में बदल दिया है।

मैं इस पुस्तक को अपनी माता, कमला रावत (1945-79) की मधुर स्मृति में, और अपने पिता शिव नारायण सिंह रावत को समर्पित करता हूँ, जिन्होंने अकेले ही अपने तीन बेटों की परवरिश की। उनकी प्रतिबद्धता और ईमानदारी मेरे लिए एक अतुलनीय आदर्श है। मेरे भ्राता, वेद और योगेश शक्ति के स्रोत रहे हैं, और उसी तरह सीमा और पूजा भाभियाँ भी। मेरा भांजा अक्षय और भतीजी, गुड़िया व मुस्कान, मेरे जीवन में आनन्द और ख़ुशियाँ लेकर आए। मेरे सास-ससुर, सारा और लैरी मिशेल, अद्भुत सास-ससुर हैं, जैसी मैं कल्पना कर सकता था, वैसे ही वे हमेशा मेरे लिए हैं। मैं क्लार्क और जेनिफ़र मिशेल, तथा तीन मिशेल लड़कों—निक, गेविन और इथान का भी उनके समर्थन के लिए आभारी हूँ। हमारी पाँच वर्षीय बेटी, लीला मैकएल्हिनी रावत, हमारे आकर्षण एवं आनन्द की महान स्रोत रही हैं। मेरे धन्यवाद की सबसे बड़ी अधिकारी लिसा मिशेल हैं, जिन्होंने मुझे बार-बार यह याद दिलाया कि जो मैं चाहता हूँ, वह मुझे अभिलेखागारों में मिलेगा। मेरे कार्य के बारे में उनके अध्ययन और विमर्श ने इस पुस्तक को एक महत्त्वपूर्ण मुखरता और गम्भीरता प्रदान की है। मेरे जीवन के अन्य आयामों में भी उनकी उपस्थिति मुझे बहुत ख़ुशी देती है।

फ़िलाडेल्फ़िया (पेंसिल्वेनिया) **—रामनारायण एस. रावत**
सितम्बर, 2010

उत्तर भारत में चमार
और
दलित आन्दोलन का इतिहास

नक़्शा : संयुक्त प्रान्त (उत्तर प्रदेश), 1920 के आसपास के प्रशासनिक प्रभागों को दर्शाता हुआ।
इनसेट (आन्तरिक चित्र) : भारत का समकालीन मानचित्र जिसमें उत्तर प्रदेश का स्थान दर्शाया गया है।
(उत्तराखंड को 2000 में उत्तर प्रदेश से अलग करके बनाया गया था।)

परिचय

अस्पृश्यता की सीमाएँ : चमार-अस्मिता की राजनीति और इतिहास

15 अक्टूबर, 2002 को उत्तर भारत के हरियाणा राज्य के झज्जर शहर में सवर्ण हिन्दुओं की एक भीड़ ने, अछूत माने जानेवाले चमार जाति के पाँच लोगों को जबरन घसीटा, पीटा और पत्थर मार-मारकर उनकी हत्या कर दी। यह घटना उस समय हुई, जब वे चमार मृत गाय को, उसकी खाल निकालने के लिए ले जा रहे थे, और हैरानी की बात यह थी कि इस बीच एक मजिस्ट्रेट और कई पुलिसकर्मी खड़े हुए तमाशा देखते रहे।[1] हालाँकि राष्ट्रीय और क्षेत्रीय मीडिया में यह घटना हफ़्तों तक सुर्ख़ियों में बनी रही, लेकिन उसके प्रतिरोध की सम्भावना उतनी ही रही, जितनी कि अक्सर इस तरह की हिंसक हत्याओं पर प्रमुख राजनेताओं और अधिकारियों द्वारा हमलावरों के बचाव में आने के बाद होता रहा है; परिणामतः कोई दोषी गिरफ़्तार नहीं हुआ। हालाँकि स्थिति को शान्त करने के लिए पुलिस ने एकमात्र कार्यवाही यह की कि उसने गाय के शव को पोस्टमार्टम के लिए भेज दिया, ताकि यह पता लगाया जा सके कि गाय को ज़हर तो नहीं दिया गया था। झज्जर में जिन पाँच चमारों की हत्या हुई, वे चमड़े के कारोबार से जुड़े हुए लोग थे, जो नियमित रूप से मृत पशुओं को उठाकर उनकी खाल निकालने का काम करते थे। भारत का चमड़ा-उद्योग असल में इन्हीं मृत मवेशियों पर निर्भर करता है। इन खालों को मामूली क़ीमत पर दलाल ख़रीदते हैं, और वे उनको चमड़ा फ़ैक्टरियों को बेच देते हैं। इस हत्याकांड में सवर्ण हिन्दुओं ने पाँचों चमारों पर खाल निकालने के लिए गायों को ज़हर देकर मारने का आरोप लगाया था। इसलिए, लगभग दो हज़ार हिन्दुओं की भीड़ जमा हो गई। हत्याओं के बाद, पाँचों लोगों के परिवारों ने धर्मान्तरण कर लिया; चार ने बौद्ध धर्म अपना लिया और एक ने इस्लाम। इस तरह के तनाव नये नहीं हैं, बल्कि एक सदी से भी अधिक समय से चमारों पर इस तरह की हिंसा और मवेशियों को ज़हर देकर मारने के आरोप लगाए जाते रहे हैं।

हिंसा और वर्चस्व की ऐसी घटनाओं के लिए धर्मान्तरण का तत्काल सहारा लेने से अस्मिता के महत्त्व और उस प्रतिरोध को, जिसका सामना करना पड़ता है, राहत मिलती है।

वर्चस्व और दमन, सामाजिक अलगाव और हिंसा उन लाखों दलितों के रोज़मर्रा के जीवन के नियमित दुख बन चुके हैं, जो सवर्ण हिन्दुओं द्वारा अछूत माने जाते हैं।[2] भारत सरकार द्वारा उपलब्ध कराए गए आँकड़े बताते हैं कि 1994 और 1996 के दौरान दलितों द्वारा 98,349 आपराधिक मामले दर्ज कराए गए थे, जो हिंसा के उच्च स्तर को दर्शाते हैं। 'ह्यूमन राइट्स वाच' की रिपोर्ट के अनुसार 1,660 मामले हत्या के, 2,814 मामले बलात्कार के, 13,671 मामले उत्पीड़न के और 38,483 मामले अन्य अपराधों के, अत्याचार-निवारण अधिनियम के अन्तर्गत दर्ज हुए थे।[3] ये आँकड़े केवल पुलिस रिकॉर्ड में दर्ज मामलों को दर्शाते हैं, जो वास्तविक घटनाओं का बहुत कम प्रतिशत है; जबकि ऐसे मामलों की संख्या इससे कहीं अधिक है, जो न पुलिस रिकॉर्ड में दर्ज हुए और न अख़बारों में आए।

दलितों की आबादी 166 मिलियन है, जो भारत की कुल आबादी का छठा भाग है।[4] जिन राज्यों में दलितों की विशाल आबादी है, उनके नाम इस तरह हैं : उत्तर प्रदेश में 35 मिलियन (350 लाख); पश्चिम बंगाल में 18 मिलियन (180 लाख), बिहार में 13 मिलियन (130 लाख), आन्ध्र प्रदेश में 12 मिलियन (120 लाख), तमिलनाडु में 11 मिलियन (110 लाख), महाराष्ट्र, मध्य प्रदेश और राजस्थान में प्रत्येक में 9 मिलियन (90 लाख), कर्नाटक में 8 मिलियन (80 लाख), तथा पंजाब में 7 मिलियन (70 लाख)।[5] फिर भी उनकी यह विशाल संख्या आवश्यक रूप से राजनीतिक सत्ता के साथ नहीं जुड़ी है। हालाँकि, ऐतिहासिक रूप से महाराष्ट्र और पंजाब दलित-आन्दोलन के केन्द्र हैं, पर, इसका यह मतलब नहीं है कि उत्तर प्रदेश[6] और आन्ध्र प्रदेश जैसे अन्य राज्यों में दलितों के आन्दोलन हुए ही नहीं, लेकिन इन राज्यों के सम्बन्ध में बहुत कम शोध हुए हैं।

दलितों द्वारा अपनी पहचान के लिए ऐतिहासिक और क्षेत्रीय रूप से अलग-अलग शब्दों का प्रयोग किया गया है। बीसवीं सदी के पहले तीन दशकों में जो नाम प्रयोग किये गए, उनमें उत्तर प्रदेश में 'आदि-हिन्दू', आन्ध्र प्रदेश में 'आदि-आंध्र' और पंजाब में 'आदि-धर्म' थे। इनमें 'आदि' का अर्थ है मूल निवासी। इसे 1936 के बाद से 'अनुसूचित जाति' शब्द से बदल दिया गया। 'अनुसूचित जाति' शब्द औपनिवेशिक राज्य द्वारा अछूत जातियों को, विधानसभाओं, सरकारी नौकरियों और शिक्षा में लाभ देने के उद्देश्य से उन्हें एक अलग 'अनुसूची' में वर्गीकृत करने के उद्देश्य से गढ़ा गया था। 1936 से पहले, 'अछूत' और 'दलित वर्ग' शब्द ही जनगणना और अन्य उद्देश्यों के लिए आधिकारिक रूप से प्रयोग किया जाता था। पर, अब भारत सरकार भी आधिकारिक तौर पर 'अनुसूचित जाति' शब्द का ही प्रयोग करती है।

यह शब्द दलितों में इसलिए भी लोकप्रिय हो गया, क्योंकि 1942 में डॉ. बी.आर. आंबेडकर ने 'अनुसूचित जाति संघ' (शेड्यूल्ड कास्ट फ़ेडरेशन) नाम से एक राजनीतिक पार्टी की स्थापना की थी, जिसे दलित-गतिविधियों के प्रमुख क्षेत्रों में भारी समर्थन मिला था। हालाँकि दलित लेखक उस दौर में हिन्दी पुस्तकों और अख़बारों में 'अछूत' शब्द का ही प्रयोग करते थे। किन्तु 1970 के दशक से, दलित कार्यकर्ताओं और बुद्धिजीवियों ने, वर्तमान और ऐतिहासिक दोनों सन्दर्भों में, अपने समुदाय का वर्णन करने के लिए 'दलित' शब्द को ही लोकप्रिय बनाया। मैं भी इस पुस्तक में 'दलित' शब्द का ही प्रयोग करूँगा। 1970 के दशक में, दलित पैंथर आन्दोलन की शुरुआत के साथ 'दलित' शब्द ने अपनी अस्मिता के रूप में एक नया क्रान्तिकारी अर्थ ग्रहण कर लिया था, जो प्रतिरोध की भी एक नई चेतना का प्रतीक बन गया था। (यहाँ यह भी उल्लेखनीय है कि महात्मा गांधी द्वारा 1932 में दिये गए 'हरिजन' शब्द को दलित सामाजिक कार्यकर्ताओं और बुद्धिजीवियों ने शुरू से ही ख़ारिज कर दिया था।)

अस्पृश्यता की देशव्यापी प्रथा, अभी भी दलितों और दलित समुदायों को, व्यापक संसाधनों, शिक्षा, रोज़गार और विकास के अवसरों तक पहुँचने से रोकने के लिए व्यवहार में बनी हुई है। बहुत से सवर्ण हिन्दू अभी भी दलित जातियों के लोगों को अपने घरों में, ख़ासतौर से रसोई में नहीं घुसने देते हैं और न ही कभी वे अपने बच्चों को इन जातियों में विवाह करने देते हैं। अधिकांश ग्रामीण क्षेत्रों में पीने के पानी के कुएँ अलग-अलग बनाए जाते हैं, जो सवर्ण हिन्दुओं द्वारा उपयोग किये जानेवाले कुओं से दूर होते हैं; यहाँ तक कि दलितों को सवर्ण हिन्दुओं की बस्तियों से भी अलग दूरी पर रहने को बाध्य किया जाता है। आज भी, दक्षिण भारत के बहुत से भागों में, चाय के दुकानदार दलितों के उपयोग के लिए अलग गिलास और कप-प्लेट रखते हैं। हालाँकि, स्वतंत्र भारत की सरकार अस्पृश्यता और जाति-आधारित भेदभाव को संज्ञेय अपराध घोषित करते हुए, उसे 1948 में समाप्त कर चुकी है, (इन अपराधों के लिए बिना अदालती वारंट के गिरफ़्तारी का प्रावधान है), और उनके लिए संघ तथा राज्य में रोज़गार के लिए एक सकारात्मक कार्यक्रम भी शुरू कर चुकी है; किन्तु इसके बावजूद, दलितों के बहिष्कार की घटनाएँ पहले से कहीं अधिक हिंसक रूप में सामने आ रही हैं। सामाजिक और आर्थिक भेदभाव के साथ-साथ, अस्पृश्यता भी, स्वतंत्रता के तुरन्त बाद किये गए संवैधानिक परिवर्तनों के बावजूद, बची हुई है।

जिस चीज़ ने दलितों को निरन्तर अधीनता में रखने और यहूदियों की तरह अलग बस्तियों में रहने में सबसे अधिक योगदान दिया, वह हैं उनके 'परम्परागत' और 'आनुवंशिक' गन्दे पेशे। चमारों को जान-बूझकर चमड़ा-उद्योगों में मज़दूर बनकर रहने के लिए मजबूर किया गया। इसी तरह, ग्रामीण भारत में पारम्परिक रूप से

नवजात शिशुओं की गर्भनाल काटने वाली चमार महिलाओं को चिकित्सा प्रतिष्ठान द्वारा कुशल दाइयों में बदल दिया गया। बाल्मीकियों को भी, परम्परागत रूप से सफ़ाईकर्मी मानते हुए, उत्तर भारत में लगभग प्रत्येक नगर की नगरपालिकाओं में बतौर सफ़ाई कर्मचारी ही नियुक्त किया जाता है। औपनिवेशिक और स्वतंत्र भारत दोनों की सरकारी नीतियों ने इन समुदायों के 'अछूत' स्तर को बनाए रखा है और यह सुनिश्चित करते हुए कि अछूत समुदायों के लोग इक्कीसवीं सदी में भी अधिकारों तथा अवसरों से वंचित रहें, उन पर सवर्ण वर्चस्व को मज़बूत बनाकर रखा है। यही कारण है कि आज भी पुलिस, राजनेताओं, सरकारी अधिकारियों और जनता द्वारा उनकी निर्दयता से की गई पिटाई और हत्याओं को भी नज़रअन्दाज़ किया जाता है, जो उनको यथास्थिति में रखने के लिए हिंसा के प्रयोग को मौन स्वीकृति देता है।

हिन्दू समाज में दलितों के बहिष्कार के लम्बे इतिहास ने दलितों को भारतीय इतिहास, समाज और धर्म को जानने का जो दृष्टिकोण दिया है, वह आमतौर से जन-संचार माध्यमों, शिक्षाविदों और सरकार द्वारा प्रस्तुत किये गए नज़रिये से पूरी तरह अलग है। इसलिए यह आश्चर्य की बात नहीं है कि दलितों का, उपनिवेशवाद और भारतीय राष्ट्रवाद दोनों के प्रति विरोधी भाव है, जो हमेशा वर्चस्वशाली सवर्ण हिन्दुओं के विचारों के विपरीत रहता है। अक्टूबर, 1999 में भारत के प्रमुख दलित चिन्तक और सामाजिक कार्यकर्ता, चन्द्रभान प्रसाद ने—उपनिवेशवाद और दलितों पर उसके प्रभाव पर—मेरे साथ एक लम्बी बातचीत में आश्चर्यजनक अन्दाज़ में यह दावा करते हुए कहा था कि उपनिवेशवाद के साथ एकमात्र ग़लत बात यह थी कि 'अंग्रेज़ बहुत देर से आए और बहुत जल्दी चले गए।' यह उन उत्तर-औपनिवेशिक भारतीय राष्ट्रवादियों के लिए एक चौंकाने वाला दावा है, जो भारतीय राष्ट्र और लोगों की अपूरणीय क्षति के लिए अंग्रेज़ों को ज़िम्मेदार मानते हैं।[7] प्रसाद ने अपनी बहस जारी रखते हुए यह भी कहा कि अंग्रेज़ों ने ही दलित जनता को मुक्ति का सर्वाधिक महत्त्वपूर्ण हथियार, शिक्षा की सुविधा, प्रदान करके, हिन्दुओं के दमन से मुक्त कराया था। कई वर्षों तक उत्तर भारतीय राज्य उत्तर प्रदेश के लखनऊ, कानपुर, इलाहाबाद, और आगरा में, और दिल्ली में अपने शोध-कार्य के दौरान लोगों से बातचीत करते हुए, मुझे यह स्पष्ट हो गया कि बहुत से दलित, प्रसाद के विचार को ही साझा करते हैं। लेकिन इससे भी महत्त्वपूर्ण बात यह है कि 1920 के दशक की शुरुआत में ही, उत्तर भारत में दलित आन्दोलन के कार्यकर्ता इसी तरह के विचार प्रकट करते थे। वास्तव में, चन्द्रभान प्रसाद को उन दलित बुद्धिजीवियों और कार्यकर्ताओं की लम्बी क़तार में देखा जा सकता है, जिनका स्वर समान विचारधारा का रहा है, लेकिन जिन्हें मुख्यधारा के अकादमिक या ऐतिहासिक लेखन में स्वीकार नहीं किया गया। 1920 और 30 के दशकों में, आदि-हिन्दू आन्दोलन के नेता और बीसवीं सदी के अन्त में चन्द्रभान प्रसाद दोनों ही इस बात को सामने

लाते हैं कि दलितों ने भारतीय राष्ट्रीय कांग्रेस के राष्ट्रवादी एजेंडे को खुली चुनौती दी और उपनिवेशवाद के विरोध में भारतीय राष्ट्रवादियों को किसी भी स्थिति में स्वीकार नहीं किया। इसलिए, भारतीय इतिहास पर दलित-चिन्तन में उपनिवेशवाद बनाम राष्ट्रवाद के लिए थोड़ा भी सम्मान नहीं है, जिसे हिन्दुत्ववादी मुख्यधारा के भारतीय इतिहास-लेखन में गढ़ा गया है।

1992-93 की सर्दियों में दिल्ली की बाल्मीकि बस्ती में दलित कार्यकर्ताओं से बातचीत करते हुए मुझे पहला अनुभव भारतीय इतिहास-लेखन की इसी अपूर्णता के बारे में हुआ था। उनमें से एक कार्यकर्ता ने तो ज़ोर देकर कहा कि भारतीय इतिहास में कोई दलित नायक मिलता ही नहीं। उसने इस बात की ओर ध्यान दिलाया कि भारतीय इतिहास और इतिहास-लेखन में शायद ही कोई दलित नायक के रूप में चित्रित हुआ है। उन कार्यकर्ताओं ने यह भी बताया कि उनके इलाक़े कई विश्वविद्यालयों के समाजशास्त्र और मानवविज्ञान विभागों द्वारा चलाई जा रही शोध परियोजनाओं के लिए प्रयोगशाला बन गए हैं। किन्तु, शहर के सवर्ण हिन्दुओं के इलाक़े उनके अध्ययन में शामिल नहीं किये जाते। ऐसा क्यों होता है कि ऐतिहासिक कथाओं में अक्सर सवर्ण हिन्दू ही नायक होते हैं, और दलित केवल मानवशास्त्रीय और समाजशास्त्रीय अध्ययन की वस्तु के रूप में दिखाई देते हैं?

मेरे इस अध्ययन के केन्द्र में उत्तर भारतीय राज्य उत्तर प्रदेश के चमार हैं, जो बीसवीं सदी के आरम्भ से ही राज्य में अधिक शिक्षित, राजनीतिक रूप से अधिक मुखर और अधिक समृद्ध रहे हैं। बहुसंख्यक दलित कार्यकर्ताओं और बुद्धिजीवियों की चमार-सामाजिक पृष्ठभूमि राजनीति में उनकी प्रमुखता को रेखांकित करती है। चमार पृष्ठभूमि की दलित महिला और बहुजन समाज पार्टी (बसपा) की नेत्री मायावती उत्तर प्रदेश की चार बार मुख्यमंत्री निर्वाचित हुई हैं।[8] मई, 2007 में बसपा ने राज्य विधानसभा चुनाव में पूर्ण बहुमत से जीतकर अप्रत्याशित राजनीतिक उथल-पुथल मचा दी थी। मायावती को यह अभूतपूर्व ऐतिहासिक विजय दलित और ब्राह्मण तथा अन्य सवर्ण जातियों के बीच मज़बूत तालमेल पैदा करके मिली थी। आधुनिक भारत के बीसवीं सदी के लम्बे इतिहास में यह विचार अभूतपूर्व था कि एक दलित राजनीतिक पार्टी भी सवर्ण हिन्दुओं का नेतृत्व कर सकती है। लेकिन जो बात कम जानी जाती है, वह यह है कि चमार अपनी प्रमुख वैचारिक भूमिका के अतिरिक्त, राज्य के सभी समुदायों और ऐतिहासिक रूप से स्थापित जाति-समूहों के बीच सबसे बड़ा सामाजिक समूह भी बनाते हैं। दलित आबादी उत्तर प्रदेश की कुल आबादी का 22 प्रतिशत है, और चमार आबादी कुल दलित आबादी की दो-तिहाई है। उत्तर प्रदेश में चमार लम्बे समय से कृषि कार्य से जुड़े रहे हैं, न केवल भूमिहीन मज़दूरों के रूप में, बल्कि काश्तकार और ज़मीनों के मालिकों के रूप में भी, किन्तु कठिनाई यह है कि इस समूह की लोकप्रिय छवि

मुख्य रूप से चमड़ा-कारीगर की बना दी गई है। इस स्थिति से यह समझने में मदद मिलती है कि कैसे चमार अपने स्वयं के स्कूल खोलने, शैक्षिक अवसरों का लाभ उठाने, अपने स्वयं के राजनीतिक और सामाजिक संगठन बनाने और हाल ही में भारी चुनावी जीत हासिल करने में सक्षम हुए। हालाँकि सामाजिक और राजनीतिक क्षेत्रों में यह विकास महत्त्वपूर्ण है, पर अन्य दलित वर्गों की तरह, चमार भी सभी स्तरों पर सामाजिक भेदभाव के शिकार हैं।

पेशों के आधार पर बनाई गई दलितों की रूढ़ पहचान को चमारों और अन्य अछूत जातियों के निरन्तर शोषण, उत्पीड़न और दुर्व्यवहार का कारण बताया जाता है। किन्तु अभिलेखीय साक्ष्य इसके विपरीत हैं, क्योंकि न केवल चमारों के लिए, बल्कि अन्य अछूत कही जानेवाली जातियों के लिए भी, पेशेगत पहचान की रूढ़ धारणाएँ परेशान करनेवाली हैं, जिसे समझने की ज़रूरत है। इस बात की ऐतिहासिक समझ के बिना कि इन धारणाओं और रूढ़ियों को कैसे बनाया और क़ायम रखा गया, उनका उपयोग न केवल दलित समुदायों का शोषण करने के लिए किया जाता रहेगा, बल्कि दलित नेतृत्व वाली बसपा की अद्भुत चुनावी सफलता जैसी घटनाओं को भी समझने में बाधा पैदा करेगा।

प्रमुख घटनाएँ : पेशेगत रूढ़ धारणाओं पर सवाल

चमारों की तरह अन्य दलित जातियों के बारे में भी पेशों के आधार पर बनाई गई सवर्ण हिन्दुओं की रूढ़ धारणाओं ने ही, अक्टूबर 2002 में, झज्जर में और 1880 के दशक में पूर्वी उत्तर प्रदेश में चमारों के ख़िलाफ़ मवेशियों को ज़हर देकर मारने का आरोप लगाया गया था। इसी रूढ़ धारणा ने, कि चमार चर्मकार होते हैं, औपनिवेशिक और उत्तर-औपनिवेशिक दोनों कालों में एक कल्पित व्यवसाय और दलितों की पहचान के बीच एक रूढ़ सम्बन्ध गढ़ा है। यही कारण है कि भारत में प्रत्येक दलित जाति को कथित रूप से एक अपवित्र व्यवसाय के सन्दर्भ में ही परिभाषित किया जाता है, जो उनके लिए अस्पृश्यता का आधार प्रदान करता है।[9] चमारों के मामले में, जो उत्तर प्रदेश की कुल आबादी का 14 प्रतिशत हैं, यह कथित पेशा चमड़े का है। भारत के अछूतों के बारे में मानवविज्ञानी और ऐतिहासिक अभिलेखों में इस व्यवसाय-आधारित अस्पृश्यता के कल्पित ढाँचे को, पिछले पाँच दशकों में इन दोनों विषयों में काफ़ी कुछ परिवर्तन होने के बावजूद बनाए रखा गया है। मैंने भारत में अस्पृश्यता के अध्ययन के लिए इन अवधारणाओं के मूल स्रोत का पता लगाया है। वास्तव में, दलित जातियों को आनुवंशिक पेशों से जोड़ने वाली इन रूढ़ धारणाओं ने, न केवल दलितों, बल्कि हिन्दू धर्म और भारत के इतिहास और समाज को बेहतर ढंग से समझने में हमारी मदद करने के बजाय, इतिहास को

"गाँव में एक चमार को सबसे अच्छा गन्ना बोने वाला माना जाता है।"
सम्भवत: यह चमार किसानों द्वारा खेती करते हुए पहली तसवीर है।

"कभी-कभी उनमें से कोई एक बिक्री के लिए टोकरी बनाता है।"
दोनों तसवीरें विलियम वाइज़र और चार्लोट वाइज़र की हैं, मिट्टी की दीवारों के पीछे (न्यूयॉर्क, 1930)।
फ़ोटो © साभार : रिचर्ड स्मिथ (इंक.) न्यूयॉर्क और द वाइज़र फ़ैमिली।

ढकने और मिटाने का काम किया है। अब इसी सैद्धान्तिक ढाँचे पर सवाल उठाते हुए अस्पृश्यता का नया इतिहास लिखे जाने की आवश्यकता है।

1920 में, औपनिवेशिक अंग्रेज़ अधिकारी जॉर्ज डब्ल्यू. ब्रिग्स ने इस तर्क के साथ वर्चस्ववादी औपनिवेशिक धारणा को व्यक्त किया है कि "व्यावसायिक रूप से चमार आज चर्मणा, चर्ममाला अथवा चर्मकार शब्द से मेल खाता है।"[10] मवेशियों को ज़हर देकर मारने के ख़िलाफ़ पहला प्रस्ताव, 1850 के दशक में, ब्रिटिश औपनिवेशिक अभियानों के दौरान जॉर्ज कैंपबेल के नेतृत्व में तैयार किया गया था, जिसे उसने अपनी कई रिपोर्टों में दर्ज किया है; फिर 1870 और 1880 के दशकों में दस वर्षीय जनगणना और मानवविज्ञानी रिपोर्टों द्वारा उसे और पुख़्ता किया गया। 1854 की रिपोर्ट में, कैंपबेल ने ज़हर देकर मारने के अपराध को स्पष्ट करने के लिए, यह कहकर उस पारम्परिक व्यवस्था को, जिसके अन्तर्गत मृत पशुओं के शवों और उनकी खालों पर चमारों का क़ब्ज़ा हो जाता था—जारी रखने का आह्वान किया—कि वे किसानों की सेवाओं के बदले में ही उन किसानों के मृत मवेशियों को प्राप्त करते हैं। कैंपबेल का निष्कर्ष है कि मवेशी को ज़हर देने के बाद, मवेशी के शव पर चमारों का क़ब्ज़ा, पहले से ही स्थापित एक क़रार के तहत होता है।[11] हालाँकि बाद में, इस परम्परागत भारतीय ग्रामीण समुदाय के इस क़रार में थोड़ा बदलाव देखा गया। इसी तरह 1930 के दशक में, उत्तर प्रदेश के मैनपुरी ज़िले के करीमपुर गाँव के विभिन्न सामाजिक समुदायों के बारे में लिखते हुए अमेरिकी मानवविज्ञानी विलियम और चार्लोट वाइज़र भी चमारों को चमड़े के ही पारम्परिक व्यवसाय से जोड़कर चर्मकार बताते हैं।[12]

तीन दशक बाद, ओवेन लिंच ने आगरा (उत्तर प्रदेश) के जाटव-चमारों की राजनीति पर अध्ययन करते हुए अतीत और वर्तमान, दोनों कालों में चमारों का सम्बन्ध चमड़े से जोड़ते हुए दस पृष्ठ लिखे हैं, जिनमें उन्होंने अपने अधिकांश निष्कर्ष ब्रिग्स और उन्नीसवीं सदी के औपनिवेशिक अधिकारी और मानवविज्ञानी विलियम क्रुक के विचारों के आधार पर निकाले हैं। वह ब्रिग्स के ही हवाले से लिखते हैं कि "चमार शब्द संस्कृत के 'चर्मकार' शब्द से निकला है, जिसका अर्थ चमड़े का काम करनेवाला है।"[13] भारत में औपनिवेशिक ज्ञान के निर्माण पर काफ़ी हद तक सवाल उठाने वाले शुरुआती विद्वानों में से एक, बर्नार्ड कोहन भी उत्तर प्रदेश के जौनपुर ज़िले के माधोपुर और सेनापुर गाँवों के चमारों के बारे में अपना यही मत प्रतिपादित करते हैं कि—"चमारों का पारम्परिक व्यवसाय खाल निकालना, चमड़ा कमाना और चमड़े का काम करना है।"[14]—औपनिवेशिक ज्ञान की विरासत का ही अनुसरण करते हुए, प्रमुख उत्तर-औपनिवेशिक मानवविज्ञानी और 'दि पीपल ऑफ़ इंडिया' परियोजना की राष्ट्रीय लेखमाला के सम्पादक, सुरेश कुमार सिंह, अनुसूचित जातियों पर 1993 में लिखे अपने निबन्ध में लिखते हैं कि—"चमड़े का काम चमारों का सदियों पुराना पेशा है,

और इसीलिए उनके समुदाय का नामकरण संस्कृत के 'चर्मकार' शब्द से हुआ है, जिसका अर्थ होता है वह व्यक्ति, जो चमड़े का काम करता है।"[15]

ये सारे विवरण, औपनिवेशिक और उत्तर-औपनिवेशिक, हमें यही बताते हैं कि चमार 'परम्परा' से ही चर्मकार हैं, और उनका अछूत स्तर उनके गन्दे पेशे के कारण बना है। इस तरह की लगातार व्याख्याएँ यह स्पष्ट करने के लिए हैं कि हिन्दू समाज में वे सबसे निचले स्तर पर क्यों हैं? वास्तव में, यही सूत्र भारतीय इतिहास, मानवविज्ञान और समाजशास्त्र में चमारों पर किये गए लेखन में आधारभूत हो गया है, जो इस स्थिति को बिना प्रमाण के स्वत: सत्य मानता है और बाद के अध्येताओं को भी, चाहे वे मानवविज्ञानी हों या इतिहास-लेखक, उनके अध्ययन के लिए प्रस्थान बिन्दु के रूप में काम करता है। इन विचारों को प्राथमिक स्रोतों के रूप में, ब्राह्मणवादी ग्रंथों से प्रमाणित करके और औपनिवेशिक ज्ञान के द्वारा पुनर्स्थापित करके वर्चस्ववादी हिन्दुओं के सामाजिक, राजनीतिक और सांस्कृतिक समुदायों को प्रचारित करने का विशेषाधिकार दिया गया है।[16] इस अर्थ में, चमारों और अन्य दलित जातियों के इतिहास और समाज का प्रतिनिधित्व, अतीत और वर्तमान दोनों में अछूतों के रूप में परिभाषित उनके वास्तविक सामाजिक अनुभवों की बजाय, अक्सर जाति और नस्लीय सामाजिक विशेषाधिकार के अस्वीकृत एजेंडे को दर्शाता है।

इस अध्ययन में, मैंने उन औपनिवेशिक प्रयासों की पहचान की है, जिनके माध्यम से पेशेगत धारणाओं को रूढ़बद्ध किया गया है, और यह बताया है कि कैसे वे धारणाएँ उत्तर भारतीय समाज के एक वर्ग के जीवित यथार्थ को दिखाने के लिए एक मान्य सामाजिक सत्य के रूप में स्थापित हुईं। मैंने ज्ञान-निर्माण की प्रक्रिया को इतिहास-सम्मत बनाते हुए, उन्नीसवीं और बीसवीं शताब्दी के उत्तर प्रदेश में इन स्थापनाओं के लिए किये गए दावों की जाँच की है, और इन दो शताब्दियों के दौरान वर्चस्ववादी धारणाओं और चमारों के वास्तविक जीवन के बीच सम्बन्धों का पता लगाया है।

चमारों की पेशेगत जातीय पहचान बनाने का जो काम औपनिवेशिकों और बाद में राष्ट्रवादियों द्वारा किया गया, उसका खंडन बीसवीं शताब्दी के पहले दो दशकों में ही चमार संगठनों द्वारा अपने लेखन और अपनी राजनीतिक गतिविधियों के माध्यम से किया जाने लगा था। वास्तव में, दलित लेखकों, इतिहासकारों और सामाजिक कार्यकर्ताओं ने लगातार अपना इतिहास लिखकर, अपने निजी राजनीतिक कार्यक्रमों को लागू करके और अपनी स्वयं की पहचान को स्थापित करके औपनिवेशिक और उत्तर-औपनिवेशिक हिन्दुओं की सभी कल्पित कहानियों को चुनौती दी है। चमारों के पेशों और उनकी पहचान को अछूत मूल का बताने के औपनिवेशिक और हिन्दुओं के दावों के विरोध में चमारों के संघर्ष बीसवीं सदी के शुरुआती दशकों से

ही शुरू हो गए थे। पिछली शताब्दी के दौरान, अपनी अस्मिता को परिभाषित करने के लिए चमारों के प्रयासों के बारे में जानकर, मैंने चमारों की मुक्ति के लिए चल रहे संघर्षों के भीतर सवर्ण-वर्चस्व और दलित-अस्मिता के बीच मुख्य सम्बन्ध पर ज़ोर देकर, भारत का इतिहास लिखने के लिए इतिहास-लेखन के मौजूदा मॉडल के विरुद्ध, एक वैकल्पिक मॉडल की पेशकश की है।

रॉबर्ट डेलिगे हमें बताते हैं कि—"1960 के दशक से पहले, जाति के सिद्धान्त, विशेष रूप से प्राचीन सिद्धान्त, मुख्यत: उन पाठ्य-स्रोतों पर आधारित थे, जो प्राय: संस्कृत में थे।"[17] औपनिवेशिक मानवविज्ञानी लेखन चमारों को स्वतंत्र रूप से हिन्दू धर्म से पृथक मानकर, उनकी एक अलग ही धार्मिक दुनिया का वर्णन करता है और बताता है कि चमारों के भूत-प्रेत, देवी-देवता और जादू-टोना में विश्वास हिन्दू धर्म की मान्यताओं के विपरीत हैं। इसी तरह के अन्य अध्ययन, जैसे—जी.डब्ल्यू. ब्रिग्स की 1920 में प्रकाशित कृति 'दि चमार्स', और विलियम वाइज़र तथा चार्लोट वाइज़र की 1932 की कृति 'बिहाइंड मड वॉल्स' भी भूत-प्रेतवादी विश्वासों के रूप में चमारों की विशिष्ट धार्मिक और सांस्कृतिक दुनिया का वर्णन करते हैं, जो हिन्दू धर्म की देवता-प्रधान आस्था वाली दुनिया के विपरीत है। चमारों पर ब्रिग्स का कार्य उच्च और निम्न श्रेणी के धर्म के बीच अन्तर को रेखांकित करता है, और तर्क देता है कि चमारों का धर्म भूत-प्रेतवादी विश्वासों के कारण निम्न श्रेणी का है। उनके अनुसार, चमारों के जन्म और विवाह के संस्कारों में किये जानेवाले धार्मिक और सांस्कृतिक अनुष्ठानों का मूल आत्माओं और रहस्यमय घटनाओं की दुनिया में निहित है। ब्रिग्स का निष्कर्ष है, "न केवल सामाजिक शुद्धता के सम्बन्ध में, बल्कि मादक पदार्थों का अत्यधिक सेवन करने के कारण भी चमारों का नैतिक स्तर नीच है।"[18] इसका मतलब है कि पदार्थवादी जातिविज्ञान पहले सवर्ण हिन्दुओं के 'अशुद्धता-सिद्धान्त' को स्वीकार करता है और बाद में उसके आधार पर चमारों को सामाजिक और नैतिक रूप से नीच मानकर उनकी निन्दा करता है।

1960 के दशक के बाद से, मानवविज्ञानियों ने मूल पाठ से दूर जाने के प्रयास में क्षेत्रों में जाकर व्यापक कार्य किया। डेलिगे ने उत्तर-औपनिवेशिक मानवविज्ञान के क्षेत्र में काम करते हुए अस्पृश्यता के दो सैद्धान्तिक रूपों की पहचान की। उनके अनुसार ये सिद्धान्त अलगाववादी हैं, जिनमें दलितों की धार्मिक प्रथाओं और मान्यताओं को वर्चस्ववादी हिन्दुओं की धार्मिक प्रथाओं और मान्यताओं से पूरी तरह अलग और बाहर रखा गया है।[19] बर्नार्ड कोहन अपने 1958 के एक लेख में लिखते हैं, "अतीत में सेनापुर (बनारस, उत्तर प्रदेश) के चमारों की धार्मिक क्रियाएँ भगौती और शीतला जैसी बीमारियों की देवियों तथा स्थानीय भूत-प्रेतों को मनाने तक ही सीमित थीं।" उन्होंने निष्कर्ष निकाला कि उनकी "अन्य धार्मिक क्रियाओं में किसी से बदला लेने के लिए जादू-टोना, रोगों को ठीक करने के लिए झाड़-फूँक

और चोरी या खोई हुई चीज़ को फिर से पाने के लिए टोटके शामिल हैं।"[20] इसके विपरीत, अध्ययन के लिए दूसरा सैद्धान्तिक आदर्श (मॉडल) 'एकता' का है, जो अछूतों और शेष आबादी के बीच आम सहमति, परस्पर निर्भरता और यथास्थिति बनाए रखने पर निर्भर करता है।[21] माइकल मोफेट ने 1979 में दक्षिण भारत के अछूतों पर किये गए अपने अध्ययन में कहा है कि दलितों का जीवन भारतीय धर्म-संस्कृति के रीति-रिवाज़ों के अनुसार ही है, और उनकी कोई अलग संस्कृति नहीं है।[22] दक्षिण भारत में तमिल दलितों पर किये गए अपने अध्ययन में, डेलिगे कहते हैं कि वे 'स्वभावत: अपने-आप को दूषित या अशुद्ध नहीं मानते हैं।'[23]

चमारों के बारे में प्रचलित धारणाओं ने चमारों के इतिहास और समाज में वर्तमान इतिहास-लेखन को आकार देने में शक्तिशाली भूमिका निभाई है। उदाहरण के लिए, जॉर्ज ब्रिग्स, विलियम और चार्लोट वाइज़र, ओवेन लिंच, मार्क जुएर्गेन्समेयर, और हाल में, तीर्थंकर राय उन्नीसवीं और बीसवीं सदी के उत्तरार्द्ध में उत्तर भारतीय चमड़ा-उद्योग की चर्चा करते हैं।[24] ये सभी लेखक तर्क करते हैं कि आधुनिक चमड़ा-उद्योग ने चमारों में एक शिक्षित और समृद्ध अभिजात वर्ग उभारने में योगदान किया है। इन लेखकों की मूल धारणा यह है कि चमार ग्रामीण क्षेत्रों में चमड़े के परम्परागत पेशों से आगरा और कानपुर जैसे महानगरीय क्षेत्रों के चमड़ा-उद्योगों में गए। इस रूढ़ धारणा के कारण ही चमड़े के काम ने चमारों की पहचान गढ़ने का कार्य किया, जबकि इनमें से किसी भी लेखक ने अभिलेखीय शोध के माध्यम से अपने दावे में यह साबित करने की कोशिश नहीं की कि आगरा और कानपुर की चमड़ा फ़ैक्टरियों में चमार श्रमिक कहाँ से आए? तमाम औपनिवेशिक रिपोर्टों और अभिलेखीय स्रोतों के परीक्षण के आधार पर, मैं इस निष्कर्ष पर पहुँचा कि ग्रामीण क्षेत्रों में 'पारम्परिक' चमड़े के पेशे से जुड़े लोग आगे बढ़ने के बजाय, नगरों में नई औपनिवेशिक चमड़ा-फ़ैक्टरियों में काम करने चले गए, इसलिए चमड़ा-फ़ैक्टरियों में कार्यरत अधिकांश चमार वास्तव में कृषक पृष्ठभूमि से आए थे। दुर्भाग्य से, दलितों के जीवन में ग्रामीण क्षेत्र से शहरी क्षेत्र में आने के बाद जो परिवर्तन हुआ, उसने चमार-मुक्ति के प्रश्न को केवल उनकी पेशेगत रूढ़ धारणा के सन्दर्भ में ही उठाया, और चमड़े का काम करनेवाले चर्मकार के रूप में उनकी पहचान को और भी मज़बूत किया। इस तरह की पहचान ने, चमारों को केवल दूसरों के द्वारा हिक़ारत से देखने, शासक वर्ग द्वारा अत्याचार करने या कुछ सुधारों द्वारा उन्हें कुछ लाभ पहुँचाने की वस्तु बना दिया। इन सांस्कृतिक रूढ़ विचारों से, दलितों को मुक्त करने के लिए काम करना तो दूर, जिसने उनको पेशों के आधार पर नीच स्थिति में लाकर सवर्णों के अधीन बनाकर रखा, इस तरह—पेशों से बनाई गई पहचान ने ग्रामीण से शहरी क्षेत्रों में भी—उनकी सामाजिक स्थिति को पेशेगत आधार पर नीचे ढकेल दिया। वास्तव में, इस तरह के अध्ययन पेशेगत आधार पर बनाई गई रूढ़

धारणाओं पर सवाल उठाने में विफल रहने के कारण दलितों की पेशेगत पहचान को मज़बूत बनाने में योगदान करते हैं।

इस पुस्तक के पहले तीन अध्याय उन औपनिवेशिक और राष्ट्रवादी स्थापनाओं का परीक्षण करते हैं, जिन्होंने उन्नीसवीं और बीसवीं सदियों में चमारों की पहचान को सवर्ण हिन्दुओं के दिमाग़ों में, सामाजिक और प्रशासनिक सभी स्तरों पर चर्मकार के रूप में बदल दिया। इन्हीं वर्चस्ववादी असंगत धारणाओं और प्रशासनिक कार्यवाहियों ने सम्पूर्ण उत्तर भारतीय समाज में चमारों की स्थिति और उनके स्तर से सम्बन्धित रूढ़ धारणाओं को मज़बूत किया। लेकिन, चमारों को चर्मकार के रूप में परिभाषित करनेवाली औपनिवेशिक धारणा के ख़िलाफ़ हमें भारी सुबूत मिले हैं। ये सुबूत, जिन पर दूसरे अध्याय में चर्चा की गई है, उन्नीसवीं शताब्दी के पिछले तीन दशकों के दौरान प्रस्तुत की गई बन्दोबस्त अधिकारियों की रिपोर्टों में मिले हैं। पहला अध्याय उन औपनिवेशिक और हिन्दू दावों की जाँच करता है, जो इस तर्क के साथ चमारों पर मवेशियों को ज़हर देकर मारने के आरोप लगाने में एकमत हैं कि चमारों के पास मवेशियों को ज़हर देने का आर्थिक मक़सद 'खाल हासिल करना था'। 1892-93 के गो-रक्षा आन्दोलन ने, जो निम्न जातियों के अहीर और कुर्मी किसानों द्वारा चलाया गया था, और जिसने 'गोरक्षिणी सभाएँ' क़ायम करके उत्तर भारत में एक नई हिन्दू अस्मिता के उभार का दावा किया था, न सिर्फ़ मुसलमानों, बल्कि चमारों पर भी पवित्र गायों का हत्यारा होने का आरोप लगाया था।[25] तीसरे अध्याय में इस बात पर चर्चा की गई है कि कैसे यह धारणा बनी कि सारे चमार परम्परा से ही चर्मकार थे, और किस तरह औपनिवेशिक और बाद में राष्ट्रवादी नीतियों एवं कार्यों का उद्देश्य उन्हें जाति के आधार पर खाल निकालने, चमड़ा कमाने और चमड़े की वस्तुएँ बनानेवाले प्रशिक्षित कारीगरों तक सीमित रखना था।

उपनिवेशवाद और राष्ट्रवाद का साझा कार्यक्रम : भारतीय इतिहास में कोई दलित नहीं है

1992 की सर्दियों में मुझे दिल्ली में पहली बार भारतीय इतिहास में नायकों के रूप में दलितों की अनुपस्थिति के बारे में बतानेवाला वह दलित कार्यकर्ता, एकमात्र दलित नहीं था; बल्कि इस तरह का प्रश्न मेरे शोध-कार्य के दौरान, उत्तर प्रदेश के अनेक भागों, जैसे आगरा, कानपुर, इलाहाबाद और लखनऊ में भी बहुत से दलितों ने उठाया था। स्वतंत्रता के साठ वर्षों बाद भी, इतिहास में दलितों पर ध्यान केन्द्रित न किया जाना भारतीय इतिहासकारों की एक उल्लेखनीय कमी है और यह कमी सिर्फ़ इतिहास में ही नहीं, बल्कि मानवविज्ञानियों द्वारा किये गए कार्य में भी दिखाई देती है। 1990 के दशक तक, दलितों पर लिखा जानेवाला एकमात्र अकादमिक

इतिहास एलेनोर जेलियट का 1969 का अध्ययन 'डॉ. आंबेडकर और महाराष्ट्र में महार आन्दोलन' है।

लगभग एक शताब्दी तक, मुख्यधारा के अधिकांश इतिहासकारों ने दलित कार्यकर्ताओं और बुद्धिजीवियों के लेखन को एक इतिहास और साहित्य के रूप में न केवल उपेक्षित किया, बल्कि ख़ारिज भी किया। इतिहास में दलितों की भूमिका की पहचान करने और उसे लिखने में भारत के इतिहासकारों की उपेक्षा का एक कारण यह भी हो सकता है कि जिन लोगों के लेखन को मुख्यधारा की शिक्षा-संस्थानों द्वारा स्वीकार किया गया, उनमें से अधिकांश लोग सवर्ण हिन्दू या अन्य ग़ैर-दलित पृष्ठभूमि से आए हैं, जिनके ऐतिहासिक अनुभव दलितों के अनुभवों से मूल रूप से एकदम भिन्न हैं। अब समय आ गया है कि दलितों के लेखन और उनके सक्रिय कार्यभारों को गम्भीरता से लिया जाए, क्योंकि दलित समाज और इतिहास पर औपनिवेशिक और राष्ट्रवादियों का समान नज़रिया आज भी भारतीय अकादमिक जगत् में बरकरार है, जो भारतीय इतिहास में दलितों की अनुपस्थिति का मुख्य कारण है। इसीलिए, दलित लेखकों और कार्यकर्ताओं के विचार, संघर्ष और आन्दोलन उपनिवेशवाद बनाम राष्ट्रवाद के इतिहास-लेखन के प्रगतिशील विकास में आवश्यक सहायता नहीं करते; बस, थोड़ी-सी जगह पहचान के लिए उन्हें मिलती है।[26] किन्तु, जब वे दलित-विचार को पूरी तरह उपेक्षित नहीं कर पाए, तो उन्होंने उसे राष्ट्रवादी एजेंडे के अनुरूप लिखने का काम किया।

उदाहरण के तौर पर 1919 से 1922 के बीच उत्तर प्रदेश के अवध क्षेत्र में चले ऐतिहासिक किसान सभा के संघर्ष में अछूत किसानों, ख़ासकर चमार और पासी समुदायों के किसानों की भागीदारी को भारतीय इतिहास में कभी स्वीकार नहीं किया गया। 1936 में राष्ट्रवादी लेखक जवाहरलाल नेहरू के रचना-कर्म से लेकर इतिहासकार ज्ञान पांडेय के 1982 के 'सबाल्टर्न स्टडीज़' में छपे लेख तक में किसान सभा आन्दोलन में महत्त्वपूर्ण भूमिका के रूप में दलितों का कोई उल्लेख नहीं है।[27] इस आन्दोलन के सम्बन्ध में पांडेय ने अपनी दो धारणाएँ बनाई हैं—उनकी पहली धारणा वही है, जो पूर्ववर्ती लोगों की थी, जिसके अनुसार वह किसान सभा को निम्न जातियों के किसान-आन्दोलन के रूप में देखते हैं, जिसमें मुख्य रूप से कुर्मी और मुराव जातियों ने भाग लिया था; अपनी दूसरी धारणा में वे, उसी पेशेगत रूढ़ धारणा को मानते हुए कि चमार पारम्परिक रूप से चर्मकार होते हैं और पासी सूअर-पालक, लिखते हैं कि जो भी चमार या पासी किसान सभा के आन्दोलन में शामिल हुए होंगे, वे अवश्य ही भूमिहीन मज़दूर रहे होंगे, जो अपने पारम्परिक पेशे से अलग हो गए थे, और उसे फिर से शुरू करने के बजाय, बाद में किसान आन्दोलन में शामिल हो गए थे। पांडेय निष्कर्ष निकालते हैं कि यह केवल 1920-21 की सर्दियों में किसानों और पुलिस के बीच हिंसक टकराव के कारण आन्दोलन

के चरम पर पहुँचने के दौरान हुआ था, और यह कि उस आन्दोलन में 'भूमिहीन (चमार और पासी) मज़दूरों तथा अवध क्षेत्र के छोटे, असुरक्षित काश्तकारों के हित काफ़ी हद तक एक हो गए थे'। चमार और पासी जातियों की भागीदारी को उनकी राजनीतिक लड़ाई के रूप में कम, और पूरी तरह आपराधिक चरित्र के रूप में ज़्यादा वर्णित किया गया है। पांडेय लिखते हैं कि "जनवरी 1921 की उस भीड़ में, सर्वाधिक संख्या में पासी और अन्य 'अपराधी' जनजातियों के लोग गाँव के बाजारों की अंधाधुंध लूट के ज़िम्मेदार थे।" वह राजनीतिक रूप से सक्रिय 'किसानों और दंगाइयों के बीच, जिनमें मुख्य रूप से अहीर, भर, लुमिया तथा चमार और पासी अछूत शामिल थे', अन्तर करते हैं।[28]

किसान आन्दोलन के अध्ययन में चमारों और पासियों के प्रतिनिधित्व की उपेक्षा करना और उनकी अवैध या आपराधिक गतिविधियों को दर्ज करना, इतिहास-लेखन के राष्ट्रवादी ढाँचे की ओर इशारा करती हैं। इतिहासकारों ने बीसवीं शताब्दी के क्रान्तिकारी संघर्ष में दलितों को इसलिए उपेक्षित किया क्योंकि उनकी पहले से ही यह रूढ़ धारणा थी कि चमार केवल चमड़े का काम करनेवाले चर्मकार ही हो सकते हैं, और कभी भी कृषि-कार्य करनेवाले किसान नहीं हो सकते। वास्तव में, इतिहासकार हमें यह नहीं बताते कि जनवरी, 1921 में रायबरेली ज़िले में किसान सभा के कार्यकर्ताओं पर पुलिस द्वारा चलाई गई गोलियों से मरने वाले किसानों में सर्वाधिक संख्या दलितों की थी। किसान प्रदर्शनकारियों और राज्य सरकार के बीच संघर्ष की यह चर्चित घटना रायबरेली के फ़ुर्सतगंज इलाक़े में घटी थी, जिसमें 24 किसानों की मौत हुई थी। इनमें 16 किसान चमार और पासी थे, जो अछूत माने जानेवाली जातियों की बड़ी भागीदारी साबित करती है।[29] किसान सभा आन्दोलन में दलितों की भागीदारी के प्रतिनिधित्व पर अभिलेखीय साक्ष्यों से पता चलता है कि चमार और पासी किसान सभा के सक्रिय सदस्य थे, जिन्होंने किसान होने के नाते ही उसकी गतिविधियों में पूरा साथ दिया था क्योंकि वे भी कुर्मी, मुराव और अहीर किसान जातियों की तरह ही, ज़मींदारों के अत्यधिक लगान की माँग और उनके द्वारा दी जानेवाली बेदख़ली की धमकी को, अपनी जीविका के लिए ख़तरा मानते थे। अवध के किसान सभा आन्दोलन के एक प्रख्यात किसान नेता, बाबा रामचन्द्र, अपनी डायरियों में उस आन्दोलन में चमार किसानों की भूमिका का विशेष उल्लेख करते हैं। वे प्रतापगढ़ के रूरे गाँव में 1919 और 1920 की किसान सभा समिति की बैठकों में चमार और पासी किसानों की उपस्थिति का प्रमुखता से ज़िक्र करते हैं। उन्होंने अपनी सूची में 'ब्राह्मण, ठाकुर, बनिया, चौहान, कुर्मी, कोइरी, तेली, पासी, चमार, बरही, कहार और अहीर', आदि 35 जातियों के किसान प्रतिभागियों के नामों को शामिल करते हुए लिखा है कि इनमें चमार और पासी 1921 से नहीं, बल्कि 1919 में किसान सभा की शुरुआत से ही किसान-आन्दोलन का हिस्सा थे।[30]

यह सूची हमें बताती है कि उस क्षेत्र में दो किसान समूहों ने अधिक महत्त्वपूर्ण स्थिति प्राप्त की हुई थी, जिनकी संख्या अहीरों से भी अधिक थी। बाबा रामचन्द्र का, किसान आन्दोलन के सम्बन्ध में किया गया यह वर्णन, पांडेय द्वारा किये गए वर्णन से सर्वथा भिन्न है, जो किसान सभा आन्दोलन को कुर्मियों और मुरावों का आन्दोलन बताता है। बाबा रामचन्द्र हमें 1925 से 1940 तक, ग्राम स्तर पर किसान सभा की समितियों में चमारों की सदस्यता, उनकी पर्याप्त वित्तीय सहायता, और कार्यकर्ताओं के लिए रसद की आपूर्ति के रूप में भी उनकी उल्लेखनीय भागीदारी के साक्ष्य देते हैं।[31]

बाबा रामचन्द्र ने किसान आन्दोलन में चमारों और पासियों की भूमिका का उल्लेख इस आधार पर नहीं किया है कि वे उन्हें भूमिहीन मज़दूरों के रूप में देखते थे, जिनके हित किसानों के हितों से जुड़े हुए थे, बल्कि उन्होंने उनकी पहचान अवध क्षेत्र के एक महत्त्वपूर्ण किसान समूह के रूप में की है। इसी प्रकार, रायबरेली में, किसान सभा आन्दोलन के प्रमुख पात्र चमारों ने अधिभोक्ता (दख़ली) अधिकारों के तहत 19,005 बीघा कृषि-भूमि के लिए 75,820 रुपये का भूमि-कर अदा किया था।[32] इसी तरह पासी जाति के दलित सदस्यों ने 49,729 बीघा ज़मीन की जोत के लिए 1,98,456 रुपये का भूमिकर अदा किया था। कुर्मियों की 42,380 और मुरावों की 45,574 बीघे कृषि-भूमि की तुलना में, चमारों और पासियों द्वारा की जानेवाली खेती की भूमि का रकबा ज़्यादा बड़ा है, जो उन्हें उस क्षेत्र में भूमिहीन मज़दूरों की बजाय, अपनी भूमि पर खेती करनेवाले महत्त्वपूर्ण किसानों के रूप में प्रमाणित करता है। ये आँकड़े यह भी बताते हैं कि कई दलित समूहों के पास उस किसान सभा आन्दोलन में शामिल होने के लिए बहुत वाजिब कारण थे। वास्तव में, पेशेगत पहचान के आधार पर या यह मानकर कि वे भूमिहीन मज़दूर थे, पासी और चमारों को किसान सभा आन्दोलन से बाहर करने का मतलब उनके बारे में औपनिवेशिक रूढ़ धारणाओं को क़ायम रखना है। यही समय है कि हम व्यापक रूप से पुनर्विचार करते हुए, इस धारणा का खंडन करें कि किसान सभा आन्दोलन ने केवल निचली जातियों की चिन्ताओं को हल किया था और इस बात को स्वीकार करें कि उसमें शामिल जाति-समूहों की चिन्ताएँ उनके 'किसानी कामों' से जुड़ी थीं।

हालाँकि तब भी, जब व्यापक रूप से एक ऐतिहासिक राष्ट्रवादी ढाँचा नहीं होता है, अधिकतर मामलों में दलितों के एजेंडे को पीछे रखा जाता है। उदाहरण के लिए, विजय प्रसाद की सहानुभूति के साथ 'सबाल्टर्न स्टडीज़' में बाल्मीकि सफ़ाई कर्मचारी संघ की हड़ताल के बारे में की गई टिप्पणी पाठकों को उस संघ के एजेंडे और कार्यों को बेहतर ढंग से समझने की तुलना में, वामपंथियों के समाजवादी और साम्राज्यवाद-विरोधी एजेंडे से अधिक सम्बन्धित है। प्रसाद तर्क करते हैं कि सफ़ाई कर्मचारी संघ ने भारतीय कम्युनिस्ट पार्टी (भाकपा) के साथ

गठबन्धन करने से इनकार करके अपने क्रान्तिकारी संघर्ष के मुख्य अवसर को नष्ट कर दिया है। कर्मचारी संघ की पहली कार्यवाही भूख हड़ताल करने की थी, जिस पर उसने ग्यारह सूत्री माँग-पत्र जारी किया था। दुर्भाग्य से, प्रसाद बाल्मीकि सफ़ाई कर्मचारियों की ग्यारह माँगों को विचार के योग्य ही नहीं समझते, और न हमें यह बताते हैं कि उनकी ग्यारह माँगों में क्या-क्या था? असल में, प्रसाद के मुख्य तर्क में बाल्मीकियों का एजेंडा ही नहीं है, क्योंकि वे यह मानते हैं कि बाल्मीकियों की मुक्ति केवल भाकपा के समाजवादी नेतृत्व में ही सम्भव है। इस मान्यता को प्रदर्शित करने के लिए, उन्होंने अपने लेख का दो-तिहाई हिस्सा, यह तर्क देकर कि दलितों के लिए स्वतंत्रता का वादा उन्हें भटकाने वाला है, भारतीय राज्य के प्रतिक्रियावादी अधिकार-पत्र (चार्टर) को साबित करने के लिए ख़र्च कर दिया। प्रसाद स्वतंत्रता के समय दलितों के लिए उपलब्ध मुक्ति की तीन सम्भावित रणनीतियों की पहचान करते हैं। पहली रणनीति में वे एक अलग 'अछूतिस्तान' अथवा अलग राष्ट्र-राज्य की माँग करके क्षेत्रीय स्वाधीनता पर ध्यान केन्द्रित करते हैं। दूसरी रणनीति में वे हिन्दू समुदाय के साथ 'सांस्कृतिक समानता' की माँग करते हैं। तीसरी और अत्यन्त व्यावहारिक रणनीति, प्रसाद के अनुसार, बाल्मीकि-संघर्ष की 'समाजवादी मुक्ति' है, जिसका नेतृत्व भाकपा करती है।[33] प्रसाद के निबन्ध में हम भाकपा के साथ गठबन्धन क़ायम करने में, या भाकपा के साथ सम्बन्ध क़ायम न रखने के सम्बन्ध में स्वयं बाल्मीकियों द्वारा की गई शुरुआत के बारे में बहुत कम जानकारी पाते हैं। केवल बाल्मीकियों के संघर्ष में भाकपा के कार्यकर्ताओं की भागीदारी मात्र से ही वह समाजवादी मुक्ति का आन्दोलन नहीं बन जाता। प्रसाद की चर्चा में यह तो स्पष्ट है कि बाल्मीकि सफ़ाई कर्मचारियों की ग्यारह माँगों का घोषणा-पत्र, उनकी भूख-हड़ताल, कर्मचारियों की काम-बन्दी और उनके प्रदर्शनों की श्रृंखला भाकपा से स्वतंत्र रूप से अलग थी, लेकिन वामपंथियों के साथ उनके जुड़ाव के बारे में वह कुछ नहीं बताते। बाल्मीकि सफ़ाई कर्मचारियों के प्रदर्शन के बारे में प्रसाद की चर्चा से जो महत्त्वपूर्ण निष्कर्ष निकाला जा सकता है, वह यह है कि उन्होंने सफ़ाई कर्मचारी संघ से अपने कार्यकर्ताओं के एक गुट को बर्ख़ास्त करके अपने आन्दोलन को भाकपा से अलग करने के लिए ज़ोरदार प्रयास किये थे। प्रसाद के निबन्ध को पढ़ते हुए यह स्पष्ट हो जाता है कि हड़ताली बाल्मीकि अपने आन्दोलन की ताक़त को अच्छी तरह जानते थे और इस बात में विश्वास करते थे कि वे वामपंथियों के साथ गठबन्धन की तुलना में भारतीय राज्य से अपने दम पर ज़्यादा लाभ हासिल कर सकते थे।

दलितों के संघर्ष को कमज़ोर करनेवाली दूसरी श्रेणी दलित-बहुजन की है, जो समान हित के लिए दलितों और अन्य पिछड़ी जातियों (पिछड़े वर्ग की निम्न जातियों) को शामिल करके बनाई गई है। इस नई श्रेणी में दलित फिर से मुख्य या शुरुआत

करनेवाले नायकों के रूप में प्रकट नहीं होते हैं, और न ही आमतौर पर हमें यह पता चलता है कि इस तरह के गठबन्धन में दलितों की हिस्सेदारी क्या है? इसके बजाय, दलित और बहुजन गठबन्धन का अधिकांश प्रतिनिधित्व निचली जातियों के नेताओं द्वारा किया जाता है, जो अपना ख़ुद का एजेंडा तय करते हैं, गोया वे दोनों निर्वाचन क्षेत्रों का प्रतिनिधित्व करते हैं। कांचा इलैया, 'सबाल्टर्न स्टडीज़-9' (1996) में, दलित-बहुजनों को अनुसूचित जातियों, अनुसूचित जनजातियों और अन्य पिछड़े वर्गों (निम्न जाति समूहों) की सम्पूर्ण एकता के रूप में परिभाषित करते हैं, जिन्हें सामाजिक और सांस्कृतिक रूप से हिन्दू धर्म से बाहर रखा गया है, और जो संगठित होकर 'ब्राह्मणवादी इतिहास-लेखन को चुनौती दे सकते हैं।' इलैया का तर्क है कि दलित-बहुजनों का संघर्ष ब्राह्मणवाद और दलितों, आदिवासियों तथा निचली जातियों के हिन्दूकरण के ख़िलाफ़ है।[34] जोतिबा फुले पहले नायक थे, जिन्होंने 1873 में 'सत्यशोधक समाज' की स्थापना करके दलित-बहुजन संघर्ष का नेतृत्व किया था, बाद में उन्होंने बहुत-सी किताबें भी इस विषय पर लिखीं। इतिहासकार रोसलिंड ओ'हानलॉन ने लिखा है कि फुले ने, जो माली (एक निम्न जाति) जाति के थे, 'ब्राह्मणों और निचली जातियों के बीच संघर्ष को महाराष्ट्रीयन संस्कृति का केन्द्र बिन्दु बना दिया था।'[35] ई.वी. रामास्वामी नायकर ने तमिलनाडु में ब्राह्मणी प्रभुत्व और उसकी संस्थाओं को चुनौती देने के लिए एक ग़ैर-ब्राह्मण द्रविड़ आन्दोलन में निचली जातियों और दलित जाति-समूहों को संगठित करने के प्रयास किये थे।[36] इसी तरह, 1920 के दशक में, उत्तर प्रदेश में, एक निम्न जाति के नेता बाबू रामचरण ने, दलितों और निम्न पिछड़ी जातियों के गठबन्धन की वकालत की। हालाँकि इन सभी आन्दोलनों ने निम्न पिछड़ी जातियों के नेताओं के नेतृत्व में, दलितों और उन निम्न जातियों को संगठित करने की माँग की, जो हिन्दू धर्म और उसके सवर्ण समर्थकों का स्वाभाविक विरोध करते थे।

किन्तु प्रश्न यह है कि इनमें से प्रत्येक लेखक ने यह क्यों मान लिया कि दलितों और निम्न पिछड़ी जातियों के बीच स्वाभाविक गठबन्धन है, और इस विचार की वकालत करने में सबसे अधिक सक्रिय कौन रहा है? बहुत से सबूत बताते हैं कि निम्न पिछड़ी जातियों ने ऐतिहासिक रूप से मुसलमानों के ख़िलाफ़ कार्यक्रमों में भाग लेकर, और दलितों को अछूत मानकर उनके ख़िलाफ़ हिंसक प्रतिशोध में भाग लेकर, अपनी हिन्दू पहचान बनाने का दावा किया है। उदाहरण के लिए, 1880 और 1890 के दशकों में गौ-रक्षा आन्दोलन में अहीर (यादव) और कुर्मी जैसी निम्न पिछड़ी जातियों ने 'गौ-हत्यारे' के रूप में न केवल मुसलमानों को, बल्कि अछूतों को भी निशाना बनाया था, क्योंकि उनमें से प्रत्येक जाति के कुछ लोग चमड़ा और खालों के व्यापार में शामिल थे।[37] उत्तर भारत में दलित कार्यकर्ताओं और बुद्धिजीवियों ने दलित-बहुजन सिद्धान्त को लगातार इस आधार पर चुनौती दी है कि यादव और

कुर्मी जैसी निम्न शूद्र जातियाँ हिन्दू धर्म और हिन्दू अस्मिता की कट्टर समर्थक हैं। वास्तव में, यह ग़लत माना जाता है कि बाबू रामचरण दलित थे और आदि-हिन्दू महासभा के सदस्य थे।[38] 1920 और 1930 के दशकों में स्वामी अछूतानन्द जैसे दलित नेता बाबू रामचरण के दलित-शूद्र गठबन्धन के सक्रिय रूप से विरोधी थे।

मुख्यधारा के भारतीय इतिहास-लेखन की दूसरी चिन्ता का वर्णन नन्दिनी गुप्तू ने हिन्दू समाज के 'जातीय पदानुक्रम में अछूतों को शामिल करने के लिए सुधारवादी और पुनरुत्थानवादी हिन्दुओं के प्रयासों' के रूप में वर्णित किया है।[39] आर्य समाज की तरह ही, भारतीय इतिहास-लेखन में भी अछूतों को एक कल्पित हिन्दू समुदाय के दायरे में पुनः लाने के लिए हिन्दू सुधारवादियों के प्रयासों को प्रमुख विषय बनाया जा रहा है।[40] पंजाब के बाल्मीकियों पर लिखे गए अपने एक अध्याय में, विजय प्रसाद तर्क करते हैं कि आर्य समाज ने 'अछूतोद्धार' संगठनों की स्थापना की, जिन्होंने दलितों से घृणित मांस खाने, शराब पीने जैसी बुरी आदतों को छोड़ने और हिन्दू धर्म की प्रथाओं का अनुसरण करने को कहा।[41] इस तरह के दृष्टिकोण में, दलित अपने स्वयं के एजेंडे के साथ नायक के रूप में उपस्थित नहीं होते हैं, बल्कि ऐसे लोगों के रूप में पेश किये जाते हैं, जिन्हें सुधारने की ज़रूरत है। इस दृष्टिकोण के विपरीत, मेरी पुस्तक का चौथा अध्याय हिन्दू धर्म और समाज के साथ आर्य समाज के सम्बन्ध और पश्चिमी उत्तर प्रदेश के चमारों में उसके सुधार-एजेंडे की समीक्षा करता है। साक्ष्य बताते हैं कि आर्य समाज अपने दलित केन्द्रित समाज-सुधार के एजेंडे से दलितों को प्रेरित करने के लिए, क्रान्ति की बजाय, प्रतिक्रान्ति कर रहा था। जबकि दलितों के एजेंडे में हिन्दू धर्म के केन्द्र में स्थित असमानता के सिद्धान्त के विरोध का प्रश्न रहता है। 1910 और 1920 के दशकों में हिन्दी में प्रकाशित होने वाले चमार-इतिहासों ने सवर्ण हिन्दुओं के बराबर की स्थिति का दावा करने के लिए अनेक तर्क स्थापित किये हैं। उदाहरण के लिए, बीसवी शताब्दी के दूसरे दशक में, अलीगढ़ में हिन्दी में प्रकाशित 'श्री चँवर पुराण' के लेखक का तर्क है कि चमार एक महान क्षत्रिय जाति है, जिन्होंने अपनी प्रतिष्ठा इसलिए खो दी थी, क्योंकि उनके शासकों ने वैदिक प्रथाओं के प्रति अनादर व्यक्त किया था। उन्होंने आगे तर्क दिया कि इस तथ्य की प्रामाणिकता 'महाभारत' से साबित होती है, जिसमें 'चँवर राजवंश' का उल्लेख मिलता है।[42] उत्तर प्रदेश के पश्चिमी भाग में चमारों की किसान-समूह के रूप में अपनी मज़बूत स्थिति थी, और उनका समान स्तर तथा क्षत्रियवंशी होने का दावा, असल में जाट और अहीर आदि निचली जातियों द्वारा स्वयं को क्षत्रिय मानने के दावे के ख़िलाफ़ उनकी लामबन्दी का हिस्सा था।

संक्षेप में, यह मानना कि चमार हमेशा से ही चर्मकार रहे हैं, औपनिवेशिक, राष्ट्रवादी और उत्तर-औपनिवेशिक लेखकों के मत का ही अनुसरण करना है। इस क्रम में, चमार समाज और इतिहास का अध्ययन करने के लिए दो मिथकों

का निर्माण किया गया—पहला मिथक यह कि चमड़ा-उद्योग के आधुनिकीकरण के परिणामस्वरूप बीसवीं सदी की शुरुआत में, उत्तर प्रदेश में एक समृद्ध चमार अभिजात वर्ग का निर्माण हुआ, जिसने आधुनिकता की परिस्थितियों में भी जाति और व्यवसाय के बीच स्वाभाविक सम्बन्ध को मज़बूत रखा। दूसरा मिथक यह गढ़ा गया कि उनकी व्यावसायिक रूढ़ धारणाओं और भारतीय समाज में उनकी हाशिये की भूमिका के कारण चमार उत्तर भारत में कांग्रेस के नेतृत्व वाली राष्ट्रवादी राजनीति के स्वाभाविक समर्थक रहे हैं। 1990 के दशक के उत्तरार्द्ध में, दलितों पर शोध के अभाव में यह मान लिया गया कि उत्तर प्रदेश में कोई स्वतंत्र दलित आन्दोलन था ही नहीं। किन्तु सच्चाई यह है कि अगर दलितों के अपने एजेंडे में सवर्ण हिन्दुओं, भारतीय राष्ट्रवदियों और यहाँ तक कि मार्क्सवादियों के आन्दोलन को आगे बढ़ाने की प्रवृत्ति नहीं दिखती है, तो इसका कारण यह है कि इन आन्दोलनों के भीतर भी दलितों की चिन्ताओं को स्वीकार करने के लिए बहुत कम जगह है। प्रभुत्ववादी विमर्शों ने राष्ट्रवादी आन्दोलन में अभिजात सवर्ण और अधीनस्थ निचली जातियों के योगदान पर, निम्न जाति-समूहों से सम्बन्धित परिवर्तनवादी किसान संगठनों, क्रान्तिकारी समाजवादी परिवर्तन की सम्भावनाओं, और हिन्दू समाज-सुधार संगठनों के कार्यक्रमों पर ज़्यादा ध्यान केन्द्रित किया है। इन्हीं वर्चस्ववादी रूढ़ अवधारणाओं ने भारतीय इतिहास में दलितों को, उनके स्वयं के एजेंडे और आन्दोलन के साथ, नायकों के रूप में स्थान देने से वंचित करने में महत्त्वपूर्ण भूमिका निभाई।

चमारों से सम्बन्धित कहानियों के स्रोत

इस पुस्तक के अन्तिम दो अध्याय चमारों के नायकों से परिचय कराते हैं, जिनके आख्यान आमतौर से उनके व्यवसायों और उनकी पहचान के बारे में भारतीय इतिहास की वर्चस्ववादी व्याख्याओं का खंडन करते हैं। बीसवीं सदी के पूर्वार्द्ध में, चमार कार्यकर्ताओं ने शायद ही कभी भारत में अंग्रेज़ी राज के ख़िलाफ़ अपना विरोध प्रदर्शित किया, और न ही चमार और अन्य दलित वर्ग भारतीय राष्ट्रीय कांग्रेस पार्टी के नेतृत्व वाले आन्दोलन के प्रति अपनी वफ़ादारी दिखाने के लिए उत्सुक रहे। उत्तर भारत में चमारों का पहला अभियान छुआछूत और ऊँच-नीच की प्रथाओं के प्रति हिन्दू धर्म के औचित्य की प्रतिक्रिया में हुआ था। यह विरोध बीसवीं सदी के पहले तीन दशकों में, चमार कार्यकर्ताओं और लेखकों ने हिन्दी में किताबें और पैम्फलेट प्रकाशित करके और नये संगठन बनाकर प्रकट किया था। 1920 के मध्य में उत्तर भारत में आदि-हिन्दू आन्दोलन की स्थापना से ही, उसका सामाजिक और राजनीतिक एजेंडा, असमानता के मुद्दे को हल करने में विफल रहने के कारण, कांग्रेस के ख़िलाफ़ था। आदि-हिन्दू महासभा की रणनीति की प्रमुख

विशेषता यह थी कि उसके कार्यकर्ता उसी समय अंग्रेज़ सरकार के समर्थन में मंच से बोलते थे, जब कांग्रेस पार्टी अंग्रेज़ी राज के विरोध में धरना-प्रदर्शन करती थी।

एक नये दलित-इतिहास की अपेक्षा यह है कि शोध-विद्वानों को अध्ययन की उपलब्ध विधियों और सिद्धान्तों का पुनर्मूल्यांकन दो स्तरों पर करने की आवश्यकता है। पहले स्तर पर हमें जनगणना जैसी साम्राज्यवादी परियोजनाओं के लिए औपनिवेशिक जानकारी और ज़िलों के स्थानीय अधिकारियों द्वारा दी गई स्थानीय जानकारी के बीच अन्तर करना होगा। हालाँकि ये दो परस्पर सम्बद्ध, पर अलग-अलग प्रक्रियाएँ हैं।[43] उन्नीसवीं सदी में भारतीय समाज़ के प्रतिनिधित्व की जनगणना और उसके तरीक़ों (जाति और जनजाति सर्वेक्षण) पर अधिक केन्द्रित ध्यान ने औपनिवेशिक अभिलेखागार की विविधता को एक साम्राज्यवादी स्तम्भ में बदल दिया है।[44] केवल दिल्ली और लन्दन के महानगरों में स्थित केन्द्रीय सरकारी अभिलेखागारों की तुलना में जनपदीय और प्रान्तीय दस्तावेज़ों की शक्ति और विविधता को पहचानकर ही हम औपनिवेशिक ज्ञान के गतिरोध को तोड़ सकते हैं। स्थानीय जानकारियों से सम्बन्धित अभिलेखों, जैसे बन्दोबस्त रिपोर्टों, पट्टे पर दी गई भूमि से सम्बन्धित लगान की तहक़ीक़ातों और विशिष्ट जनपदों के बारे में प्रकाशित पुस्तिकाओं में ऐसे विवरण और वृत्तान्त शामिल हैं, जो जनगणना अथवा वर्गीकरण के अन्य रूपों के उद्देश्यों को पूरा करने से सम्बन्धित नहीं हैं। लगान और राजस्व के क्षेत्र में समाधान-रिपोर्टों के सूक्ष्म परीक्षण में सम्बन्धित जनपदों की सामाजिक और सांस्कृतिक समृद्धि के इतिहास मिलते हैं। विलियम क्रुक द्वारा प्रस्तुत 1879 की उत्तर भारतीय कृषि-जीवन की शब्दावली के परिचय में, शाहिद अमीन लिखते हैं, "जाति, वर्ग और पंथ का प्रभाव (क्रुक के) कृषि और ग्रामीण शब्दों के संग्रह में काफ़ी हद तक अनुपस्थित है।" 1995 में शब्दावली के नये संस्करण को जारी करने के कारण को स्पष्ट करते हुए अमीन कहते हैं, "इससे ग्रामीण उत्तर भारत के अतीत और वर्तमान दोनों को समझने में मदद मिलेगी, क्योंकि इसमें बहुत उपयोगी जानकारी का ख़ज़ाना है।"[45] क्रुक की शब्दावली जैसे स्थानीय ज्ञान के कोश को कई कारणों से संकलित किया गया था, जिनमें एक यह भी था कि उन्होंने ज़िला स्तर के अधिकारियों के लिए उन वर्चस्ववादी स्थापनाओं और रूढ़ियों का खंडन करने तथा चुनौती देने के अवसर दिये, जो स्थानीय समाज का सही प्रतिनिधित्व नहीं करते थे।

दूसरे अध्याय का यह तर्क कि चमारों के, चमड़े का काम करनेवालों की अपेक्षा खेतिहर किसान होने की अधिक सम्भावना थी, बन्दोबस्त रिपोर्टों और ज़मीन के पट्टों की तहक़ीक़ात के विवरणों तथा असहमति की टिप्पणियों के अवलोकन के आधार पर सम्भव हुआ था। ज़िला बन्दोबस्त अधिकारियों की, 1830-40, 1880-90, 1910-20 और 1940 के दशकों की रिपोर्टों में चमारों और उनके व्यावसायिक

स्वरूप तथा खेती-किसानी के साथ उनके सम्बन्धों पर विस्तृत जानकारियाँ मिलती हैं। इटावा, सहारनपुर, झाँसी और मुरादाबाद जनपदों के बन्दोबस्त अधिकारियों ने अखिल भारतीय जनगणना की श्रेणियों और मानवविज्ञानी साक्ष्यों को चुनौती देकर, जो उत्तर प्रदेश के ग्रामीण समाज में चमारों की स्थिति का भ्रामक और ग़लत विवरण पेश करते हैं, अपनी गहरी समझ और जागरूकता का परिचय दिया है। उत्तर भारत में चमार और पासी जैसे दलित वर्गों की स्थिति को समझने के लिए किसानों के काश्तकारी अधिकारों की उन विभिन्न रिपोर्टों और जाँच-आख्याओं को फिर से पढ़ने की ज़रूरत है, जिनका इतिहासकारों द्वारा औपनिवेशिक काल की कृषि-नीतियों को जानने के लिए व्यापक रूप से उपयोग किया गया है।[46] ये स्रोत चमारों का सामाजिक इतिहास लिखने के लिए नई सम्भावनाओं को खोलते हैं, जो ज़मीन और किसानी जीवन के साथ उनके प्राकृतिक सम्बन्धों पर ज़ोर देते हैं। इस तरह के स्रोत हमें सवर्ण हिन्दुओं के धार्मिक ग्रंथों की तुलना में, उन्नीसवीं शताब्दी के उत्तर प्रदेश में चमारों के खेती-किसानी के कार्यों और रहन-सहन के बारे में ज़्यादा प्रामाणिक साक्ष्य उपलब्ध कराते हैं, जो लम्बे समय से पेशेगत आधार पर बनाई गई रूढ़ छवि का खंडन करते हैं।

हमें रूढ़ धारणाओं से असहमतियों के स्वर उन पुलिस रिपोर्टों और जाँच करनेवाले अधिकारियों की आख्याओं में मिलेंगे, जो प्रान्तीय अभिलेखागारों में मौजूद हैं, और जिन्हें अक्सर नज़रअन्दाज़ या दरकिनार कर दिया जाता है। अक्सर इस तरह की रिपोर्टों और आख्याओं को इसलिए ख़ारिज कर दिया जाता है क्योंकि वे वर्चस्ववादी औपनिवेशिक रूढ़ धारणाओं और मानवविज्ञानी विचार के वर्गीकरण के साथ फिट नहीं बैठती हैं, बल्कि उनके साथ समस्याएँ खड़ी करती हैं। इस तरह की रिपोर्टें आमतौर पर लन्दन के भारतीय कार्यालय लेखागार या दिल्ली में भारत के राष्ट्रीय अभिलेखागार में अभी नहीं पहुँची हैं, लेकिन स्थानीय प्रान्तीय अभिलेखागारों में मौजूद हैं। इसलिए केवल महानगरीय केन्द्रों में उपलब्ध अभिलेखीय दस्तावेज़ों के शोध से ही भारतीय इतिहास और समाज के प्रमुख सूत्रों को समझने की अन्तर्दृष्टि मिलती है। असल में, राज्य के प्रशासनिक अधिकारियों द्वारा वायसराय को उनके दिल्ली कार्यालय और लन्दन स्थित भारत कार्यालय को भेजे जाने के लिए अधिक 'उपयुक्त' और सुसंगत रिपोर्ट तैयार करने के उद्देश्य से कुछ ऐसी विरोधाभासी व्याख्याएँ और ज़िला स्तरीय रिपोर्टें, जो नाराज़ी और उलझन पैदा कर सकती थीं, ग़ायब कर दी गई थीं। पहले अध्याय में चमारों द्वारा मवेशियों को ज़हर देकर मारने के आरोपों और सरकारी अभिलेखों में दर्ज असहमतियों पर चर्चा की गई है। वार्षिक प्रान्तीय पुलिस-कार्यवाहियों के परीक्षण से स्पष्ट होता है कि औपनिवेशिक काल के अधिकारियों के इस आरोप को बहुत से स्थानीय औपनिवेशिक अधिकारी भी नहीं मानते थे कि चमार संगठित रूप से ज़हर देकर मवेशियों को मारते थे।

इस तरह के मवेशियों को ज़हर देकर मारने के आरोपों से सम्बन्धित दृष्टिकोण उन दस्तावेज़ों में मिलते हैं, जो दिल्ली और लन्दन के महानगरीय अभिलेखागारों में उपलब्ध हैं, किन्तु ऐसे दस्तावेज़ उत्तर प्रदेश के राज्य अभिलेखागार में नहीं मिलते।

बहरहाल, मुख्यधारा के इतिहासकारों द्वारा उपेक्षित किये जाने के बावजूद, दलित लेखकों और कार्यकर्ताओं ने अपने स्वयं के शोधपूर्ण इतिहास प्रकाशित करके और अपने स्वयं के प्रेस पर भरोसा करके, जैसे कि 1930 के दशक में लखनऊ में बहुजन कल्याण प्रकाशन ने किताबों का प्रकाशन शुरू किया, और अपने संघर्षों के इतिहास को उजागर किया। इस पुस्तक में मैंने भारतीय इतिहास के वृहद आख्यानों में दलितों की स्थिति पर पुनर्विचार के लिए बीसवीं शताब्दी के दौरान हिन्दी भाषा में प्रकाशित साहित्य में मौजूद चमार-आख्यानों पर ज़्यादा भरोसा किया है। चौथा और पाँचवाँ अध्याय हिन्दी में लिखे गए इन्हीं चमार-इतिहासों पर आधारित हैं, जो शोध के दौरान उत्तर प्रदेश के विभिन्न भागों से जुटाए गए थे। शोध-कार्य के दौरान लोगों से की गई बातचीत से मिले दावों की पुष्टि उत्तर प्रदेश सरकार के ख़ुफ़िया और पुलिस विभागों की साप्ताहिक रिपोर्टों से होती है। मैंने इन्हें ज़मीनी स्तर पर चमारों और दलित संगठनों की गतिविधियों की जानकारी के लिए महत्त्वपूर्ण स्रोत के रूप में पाया। वास्तव में, 1922 और 1948 के बीच, उत्तर प्रदेश सरकार के अपराध अनुसन्धान विभाग (सी.आई.डी.) की साप्ताहिक रिपोर्टों के पुलिस दस्तावेज़ बहुत ही उपयोगी और अछूते स्रोत साबित हुए, जिनका पूर्व में कभी उपयोग नहीं किया गया था। असल में, पुलिस कांग्रेस के नेतृत्व वाले उपनिवेशवाद-विरोधी आन्दोलन के भीतर की दरारों और विरोधों पर रिपोर्ट तैयार करने की उत्सुक थी, ऐसा करने के लिए उसे चमारों और दलित संगठनों की गतिविधियों का सावधानी से दस्तावेज़ीकरण करना था, जो उस काल के राष्ट्रवादी दस्तावेज़ों से पूरी तरह ग़ायब है। दलित और चमार-आन्दोलनों से सम्बन्धित पुलिस दस्तावेज़ों की पुष्टि स्थानीय भाषा के उन हिन्दी अख़बारों और पत्रिकाओं में प्रकाशित रिपोर्टों से भी होती है, जो कभी-कभी दलितों के संघर्षों तथा उनके विरोध-प्रदर्शनों और उनकी अन्य गतिविधियों के विस्तार और उनके शक्तिशाली प्रभाव पर की गई टिप्पणियों का संज्ञान लेते थे। अन्ततः यह पुलिस दस्तावेज़ ही हैं, जो राष्ट्रवादी स्रोतों की तुलना में, विस्तृत रिपोर्ट प्रदान करते हैं। वास्तव में, दलितों का इतिहास लिखने के लिए, इन औपनिवेशिक काल के सरकारी स्रोतों की अत्यधिक उपयोगिता को देखते हुए यह आश्चर्यजनक है कि अभी तक किसी ने भी उनका इस उद्देश्य के लिए उपयोग नहीं किया।

मैंने चमारों के आख्यानों में स्वायत्तता और प्रतिरोध के तत्त्वों को देखने के बजाय, मुख्यधारा के भारतीय इतिहास-लेखन के साथ संवाद में कई सक्रिय चमार-एजेंडों का दस्तावेज़ीकरण करनेवाले ऐतिहासिक आख्यानों को लाने की कोशिश की है।

बीसवीं सदी के पहले पाँच दशकों में प्रकाशित चमार और दलित-इतिहासों पर विस्तृत चर्चा चौथे और पाँचवें अध्यायों में की गई है। इन अध्यायों में भारतीय इतिहास के मौजूदा मुख्यधारा के आख्यानों के साथ तर्क करने और चुनौती देने के लिए अभिलेखागारों में खोजे गए चमारों के राजनीतिक संघर्ष के व्यापक साक्ष्यों का उपयोग किया गया है। 1992-93 और 1998 से 2002 तक दिल्ली, आगरा, इलाहाबाद, कानपुर और लखनऊ में मेरी व्यक्तिगत रूप से कई दलितों और कुछ दलित समूहों के साथ बातचीत हुई थी, जिसने मुझे उन ख़ास प्रश्नों से अवगत कराया, जिनके कारण मैं औपनिवेशिक अभिलेखागारों में जाने के लिए सक्षम हुआ। जो बात उल्लेखनीय है, वह यह है कि दलितों ने अपने समकालीन व्यवसायों के बारे में जो कुछ मुझे बताया था, वे बीसवीं शताब्दी के शुरुआती दशकों में चल रहे संघर्ष और एजेंडे के ऐतिहासिक साक्ष्यों के साथ पूरी तरह मेल खाते हैं। मुझे कई लोगों ने बताया कि उनका काम खेती करना है। इससे मुझे औपनिवेशिक अभिलेखागार के दस्तावेज़ों में दर्ज खेती-किसानी के कामों से चमारों के सम्बन्धों की जाँच करने में बहुत मदद मिली। इससे चौंकाने वाले परिणाम सामने आए, जिनकी चर्चा दूसरे अध्याय में की गई है। वास्तव में, मानवविज्ञानी कार्य-क्षेत्र और अभिलेखीय अनुसन्धान का संयोग उन स्रोतों का पता लगाने में सहायक रहा, जिन्हें पहले सूचीबद्ध नहीं किया गया था और इसीलिए इतिहासकारों ने भी उस पर कभी ध्यान नहीं दिया, जैसे ब्रिटिश पुस्तकालय के भारतीय कार्यालय संग्रह में मौजूद क्यू श्रृंखला में 'उत्तर प्रदेश का ज्ञापन', जो ग़ैर-आधिकारिक रूप से भारतीय सांविधिक आयोग को सौंपा गया था। इन्हीं उपेक्षित स्रोतों की सहायता से मैं आदि-हिन्दू महासभा और अन्य दलित संगठनों के कार्यक्रमों को समझने में समर्थ हो सका।

दलित आन्दोलनों ने, अस्मिता और जातीयता की राजनीति की सीमाओं से आगे बढ़ते हुए, उपनिवेशवाद और राष्ट्रवाद के साझे वैचारिक ढाँचे को परिभाषित करनेवाली सामाजिक और सांस्कृतिक प्रयासों की ज़बर्दस्त आलोचना की है। आज हम उस आलोचना को एक आन्दोलन और एक ऐसे दृष्टिकोण का नाम दे सकते हैं, जिसने हमें ऊँच-नीच और भेदभाव के सिद्धान्तों पर सवाल उठाने और उनका खंडन करने के लिए ज़बर्दस्त तर्क दिये हैं। बीसवीं शताब्दी के शुरुआती दशकों में दलित आन्दोलन ने अपनी स्थापना के समय से ही हिन्दू धर्म और राष्ट्रवाद से सम्बन्धित ऊँच-नीच तथा भेदभाव की प्रथाओं, ख़ासकर चमारों और अन्य दलित जातियों के बारे में बनाई गई पेशेगत धारणाओं पर सवाल उठाने शुरू कर दिये थे। कहना न होगा कि भारतीय इतिहास-लेखन की यह दलित आलोचना भारतीय इतिहास के बारे में एक नये विमर्श की खिड़की खोलती है।

मैंने ऐसा अनुभव किया है कि उन्नीसवीं और बीसवीं सदी की शुरुआत के कई दृष्टिकोण और चिन्ताएँ आज के भी एजेंडों और विचारों के अनुरूप लगते हैं।

इस अध्ययन के बाक़ी हिस्से में इस स्थिति पर प्रकाश डाला गया है कि चमार कार्यकर्ताओं और विचारकों ने औपनिवेशिक और राष्ट्रवादी कहानियों पर सन्देह करते हुए अपनी अस्मिता की पुनर्कल्पना की, जिसने उनके मूल, उनके अतीत, उनके व्यवसायों और उनकी वर्तमान पहचान तथा भावी सम्भावनाओं का वर्णन और निर्धारण किया है। दलितों के इन प्रयासों ने न केवल उनके जीवन को अपवित्र मानने के दावों को ख़ारिज करने का काम किया, बल्कि उन्होंने इस नई पहचान के आधार पर सभी दलितों के लिए समान स्तर प्राप्त करने के लिए अनवरत संघर्ष भी किये। मुझे अभिलेखागारों में ऐसे बहुत से दस्तावेज़ मिले, जिन्होंने प्रतिरोध का नया इतिहास लिखने में अहम योगदान दिया, हालाँकि इनमें से मैं कई दस्तावेज़ों के मिलने के बारे में कहना चाहूँगा कि अगर बहुत से दलितों ने अपने अतीत के बारे में मुझे न बताया होता, तो मैं इन्हें नहीं खोज पाता। दिल्ली और उत्तर प्रदेश में दलित मित्रों और परिचितों के साथ की गई चर्चाओं और चमारों की ख़ुद की कहानियों तथा किताबों को पढ़ने के बाद ही मैं जान पाया कि अपने स्वयं के इतिहास पर दलितों के दृष्टिकोण अक्सर भारतीय विश्वविद्यालयों और विदेशों में पढ़ाए जानेवाले इतिहास से आश्चर्यजनक रूप से भिन्न हैं। और इन्हीं दृष्टिकोणों ने मुझे इस सम्भावना की खोज करने के लिए प्रेरित किया, जो अभिलेखागारों में एक भिन्न कथा के रूप में मुझे मिली, और जो मैंने स्कूलों और विश्वविद्यालय की औपचारिक शिक्षा के दौरान सीखी थी। मैं इस पुस्तक को उन सभी लोगों के प्रति अपने धन्यवाद के रूप में, जिन्होंने मेरे साथ अपने विचार साझा करने के लिए समय निकाला, इस आशा के साथ प्रस्तुत करता हूँ कि दलित-साहित्य और इतिहास लेखन को, भारतीय इतिहास के लेखन में, अधिक केन्द्रीय रूप से जोड़कर बहुत सी ग़लत, मिथ्या धारणाओं को बदला जा सकता है।

सन्दर्भ

1. *फ्रंटलाइन,* 19, संख्या 23, (नवम्बर 9-22, 2002)।
2. दलित या अछूत शब्द का प्रयोग 1920 के दशक के आरम्भ में दलितों द्वारा एक नई क्रान्तिकारी सामाजिक-राजनीतिक पहचान का दावा करने के लिए किया गया था।
3. ह्यूमन राइट्स वाच, *ब्रोकन पीपुल,* पृ. 8-9
4. 2001 की जनगणना रिपोर्ट।
5. वही।
6. उत्तर प्रदेश (1950 में स्थापित) प्रान्त को पहले संयुक्त प्रदेश (1921), संयुक्त प्रदेश आगरा और अवध (1902), उत्तर-पश्चिम प्रान्त और अवध (1877), एवं उत्तर-पश्चिम प्रान्त (1836) के नाम से जाना जाता था। मैंने भ्रम से बचने और निरन्तरता बनाए रखने के लिए उत्तर प्रदेश शब्द का ही प्रयोग किया है।

7. 1999 में, भारत की स्वतंत्रता के पचास से अधिक वर्षों के बाद चन्द्रभान प्रसाद दिल्ली के एक अंग्रेज़ी अख़बार में नियमित स्तम्भ लिखने वाले लेखक बने। उनके ये साप्ताहिक स्तम्भ, जो *दि पायनियर* में छपते हैं, तेलगू, तमिल, मलयालम, मराठी, बंगाली और हिन्दी में भी अनूदित होकर छपते हैं।
8. बहुजन समाज पार्टी की स्थापना 1984 में, कांशीराम द्वारा भारत के बहुसंख्यक दलितों, पिछड़ी जातियों और धार्मिक अल्पसंख्यक समुदायों का प्रतिनिधत्व करने के लिए की गई थी, पर सभी लोग इसे दलितों की ही राजनीतिक पार्टी के रूप में देखते हैं। इसने अपनी स्थापना से ही उत्तर प्रदेश के राजनीतिक और चुनावी मैदान में उल्लेखनीय प्रगति की है।
9. डेलिगे, *दि अनटचेबिल्स ऑफ़ इंडिया*, पृ. 27-28, दुबे, *अनटचेबिल पास्ट्स*, पृ. 1
10. ब्रिग्स, *दि चमार*, पृ. 15
11. बनारस मंडल के पुलिस अधीक्षक एच.सी. टकर को जॉर्ज कैम्पबेल, मजिस्ट्रेट, आजमगढ़ जनपद का 21 अक्टूबर, 1854 का पत्र, *मवेशियों को ज़हर देने के अपराध से सम्बन्धित पत्र*, भारत सरकार के 1881 के अभिलेखों से चयनित, संख्या 180, पृ. 27
12. वाइज़र एंड वाइज़र, *बिहाइंड मड वॉल्स*, पृ. 53-54
13. लिंच, *दि पॉलिटिक्स ऑफ़ अनटचेबिलिटी*, पृ. 28
14. देखिए, 'एन एंथ्रोपोलोजिस्टस अमंग दि हिस्टोरियंस' में बर्नार्ड कोहन का निबन्ध *चेंजिंग ट्रेडिशंस ऑफ़ ए लो कास्ट*, पृ. 284, यह निबन्ध पहली बार जर्नल ऑफ़ अमेरिकन फोकलोर 71, संख्या 280, (अप्रैल-जून, 1958) पत्रिका में प्रकाशित हुआ था, पृ. 413-21
15. के. सिंह, *दि शेड्यूल्ड कास्टस*, पृ. 301; डेलिगे, *दि अनटचेबिल्स ऑफ़ इंडिया*, पृ. 27-50
16. देखिए, 'एन एंथ्रोपोलोजिस्टस अमंग दि हिस्टोयिंस' में बर्नार्ड कोहन का निबन्ध *नोट्स ऑन दि हिस्ट्री ऑफ़ दि स्टडी ऑफ़ इंडियन सोसाइटी एंड कल्चर*, पृ. 136-71
17. डेलिगे, *दि अनटचेबिल्स ऑफ़ इंडिया*, पृ. 17
18. ब्रिग्स, *दि चमार्स*, पृ. 45
19. डेलिगे, *दि अनटचेबिल्स ऑफ़ इंडिया*, पृ. 28-29
20. कोहन, *दि चैंजिंग ट्रेडिशंस ऑफ़ ए लो कास्ट*, ('एन एंथ्रोपोलोजिस्ट अमंग दि हिस्टोरियंस' में संकलित) पृ. 285
21. डेलिगे, *दि अनटचेबिल्स ऑफ़ इंडिया*, पृ. 29-30
22. मोफेट, *एन अनटचेबिल कम्युनिटी।*
23. डेलिगे, *दि अनटचेबिल्स ऑफ़ इंडिया*, पृ. 63
24. ब्रिग्स, *दि चमार*; वाइज़र और वाइज़र, *बिहाइंड मड वॉल्स*; लिंच, *दि पॉलिटिक्स ऑफ़ अनटचेबिलटी*; जुएर्गेन्समेयर, *रिलिजन एज सोशल विजन*; राय, *ट्रेडीशनल इंडस्ट्री।*
25. देखिए, आजमगढ़ जनपद में गो-हत्या आन्दोलन, पत्रावली संख्या 461, बॉक्स संख्या 57, सामान्य प्रशासन विभाग, ब्लॉक फ़ाइल्स, उत्तर प्रदेश राज्य अभिलेखागार, लखनऊ।
26. चक्रबर्ती, *हैबिटेशंस ऑफ़ मॉडर्निटी*, पृ. 5, चक्रबर्ती भारतीय इतिहास-लेखन में इस तंत्र के मूलभूत तत्त्व पर चर्चा करते हैं।

27. नेहरू, *एन आटोबायोग्राफ़ी,* पृ. 59-64
28. पांडेय, *पीजेंट रिवोल्ट एंड इंडियन नेशनलिज़्म,* पृ. 167-68, 178-79
29. *अवध किसान आन्दोलन की रिपोर्ट,* फ़ाइल संख्या 50, 1921, बॉक्स संख्या 133-34, सामान्य प्रशासन विभाग, उत्तर प्रदेश राज्य अभिलेखागार, लखनऊ।
30. 1921 के किसान आन्दोलन से सम्बन्धित प्रपत्र, फ़ाइल संख्या 1, बाबा रामचन्द्र के प्रपत्र, नेहरू स्मृति संग्रहालय एवं पुस्तकालय, पृ. 21
31. प्रजा संघ, 1929-1934 से सम्बन्धित प्रपत्र, फ़ाइल संख्या 6, दौरे की रिपोर्ट और कार्यक्रम, 1929-1940, फ़ाइल संख्या 7, बाबा रामचन्द्र प्रपत्र, नेहरू स्मृति संग्रहालय एवं पुस्तकालय।
32. *रिपोर्ट ऑन दि सेकंड सेटलमेंट ऑफ़ रायबरेली डिस्ट्रिक्ट,* (रायबरेली जनपद की दूसरी बन्दोबस्त रिपोर्ट), 1898, एस.एच. फ्रेमेंटल, पृ. 19
33. प्रसाद, *अनटचेबिल फ्रीडम,* विशेष रूप से देखें, पृ. 184-91
34. इलैया, *प्रोडक्टिव लेबर, कॉन्शसनेस एंड हिस्ट्री,* पृ. 165-67; अनुसूचित जाति, अनुसूचित जनजाति एवं अन्य पिछड़ा वर्ग शब्दों का निर्माण 1930 के दशक में, औपनिवेशिक और उत्तर-औपनिवेशिक सरकारों की योजनाओं की पहचान और उनका वर्गीकरण करने के लिए किया गया था।
35. ओ'हानलोन, *मराठा हिस्ट्री एज पॉलिमिक,* पृ. 3
36. एस. बेली, *सोसाइटी एंड पॉलिटिक्स इन इंडिया,* पृ. 158, 239-42
37. पुलिस प्रोग्रेस, खंड 101, जुलाई-दिसम्बर 1894, पुलिस विभाग, उत्तर प्रदेश राज्य अभिलेखागार, लखनऊ, पृ. 75-76
38. बाबू रामचरण वास्तव में माली (शूद्र) जाति के थे, न कि दलित जाति के, जैसा कि अधिकतर इतिहासकार मानते हैं। गुप्तू, *दि पॉलिटिक्स ऑफ़ दि अर्बन पुअर,* पृ. 155
39. गुप्तू, *दि पॉलिटिक्स ऑफ़ दि अर्बन पुअर,* पृ. 144; उनका यह अध्याय भी देखिए, *अनटचेबिल असर्सन,* पृ. 141-84
40. एस. बेली, कास्ट, *सोसाइटी एंड पॉलिटिक्स इन इंडिया,* पृ. 229-32
41. प्रसाद, *अनटचेबिल फ्रीडम,* पृ. 82
42. रघुवंशी, *श्री चँवर पुराण।* इस पुस्तक पर तारीख़ अंकित नहीं है, लेकिन ब्रिटिश पुस्तकालय में इसकी प्राप्ति की तारीख़ अगस्त, 1917 दर्ज है।
43. डर्क्स, *कास्ट ऑफ़ माइंड,* पृ. 199, डर्क्स इस विषय को आगे नहीं बढ़ाते हैं, क्योंकि उनका सम्बन्ध जनगणना से है। उनका अध्याय 6 और 10 भी देखिए, जो क्रमशः अभिलेखागार और जाति की गणना पर है।
44. वही, पृ. 123
45. शाहिद अमीन, 'इंट्रोडक्शन', क्रुक, *ए ग्लोसरी ऑफ़ नार्थ इंडियन पीजेंट लाइफ़,* पृ. xxxix, xiv, xix
46. डर्क्स, *कास्ट ऑफ़ माइंड,* पृ. 109

अध्याय-1

मवेशियों को ज़हर देने के आरोप : चमारों को अपराधी बनाने की प्रक्रिया

मैंने अफ़सोस के साथ इस अपराध का संज्ञान लिया है, जिस पर मुझे कभी सन्देह नहीं था, और जिसके दूरगामी प्रभावों को देखते हुए इसे पूरी तरह एक राक्षसी कृत्य कहा जा सकता है। हम सब जानते हैं कि चमार मवेशियों को उनकी खालों के लिए ज़हर देते हैं, पर चूँकि यह काम प्रत्येक चमार करता है, इसलिए यह कभी ख़त्म नहीं होना है। हालाँकि, यहाँ हमारे पास जगह-जगह से लाया हुआ संक्रमित मांस है, जो बीमारी फैला सकता है।

—***विलियम होइ**, 26 अगस्त, 1899*

दुबे (मवेशियों की मौत के) कारण की खोज में गच्चा खा गए। सदन में मृतक गायों की स्थिति पर उन्हें शुरू में पड़ोसी (चमारों) पर ज़हर देने का शक हुआ।

—***टाइम्स ऑफ़ इंडिया**, 1 अप्रैल, 2000*

'उन्नीसवीं शताब्दी के अन्त तक, नौकरशाही द्वारा चमारों को बड़े पैमाने पर मवेशियों को ज़हर देने के आरोप लगाकर उनकी मौत के लिए ज़िम्मेदार ठहराना आम बात हो गई थी। चमारों को अपराधी के रूप में देखने के बारे में विलियम होइ का 1899 का बयान कोई नया आरोप नहीं था। गोरखपुर का वह आयुक्त केवल आधिकारिक विचार को ही संक्षेप में कह रहा था। हालाँकि वह अपनी इस खोज को चमारों की अपराधशीलता की एक नई विशेषता मानता था। फिर भी, मवेशियों को ज़हर देने के आरोप से चमारों का जोड़ा जाना उपनिवेशवाद के अन्त के बाद भी ख़त्म नहीं हुआ।

पहला उद्धरण गोरखपुर मंडल के आयुक्त डब्ल्यू. होइ द्वारा 26 अगस्त, 1899 को भू-अभिलेख एवं कृषि विभाग, उत्तरी-पश्चिमी प्रान्त और अवध के निदेशक को भेजे पत्र से लिया गया है। पत्रावली संख्या 154 (सी), बॉक्स संख्या 27, न्यायिक (अपराध) विभाग, उत्तर प्रदेश राज्य अभिलेखागार।

इसके सौ साल बाद, मैंने लखनऊ में अपने शोध-कार्य के दौरान एक राष्ट्रीय दैनिक पत्र में चमारों के विरुद्ध वही सन्दिग्ध आरोप की ख़बर पढ़ी। मवेशियों की मौतों में अचानक वृद्धि होने पर, लखनऊ नगर निगम की 'गऊशाला' के एक अधिकारी, रंजन दुबे ने चमारों पर सन्देह किया, और उन पर मवेशियों को, उनकी खालों के लिए ज़हर देने का आरोप लगाया। उसने इसकी पुष्टि जाँच के बाद की, क्योंकि स्थानीय चर्मशोधी चर्मकार ने उसे पहले ही बता दिया था कि मृत गायों के पेट में बड़ी संख्या में पॉलिथीन की थैलियाँ हैं।[1] 1899 में एक श्वेत औपनिवेशिक अधिकारी ने चमारों पर मवेशियों को ज़हर देने का आरोप लगाया, और वही आरोप एक शताब्दी बाद एक भारतीय ब्राह्मण अधिकारी ने लगाया।

ये आरोप चमारों को स्वाभाविक अपराधियों के रूप में दर्शाते हैं, क्योंकि इसे उन्होंने चमारों का पेशा मान लिया था। औपनिवेशिक और उत्तर-औपनिवेशिक दोनों काल के अधिकारियों ने तर्क दिया कि चमारों के पास मवेशियों को ज़हर देने का एक आर्थिक मक़सद था, जो अभी भी है। चूँकि चमड़ा निकालना और जूते बनाना चमार जाति का आनुवंशिक पेशा माना जाता है, इसलिए गाँव के भीतर मृत पशुओं को उठाने के नीच काम पर उनका अधिकार माना जाता है। औपनिवेशिक राज्य में पहली बार 1854 में मवेशियों को ज़हर देने की एक वारदात को एक आकस्मिक घटना के रूप में नहीं, बल्कि स्पष्ट रूप से एक 'संगठित और पेशेवर अपराध' के रूप में अलग से विचार करने के लिए रखा गया था। बाद के औपनिवेशिक अधिकारियों ने बार-बार इस तरह के अपराध होने की घटनाओं का दावा किया।[2] शीघ्र ही मवेशियों को ज़हर देने के आरोप के साथ-साथ मवेशियों की चोरी करने और मवेशियों में बीमारी फैलाने के अपराध से भी चमारों को जोड़ा जाने लगा।

औपनिवेशिक राज्य का आरोप केवल परम्परा पर आधारित नहीं था। उसने अपनी स्थापना (थीसिस) की पुष्टि के लिए 'आधुनिक वैज्ञानिक' तरीक़ों को भी लागू किया। विशेष रूप से मवेशियों को ज़हर देने की घटनाओं में संखिया (आर्सेनिक) का उपयोग साबित करने के लिए अधिकारियों ने रासायनिक परीक्षण करके वैज्ञानिक आधार पर चमारों को उनके अपराध के लिए दोषी बनाया। यह माना गया कि एक चमार (हालाँकि दूसरे लोग नहीं) अगर संखिया को अपने पास रखता है, तो वह ऐसा अपराध के इरादे से ही करता है, जो उसकी गिरफ़्तारी का पर्याप्त आधार है। दिलचस्प बात यह है कि यह तर्क चमड़े के व्यवसाय में लगे ग़ैर-चमारों पर लागू नहीं किया गया। फिर भी एक 'संगठित और पेशेवर अपराध' की औपनिवेशिक कहानी, जो महानगरीय अभिलेखागारों में मौजूद है, सभी औपनिवेशिक अधिकारियों की जाँच का सामना नहीं कर सकी। कई स्थानीय अधिकारियों के नोट्स वाले ऐसे औपनिवेशिक स्रोत प्रान्तीय अभिलेखागारों में उपलब्ध हैं, जो चमारों के चमड़े के व्यवसाय, मवेशियों और कृषि से जुड़े होने के साक्ष्य देकर प्रमुख कहानी को चुनौती

देने के प्रमाण इस सुझाव के साथ देते हैं कि 'संगठित और पेशेवर अपराध' में लिप्त रहने से पृथक, चमार जाति के लोग कच्चे चमड़े के निर्यात में वैध उद्यमियों के रूप में शामिल थे, जो चमड़े के व्यवसाय में लगे हुए मुस्लिम और अन्य लोगों से कम पेशेवर नहीं थे।

अहीरों और जाटों की तरह, चमारों को 1871 के आपराधिक जनजाति अधिनियम के अन्तर्गत अपराधशील जाति के रूप में वर्गीकृत नहीं किया गया था, परन्तु फिर भी उनको उन्नीसवीं सदी के दौरान अपराधी जातियों के रूप में वर्णित और लक्षित किया गया।[3] 1881 की जनगणना के अनुसार, चमार जाति उत्तर प्रदेश की सबसे बड़ी जनसंख्या वाली हिन्दू जाति थी, जो सम्पूर्ण हिन्दू आबादी का 41.1 प्रतिशत थी। (परिशिष्ट तालिका-1)[4] औपनिवेशिक राज्य चमारों को अपराधी जाति के रूप में इसलिए वर्गीकृत नहीं कर सका, क्योंकि चमारों की उपस्थिति राज्य में एक विशाल कृषक समूह के रूप में थी, और वे कृषि उत्पादन की कला में अच्छी तरह से व्यवस्थित थे। यही कारण है कि इसने अंग्रेज़ों को अहीरों, गुर्जरों, जाटों और चमारों को आपराधिक प्रवृत्तियों वाली जातियों के रूप में कृषक समुदायों के बीच बसाने से नहीं रोका।

आनन्द यांग की दलील है कि वंशानुगत अपराधियों की धारणा उन्नीसवीं सदी के ब्रिटेन में प्रचलित आपराधिक सिद्धान्तों के अनुरूप थी। औपनिवेशिक राज्य ने माना कि 'ख़तरनाक जातियों की न केवल आसानी से पहचान हो सकती थी, बल्कि उनकी आपराधिक प्रवृत्तियाँ भारतीय समाज की संरचना और कार्यप्रणाली में भी गहराई से जुड़ी हुई थीं', और यह धारणा जातियों के ठोस विभाजन पर आधारित थी।[5] आपराधिक प्रवृत्तियों वाले समूह, शूद्र और अछूत समुदायों से सम्बन्धित ख़तरनाक जातियों से थे। 'आनुवंशिक प्रवृत्तियों' के अतिरिक्त, औपनिवेशिक राज्य ने अपराधशील जातियों और जनजातियों की दो और विशेषताओं की पहचान की उनकी घुमन्तू जीवन-शैली और हिन्दू धर्म में उनकी निम्नतम स्थिति।[6] यांग के तर्क का विस्तार करते हुए, संजय निगम ने दावा किया कि भारतीय समाज के बारे में प्राच्यवादी मान्यताओं पर आधारित औपनिवेशिक विमर्श ने अपराधशील जातियों और जनजातियों के सम्बन्ध में रूढ़ धारणाओं का निर्माण किया। अपराध करने की इस तरह की अनर्गल उत्पत्ति का 'तथ्यों और आँकड़ों' से बहुत कम मेल खाता था, लेकिन उसने व्याख्या और तर्क के बजाय एक ऐसी प्रणाली दी, जिसने इन अपराधों के रिकॉर्ड को पहले से मौजूद साँचे में ढालने में मदद की।[7] राजस्थान के मेव समुदाय पर अपने अध्ययन में, शैल मायाराम स्पष्ट करती हैं कि 'अपराधशीलता की कहानियों का निर्माण बाक़ायदा जाँच-पड़ताल और गवाहों की 'वैज्ञानिक' पद्धतियों की आड़ में हुआ है।' मेव समुदाय की अपराधशीलता का निर्माण उनके पूर्व-इतिहास और पुलिस की रिपोर्टों के आधार पर नहीं हुआ, बल्कि उसके पीछे औपनिवेशिक बुद्धिजीवियों का कौशल है।[8]

इसमें ज़रा भी सन्देह नहीं कि उन्नीसवीं सदी के मानवविज्ञानी साहित्य ने (जिसमें जातियों और जनजातियों की जनगणना और स्थितियाँ शामिल हैं) उन्नीसवीं सदी में निम्न जातियों और जनजातियों को जन्म से अपराधी मानने के ब्रिटिश विचारों के आधार पर रूढ़ धारणाओं के निर्माण में महत्त्वपूर्ण भूमिका निभाई थी। चमार जाति के मामले में भी औपनिवेशिक राज्य ने मवेशियों को ज़हर देने के कार्य से उनके जातिगत पेशे को जोड़कर रूढ़ धारणा को गढ़ा था। दरअसल, औपनिवेशिक इतिहास-लेखन हमें एक ऐसी कहानी बताता है, जो उत्तर प्रदेश के चमार समुदाय को एक 'स्वाभाविक' अपराधी के रूप में पेश करती है। हालाँकि, प्रान्तों और ज़िलों में उपलब्ध औपनिवेशिक अभिलेखागारों का विश्लेषण करके चमारों का एक वैकल्पिक इतिहास लिखा जा सकता है। उदाहरण के लिए, उत्तर प्रदेश के पूर्वी ज़िलों से पुलिस की रिपोर्टों में मवेशियों को ज़हर देने के दस्तावेज़ भी हमें चमड़े के व्यवसाय और मवेशियों के साथ चमारों के सम्बन्ध में दिलचस्प बातें बताते हैं। इस तरह के साक्ष्य सन्देह पैदा करने का काम करते हैं, विसंगतियों को उजागर करते हैं और अखिल भारतीय रिवायतों के साथ समस्या खड़ी करते हैं।[9]

अपराधशील जातियों के इतिहास-लेखन ने, जो औपनिवेशिक लेखकों द्वारा रूढ़िवादी धारणाओं के आधार पर लिखे गए हैं, उनके उभार को मुख्यधारा के औपनिवेशिक विमर्श के भीतर मज़बूती से स्थापित किया है। चमारों के रूढ़िवादी वर्णन के लिए औपनिवेशिक राज्य को अपराधी के रूप में दोष देने से यह सवाल उठता है कि हिन्दू समाज ने इन औपनिवेशिक धारणाओं को स्वीकार कैसे कर लिया? एंड्रयू मेजर के इस दावे में कुछ दम है कि वंशानुगत घुमन्तू अपराधी की रूढ़ धारणा पूरी तरह हवा में नहीं बनी थी।[10] महाराष्ट्र के महार अछूतों द्वारा मवेशियों को ज़हर देने की घटना को जातिगत अपराध के रूप में देखने के बजाय हिरोयुकी कोटानी का मत है कि यह निम्न स्थिति के ग्राम अधिकारियों (महार वतनदारों) की प्रभु किसान समूहों के ख़िलाफ़ अपने संघर्ष में वतनदारों की सेवा पर अपना नियंत्रण बनाए रखने की एक रणनीति थी।[11] इस सम्बन्ध में औपनिवेशिक क़ानून और अपराधशील समुदायों पर राधिका सिंह का सूक्ष्म अध्ययन औपनिवेशिक विमर्श की हालिया आलोचनाओं का एक अपवाद है।[12] ग़रीब और नीची जातियों के प्रति सवर्ण हिन्दुओं का दृष्टिकोण भी 'जन्म से अपराधी' होने के तर्कों पर आधारित था। हिन्दू समाज के कुछ वर्ग भी चमार और अन्य दलित जातियों को अपराधशील मानने की औपनिवेशिक स्थापनाओं को सच मानते थे।

चमारों को अपराधी बनाने का कार्य

औपनिवेशिक अधिकारियों ने पूर्ववर्ती अधिकारियों की रिपोर्टों और उनके निष्कर्षों को ही प्रमाण माना और उन पर भरोसा किया, जिनमें अधिकांश में चमारों को अपराधी बताया गया था। जाति और अपराध के बीच इस सम्बन्ध को क़ायम करने का काम 1850 और 1870 के दशकों में हुआ, जिसके ऐतिहासीकरण ने उसे आधिकारिक प्रमाण के रूप में महत्त्वपूर्ण बना दिया। एक चिकित्सा अधिकारी, नॉर्मन चेवर्स ने 1870 में उल्लेख किया था कि मवेशियों को ज़हर देना कोई नया अपराध नहीं था। उसने इस बात का दावा किया कि प्राचीन काल में हिन्दुओं को मवेशियों की ज़हरखुरानी के प्रति आगाह किया जाता था और मनुस्मृति में गाय के शव को चमारों के हाथों में पड़ने से रोकने और उसे ठिकाने लगाने के तरीक़े बताए गए हैं। चेवर्स ने चमारों की तुलना इंग्लैंड (और यूरोप) के जिप्सियों से की, जो मवेशियों को ज़हर देने के इस कार्य के लिए कुख्यात थे। चेवर्स ने 1854 में चमारों द्वारा भारत के विभिन्न भागों में मवेशियों को ज़हर देने की कुछ अलग-अलग घटनाओं का वर्णन करते हुए, ज़हरखुरानी की इस आश्चर्यजनक व्यापक प्रणाली को खोजने का श्रेय आजमगढ़ के मजिस्ट्रेट जॉर्ज कैंपबेल को दिया, जिसका सम्बन्ध कच्ची खालों और आर्सेनिक (संखिया) के व्यापार से जुड़ा हुआ था। चेवर्स के अनुसार, इस अपराध की पहली सूचना 1831 में एक ब्रिटिश अधिकारी द्वारा उत्तर प्रदेश के ग्रांड ट्रंक मार्ग पर दी गई थी, तब तक इसे एक संगठित अपराध के रूप में विकसित नहीं किया गया था।[13] चेवर्स के इस विवरण को भारतीय पशु प्लेग आयोग द्वारा, भारत में मवेशियों को ज़हर देने का इतिहास लिखने में, अपनी रिपोर्ट में बड़े पैमाने पर उद्धृत किया गया। आयोग की रिपोर्ट में मवेशियों को ज़हर देने की कई घटनाओं को सूचीबद्ध किया गया है, जैसे 1846 में बाम्बे प्रेसीडेंसी के शोलापुर में, 1851 में बिहार के सारण ज़िले में, 1852-53 में बंगाल के पुबना और जेस्सोर में तथा 1860 में मद्रास प्रेसीडेंसी और पंजाब में अनेक घटनाएँ।[14] लेकिन मवेशियों को ज़हर देने की संगठित योजना के अस्तित्व को उत्तर प्रदेश के लिए अनोखा कृत्य माना गया। आयोग ने मवेशियों को ज़हर देने की संगठित योजना के लिए बार-बार 1854 में जॉर्ज कैंपबेल द्वारा की गई जाँच को ही सबसे महत्त्वपूर्ण खोज के रूप में चुना।[15] कैंपबेल की रिपोर्ट में अपराध के दो वैधानिक साक्ष्यों पर ज़ोर दिया गया है पहला, यह कि चमार अपने पास संखिया रखते हैं, जो उनके अपराधी होने का सुबूत है, और दूसरा यह कि उनके द्वारा अपराध स्वीकार किया गया। ये दोनों चीज़ें बाद में मवेशियों को ज़हर देने के मामलों में सन्दर्भ बिन्दु बन गईं और चमारों के उत्पीड़न का मुख्य कारण भी।

जॉर्ज कैंपबेल ने अपराध की पहली रिपोर्ट 1854 में तब तैयार की थी, जब उन्होंने 54 व्यक्तियों को 'खाल निकालने के मक़सद से' गाय को ज़हर देकर मारने के आरोप में गिरफ़्तार किया था। अक्टूबर के अन्त तक उन्होंने लगभग पन्द्रह सौ चमारों को गिरफ़्तार किया था, जिनमें से पाँच सौ चमारों को दोषी पाया गया था। कैंपबेल के अनुसार, चमारों पर मुक़दमा चलाने के लिए महत्त्वपूर्ण सबूत उनके पास संखिया का होना था, और कैंपबेल द्वारा उन पर सभी पाँचों आरोप इस तरह बनाए गए—एक, 'खाल के इरादे से मवेशी को ज़हर देने की साज़िश करना', दो, 'खालों के लिए मवेशियों को ज़हर देने के विचार से लोगों में संखिया बाँटना', तीन, 'ग़ैर-क़ानूनी काम के लिए बड़ी मात्रा में संखिया बेचना', चार, 'संखिया को इस दृढ़ इरादे के साथ गुप्त रूप से बेचना कि उसका उपयोग अवैध कार्य के लिए किया जाए', और अन्तिम पाँच, 'खालों के लिए ही कुछ व्यक्तियों के मवेशियों को ज़हर देना।'[16]

अपनी छानबीन के दौरान, कैंपबेल और उसके सहायकों ने कई चमारों से यह क़बूलनामा भी प्राप्त किया कि उन्होंने संखिया का उपयोग किया है। और दिलचस्प यह कि उसने यह भी लिखा कि अपराध का यह क़बूलनामा अब तक भारत में अज्ञात लोक-भावना की अभिव्यक्ति थी। यह जानकर कि मवेशियों को ज़हर देने में संखिया का बड़े पैमाने पर इस्तेमाल किया जा रहा था, कैंपबेल ने माना कि बड़ी संख्या में लोग विनाश के इस भयानक तरीक़े से परिचित थे।[17] उसने कामयाबी के साथ उत्तर प्रदेश के पूर्वी ज़िलों में अपराध को एक महामारी के रूप में वर्णित करते हुए, चमारों की छवि को एक हिंसक और ख़तरनाक अपराधी के रूप में गढ़ा। इस आधार पर, उसने सरकार से इस ख़ास अपराध को रोकने के लिए सख़्ती से क़ानूनों को लागू करने और संखिया की बिक्री को क़ानून के दायरे में लाने की माँग की।

कैंपबेल की छानबीन के तरीक़े का दूसरा महत्त्वपूर्ण पहलू अपराध के आर्थिक मक़सद पर ज़ोर देना था। उसने संखिया का वितरण करने में शामिल उन चमड़ा ख़रीदारों और व्यापारियों के गिरोह का पता लगाया, जो गाँव के चमारों को संखिया ख़रीदने और बाँटने के लिए धन उधार देते थे, जिससे यह (मवेशियों को ज़हर देने का) क्रम शुरू हुआ।[18] उसने पूर्वी उत्तर प्रदेश में अपराध के मुख्य केन्द्रों के रूप में दो व्यापारिक नगरों का पता लगाया—आजमगढ़ ज़िले में कोपागंज और गोरखपुर ज़िले में बहादुरगंज। कोपागंज में कैंपबेल की जाँच से हमें इस तथाकथित गिरोह (नेटवर्क) से सम्बन्धित जानकारी का पता चलता है, जिसके अनुसार, पटना के व्यापारी कलकत्ता से बड़ी मात्रा में संखिया मँगाते थे और कोपागंज के उन सौदागरों को बेचते थे, जो पूर्वी उत्तर प्रदेश में चमड़ा व्यापारियों और चमारों को पहुँचाते थे। संखिया की सप्लाई करनेवाले लोग चमारों से संखिया के एक-तिहाई के बदले में खालें ख़रीदते थे और जो बाक़ी बचता था, उसका नक़द भुगतान करते थे।

नक़द लेन-देन में संखिया की जो क़ीमत होती थी, उसे खालों की क़ीमत में से घटा दिया जाता था। जो दलाल होते थे, वे संखिया और खालों की क़ीमत पर एक प्रतिशत कमीशन वसूल करते थे। चमड़ा-सौदागर बहुत ही कम क़ीमत पर काफ़ी मात्रा में खालें ख़रीदते थे, जबकि व्यापारी अवैध संखिया को अपनी बढ़ी हुई क़ीमतों के साथ बेचकर भी मुनाफ़ा कमाते थे। कैंपबेल के अनुसार, व्यापारी 'गोपनीयता की शपथ' लेकर, ग्रामीण इलाक़ों में घूम-घूमकर, चमड़े के लिए अग्रिम रूप में अपने एजेंटों को ज़हर का वितरण करते थे, जो बाद में उसे गाँव के चमारों को बाँटते थे।[19] इसमें सन्देह नहीं कि कैंपबेल की रिपोर्ट में विभिन्न स्तरों पर साज़िश चल रही थी।

उन्नीसवीं सदी के अन्त तक औपनिवेशिक विमर्श ने वह धारणा पहले ही स्थापित कर दी थी, जिसमें जाति और व्यवसाय के बीच सम्बन्ध को वंशानुगत माना गया था। इसीलिए, 1854 की कैंपबेल की रिपोर्ट में इस बात को ज़ोर देकर कहा गया कि चमारों की जाति और पेशा उनको मृत पशुओं को उठाने का अधिकार देता है। इसमें वह 'उस प्रणाली का सन्दर्भ देता है, जिसके तहत मृत पशुओं की लाशों और खालों पर चमारों का अधिकार हो जाता है।' कैंपबेल के अनुसार, 'इस प्रणाली के अन्तर्गत चमार किसानों को अपनी कुछ सेवाएँ देते हैं, जिसके बदले में वे किसानों के उन मवेशियों को उठाते हैं, जो मर जाते हैं।' कैंपबेल का निष्कर्ष था कि 'चमार किसी ख़ास पशु को ज़हर देते हैं, और जब वह मर जाता है, तो प्रचलित इक़रारनामे की शर्त के अनुसार वे उसकी लाश पर क़ब्ज़ा कर लेते हैं।'[20] इसी तरह कैंपबेल ने, आजमगढ़ के राजपूतों में कन्या-भ्रूण हत्या पर अपनी जाँच-रिपोर्ट में ऐसे मामलों में उच्च वृद्धि के लिए उनकी जाति को ही ज़िम्मेदार ठहराया था।[21] 1830 के दशक में, अपने अभियानों में औपनिवेशिक ठगी विभाग द्वारा जाति और अपराध के बीच सम्बन्ध क़ायम करने के लिए और भी अधिक मज़बूती से तर्क दिया गया था। भारत में ठगों के विरुद्ध अभियान के संस्थापक, डब्ल्यू.एच. स्लीमैन ने लगातार यह तर्क दिया कि भारत में अपराध जाति के आधार पर स्थापित हुए हैं।[22] ठगी अधिनियम 1836 और 1843 के सन्दर्भ में, राधिका सिंह की दलील है कि व्यक्तिगत रूप से दोष क़ायम करने की अपेक्षा सामूहिक आपराधिक समुदाय पर मुक़दमा चलाना आसान था।[23] लगभग आधी सदी बाद, 1899 में, विलियम होइ ने मवेशियों को ज़हर देने के अपराध से चमारों का सम्बन्ध स्वाभाविक और विश्वसनीय माना।[24]

1869 में सरकार ने पशु-रोगों के क्षेत्र का दस्तावेज़ीकरण करने के लिए जाँच करवाई और ब्रिटिश सरकार ने उस जाँच का विस्तार अन्य प्रान्तों में भी किया। पशु-मौतों के लिए औपनिवेशिक चिन्ता का उत्तर प्रदेश में एक तात्कालिक बड़ा कारण था—एक अत्यन्त उच्च पशु मृत्यु-दर की 'खोज'। 1869 में सरकार को हरदोई और बाँदा ज़िलों में असामान्य रूप से पशुओं की लगातार मौतों की रिपोर्ट प्राप्त हुई।

बाँदा में जून में, अनुमानित 5,035 पशुओं में से 2,461 पशुओं की मौत हो चुकी थी।[25] इस असामान्य मृत्यु-दर को, जो औपनिवेशिक सरकार पर एक धब्बा था, समझने की आवश्यकता है। उस समय, पशुओं की इस उच्च मृत्यु-दर के लिए अधिकांश जनता की समझ ने इन मौतों को 'पुच्छिमा' अर्थात 'पश्चिमी' बीमारी का नाम दिया था, जिसे यूरोप में रिंडरपेस्ट (एक तरह का पशु-प्लेग या पशुओं के पैरों और मुँह में होने वाली बीमारी) के रूप में जाना जाना जाता था। लोगों के इस मत ने, इस बीमारी के प्रसार के लिए सरकारी पशुओं को ज़िम्मेदार ठहराया क्योंकि सैनिक छावनियों में पशुओं को भार ढोने, उपभोग करने तथा प्रजनन के मक़सद से लाया जाता था, जो पशुओं में प्लेग की बीमारी के लिए ज़िम्मेदार थे। वे जानते थे कि उन पशुओं को इंग्लैंड से आयात किया जाता था। बंगाल सरकार के पशु चिकित्सक, एच. फैरेल यह साबित करना चाहते थे कि रिंडरपेस्ट (इसे और भी कई नाम दिये गए हैं) की बीमारी का एक स्थानीय इतिहास था, और वह हाल ही में बाहर से नहीं आई थी।[26] 1857 का ग़दर अभी भी उनके दिमाग़ों में ताज़ा था, इसलिए अंग्रेज़ों को यह अच्छी तरह मालूम था कि अफ़वाहों से उनकी सत्ता पर आँच आ सकती है। 1869 की जाँच औपनिवेशिक राज्य के ख़िलाफ़ लोगों के आरोपों की एक व्यापक प्रतिक्रिया थी, और उसके नतीजे समान रूप से औपनिवेशिक सत्ता पर लगे आरोपों का खंडन करने की माँग करते थे।

बंगाल प्रान्त में फैरेल की जाँच हमें बताती है कि भारत में मवेशियों में इस तरह की बीमारियाँ हर साल होती थीं, जो एक नियमित अन्तराल पर महामारी बन जाती थी।[27] उसने रिंडरपेस्ट के अस्तित्व का यह कहकर खंडन किया कि आमतौर से रिंडरपेस्ट से होने वाली उच्च मृत्यु-दर की तुलना में मवेशियों की सालाना मौतें कम हुई थीं। उसका रिंडरपेस्ट के अस्तित्व को मानने से इनकार करने का मतलब पश्चिम से आयातित मवेशियों की वजह से मवेशियों की मौतों को भी अस्वीकार करना था। इस आशय का एक महत्त्वपूर्ण बयान 1871 के भारतीय पशु प्लेग आयोग की रिपोर्ट में पेश किया गया था। इसके अलावा, आयोग का आरोप था कि चमारों ने पशुओं को ज़हर देने के लिए पशुओं में प्लेग फैलने की अफ़वाह का लाभ उठाया, क्योंकि पशुओं में प्लेग और ज़हर के लक्षण अक्सर बहुत समान होते थे, जिससे दोनों के बीच अन्तर करना मुश्किल हो जाता था। आयोग अपनी रिपोर्ट में इस उल्लेखनीय निष्कर्ष पर पहुँचा कि 'पशुओं में उच्च मृत्यु-दर मुख्य रूप से चमारों द्वारा ज़हर देकर मारने से हुई थी, जो पशुओं में 'मुरेन' (मुँह पका, रिंडरपेस्ट) की आड़ में ज़हर देने का काम करते थे।'[28]

1857 और 1870 के बीच पशुओं को ज़हर देने की शायद ही कोई सूचना मिलती है। इस तरह की सूचना तब तक नहीं मिली, जब तक कि 1873 और 1878 में गोरखपुर से आर.डी. स्पेडिंग की रिपोर्ट नहीं आई, जिसने एक बार फिर

उत्तर प्रदेश के पूर्वी ज़िलों में मवेशियों को ज़हर देने के अपराध का पता लगाया था। 1857 के ग़दर के दुष्परिणाम के बाद और भारत का शासन ईस्ट इंडिया कम्पनी से ब्रिटिश ताज के नियंत्रण में आने के बाद, अधिकारियों के लिए कुछ नई चिन्ताएँ महत्त्वपूर्ण हो गई थीं, जिनमें से एक उत्तर भारत में फिर से ब्रिटिश प्रशासन को स्थापित करना था। स्पेडिंग की रिपोर्ट से पहले, 1869 की पशु-रोग सम्बन्धी रिपोर्ट, 1871 की भारतीय पशु प्लेग आयोग की रिपोर्ट ने चमारों द्वारा पशुओं को बाक़ायदा ज़हर देकर मारने का उल्लेख किया है। स्पेडिंग की 1873 और 1878 की रिपोर्टें चमारों को पशुओं को ज़हर देने के 'संगठित अपराध के लिए ज़िम्मेदार ठहराने के पूर्व के विवरणों पर आधारित थीं।'[29] इसके अतिरिक्त, कैंपबेल और स्पेडिंग की जाँचों में एक समानता विशेष रूप से उल्लेखनीय है और वह यह कि दोनों जाँचों में मवेशियों को ज़हर देने के बारे में लोगों द्वारा सूचना या रिपोर्ट देने का कोई साक्ष्य नहीं दिया गया है। दोनों ज़िला मजिस्ट्रेटों, कैंपबेल और स्पेडिंग ने अपनी ही पहल पर पुलिस से जाँच कराई। चूँकि, मवेशियों को ज़हर देना अभी तक संज्ञेय अपराध नहीं था, इसलिए इसकी जाँच के लिए ज़िला मजिस्ट्रेट से पूर्व अनुमति की आवश्यकता थी।

स्पेडिंग की 1873 और 1878 की रिपोर्टों में सबसे प्रमुख विशेषता यह है कि उन्होंने पहली बार चमारों के परम्परागत व्यवसाय और मवेशियों को ज़हर देने के बीच स्वाभाविक सम्बन्ध माना। किन्तु वे यह महसूस नहीं कर सके कि अपराध के लिए आर्थिक मक़सद को बढ़ावा देना आवश्यक था। इस तरह स्पेडिंग ने किसी पुख़्ता सबूत के बजाय, केवल सन्देह के आधार पर चमारों के ख़िलाफ़ पुलिस जाँच शुरू की, और संखिया रखने वाले चमारों को गिरफ़्तार किया। उसका ध्यान केवल संखिया के उपयोग और 'संगठित' रूप से मवेशियों को ज़हर देने के 'ख़्याली' विचार पर था। उसकी नज़र में खालों के मुस्लिम व्यापारियों का काम केवल खालों के लिए सलाह देने तक सीमित था।[30] खालों के मुस्लिम और चमार व्यापारियों के बीच अन्तर करते हुए स्पेडिंग गोरखपुर से निचले बंगाल तक फैले संखिया के वितरण-तंत्र को दिखाकर, ज़हर देने और बाँटने के दोनों कामों में चमारों के लिप्त रहने की भूमिका को साबित करना चाहता था। विशेष रूप से उसने पूर्वी उत्तर प्रदेश में संखिया के प्रमुख वितरक के रूप में दीनापुर (बंगाल) के बुलाकी चमार की भूमिका पर प्रकाश डाला, जो आजमगढ़ के तूफ़ानी चमार तथा गोरखपुर के कतवारू, रामगति, चितानी, जतन, और भजन आदि चमारों को संखिया का वितरण करता था।[31] स्पेडिंग की रिपोर्ट मवेशियों को ज़हर देने की रिपोर्ट का दस्तावेज़ीकरण करने के व्यापक प्रयासों का हिस्सा थी। कैंपबेल की तरह, स्पेडिंग का भी निष्कर्ष था कि इस अपराध को संखिया की बिक्री पर पाबन्दी लगाकर ही रोका जा सकता है।

1880 के दशक तक पुलिस रिपोर्टों ने चमारों की आपराधिकता के नये तथ्यों का पता लगाना शुरू कर दिया था। चमारों पर सिर्फ़ ज़हर देने का ही नहीं, बल्कि मवेशियों के ख़िलाफ़ अपराध करने का पूरा शिकंजा ही कस दिया गया। दलील यह दी गई कि मवेशियों को ज़हर देने के ख़िलाफ़ पुलिस की कड़ी कार्यवाही के परिणामस्वरूप, चमारों ने अपने-आप को मवेशी चोरी के अपराध में बदल लिया था। पहली बार इस घटना को अवध क्षेत्र में 1883 में बाराबंकी की पुलिस रिपोर्टों में देखा गया।[32] पर शीघ्र ही इस तरह का अपराध पूर्वी उत्तर प्रदेश के मिर्ज़ापुर और ग़ाज़ीपुर जैसे अन्य ज़िलों में भी पाया गया।[33] इस 'बदलाव' के एक अन्य पहलू को ध्यान में रखते हुए, 1894 की पुलिस रिपोर्टों में दावा किया गया कि "चमारों ने ज़िन्दा मवेशियों की खाल उतारने का और भी क्रूर तरीक़ा अपना लिया है", और "इस तरह की क्रूर वारदातें बनारस, जौनपुर और बाद में बलिया ज़िलों में पाई गई थीं।"[34] बनारस और जौनपुर ज़िलों से यह अपराध 1894 तक गोरखपुर में फैला। 1894 और 1895 की रिपोर्टों में दावा किया गया कि ज़िन्दा मवेशियों की खाल उतारने का यह कार्य पूर्वी उत्तर प्रदेश के सभी ज़िलों—आजमगढ़, बनारस, बलिया, मिर्ज़ापुर, गोरखपुर, ग़ाज़ीपुर और जौनपुर में फैल गया।[35]

अगस्त, 1899 में गोरखपुर मंडल के आयुक्त, विलियम होइ ने चमारों पर आजमगढ़ ज़िले में बाक़ायदा गाँव-गाँव में मवेशियों में प्लेग फैलाने का आरोप लगाया। होइ ने जो पता लगाया था, उसे वह चमारों की आपराधिकता का एक नया पहलू मानता था। उसके अनुसार, चमार बीमारी फैलाने के लिए संक्रमित मांस को एक स्थान से दूसरे स्थान पर ले जाते थे, जो मवेशियों को ज़हर देकर मारने की तुलना में एक सुरक्षित तरीक़ा था। उसने सरदा के एक गाँव के हरनारायण सिंह द्वारा की गई शिकायत का उल्लेख किया, जिसमें दावा किया गया था कि चार चमार महिलाएँ पूजा करने की आड़ में दूषित मांस को गाँव-गाँव ले जाकर बीमारियाँ फैला रही थीं।[36] होइ के आरोप भारतीय पशु प्लेग आयोग की 1871 की उस रिपोर्ट से मेल खाते हैं, जिसमें कहा गया था कि आजमगढ़ में जानलेवा पशु प्लेग से बड़ी संख्या में पशुओं की मौतें हुई थीं। होइ चमारों पर आरोप लगाते हुए, प्रशासन को उसकी ज़िम्मेदारियों से दोषमुक्त साबित कर रहा था।

होइ ने एक सरकारी जीवाणु विशेषज्ञ, एल. रोजर्स की रिपोर्ट के रूप में अपनी बात का समर्थन करने के लिए एक वैज्ञानिक तर्क दिया। रोजर्स, होइ के इस मत से सहमत था कि 'एक गाँव से दूसरे गाँव में मांस ले जाने के माध्यम से संक्रमण फैलना सम्भव था।'[37] उसने सिफ़ारिश की कि प्लेग को फैलने से रोकने का सबसे कारगर तरीक़ा यह होगा कि रिंडरपेस्ट से मरने वाले सभी मवेशियों को दफ़ना दिया जाए, लेकिन इसके लिए क़ानून की ज़रूरत होगी।

उसने, हिमालयन क्षेत्र के अपने अनुभवों के आधार पर यह भी कहा कि यह व्यापक मान्यता है कि चमार बीमारी फैलाते हैं। भू-अभिलेख एवं कृषि विभाग के निदेशक, डब्ल्यू.एच. मोरलैंड ने इन सुझावों का समर्थन किया और उनको चमारों के विरुद्ध एक सामान्य नीति अपनाने के लिए उत्तर प्रदेश सरकार को भेज दिया।[38] इसके उपरान्त, 7 दिसम्बर, 1899 को उत्तर प्रदेश सरकार ने प्रदेश के सभी आयुक्तों को मोरलैंड के सुझावों को स्वीकार करने के लिए आदेश जारी कर दिया। इस आदेश में पहली बात यह कही गई थी कि चमार लोग कृत्रिम रूप से मवेशियों में प्लेग फैलाते हैं, इसलिए बीमारी से मवेशियों की हुई मौत के मामलों की जाँच की जानी चाहिए। दूसरी बात यह कही गई थी कि किसानों को यह सलाह दी जाए कि वे 'बीमारी से मरने वाले मवेशियों के शवों को नष्ट करने के लिए उन्हें दफ़ना दें, और कभी भी चमारों को न दें।'[39] चमारों के ख़िलाफ़ होइ का आरोप कोई अपवाद नहीं था। 1899 तक उसके विचार ने साहित्य में पर्याप्त जगह बना ली थी, जो बताता है कि चमारों और पशु-प्लेग के बीच पहले ही सम्बन्ध बना दिया गया था। 1873 में स्पेडिंग से लेकर 1899 में होइ तक, औपनिवेशिक अधिकारी बार-बार उन्हीं दावों पर विश्वास जताते थे, जो उनसे पहले के अधिकारियों ने चमारों और पशुओं की मौतों के बीच, जो चाहे ज़हर देने, बीमारी या प्लेग के माध्यम से हुई हों, एक 'स्वाभाविक' सम्बन्ध का दावा किया था।

संखिया की भूमिका : पहला सन्देह

वास्तव में, मवेशियों को ज़हर देने के संगठित अपराध की कहानी का प्रमुख खाका औपनिवेशिक राज्य में उन्नीसवीं सदी के उत्तरार्द्ध में तैयार किया गया था। हालाँकि, औपनिवेशिक स्रोत स्पष्ट रूप से सांस्कृतिक समुदायों के बारे में सामान्यीकरण से सम्बन्धित नहीं हैं, पर कुछ समुदायों के ख़ास व्यवसाय मवेशियों को ज़हर देने के वैकल्पिक इतिहास का सुझाव देते हैं। अपराध की इस औपनिवेशिक समझ के केन्द्र में संखिया की भूमिका प्रमुख थी, और अधिकारियों की माँग उस पर प्रतिबन्ध लगाने की थी। किन्तु, संखिया के व्यापार पर न तो प्रतिबन्ध लगा और न उसका कोई क़ानून बना। प्रतिबन्ध के विरोध का समर्थन करते हुए कुछ अधिकारियों और स्थानीय पदाधिकारियों ने अपनी रिपोर्टों में स्वीकार किया कि संखिया एक महत्त्वपूर्ण रसायन है, जिसका उपयोग चिकित्सा और वाणिज्यिक उद्‌देश्यों के लिए किया जाता है, जिसमें खालों का अनुरक्षण भी शामिल है।

सबूत न होने के बावजूद, कैंपबेल ने ज़ोर देकर कहा कि मवेशियों को ज़हर देने के लिए संखिया का इस्तेमाल किया गया था, क्योंकि वह यह मानता था कि चमारों ने ऐसा ज़रूर किया होगा। संखिया के कारोबार पर 1854 की अपनी रिपोर्ट में,

कैंपबेल ने तर्क दिया कि संखिया का आयात मुख्य रूप से मवेशियों को ज़हर देने के लिए किया गया था, और पिछले दो या तीन सालों में, ख़ासकर पिछले साल इसके आयात में अधिक वृद्धि हुई थी।[40] उसका दावा था कि 1853 और उसके बाद से संखिया का प्रचुर मात्रा में निर्माण हुआ, और उसके आयात में भारी वृद्धि हुई, जिससे उसकी क़ीमत में भी कमी आई। बंगाल प्रान्त ने कैंपबेल के दावे की जाँच की और तर्क दिया कि पिछले चार सालों में सफ़ेद संखिया के आयात के सम्बन्ध में सीमा-शुल्क के कलेक्टर के बयान से ऐसा प्रतीत होता है कि संखिया के आयात में कोई वृद्धि नहीं हुई है, जैसाकि कैंपबेल ने माना था, बल्कि कमी आई थी।[41]

यद्यपि 1870 के दशक में स्पेडिंग की जाँच ने संखिया पर नये सिरे से ध्यान केन्द्रित किया, जिससे उसके उपयोग की जाँच में एक नया मोड़ आया। इन जाँचों और बहसों से अधिकारियों के बीच यह पता चलता है कि संखिया के कई औषधीय और घरेलू उपयोग थे। 1872 में कलकत्ता पुलिस आयुक्त ने स्वीकार किया कि 'पुलिस की जाँच से पता चला था कि पूरे भारत में सफ़ेद संखिया का उपयोग व्यापक रूप से औषधीय उद्‌देश्यों के लिए किया जाता है, विशेष रूप से उन देशी चिकित्सकों के द्वारा, जो उसे कुनैन के बाद की श्रेणी का मानते हैं, और सस्ती होने से उनके लिए उसका उपयोग फ़ायदेमन्द होता है।'[42] उसी काल में, पटना के कलेक्टर ए.सी. मंगलेश का कहना था कि स्थानीय चिकित्सकों द्वारा सफ़ेद संखिया का क्रय और उपयोग बहुत कम मात्रा में औषधीय कार्यों में, आतिशबाज़ी बनाने में और पेंट में मिलाकर लकड़ी की कड़ियों को दीमक से नष्ट होने से बचाने में किया जाता था। चूँकि संखिया चीज़ों को संरक्षित रखने में कारगर ढंग से काम करती थी, इसलिए उसकी बड़ी मात्रा में आवश्यकता मेडिकल कॉलेज और अस्पताल को चीर-फाड़ के उद्‌देश्य से शरीर में इंजेक्शन के लिए होती थी। मंगलेश ने सेना द्वारा भी उसे बड़ी मात्रा में ख़रीदे जाने का उल्लेख किया।[43] डॉ. जे.सी. ब्राउन ने, अपनी 1873 की रिपोर्ट में उल्लेख किया है कि संखिया का सबसे अधिक उपयोग भारतीय औषधि-निर्माता करते थे, जो बहुत कम मात्रा में रोगियों को उपभोग के लिए उपलब्ध कराते थे।[44]

बंगाल सरकार में जनरल सर्जन, एच.बी. बकल ने अपनी रिपोर्ट में स्वीकार किया था कि संखिया का व्यापक रूप से औषधीय प्रयोजनों के लिए भारत के देशी अत्तारों (दवा-विक्रेताओं) द्वारा उपयोग किया जाता था, जिससे वे आमतौर से बुख़ार, गठिया, त्वचा-रोग, कुष्ठ रोग, नसों के दर्द, पुरानी पेचिस, सर्प-दंश, नपुंसकता आदि विभिन्न बीमारियों का इलाज करते थे।[45] ईस्ट इंडिया कम्पनी के दवा-निर्माताओं (फार्मासिस्टों) के अनुसार, आयातित संखिया को 'देश के समुद्र-तटीय व्यापारियों द्वारा' लकड़ी को संरक्षित करने और 'जहाज़ के निचले भाग' की सुरक्षा के लिए उसे पेंट में मिलाकर लगाने के लिए ख़रीदा जाता था।[46]

रसायन और चिकित्सीय विधिविज्ञान के शिक्षक, कन्नीलाल देव का यह विचार, कि संखिया का उपयोग खालों को ख़राब होने से बचाने के लिए किया जाता था, एक दूसरा ही कारण बताता है, जिससे पता चलता है कि खालों को सुरक्षित रखने के लिए इस्तेमाल की गई संखिया वैध हो सकती थी।[47] वास्तव में, इस चर्चा को एक पशु चिकित्सक, जे.डी.ई. होम्स के निष्कर्ष के साथ समाप्त करना उचित होगा, जो उसने 1912 में अपने एक लेख में इन शब्दों में दिया था कि 'पशुओं की चिकित्सा के कार्य में एक सामान्य टॉनिक के रूप में संखिया के महत्त्व को अच्छी तरह जाना जाता है और कभी-कभी इसका इस्तेमाल घोड़ों के त्वचा-रोग को ठीक करने में भी किया जाता था और साथ ही व्यापक रूप से कमज़ोर जानवरों की दशा को सुधारने के लिए भी उसका प्रयोग किया जाता था।'[48]

लेकिन ज़हर के रूप में संखिया के उपयोग के बारे में सटीक जानकारी का अब भी अभाव है। एनसाइक्लोपीडिया ब्रिटानिका में उल्लेख किया गया है कि 0.12 ग्राम संखिया की ख़ुराक से मृत्यु हो जाती है, जबकि इससे भी बड़ी मात्रा में उसकी ख़ुराक दी गई, और कोई घातक परिणाम सामने नहीं आया।[49] इसी तरह से संखिया के ज़हर के असर की संवेदनशीलता व्यक्तिगत रूप से अलग-अलग होती है, कुछ लोगों में अधिक ख़ुराक की सहनशीलता विकसित हो सकती है, जबकि वही ख़ुराक दूसरों को मार देगी।[50] औपनिवेशिक अभिलेखों में कहीं भी गाय को मारने के लिए संखिया की ज़रूरी सही ख़ुराक का उल्लेख नहीं है। वास्तव में, इस नज़रिये से इस मामले में बहुत कम चर्चा हुई है। फिर भी इस तरह के तथ्यों का अभाव चमारों के अपराध पर बहुत कम प्रभाव डालता है, क्योंकि उनका अपराध काफ़ी हद तक उनके क़बूलनामे या उनके पास संखिया होने के आधार पर तय किया गया था। इस बात को स्वयं भारतीय पशु प्लेग आयोग की रिपोर्ट में स्वीकार किया गया है कि चमारों को उनके क़बूलनामे के आधार पर अपराधी माना गया था, न कि मृत मवेशियों के शरीर में ज़हर मिलने के साक्ष्य के आधार पर।[51]

संखिया के प्रयोग की एक स्पष्ट आधिकारिक समझ के अभाव के बावजूद, सभी की यह साझा धारणा थी कि चमारों के हाथों में संखिया के रूप में एक शक्तिशाली और घातक ज़हर था। इस धारणा ने सम्भावित ख़तरे को रोकने के सर्वोत्तम तरीक़े पर विचार करने के लिए औपनिवेशिक नौकरशाही में एक बहस पैदा कर दी थी। इस बहस की दो रणनीतियाँ थीं—संखिया की बिक्री के लिए क़ानून बनाना या उसको प्रतिबन्धित करना; अथवा भारतीय दंड संहिता के अधीन मवेशियों को ज़हर देने के कृत्य को दंडनीय अपराध बनाना। असल में, 1857 की बग़ावत के पहले के दिनों में, कैंपबेल ने मुस्लिम क़ानून का सहारा लिया था, जिसने उसके हाथ में काफ़ी अधिकार दे दिये थे। अत: 1854-56 में, मवेशियों को ज़हर देने के विरुद्ध जॉर्ज कैंपबेल के अभियान का अनुसरण करते हुए, सरकार ने 1856 में अधिनियम IV

पारित किया, जिसने मवेशियों को ज़हर देने के अपराध को अर्थदंड और सज़ा के प्रावधान के साथ पुलिस के लिए एक संज्ञेय अपराध घोषित किया।[52]

भारतीय पशु प्लेग आयोग की सिफ़ारिश थी कि संखिया के व्यापार पर प्रतिबन्ध लगाया जाए और उसकी बिक्री को क़ानून के दायरे में लाया जाए, क्योंकि केवल इसकी निगरानी करके ही गुप्त तरीक़े से बेची जानेवाली संखिया की छानबीन की जा सकती है। किन्तु केवल बम्बई प्रान्त ने ही आयोग की इस सिफ़ारिश पर अमल किया, और संखिया की बिक्री पर प्रतिबन्ध लगाने के लिए 1866 में बम्बई अधिनियम VIII पास किया। इस अधिनियम में संखिया को केवल ज़िला कलेक्टर या आयुक्त द्वारा जारी किये गए लाइसेंस पर ही बेचने तथा उसकी निगरानी के लिए बिक्री का पंजीकरण करने का क़ानून बनाया गया।[53] लेकिन बम्बई प्रान्त के इस क़ानून को अन्य प्रान्तीय सरकारों ने लागू नहीं किया। आयोग की सिफ़ारिश को नया समर्थन तब मिला, जब 1869 में जौनपुर ज़िले से बड़े पैमाने पर मवेशियों की ज़हर से मौतें होने की ख़बरें मिलीं, और 1873 के बाद, स्पेडिंग ने पूर्वी उत्तर प्रदेश में संगठित रूप से मवेशियों को ज़हर दिये जाने की खोज करने का दावा किया।[54] स्पेडिंग संखिया की बिक्री विनियमित करने का मुख्य पक्षधर बन गया, जिसने नौकरशाही को नियंत्रित करने के लिए विस्तृत नेटवर्क का प्रस्ताव रखा, और उत्तर प्रदेश सरकार ने आयोग की सिफ़ारिशों को लागू करने के लिए भारत सरकार से औपचारिक अनुरोध किया।[55]

1874 के अधिनियम XI ने मवेशियों को ज़हर देने के कृत्य को भारतीय दंड संहिता के तहत पुलिस द्वारा संज्ञेय अपराध घोषित किया।[56] हालाँकि, इस अधिनियम में संखिया अथवा खालों के व्यापार को रोकने या विनियमित करने का कोई प्रयास नहीं किया गया था। यह केवल नौकरशाही को सन्तुष्ट करने का आधा-अधूरा प्रयास था। गवर्नर-जनरल के नेतृत्व वाली भारत सरकार किसी भी ऐसे क़दम की विरोधी थी, जिससे चमड़े के व्यापार को नुक़सान पहुँच सकता था। इसलिए उसने अधीनस्थ अधिकारियों का विरोध, उन पर अविश्वास के कारण नहीं, बल्कि इस कारण किया कि वह ईस्ट इंडिया कम्पनी और साम्राज्य के हितों का प्रतिनिधित्व करती थी। वह चमड़े के व्यापार में हस्तक्षेप करने के प्रभाव के बारे में चिन्तित थी, क्योंकि वह भारत के कुल निर्यात व्यापार का पाँच प्रतिशत था।[57] भारत सरकार के दृष्टिकोण से, चमड़ा और संखिया के व्यापार में नियंत्रण के नियम ख़राब व्यावसायिक प्रस्ताव थे। 1880 में बंगाल सरकार के सचिव को चमड़ा-उद्योग के लिए संखिया के महत्त्व को काग़ज़ पर लिखकर स्वीकार करने में कोई संकोच नहीं हुआ था। उसका तर्क था कि वह 'खालों को सुरक्षित रखने का 'सबसे सस्ता और कारगर' तरीक़ा था।' उसके लिए ऐसा करना इसलिए भी उचित था, क्योंकि बंगाल सरकार अखिल भारतीय मामलों की भी प्रभारी थी। सचिव ने अपनी बात को पुष्ट करने के

लिए प्रेसीडेंसी कॉलेज (कलकत्ता) में रसायन विज्ञान के प्रोफ़ेसर, डॉ. अलेक्जेंडर पेडलर के हवाले से बताया कि खालों पर से बालों को हटाने और उनको परिवहन के लिए सुरक्षित बनाने में संखिया और चूने के मिश्रण का प्रयोग किया जाता था।[58] 1892 की पुलिस रिपोर्ट में स्वीकार किया गया था कि निर्यात के लिए खालें तैयार करने में 'खाल ठेकेदारों' द्वारा बड़े पैमाने पर संखिया का इस्तेमाल किया गया था, ताकि यूरोप भेजने के लिए खालों को पैक किया जा सके।[59] वास्तव में, न केवल भारतीय व्यापारी, बल्कि यूरोपियन फर्में भी दीनापुर में चमड़ा कारीगरों तथा खाल निकालने वालों को संखिया की आपूर्ति करते थे।

भारत सरकार ने फ़रवरी, 1880 में यह प्रस्ताव पास किया कि प्रान्तीय सरकारें संखिया के व्यापार को प्रतिबन्धित न करें। उसने इस व्यापार पर किसी तरह का टैक्स लगाने के प्रस्ताव का भी विरोध किया था, क्योंकि ऐसा करने से संखिया की क़ीमत बढ़ सकती थी। उसका तर्क था कि संखिया के व्यापार को विनियमित करने के लिए बम्बई सरकार का 1866 का जो अधिनियम था, वह भी कारगर साबित नहीं हुआ था।[60] इसी वजह से बम्बई अधिनियम को अन्यत्र लागू नहीं किया गया था। एक साथ चली ये बहसें बताती हैं कि मवेशियों को ज़हर देने के संगठित अपराध के रूप में संखिया की भूमिका औपनिवेशिक अभियोजन के लिए गौण थी। इस प्रकार मवेशियों को ज़हर देने के लिए चमारों पर दोषारोपण का आधार उनकी जातीय पहचान थी, न कि संखिया। उदाहरण के लिए, मुस्लिम और अन्य ग़ैर-चमार भी चमड़े का काम करते थे, पर उन पर कभी भी न व्यक्तिगत रूप से और न संगठित रूप से, मवेशियों को ज़हर देने का आरोप लगाया गया और न उन पर उसका सन्देह किया गया। इस तरह का विशेष आरोप, बिना किसी सबूत के या बहुत कम सबूत के केवल चमारों पर ही लगाया गया।

गाँव के चमार ही बलि का बकरा क्यों बनाए गए?

इससे साबित होता है कि जिन प्रक्रियाओं द्वारा चमारों को मवेशियों को ज़हर देने के अपराध में फँसाया गया था, वे उनको दोषी ठहराने के लिए ठोस सबूत नहीं थे। इसलिए, उस तथाकथित अपराध में जाँचकर्ताओं के रूप में औपनिवेशिक अधिकारियों तथा पुलिस कर्मियों द्वारा जाँच में अपनाए गए तरीक़ों की पड़ताल करना आवश्यक है। अधिकतर दोषसिद्धि पुलिस के सिपाहियों द्वारा जबरन लिये गए इकबालिया बयानों पर आधारित थी, क्योंकि इसमें चमार आरोपी था, इसलिए सबूत कोई मायने नहीं रखता था।

मवेशियों को ज़हर देने के अपराध की जाँच में ख़ामियाँ कैंपबेल की जाँच के दौरान ही स्पष्ट हो गई थीं। इस मामले में आजमगढ़ ज़िले के दो थानेदार,

सैयद रोशुन अली और शेख मुहम्मद अली को उनके सहकर्मियों के साथ ग़ैर-इरादतन हत्या का दोषी ठहराया गया था।[61] उन पर अलग-अलग घटनाओं में, जबरन इकबालिया बयान लेने के दौरान दो चमारों की हत्या करने का आरोप था। निजामुज अदालत (अपर अपराध न्यायालय) की आजमगढ़ बेंच ने भी क़ानून के दुरुपयोग के लिए कैंपबेल के ख़िलाफ़ निन्दा और अवहेलना का आदेश पारित किया था। अपर न्यायालय द्वारा उद्धृत ये दोनों मामले, जो एक ही ज़िले के, दो अलग-अलग इलाक़ों में, एक ही मक़सद से, एक ही दिन 29 अक्टूबर, 1854 को घटित हुए थे, पुलिस अधिकारियों की क्रूरता को दर्शाते हैं।[62] पहले मामले में, बेलुरीगंज के पुलिस प्रमुख रोशुन अली और उनके तीन सहयोगी स्थानीय पुलिसकर्मी (बुरकुंडोज)—बुद्धू खाँ, अली बख़्स और रुंजीर खाँ, रामदेहुल चमार की हत्या के आरोपी थे। उसे 27 अक्टूबर, 1854 को मवेशियों को ज़हर देने के आरोप में, संखिया बेचने के सन्देह पर गिरफ़्तार किया गया था। हालाँकि, रामदेहुल चमार ने संखिया रखने और बेचने के आरोप से इनकार किया, और उसके घर की तलाशी में भी पुलिस को कोई सबूत नहीं मिला था।

तीन जजों में से एक एम. स्मिथ ने मामले का अवलोकन करने के बाद कहा, 'रोशुन अली रात के समय गाँव में पहुँचे और चमार बस्ती के स्त्री-पुरुष सहित सभी लोगों को बाहर निकालकर उनके घरों की तलाशी ली, और अन्त में एक चमार रामदेहुल से जबरन ज़हर देने का अपराध क़बूल कराने के मक़सद से उसे यातना दी, जिससे उसकी मौत हो गई। किन्तु थानेदार ने यह घोषित किया कि रामदेहुल चमार की मौत संखिया खाकर आत्महत्या करने से हुई थी। दूसरे मामले में, थानेदार शेख़ महमूद अली और उसके सहयोगी पुलिसकर्मियों, अशरफ़ अली, बैजनाथ सिंह और दीन बहादुर को 'ग़ैर-इरादतन हत्या' का दोषी ठहराया गया था। न्यायाधीश एम. स्मिथ ने माना कि 'वह (महमूद अली) पहले तलाशी ले चुका था, जिसमें उसे कुछ नहीं मिला था, फिर भी उसने कोडगे चमार के क़ब्ज़े से ज़हर बरामद करने के लिए दुबारा कार्यवाही की, और जबरन जुर्म क़बूल कराने के लिए उसे यातना दी, जिससे उसकी मौत हो गई। इसलिए थानेदार और उसके सहयोगी न केवल कोडगे चमार की ग़ैर-इरादतन हत्या करने के दोषी हैं, बल्कि झूठे सबूत गढ़ने और अपने आधिकारिक पद का दुरुपयोग करने के भी दोषी हैं। इस मामले में एक सरकारी गवाह पुलिस को अभियुक्त के घर ले गया था। न्यायाधीश ने अपने निर्णय में टिप्पणी की कि इन दो पुलिस अधिकारियों पर ग़ैर-इरादतन हत्या के बजाय हत्या करने का आरोप लगाया जाना चाहिए था। न्यायाधीश ने तर्क दिया कि कैंपबेल ने अपने अधीनस्थ स्थानीय पुलिस अधिकारियों को असाधारण शक्तियाँ प्रदान कर दी थीं और उन स्थानीय पुलिस कर्मियों को 12 अक्टूबर की ख़बर का हवाला देते हुए उन्हें शिकायत के साथ या बिना शिकायत के कार्यवाही करने का

निर्देश दिया था। स्मिथ ने निष्कर्ष में कहा कि मवेशियों को ज़हर देने के अपराध को एक दुराचार माना जाना चाहिए था। इस अपराध के लिए न्यायाधीश स्मिथ ने अपने निर्णय में मजिस्ट्रेट द्वारा अपनाए गए अतिरिक्त संवैधानिक तरीक़ों को 'पूर्णत: अवैध' क़रार देते हुए कहा कि उनकी कोई ज़रूरत नहीं थी।[63]

प्रान्त की निजामुत अदालत (सत्र न्यायालय) के रजिस्ट्रार, एच.डब्ल्यू. डैशवुड ने न्यायाधीश स्मिथ के निर्णय का समर्थन किया। न्यायिक अधिकारियों के बीच हुए पत्राचार और कैंपबेल के स्पष्टीकरण से इन विलक्षण जाँचों के बारे में हमें सूचना मिलती है। कैंपबेल के 12 अक्टूबर के आदेश ने गाँव स्तर के थानेदारों को यह निर्देश दिया था कि 'वे चाहे शिकायत के साथ या बिना शिकायत के, मवेशियों को ज़हर देने के मामलों की जाँच करने के लिए कार्यवाही करें, और जहाँ तक सम्भव हो सके, सच्चाई का पता लगाकर दोषी पक्षों को पकड़ें।'[64] न्यायाधीश डैशवुड ने घोषणा की कि कैंपबेल के आदेश ने स्थानीय पुलिस कर्मियों को 'कार्यवाही करने की ख़तरनाक छूट' दी, जिसका दुरुपयोग होना तय था। उसने विशेष रूप से साक्ष्य न मिलने और दोष सिद्ध करने के लिए अभियुक्तों की जातीय पहचान पर भरोसा करने के बारे में भी टिप्पणी करते हुए कहा कि 'इसी तरह यह देखना भी महत्त्वपूर्ण होगा कि आमतौर से कितने मामलों में, दोष साबित करने के लिए अलग-अलग सबूत थे, और क्या वास्तव में जानवरों की मौत ज़हर के कारण ही हुई थी, और क्या इसके लिए जानवरों के शवों में ज़हर पाया गया था?'[65] सबूतों के अभाव में सत्र न्यायाधीश ने, उन सभी 45 चमारों को आरोपों से बरी कर दिया, जिन्हें कैंपबेल द्वारा सत्र न्यायालय में 'विभिन्न और गम्भीर धाराओं' में अभियुक्त बनाया गया था।[66] चूँकि ज़िला मजिस्ट्रेट, कैंपबेल ने 765 चमारों को गिरफ़्तार किया था, जिनमें से 619 पर वास्तविक साक्ष्य के बिना ही अपराध साबित कर दिया गया था।

वास्तव में, न्यायाधीशों ने कैंपबेल को देश के क़ानून की क़ीमत पर सत्ता के दुरुपयोग का दोषी पाया था। उन्होंने अपने फ़ैसले में इस कथित अपराध में मुस्लिम क़ानून को अपनाए जाने पर भी सवाल उठाया था, जबकि अंग्रेज़ी क़ानून में पर्याप्त सुरक्षा थी।[67] असल में, उत्तर प्रदेश सरकार के सचिव, विलियम मूर ने कैंपबेल के अनुरोध पर चमारों के विरुद्ध आपराधिक और न्यायिक कार्यवाही शुरू करने की अनुमति दी थी। क्योंकि मवेशियों को ज़हर देने का कृत्य एक ग़ैर-संज्ञेय अपराध था, इसलिए उसे अपना अभियान आरम्भ करने के लिए, गिरफ़्तारी के वारंट के साथ न्यायिक और प्रशासनिक अधिकारियों की पूर्व स्वीकृति की आवश्यकता थी। फिर भी कैंपबेल 'ताजीर' नामक मुस्लिम क़ानून पर ज़्यादा निर्भर था, जो काज़ी (मुस्लिम जज) को विवेकाधीन शक्ति प्रदान करता था।[68] इसलिए कैंपबेल ने मुख्य रूप से विशेष विवेकाधीन शक्ति हासिल करने के लिए ही मुस्लिम क़ानून का इस्तेमाल किया, क्योंकि मुस्लिम क़ानून के तहत क़बूलनामे को सज़ा दिलाने का

सबसे अच्छा तरीक़ा माना जाता था, ख़ासकर सबूत के अभाव में।[69] थानेदारों द्वारा दो चमारों की हत्या इसीलिए हुई थी कि उन्होंने उनसे जबरन अपराध क़बूल कराने के लिए उन्हें यातना दी थी। ईस्ट इंडिया कम्पनी के शासन (1757-1858) के दौरान पुलिस ने अक्सर जबरन अपराध क़बूल करवाने का कार्य किया था, जिनमें लोगों को 'दोषी' के रूप में, या 'प्रत्यक्षदर्शी' के रूप में पहले से चुन लिया जाता था।[70]

1858 में, जब ब्रिटिश सरकार ने भारत पर नियंत्रण प्राप्त किया, उस समय तक भारत में अधिकांश आपराधिक क़ानूनों का आधार इस्लामिक क़ानून ही था। अपराध-दंड-संहिता 1861 में लागू हुई थी। कम्पनी शासन के अन्तर्गत अंग्रेज़ जजों द्वारा लिए गए फ़ैसलों को अपने मुस्लिम विधि अधिकारियों के 'फ़तवे' (क़ानूनी हुक्मनामे) से अनुमोदन कराने की आवश्यकता होती थी, जो स्वाभाविक रूप से इस्लामी क़ानून के उसूलों पर आधारित अन्तिम होता था।'[71] इस प्रकार, प्रशासनिक और न्यायिक कार्यालयों के संयुक्त फ़तवे ने कैंपबेल को एकतरफ़ा निर्णय लेने और सज़ा देने के लिए भारी विवेकाधीन शक्तियों से लैस कर दिया था। जैसाकि उत्तर प्रदेश सरकार के सचिव विलियम मुइर ने कहा, 'ताजीर (मुस्लिम क़ानून) के फ़तवे के लिए ज़िम्मेदार अपराधों में क़ानून मजिस्ट्रेट को अपने विवेक का प्रयोग करने की खुली छूट देते हैं, इसलिए या तो वे अपनी शक्तियों की सीमा के भीतर दंड देने की कार्यवाही करते हैं, या मामले को सत्र न्यायालयों को भेज देते हैं।'[72] जॉर्ज कैंपबेल और बनारस मंडल के उसके उच्च पुलिस अधिकारी एच.सी. टकर ने पुरस्कार और पदोन्नति पाने की पागल दौड़ में बेक़ाबू होकर यूरोपीय अधिकारियों की प्रतिष्ठा को नुक़सान पहुँचाने के लिए स्थानीय पुलिस कर्मियों को दोषी ठहराया।[73] कैंपबेल इस मामले में न्यायिक जाँच को टालना चाहता था, इसलिए उसने अपने अधीनस्थ पुलिस कर्मियों को दोष से बचाने के लिए विभागीय जाँच की पैरवी की थी।[74]

इसमें कोई सन्देह नहीं कि कैंपबेल ने चमारों के विरुद्ध अभियान चलाने के लिए क़ानून का दुरुपयोग किया। मवेशियों को ज़हर देने के आरोप में उसके द्वारा चमारों को गिरफ़्तार करने के लिए जाँच में अपनाई गई प्रक्रियाओं पर सन्देह जताकर और सबूतों की कमी देखकर तथा उसके अधीनस्थों द्वारा की गई अनियमितताओं के आधार पर सत्र न्यायाधीश ने पैंतालीस गिरफ़्तार चमारों को रिहा करके हमें कैंपबेल की जाँच के तरीक़े में एक गहरी धूर्तता दिखाई।[75] हम नहीं जानते कि पकड़े गए अन्य 750 चमार कैसे दोषी पाए गए, लेकिन हम यह जानते हैं कि 45 चमारों को यातना द्वारा जबरन तैयार कराए गए क़बूलनामे और मनगढ़न्त सबूतों के आधार पर गिरफ़्तार किया गया था, जिनमें से दो लोगों की मृत्यु हो गई थी। 1854 में, कैंपबेल की जाँच से पहले, आजमगढ़ जनपद या आमतौर पर उत्तर प्रदेश के पूर्वी जनपदों में मवेशियों को ज़हर देने का कोई उल्लेख नहीं मिलता।

1849 से 1853 तक पूर्वी जनपदों की पुलिस रिपोर्टों में एक भी मामला दर्ज नहीं है। और 1854 के बाद भी मवेशियों को ज़हर देने की किसी संगठित प्रणाली का कोई उल्लेख नहीं मिलता।[76]

दो दशक बाद, मवेशियों को ज़हर देने के आरोपों के दूसरे दौर में कैप्टन सी.ए. डोड और अधिकारी विलियम वॉकर ने पुलिस सिपाहियों पर अपराध गढ़ने का आरोप लगाकर 'संगठित पेशेवर अपराध' के सिद्धान्त को ख़ारिज कर दिया। 1869 में कैप्टन डोड ने स्वयं एक रिपोर्ट तैयार की, और उसमें इस विचार का खंडन किया कि पूर्वी उत्तर प्रदेश में मवेशियों को ज़हर देने का कोई संगठित अपराध चल रहा है। उन्होंने दो मामलों की जाँच की, पहली 'अपराध की व्यापकता में जनता के विश्वास की' और दूसरी '1868-69 में मवेशियों की असामान्य मृत्यु-दर की।' डोड का निश्चित मत था कि चमारों के विरुद्ध अधिकांश मामले फ़र्ज़ी थे। उन्होंने लिखा—

> बहुत से मामलों में रासायनिक परीक्षण के लिए भेजे गए पदार्थ दिखने में ही कृत्रिम थे; कुछ मामलों में तो एक बैल के सामने रखी गई संखिया की मात्रा इतनी कम थी कि उससे एक चूहे को भी नहीं मारा जा सकता था; कई अन्य मामलों में चाक या संगमरमर या उस जैसी ही कोई वस्तु रख दी गई थी; और, अक्सर कई मामलों में न कोई संखिया और न हानिकारक दवा, बल्कि जानवर के भोजन में कुछ भी मिला हुआ नहीं पाया गया।[77]

डोड ने भुखमरी और पशुओं को आवारा छोड़ देने के अलावा, 1868-69 में पशुओं की उच्च मृत्यु-दर के प्रमुख कारण के रूप में पशुओं में लगने वाले कुछ रोगों की भी पहचान की थी। उन रोगों की जानकारी न होने के कारण लोगों को हमेशा उन रोगों से मरने वाले पशुओं की हत्या होने का सन्देह होता रहा। फिर भी, डोड की रिपोर्ट की काफ़ी आलोचना की गई तथा इलाहाबाद मंडल के आयुक्त एफ.ओ. मेने सहित उनके कई वरिष्ठ अधिकारियों ने उसे ख़ारिज कर दिया।[78]

उत्तर प्रदेश सरकार के रासायनिक परीक्षक डब्ल्यू. वाकर ने भी मवेशियों को ज़हर देने के मामले को ख़ारिज कर दिया। वाकर का निष्कर्ष था कि आमतौर पर पुलिस कर्मियों को इस बात की जानकारी नहीं थी कि संखिया वास्तव में क्या थी और कैसी दिखती थी। उनकी रिपोर्ट चमारों के विरुद्ध चलाए गए पुलिस के अभियान में एक तरह की धूर्तता को दर्शाती है। चमारों के दोष को सिद्ध करने के तरीक़ों की उनकी आलोचना में उनका क्रोध साफ़ नज़र आता है—

> मामलों की परिस्थितियाँ लगभग सभी जगहों पर समान थीं। एक चमार पर किसी बैल या गाय के सामने गुप्त रूप से कुछ चीज़ रखने का आरोप लगाया जाता है, और फिर उस चीज़ को परीक्षण के लिए मेरे

पास भेजा जाता है; या किसी चमार पर मवेशियों को ज़हर देने में शामिल होने का सन्देह किया जाता है, उसकी और उसके घर की तलाशी ली जाती है, और फिर कुछ सन्दिग्ध पदार्थ पाए जाने की बात कही जाती है, जिसे जाँच के लिए भेजा जाता है।

उन्होंने बताया कि ऐसा लगता है, जैसे बहुत से मामलों को संखिया के बिना ही अनाड़ी ढंग से प्रस्तुत किया गया था। कुछ मामलों में तो जो संखिया भेजी गई, उसकी मात्रा इतनी कम थी कि उससे किसी भी बैल या गाय को मारा ही नहीं जा सकता। तीन मामलों में तो कपड़े के एक टुकड़े को ही ज़हर बता दिया गया, और एक दूसरे मामले में चौदह इंच के बाँस के टुकड़े को ही मौत का कारण कह दिया गया। वाकर ने महसूस किया कि 'लोगों के लिए ग्रामीण पशुओं को ज़हर देने के अपराध के लिए समाज के अछूतों को दोषी ठहराना बहुत आसान था।' उन्होंने चमारों पर लगे आरोपों की तुलना 'दो सौ साल पहले अपने ही देश में ऐसी ही परिस्थितियों में बूढ़ी महिलाओं को बलात जलाए जाने' से की थी।[79]

वाकर ने ज़हर देने के सन्दिग्ध मामलों का चिकित्सकीय परीक्षण करने के लिए पर्याप्त साधनों की कमी का भी महत्त्वपूर्ण प्रश्न उठाया। वास्तव में, उन्होंने मवेशियों को ज़हर देने के इस परिकल्पित मामले की जाँच के लिए एक चिकित्सकीय और वैज्ञानिक परीक्षण की भी एक योजना तैयार की थी। उन्होंने मवेशियों की लगातार मौतों पर नमूने के तौर पर कुछ गायों का तत्काल पोस्टमार्टम कराने का भी सुझाव दिया था। उनका यह भी सुझाव था कि एक डॉक्टर को मृत पशुओं से लीवर और किडनी के नमूने लेने चाहिए और उनको एक साफ़ बोतल में देशी स्पिरिट भरकर रखना चाहिए, ताकि सुरक्षित रहें। इस प्रकार से, वाकर ने कहा कि बीमारी से होने वाली मौतों को, ज़हर से होने वाली मौतों से अलग किया जा सकता है।[80]

फिर हम 1869 से मवेशियों को ज़हर देने की ख़बरों में अचानक वृद्धि को किस तरह समझें? वाकर और डोड, दोनों ही पुलिस महानिरीक्षक, उत्तर प्रदेश द्वारा जारी आधिकारिक सर्कुलर की ओर इशारा करते हैं, जिसमें 'ज़िला पुलिस अधीक्षकों को मवेशियों को ज़हर देने की घटनाओं के बारे में गहन जाँच करने को कहा गया था।'[81] डोड ने दलील दी कि 'किसी ख़ास अपराध की घटनाओं की जाँच के आदेश को अपने अधीनस्थ स्थानीय लोगों द्वारा उसकी पुष्टि कराने के आदेश के रूप में माना जाए।'[82] वाकर पुलिस महानिरीक्षक के आदेश के प्रभाव को दर्शाकार डोड की बात को साबित करते हैं। उन्हें 1867 में मवेशियों को ज़हर देने का सिर्फ़ एक मामला मिला था, 1868 में पाँच मामले मिले, लेकिन 1869 में यह संख्या उछलकर 117 हो गई। इस तरह, कुल अनुमानित 42.2 प्रतिशत मामले उनको भेजे गए। उन सारे मामलों में, जिनकी उन्होंने जाँच की, संखिया की बहुत

ही अल्प मात्रा पाई गई, जो एक गाय को मारने के लिए काफ़ी नहीं थी।[83] 1876 में, वाकर के उत्तराधिकारी मूरे थॉमसन भी, जिन्हें जाँच के लिए मामले भेजे गए थे, इसी तरह के निष्कर्ष पर पहुँचे थे।[84]

मार्च 1869 के सर्कुलर ने पुलिस को कार्य करने के लिए प्रेरित करने हेतु पदोन्नति और वित्तीय पारिश्रमिक के रूप में पुरस्कारों की प्रणाली आरम्भ की। मवेशियों को ज़हर देने, मवेशियों की चोरी और मवेशियों के ख़िलाफ़ अन्य अपराधों की रिपोर्ट विशेष नियमों के तहत बनाई जाती थी। सभी ज़िला मजिस्ट्रेटों को ये निर्देश दिये गए थे कि वे मवेशियों के ख़िलाफ़ अपराधों पर विशेष ध्यान दें और उन पर वार्षिक रिपोर्ट तैयार करें। मवेशियों को ज़हर देने के मामलों की रिपोर्ट देने के लिए हर साल पुलिसकर्मियों और चौकीदारों को पुरस्कार के रूप में काफ़ी बड़ी धनराशि वितरित की जाती थी। उदाहरण के लिए, 'इस मद में, 1889 में ज़िला पुलिस के योग्य कर्मियों को 2,454 रुपये की राशि पुरस्कार के रूप में दी गई थी।'[85] आमतौर पर चौकीदारों को अधिक बड़ी राशि मिलती थी, और सिपाहियों को भी अच्छी ख़ासी रक़म मिल जाती थी। 1895 में कुल धनराशि 4,898 थी, जिनमें चौकीदारों को 3,837 रुपये और पुलिसकर्मियों को 1,061 रुपये मिले थे; पुलिस महानिरीक्षक ने पिछले साल की धनराशि 3,102 के मुक़ाबले इस वृद्धि पर सन्तोष व्यक्त किया था।[86] अधिकतम पुरस्कार-राशि एक चौकीदार के लिए 4-5 रुपये और पुलिसकर्मी के लिए 8-10 रुपये थी।[87] नक़द पुरस्कारों का वितरण प्रशासनिक दक्षता और मवेशियों को ज़हर देने के अपराधों से निपटने में पुलिस की सतर्कता का प्रतीक बन गया था।

1883 की वार्षिक पुलिस रिपोर्ट में शिकायत की गई थी कि 'चौकीदारों को प्रोत्साहन के रूप में दी गई पुरस्कार-राशि की पर्याप्त रूप से ज़िलाधिकारियों द्वारा सराहना नहीं की गई थी।'[88] 1892 में पुलिस महानिरीक्षक, एफ़.डब्ल्यू. पोर्टर ने कुछ ज़िलों में पुरस्कारों की राशि में कमी कर दी थी। वह विशेष रूप से इस बात के आलोचक थे कि 'कुछ ज़िलों के पुलिस अधीक्षक अच्छी सेवा के लिए त्वरित और पर्याप्त पुरस्कार देने के प्रभाव को कम करना जारी रखे हुए थे।' उनको विश्वास था कि गोरखपुर ज़िले में मवेशियों को ज़हर देने के मामलों की रिपोर्टिंग में पुलिस द्वारा किया अच्छा काम सीधे तौर पर नक़द पुरस्कारों के उदार वितरण से जुड़ा था, जबकि आजमगढ़ में ऐसे पुरस्कार कम थे, जहाँ पुलिस इस तरह के मामलों की रिपोर्टिंग करने में विफल रही।[89] दर्ज किये गए अपराधों की संख्या में कमी आने के लिए नक़द पुरस्कार देने में मजिस्ट्रेट की विफलता को ज़िम्मेदार ठहराया गया था। उदाहरण के लिए, एक मामले में, पुलिस महानिरीक्षक ने मिर्ज़ापुर और बनारस के ज़िलाधिकारियों को पुलिस-दक्षता बढ़ाने के लिए नक़द पुरस्कारों के वितरण में कमी के लिए फटकार लगाई थी।[90] मवेशियों को ज़हर देने के मामलों

को आगे लाने के लिए नक़द पुरस्कारों की प्रणाली से पता चलता है कि पूर्वी उत्तर प्रदेश में ज़िलाधिकारियों पर अपराध को दर्ज करने का दबाव था।

वाकर और डोड का कहना था कि पुरस्कार देने की परम्परा की शुरुआत झूठी रिपोर्टों और फ़र्ज़ी सबूतों को प्रोत्साहित करने के लिए औपनिवेशिक राज्य ने की थी। पुलिस की कार्यवाही और ज़िला मजिस्ट्रेटों से प्राप्त अलग-अलग रिपोर्टें हमें 'मवेशियों को ज़हर देने के संगठित अपराध' को समझने में सहायता करती हैं। ग़ाज़ीपुर के मजिस्ट्रेट इस बात से चिन्तित थे कि बड़ी मात्रा में मामलों को तय करने के लिए पारिस्थितिक साक्ष्य का प्रयोग किया जा रहा था। स्थानीय थानेदार और उनके मातहत लोग पुरस्कार पाने की लालसा में फ़र्ज़ी मामले तैयार करने के लिए ज़्यादा इच्छुक रहते थे।[91] गोरखपुर के ज़िला मजिस्ट्रेट ने चेतावनी दी थी कि पुलिस द्वारा बड़ी संख्या में बनाए गए फ़र्ज़ी मामलों की वजह से ख़तरनाक स्थिति पैदा हो गई थी।[92] ग़ाज़ीपुर मजिस्ट्रेट की 1892 की रिपोर्ट ने अपने पूर्ववर्ती मजिस्ट्रेट की 1889 की रिपोर्ट में चमारों की बड़े पैमाने पर गिरफ़्तारियों के बारे में विस्तार से बताया था। चमारों को अपराधी बनाए जाने के सम्बन्ध में उनकी शंकाएँ गौर करने लायक हैं—

> इन मामलों में दिया गया साक्ष्य लगभग एक जैसा है, और मेरे लिए यह मानना अविश्वसनीय है कि अक्सर हर अपराध का कोई चश्मदीद गवाह है, जिसे बनाना आसान होता है। मुझे ज़रा भी सन्देह नहीं कि जब कोई पशु मरता है और उसमें ज़हर के लक्षण दिखते हैं, तो पशु-स्वामी और पुलिस गाँव के चमार को या उसके परिवार के लोगों को बलि का बकरा बना देते हैं, जो आसानी से जानवर की खाल प्राप्त कर लेते थे।[93]

कैप्टन डोड की 1869 की रिपोर्ट 1868-69 के बीच मवेशियों की भारी मौतों के बारे में पहली रिपोर्ट थी, जो बताती है कि वे मौतें बीमारी और अकाल से हुई थीं, जिसका कारण उत्तर प्रदेश के पूर्वी ज़िलों से असामान्य रूप से खालों का बड़ी संख्या में होने वाला निर्यात था। निर्यात के लिए खालों को कलकत्ता भेजा जाता था।[94] हमारे पास कैप्टन डोड की बात को पुष्ट करने के लिए व्यापार रिपोर्ट और पशुधन जनगणना (केवल 1880 के दशक में शुरू हुई) के रूप में सबूत हैं। पुलिस रिपोर्टों में उल्लेख किया गया है कि बनारस, ग़ाज़ीपुर, आजमगढ़, गोरखपुर, बलिया और जौनपुर ज़िलों में 1894 से 1896 के वर्षों में मवेशियों को ज़हर देने की घटनाएँ बहुत व्यापक थीं।[95] फिर भी 1897 की वार्षिक व्यापार रिपोर्ट में निर्यात को मवेशियों में बीमारी के लिए ज़िम्मेदार ठहराया गया, जिसके अनुसार, '1895-96 में मवेशियों की बीमारी इलाहाबाद मंडल में साल के बड़े हिस्से में प्रचलित थी और उस साल निर्यात असामान्य रूप से अधिक हुआ था।'[96] यह वही

वर्ष था, जिसमें पुलिस की रिपोर्ट में मवेशियों को ज़हर देने के 'संगठित अपराध' की वजह से व्यापक पशु मृत्यु-दर का उल्लेख किया गया था। वार्षिक व्यापार रिपोर्ट के अनुसार, उत्तर प्रदेश में चमड़े और खालों का निर्यात लगभग दोगुना हो गया था, जो 1893-94 में 248,819 माउंड (मन) से बढ़कर 1894-95 में 462,509 माउंड हो गया था। (देखिए, परिशिष्ट, तालिका संख्या 11)

इसी तरह, विलियम होइ ने 1899 में आजमगढ़ और पूर्वी उत्तर प्रदेश के ज़िलों में चमारों द्वारा व्यापक रूप से मवेशियों को ज़हर देने से पशुओं की उच्च मृत्यु-दर का उल्लेख किया, परन्तु पशुधन के आँकड़े और व्यापार की रिपोर्टें उनके दावों का खंडन करती हैं।[97] 1896 से 1900 तक, पाँच वर्षों की पशु जनगणना बताती है कि आजमगढ़ सहित उत्तर प्रदेश के पूर्वी ज़िलों में मवेशियों की संख्या 1890 और 1896 के बीच घटती-बढ़ती रही और 1897 से तेज़ी से बढ़ी। (देखिए, तालिका 2) इसी तरह 1894 और 1895 के बीच मवेशियों की संख्या में जो कमी आई थी, उसकी वजह बीमारी, अकाल और बाढ़ थी, न कि चमारों द्वारा दिया गया ज़हर।

औपनिवेशिक राज्य ने आधा दर्जन बीमारियों की पहचान करके महसूस किया कि उत्तर प्रदेश के ग्रामीण समाज में मवेशियों की मौतें कृषि जीवन की एक महत्त्वपूर्ण क्षति थी। मवेशियों की बीमारियों को समझने और निगरानी करने की इच्छा ने 1869 की 'मवेशियों की बीमारियों पर रिपोर्ट' और 1871 के भारतीय प्लेग आयोग को प्रेरित किया, जिसने इस बात को और पुख़्ता किया कि मवेशियों की मृत्यु-दर के लिए बीमारियाँ ज़िम्मेदार थीं। उत्तर प्रदेश के विभिन्न भागों से प्राप्त रिपोर्टों में बताया गया था कि मवेशियों में बीमारियाँ आमतौर पर जून की गर्मियों में, अगस्त के दौरान या मानसून की बारिश में या उसके बाद होती हैं। मवेशियों में सबसे आम बीमारी प्लेग या रिंडरपेस्ट थी। 1869 में, मुज़फ़्फ़रनगर के ज़िलाधिकारी ने रिंडरपेस्ट बीमारी के बारे में विस्तृत जानकारी भेजी थी, जिसमें बताया गया था कि 'उसके लक्षण हैं सुस्ती, भूख न लगना, आँखों से पानी रिसना और आँतों में संक्रमण; सबसे पहले पशु की गुदा से एक पीले और हरे रंग का तरल पदार्थ निकलता है, जिसके बाद ख़ून आता है।' एक और बीमारी, जिसका वर्णन किया गया था, 'रोड़ा' या मुरेन (एक तरह का प्लेग) थी, जो आमतौर से बरसात के मौसम के बाद होती थी।[98] 1869 में ही कुमाऊँ के ज़िला मजिस्ट्रेट की रिपोर्ट आई, जिसमें एक अन्य बीमारी 'मान' का उल्लेख किया गया था, जो आम थी, परन्तु यदि वह तीन साल के अन्तराल पर होती थी, तो उसे विशेष रूप से संक्रामक और घातक माना जाता था। बीमारी से ठीक होने वाले पशुओं को प्रतिरक्षित माना जाता था, जिसे 'मुर्तवार' कहा जाता था, और वे बहुत मूल्यवान माने जाते थे।[99] 1869 में पशु प्लेग आयोग को दिये गए अपने ज्ञापन में, बनारस के ज़िला मजिस्ट्रेट ने दो मुख्य बीमारियों की पहचान की थी।

पहली, 'खोरह', जो मुँह और खुरों की बीमारी थी, और जिसे बनारस ज़िले के अधिकांश पशुपालक जानते थे। दूसरी बीमारी चेचक थी, जिसका स्थानीय नाम शीतला या माता था।[100] औपनिवेशिक राज्य ने मवेशियों की चोरी या 'लंगुरी' के अपराध को किसी विशेष जाति से नहीं जोड़ा। 1880 और 1890 में उत्तर प्रदेश पुलिस द्वारा की गई जाँच में यह उस काल का दर्ज होने वाला सबसे व्यापक अपराध था, जो अत्यधिक संगठित और बड़े पैमाने पर किया जानेवाला कृषि अपराध माना जाता था, क्योंकि भारतीय समाज में गायों को बहुत ही मूल्यवान पशु माना जाता था। उनका ग्रामीण समुदायों में किसानों की समृद्धि में बहुत निर्णायक काम था। मवेशियों की चोरी के मामले में जातियों के अपराध का ख़ुलासा 1892 की सालाना रिपोर्ट में इस तरह मिलता है—'621 अहीर, 325 चमार, 248 ठाकुर, 180 कुर्मी, 150 गूर्जर, और 144 मुसलमान।' रिपोर्ट में कहा गया कि 'प्रान्तों में लगभग हर ज़िले में ठाकुर, अहीर, ब्राह्मण और चमार पशु-चोरी के अपराधी थे', लेकिन केवल चमारों के मामले में उनके अपराध को उनके जातीय पेशे से जोड़ा गया।[101] यदि अहीरों और कुर्मियों का मक़सद मवेशियों को चुराने का था, तो उनके पास मवेशियों को ज़हर देने का भी अन्य मक़सद था। वास्तव में, प्रेमचन्द के 1936 के उपन्यास 'गोदान' में गाय को ज़हर देना एक महत्त्वपूर्ण विषय है। हिन्दी साहित्य में यथार्थवाद लाने के लिए प्रेमचन्द को हिन्दी भाषा का अत्यन्त प्रमुख लेखक माना जाता है और 'गोदान' उनका बहुत ही प्रसिद्ध उपन्यास है। इसमें जो कहानी है, वह 1920 के दशक में अवध के किसी छोटे से गाँव की है। इसका मुख्य नायक, होरी महतो, एक निम्न जाति के कुर्मी समुदाय का किसान है; उसका भाई हीरा उसको उपहार में मिली गाय को ईर्ष्या और बदला लेने की इच्छा से ज़हर दे देता है। गाय को ज़हर देने की यही घटना इस उपन्यास की कहानी के केन्द्र में है यहाँ तक कि उसमें संखिया का इस्तेमाल भी शामिल है, लेकिन चमारों पर, हालाँकि वे कहानी में मौजूद हैं, अपराध करने का कभी सन्देह नहीं किया जाता है।

औपनिवेशिक अभिलेखों में असहमति की छिटपुट आवाज़ें हमें मवेशियों को ज़हर देने के अपराध के बारे में कई धारणाओं, विशेष रूप से पेशेगत रूढ़ धारणाओं पर सवाल उठाने के लिए बाध्य करती हैं।[102] मवेशियों की मृत्यु-दर के लिए अधिकांश लोगों की सहमतियाँ मवेशियों को ज़हर देने की तुलना में, उनमें होने वाली बीमारियों, अकाल और बाढ़ के साथ अधिक हैं। किन्तु जाति के कारण, और हिन्दू धर्म-ग्रंथों पर आधारित पेशेगत रूढ़ धारणाओं के कारण, चमारों को मवेशियों को ज़हर देने के अपराध को क़बूल कराने के लिए लगातार गिरफ़्तार करके उन्हें यातनाएँ दी गईं। वे उस अपराध के लिए आसानी से बलि का बकरा बना दिये गए, जो वे शायद ही करते थे।

हिन्दू समाज के साथ चमारों का सम्बन्ध

औपनिवेशिक दस्तावेज़ों में प्राप्त सामग्री, विशेष रूप से विलियम क्रुक के लेखन से पता चलता है कि चमार समुदाय ने मवेशियों और मनुष्यों में रोगों को रोकने के लिए आवश्यक संस्कारों और अनुष्ठानों में एक महत्त्वपूर्ण भूमिका निभाई, जिसे सवर्ण हिन्दू समाज द्वारा मान्यता दी गई थी। उत्तर भारत के अपने लोक ज्ञान के आधार पर विलियम क्रुक ने देवी चमरिया को चेचक की बीमारी की शीतला देवी की सात बहनों में से एक के रूप में वर्णित किया है। चमरिया एक चर्मकार महिला थी, जिसकी असामयिक मृत्यु हो गई थी। वह खसरा की सभी बीमारियों की सूचक थी, जिसमें सबसे घातक चेचक भी शामिल थी। नीम के पेड़ को उसका निवास माना जाता था, इसलिए चेचक के रोगियों को नीम की पत्तियों से झाड़कर इलाज किया जाता था, लेकिन वह देवी केवल एक चमार या निम्न जाति के भगत के द्वारा सूअर की बलि लेकर प्रसन्न होती थी। एक दूसरी देवी नोना चमारिन थी, जिसे मवेशियों की बीमारियों के लिए ज़िम्मेदार माना जाता था। भगत चमारों को दान और चढ़ावा देना नोना चमारिन को गाँव छोड़कर जाने की अपील करने का एक तरीक़ा था। इन देवियों के थान (मन्दिर) गाँव के पश्चिम में स्थित शीतला के विशेष मन्दिर के चारों ओर फैले हुए हैं। उनके मन्दिर में चावल और अन्य पकवान का भोग लगाकर बाद में उसे चमारों में बाँट दिया जाता है।[103]

बनारस के ज़िला मजिस्ट्रेट ने मवेशियों की बीमारियों के तीन महत्त्वपूर्ण उपचारों की पहचान की थी। उनमें दो का सम्बन्ध दवाइयों से था और तीसरा उपचार था चमारों द्वारा पूजा कराना। यह पूजा 'चमारों द्वारा धन लेकर की जाती थी', जिसे स्थानीय जनता अत्यन्त प्रभावी उपचार मानती थी।[104] विलियम होइ ने भी मवेशियों की बीमारियों को रोकने और नियंत्रित करने में चमारों की इस पूजा का ज़िक्र किया है।[105]

देवी चमरिया, नोना चमरिया, और चमारों, पशु-रोगों तथा उनकी रोकथाम के बीच के अन्य लोक सम्बन्ध सांस्कृतिक स्तर पर चमार समुदाय के कृषि जीवन के सभी पहलुओं के मूलभूत सम्बन्ध को दर्शाते हैं। चमारों का जीवन मुख्य रूप से मवेशियों से जुड़ा था, न केवल चमड़ा या खाल के कारण, बल्कि व्यापक कृषि कार्यों के कारण भी। कुछ चमारों के पास मृत पशुओं को उठाने की एवज में उनकी खालों को लेने का अधिकार हो सकता था, परन्तु अभिलेखीय साक्ष्यों से पता चलता है कि खालें शायद ही कभी उनकी प्राथमिक आजीविका रही थीं। उनका मुख्य काम खेती करना था, और खालों से उपयोगी कृषि उपकरणों, जैसे बैग, डोल, रस्सी, और गाड़ियों, बक्सों तथा नावों के कवर आदि बनाना उनके कार्य का मामूली हिस्सा था। जैसाकि एक ग्रामीण ने भारतीय पशु प्लेग आयोग को

दिये अपने साक्ष्य में स्वीकार किया था कि उसके गाँव में चमारों ने न केवल जूते बनाए, बल्कि अनेक कृषि उपकरणों का भी निर्माण किया।[106] 1880 के दशक में उत्तर प्रदेश की ज़िला बन्दोबस्त रिपोर्ट इस बात को बार-बार दोहराती है कि चमार सबसे महत्त्वपूर्ण किसान जाति थी, जो गन्ना, नील, गेहूँ और चावल जैसी वाणिज्यिक फ़सलों की खेती करती थी। मैंने दूसरे अध्याय में कृषि के सभी कार्यों में (सिर्फ़ चमड़े के कार्य में नहीं) चमारों की मुख्य भूमिका पर विस्तार से चर्चा की है, यहाँ मैं केवल इस बात की ओर ध्यान आकृष्ट करना चाहता हूँ कि स्वस्थ मवेशियों की आबादी की रक्षा में चमारों का भी उतना ही हित था, जितना कुर्मी, अहीर और जाट जैसी अन्य किसान जातियों का।

प्रभुत्ववादी औपनिवेशिक एवं राष्ट्रवादी प्रपंची कार्यवाहियों में, जिनमें मवेशियों को ज़हर देने के ख़िलाफ़ अभियान, नगर-आधारित राष्ट्रवादी अख़बार तथा हिन्दुओं के धार्मिक आन्दोलन शामिल थे, चमार को चर्मकार के रूप में परिभाषित करने के लिए हिन्दू धर्म-ग्रंथों का उपयोग किया गया था। इन प्रभुत्ववादी विमर्शों में चमारों की विविध व्यावसायिक गतिविधियों और पहचान को मिटा दिया गया। यह मुख्य रूप से इसलिए हुआ, क्योंकि उन्नीसवीं सदी के हिन्दू समाज में सामाजिक और सांस्कृतिक आन्दोलन इस औपनिवेशिक तर्क से ज़्यादा प्रभावित थे कि चमारों के आर्थिक हित ही मवेशियों को ज़हर देने के लिए प्रेरित करते थे।

उदाहरणार्थ, 1892-93 में व्यापक स्तर पर पूर्वी उत्तर प्रदेश में, जो मवेशियों को ज़हर देने सम्बन्धी घटनाओं का मुख्य केन्द्र था, गोरक्षा आन्दोलन आरम्भ हुए थे।[107] यह 'गोरक्षिणी सभाओं' के माध्यम से एक नई आक्रामक हिन्दू पहचान को बढ़ावा देने के लिए हिन्दू समुदाय के एक बड़े वर्ग को लामबन्द करने का हिंसक आन्दोलन था। हालाँकि, गो-रक्षा आन्दोलन ईद के त्यौहार पर गाय की क़ुर्बानी को रोकने के लिए मुसलमानों के ख़िलाफ़ चलाया गया था, पर, इस आन्दोलन के बारे में जो बात दर्ज नहीं हो सकी, वह यह है कि यह आन्दोलन चमारों के ख़िलाफ़ भी चलाया गया था। दस्तावेज़ी साक्ष्य से पता चलता है कि उत्तर प्रदेश के पूर्वी क्षेत्र में चमारों और मुसलमानों दोनों की पहचान गाय और हिन्दू समुदाय के शत्रुओं के रूप में की गई थी। खालों के व्यापार में चमारों की उपस्थिति को केवल मवेशियों को ज़हर देने के अपराध में उनकी संलिप्तता के साक्ष्य के रूप में ही नहीं देखा गया था, बल्कि आमतौर पर 'पवित्र गाय' के विरुद्ध उनके अपराधों के रूप में भी देखा गया था।[108] 1892 में, आजमगढ़ ज़िले में, मऊ के निकट खाजा में हुई गो-रक्षा सभा में पारित प्रस्ताव में चमारों और मुसलमानों को बैल या गाय को बेचने का विरोध किया गया था, और यह कोई अकेला उदाहरण नहीं था। गोरक्षा आन्दोलन के चरम पर पहुँचने के दौरान, चमारों का जीवन तक ख़तरे में पड़ गया था, ख़ासकर जब उन्हें गाय के साथ देखा जाता था। लोगों ने चमारों को गाय बेचना बन्द कर दिया था,

यहाँ तक कि वे उन गायों को भी नहीं ले जा पाते थे, जिन्हें वे क़ानूनी रूप से ख़रीदते थे।[109] 1894 की आजमगढ़ पुलिस की रिपोर्ट में कहा गया था कि गो-रक्षकों ने मवेशियों को ज़हर देने का मामला भी उठाया था।[110]

उत्तर प्रदेश के शहरी क्षेत्रों में उभरते हिन्दू मध्यवर्ग ने अपने गोरक्षा आन्दोलन में चमारों के प्रति अपने सन्देह को भी शामिल किया था। इसकी पुष्टि उस समय के हिन्दी-उर्दू के अख़बारों से होती है, जिनमें रोज़-रोज़ मवेशियों को ज़हर देने के लिए चमारों को ज़िम्मेदार ठहराने वाले समाचार छपा करते थे। 1892-93 में गोरक्षा आन्दोलन के उभार के बाद, अख़बारों में मवेशियों को ज़हर देने की ख़बरें लगातार आने लगी थीं। अख़बारों में छपने वाली इन ख़बरों में वार्षिक पुलिस रिपोर्टों और उनकी तहक़ीक़ातों से प्राप्त अधिकृत विवरणों के साथ प्रचलित रूढ़ धारणाओं को भी जोड़ दिया गया था।[111] नवम्बर, 1894 के मध्य में उत्तर प्रदेश के अवध क्षेत्र में प्रतापगढ़ ज़िले के कालाकांकर से प्रकाशित हिन्दी अख़बार 'हिन्दुस्तान' ने गोहत्याओं के लिए चमारों को निशाना न बनाने के लिए गोरक्षिणी सभाओं की आलोचना की थी। उसने दावा किया कि 'गोरक्षिणी सभाएँ, जो बहुत कम संख्या में गायों को छुड़ाने के लिए मुसलमानों से लड़ने के लिए तैयार रहती हैं, पर बीमारियों, जंगली जानवरों और चमारों द्वारा ज़हर देने से होने वाली मौतों से बेख़बर रहती हैं।' उसने 'गोरक्षिणी सभाओं से जंगली जानवरों तथा चमारों से मवेशियों की रक्षा के लिए क़दम उठाने को कहा।'[112] इसी तरह की ख़बरें अल्मोड़ा (कुमाऊँ) से प्रकाशित हिन्दी अख़बार 'अल्मोड़ा अख़बार' में भी छपीं। इन दोनों अख़बारों ने 1890 के दशक में ऐसी रिपोर्टों पर ज़्यादा ध्यान दिया था। 'हिन्दुस्तान' ने चमारों पर मवेशियों में प्लेग फैलाने का आरोप लगाने वाली विलियम होइ की रिपोर्ट को शब्दश: पुन: प्रकाशित किया और हिन्दुओं से कहा कि मवेशियों को ज़हर और बीमारी से बचाने का केवल एक ही तरीक़ा है कि चमारों को गाँवों से निष्कासित कर दिया जाए।[113]

चमारों के ख़िलाफ़ आरोपों से हिन्दू समाज को भीतर से एक नया समर्थन मिला, जिससे उत्साहित होकर कई गोरक्षिणी सभाओं ने न केवल मुसलमानों के ख़िलाफ़, बल्कि चमारों के ख़िलाफ़ भी प्रस्ताव पारित किये। 1894 में, जब गोरक्षा आन्दोलन अपने चरम पर था, आजमगढ़ ज़िले में मऊ के एक गाँव के चमार ने एक कोइरी (निम्न जातीय किसान) के विरुद्ध ज़िला पुलिस अधीक्षक के पास एक शिकायत दर्ज कराई। 'एक चमार ने आकर कहा कि उसने एक कोइरी से खेती के काम के लिए एक बैल ख़रीदा, लेकिन अब वह कोइरी बैल वापस माँग रहा है, क्योंकि अभी कजहा में एक बैठक हुई थी, जिसमें यह आदेश दिया गया था कि मुसलमानों या चमारों को कोई भी बैल या गाय नहीं बेचना है। इसलिए चमार ने पूछा कि क्या उनकी सारी खेती बन्द कर दी जाएगी?'[114] उसने उस बैल को मारने या खाल निकालने के लिए नहीं ख़रीदा था, बल्कि अपने और उन हिन्दू मालिकों

के खेतों को जोतने के लिए ख़रीदा था। इसमें उल्लेखनीय बात यह है कि गोरक्षा आन्दोलन ने स्वेच्छा से औपनिवेशिक राज्य के इस विश्वास को साझा किया कि चमार अपनी जाति के कारण मवेशियों को ज़हर देते हैं। आज भी हमारा यही विश्वास है, जैसाकि लखनऊ चिड़ियाघर और 2002 में झज्जर की घटनाओं में देखा गया।

कुछ दशक बाद एक हिन्दू लेखक ने 'गोमाता', हिन्दू समुदाय और चमारों के बीच के सम्बन्ध को एक अलग नज़रिये से देखा। यह लेखक बलदेव चौबे था, जिसने एक पत्रिका में 'गोरक्षा और अछूत जातियाँ' शीर्षक से एक लेख लिखकर पाठकों को बहुत ही बेढंगे तर्कों से सचेत किया था। चौबे ने चमारों को गोहत्या के लिए ज़िम्मेदार मानते हुए लिखा था कि उनकी 'संस्कृति और परम्परा' सब तरह के पशुओं के मांस खाने की है, जिसमें गोमांस भी शामिल है, और गोहत्या उनकी इसी संस्कृति का हिस्सा है। उसकी दलील थी कि द्विजों और चमारों के मूल्यों के बीच बहुत बड़ी खाई है, 'चमारों ने अभी तक गोमाता के प्रति सम्मान की भावना विकसित नहीं की है, जो हिन्दुओं में पाई जाती है।' चमारों के प्रति इस तरह की ग़लत धारणा और समझ हिन्दू धर्म और संस्कृति के भीतर मौजूद विचारों और नीतियों के कारण सम्भव हुई थी, जिनमें चमारों को जन्म से अपवित्र माना गया है, और जो केवल हिन्दुओं के लिए समान व्यवहार के लिए नहीं, बल्कि बेगार के लिए बने थे। चौबे ने चमारों के प्रति हिन्दुओं के रवैये को घृणा, घिन और नफ़रत के रूप में चित्रित किया, जो उनके सांस्कृतिक मूल्यों और अनुभवों को दर्शाते हैं।[115]

विलियम क्रुक का कहना था कि हिन्दुओं के लिए 'चमरौटी' सभी प्रकार की घृणित गन्दगी से भरे स्थान का पर्याय था।[116] वास्तव में, नये शहरी क्षेत्रों में चमार मुहल्लों की हिन्दुओं से निकटता ने हिन्दुओं में असहज स्थिति पैदा कर दी थी। दरअसल, गाँवों में अछूत या दलित समुदाय की बस्तियाँ, पूर्वी और पश्चिमी हवाएँ चलने के कारण हिन्दुओं से अलग दक्षिण दिशा में स्थित होती थीं, किन्तु शहरों में हिन्दू दलितों को अलग नहीं कर सके। यह विशेष रूप से कानपुर, इलाहाबाद और आगरा जैसे शहरों के बारे में सच था, जहाँ न केवल चमारों के ख़िलाफ़, बल्कि मेहतर जैसे अन्य अछूत समुदायों के ख़िलाफ़ भी हिन्दुओं की बेचैनी साफ़ नज़र आती थी। वर्तमान चमार मुहल्लों के प्रति हिन्दू विरोध इस आधार पर व्यक्त किया जाता था कि उनके पेशों ने हवा में दुर्गन्ध भर दी थी, जो बीमारियाँ फैलने का कारण था।[117] जब ये शिकायतें पर्याप्त नहीं हुईं, तो अन्य आपत्तियाँ उठाई गईं। कच्चे चमड़े के साथ-साथ उससे सम्बन्धित हड्डियों और बालों का व्यापार भी बढ़ गया था, जिसके बारे में एक अख़बार की रिपोर्ट थी कि इससे 'स्थानीय लोगों के मन में सन्देह भर गया था।' उस अख़बार ने लिखा कि चमारों को हड्डियों के बढ़ते व्यापार से, जिसका उपयोग उत्पाद बनाने में किया जाता था, लाभ हुआ।[118] इसी तरह हिन्दू मध्यम वर्ग ने रेलगाड़ियों के डिब्बों में चमारों और सफ़ाई कर्मचारियों

के साथ बैठने का विरोध किया और अपने लिए यूरोपीय लोगों की तरह पृथक डिब्बों की माँग की थी।[119] एक अन्य अख़बार ने आगरा के नगर निगम वाटरवर्क्स प्लांट में चमार की नियुक्ति का विरोध करनेवाली रिपोर्ट प्रकाशित की थी।[120] ये ख़बरें उस उभरते हिन्दू मध्यम वर्ग के बारे में बताती हैं, जो अपनी पहचान चमार और अन्य दलित जातियों के विरोधी के रूप में बना रहा था।

गोरक्षा आन्दोलन और अन्य उदाहरणों से यह स्पष्ट हो जाता है कि शहरी और ग्रामीण दोनों क्षेत्रों में संगठित हिन्दू समुदाय मुसलमानों और चमारों तथा अन्य दलित जातियों के विरुद्ध लामबन्द हो रहा था। हिन्दू समुदाय के साथ, चमारों के पेशेगत विविध सम्बन्धों को, ख़ासतौर से कृषि सम्बन्धी रिश्तों को रूढ़िवादी धारणा के तहत उपेक्षित कर दिया गया था। फिर भी गोरक्षा आन्दोलन से चमारों के सम्बन्धों का ऐसा अध्ययन गोरक्षा आन्दोलन के महत्त्व की सम्भ्रान्तवादी और राष्ट्रवादी समझ के विरुद्ध जाता है। उदाहरण के लिए, ज्ञानेन्द्र पांडेय का तर्क है कि चमारों पर गोरक्षा आन्दोलन के हमलों का उद्देश्य चमारों को हिन्दू समुदाय से जोड़ना था। उन्होंने कहा कि—

> वे एक बढ़ते हुए आक्रामक और दृढ़ आन्दोलन की माँग का प्रतिनिधित्व करते हैं, कि सभी विश्वासघाती हिन्दुओं को (चमारों की तरह) एक लाइन में आना चाहिए, जिन्होंने मवेशियों को चराने, मृतक मवेशियों को उठाने और मवेशियों का इलाज करने के काम के बदले में जो अपमानजनक स्थिति हिन्दू समाज में उनकी बनाई गई, उसका उन्होंने मवेशियों को ज़हर देकर और उनकी खालें बेचकर हिन्दुओं को जवाब दिया है।[121]

शहरी क्षेत्रों में मध्यमवर्गीय हिन्दू और गोरक्षा आन्दोलन के आयोजक, चमारों तथा दलितों को वास्तविक हिन्दू समाज का अंग नहीं मानते थे। इसके बजाय, वे उन्हें मुसलमानों की तरह का ही काम करनेवाला मानते थे। हिन्दुओं ने चमारों को इस कारण अलग नहीं किया था, जैसाकि ज्ञानेन्द्र पांडेय दलील देते हैं कि, वे बुरे हिन्दू हैं और उन्हें अच्छा हिन्दू बनने की ज़रूरत है, बल्कि इसका कारण यह है कि चमारों को हिन्दू समाज का अंग माना ही नहीं जाता था, कम-से-कम 1890 के दशक में तो नहीं।

चमड़ा व्यापारी के रूप में चमार

चमारों के कृषि कार्यों से जुड़े होने के बावजूद उनकी एक छोटी आबादी चमड़े के काम में लगी थी। 1881 की जनगणना के अनुसार केवल 4 प्रतिशत चमार चमड़े का काम करते थे, जबकि ग़रीब या भूमिहीन चमार मज़दूर और काश्तकार चमड़े

के व्यापार में अलग-अलग रूपों में शामिल थे। वे केवल कभी-कभी मृत पशु की खाल निकालते थे और उसे 'हाट' में जाकर या व्यापारी को बेच देते थे, जबकि क़स्बों के मोची पूरी तरह चमड़े का ही काम करते थे। उनमें अधिकांश व्यापारी थे, अपराधी नहीं थे, हालाँकि उनकी जाति के कारण औपनिवेशिक राज्य ने उन्हें अपराधी ही वर्णित किया। मवेशियों को ज़हर देने सम्बन्धी पुलिस की रिपोर्टों में छिटपुट सन्दर्भ चमड़े के व्यापार में चमारों की भागीदारी के बारे में भी मिलते हैं, जो उसके साथ उनके जुड़ाव के ठोस सुबूत हैं।

उन्नीसवीं सदी के पिछले चार दशकों में चमारों को उन किसानों से मवेशियों को ख़रीदने के लिए मजबूर किया गया था, जिन्होंने एक समय में अपने बूढ़े मवेशियों को उनके पास छोड़ दिया था। पुलिस महानिरीक्षक की 1892 की रिपोर्ट में क़ीमती और बेकार 'आवारा' मवेशियों के बीच यह तर्क देकर अन्तर किया गया था कि आवारा छोड़ दिये गए पशुओं के मालिकों को उनकी मौत की परवाह नहीं थी।[122] लेकिन क़ीमती मवेशियों की अच्छी तरह से सुरक्षा की जाती थी, वे शायद ही कभी चोरी होते थे, पर जब वे चोरी हो जाते थे, तो चोरों को अधिक दंड दिया जाता था। आजमगढ़ और बनारस के ज़िलाधिकारियों ने माना था कि चमारों ने खालों के लिए बूढ़े और बीमार मवेशियों को ख़रीदना शुरू कर दिया था।[123] वे कभी-कभी मवेशियों को इसलिए ज़हर दे देते थे, क्योंकि उनको ज़िन्दा रखने में उनकी कोई उपयोगिता नहीं थी। इससे मवेशियों को बेचने वालों को कोई फ़र्क़ नहीं पड़ता था, क्योंकि उन्हें उनकी क़ीमत मिल जाती थी। शीघ्र ही ज़िलाधिकारियों ने क़ीमती और साधारण मवेशियों के बीच यह तर्क देकर अन्तर करना शुरू कर दिया कि 'केवल बूढ़े और तुलनात्मक रूप से अनुपयोगी पशुओं के साथ ही इस तरह का व्यवहार किया जाता था।'[124] ग़ाज़ीपुर के ज़िलाधिकारी का मत था कि 'चमारों द्वारा राज्य के पशुवाड़ों से बहुत कम क़ीमत पर उन पशुओं, बाँझ गायों और अनुपयोगी बैलों को ख़रीदा जाता था, जिनके मालिकों ने उनको छोड़ दिया था।'[125] 'वे पशु एक रुपये में या यूँ ही उस चमार को दे दिये जाते थे, जिसे खाल की ज़रूरत होती थी, हालाँकि, निर्यात के लिए हड्डियों की माँग से, (जिसके बारे में मुझे बताया गया है कि ग़ाज़ीपुर में इसकी क़ीमत दो रुपये प्रति मन है) पशुओं की क़ीमत बढ़ जाती थी।'[126] ये रिपोर्ट बताती हैं कि एक नया व्यापार उभर चुका था, जिसमें बूढ़े, बीमार या मरने वाले पशुओं को आवारा छोड़ने के बजाय चमारों को बेच दिया जाता था। जब 1890 में उत्तर प्रदेश के पूर्वी ज़िलों में बाढ़ के कारण बड़ी संख्या में मवेशियों की मौतें हुई थीं, तो चमारों को सामान्य से अधिक पशु उपलब्ध हो गए थे।[127]

भारतीय पशु प्लेग आयोग की रिपोर्ट में उल्लेख किया गया था कि संगठित चर्म उद्योग ने चमारों को ठेकेदारों और चर्मशोधकों के रूप में जीविका के नये अवसर प्रदान किये थे। रिपोर्ट में कहा गया था कि यही वह खालों का स्वतंत्र

ठेकेदार या व्यापारी था, जो बड़ा व्यापार करता था, और स्वयं को गाँव की सीमा तथा पारम्परिक दायित्वों से मुक्त रखता था, और जिसे कभी बाहरी ज़िलों और गाँवों में अपने नौकरों से ज़हरीला चारा बनवाने के लिए सन्देह या भय से देखा जाता था।[128] वास्तव में, 1890 तक चमड़े का व्यापार इतना फ़ायदे वाला हो गया था कि ज़मींदार भी चमार ठेकेदारों को अपने इलाक़ों में खालें इकट्ठा करने का अधिकार बेचने को तैयार हो गए थे और इसी तरह चमार ठेकेदार भी इस अधिकार को पाने के लिए बड़ी रक़म देने को तैयार थे। वे 1880 के दशक के अन्त से ही उत्तर प्रदेश के पूर्वी ज़िलों में, ख़ासतौर से बनारस, आजमगढ़, ग़ाज़ीपुर और बलिया में, मवेशियों के व्यापार के प्रमुख स्तम्भ थे।[129] बलिया के ज़िलाधिकारी की रिपोर्ट थी कि गाँवों में ज़मींदारों ने खालों का ठेका चमारों को नीलाम किया है।[130] चमारों ने सरकारी पशु बाड़ों से भी दो रुपये प्रति पशु से भी सस्ती दर पर पशुओं को ख़रीदना शुरू कर दिया था। उदाहरण के लिए, 1889 में ग़ाज़ीपुर में 70 मवेशियों के लिए 131 रुपये प्राप्त किये थे।[131] पशु-बाड़ों में अधिकांश बूढ़े और बीमार पशु बेचे जाते थे, जो मालिकों द्वारा खुले छोड़ दिये गए थे। पुलिस महानिरीक्षक ने उल्लेख किया था कि इसमें कोई सन्देह नहीं कि पूर्वी उत्तर प्रदेश में चमड़े के व्यापार का सम्बन्ध कलकत्ता में आढ़तियों के माध्यम से यूरोप को किये जानेवाले खालों के निर्यात से था।[132]

मध्य उत्तर प्रदेश और अवध क्षेत्र में ज़मींदारों ने चमार ठेकेदारों को बीमार और बूढ़े मवेशियों का ठेका बेच कर तेज़ी से फैल रहे चमड़ा व्यापार का लाभ उठाना शुरू कर दिया था। 1922 में 'अवध में उपकर' शीर्षक से प्रकाशित एक रिपोर्ट में, डी.एम. स्टीवर्ट ने उन प्रथाओं का उल्लेख किया है, जिनके कारण अवध क्षेत्र में हाल ही में, खाल-व्यापार बढ़ गया था। स्टीवर्ट 1890 के दशक में बहराइच, फ़ैज़ाबाद और प्रतापगढ़ ज़िलों में उभरी ठेकेदारी प्रथा का उल्लेख कर रहे थे, जिसके तहत ज़मींदार अपनी ज़मींदारी में खालें इकट्ठा करने के अधिकार का ठेका चमारों को नीलाम कर देते थे। ठेके का दाम गाँव के रकबे, चारे की सुविधाओं और चमड़े के व्यापार के विस्तार पर निर्भर करता था। आमतौर पर अवध में ज़मींदारों ने चमार, भंगी और पासी चर्मकारों से मृत पशुओं के चमड़े से बनाए गए खेती के उपकरणों, जैसे पानी के ढोल या जूते लेने के बजाय, जिन्हें वे पहले से उनसे लेते रहे थे, नक़द भुगतान की माँग करना शुरू कर दिया था।[133]

पूर्वी उत्तर प्रदेश का ग़ाज़ीपुर नगर 1890 के दशक तक चमड़े के व्यापार का एक बड़ा केन्द्र बन गया था। ग़ाज़ीपुर के ज़िलाधिकारी ने 1895 में उल्लेख किया था कि ग़ाज़ीपुर नगर के छह बड़े चमड़ा व्यापारियों का कलकत्ता में मालवाहक जहाज़ कम्पनियों और निर्यातकों से सीधा सम्बन्ध था।[134] इसी बात का आजमगढ़ के ज़िलाधिकारी ने भी उल्लेख किया था कि बनारस मंडल में ग़ाज़ीपुर चमड़े के

व्यापार का इतना बड़ा केन्द्र बन गया है कि सूबे के पूर्वी तथा मध्य ज़िलों से भी खालें आती हैं।[135] आजमगढ़ में बारह खाल-बाज़ार थे, जिनका नियंत्रण मुसलमानों के हाथों में था, पर खालों को इकट्ठा करने का काम चमार ठेकेदारों के माध्यम से किया जाता था।[136] पुलिस की रिपोर्ट बताती है कि ये ठेकेदार कलकत्ता और यूरोप को चमड़ा भेजने के लिए खालों को प्राप्त करने में बदनाम संखिया का उपयोग करते थे। संखिया के उपचार से खालें अच्छी तरह संरक्षित हो जाती थीं और उनकी क़ीमत भी अच्छी मिलती थी। चूँकि संखिया महँगी चीज़ थी, इसलिए चमार ठेकेदार उसे या तो अग्रिम रूप से ग़ाज़ीपुर के व्यापारियों से या सीधे कलकत्ता से हासिल करते थे। ऐसा करना दोनों पक्षों के लिए अनुकूल था; चमार ठेकेदार को संखिया का भुगतान नहीं करना पड़ता था, क्योंकि वह खालों की क़ीमत में से काट लिया जाता था, और बदले में कलकत्ता के व्यापारियों को भी खालों और चमड़े की नियमित आपूर्ति होती रहती थी।[137]

यह सम्भव है कि चमारों ने उन कुछ अलग-अलग बूढ़े या बीमार मवेशियों को ज़हर दिया हो, जिन्हें हिन्दुओं ने ख़ुद के भरोसे मरने के लिए छोड़ दिया था। फिर भी, संखिया द्वारा मवेशियों को ज़हर देने के कई वास्तविक मामले उनके पेशेवर काम का हिस्सा थे। हालाँकि, वह काम एक कसाई के काम से अलग नहीं था, पर दुर्भाग्य से उसे अपराध के रूप में चिह्नित किया गया। जिन परित्यक्त या ख़रीदे गए मवेशियों पर चमारों का अधिकार था, उनको ज़हर देने के एक संगठित अपराध के रूप में चिह्नित करने के लिए पूरी तरह जातिगत पहचान के आधार पर उनके वैध व्यावसायिक कार्यों को भी अपराध बना दिया गया। जैसे ही चमारों ने हिन्दू किसानों और ज़मींदारों से मवेशियों को ख़रीदना शुरू किया, किसानों और ज़मींदारों को मवेशियों की खालों से पैसा कमाने का पता चल गया। फलतः, उन्नीसवीं सदी के उत्तरार्द्ध तक ज़मींदारों ने चमड़े के व्यापार में अपना हिस्सा माँगना शुरू कर दिया था, जो काफ़ी बढ़ गया था। इस तरह चमार ठेकेदारों को 'मृत पशुओं की खाल इकट्ठा करने का अधिकार' बेचना ज़मींदारों के लिए अपनी आय बढ़ाने का एक तरीक़ा बन गया था।[138] तीन दशक बाद, बलदेव चौबे ने अपने लेख 'गोरक्षा और अछूत जातियाँ' में 'गोमाता' की मौत पर विलाप करते हुए इसी को प्रमाणित किया। उसने लिखा कि इस तरह के कार्य आमतौर पर राज्य के प्रत्येक गाँव में होते थे; किसान कुछ रुपयों के लिए अपने बूढ़े या बीमार मवेशियों को चमारों को बेच देते थे।[139]

उत्तर प्रदेश के भू-अभिलेख एवं कृषि निदेशक विलियम एच. मोरलैंड ने, जिसने ज़िले की वार्षिक व्यापार रिपोर्ट को संकलित करने का काम किया था, वर्ष 1905-1906 की रिपोर्ट के अपने परिचय में टिप्पणी की कि ज़िलों में सूखे से चारे की कमी के कारण मवेशियों की काफ़ी मौतें हुईं, इसलिए खाल और चमड़े

के निर्यात में 17 प्रतिशत की वृद्धि हो गई थी, जिसका अधिकांश भाग 'इलाहाबाद ब्लॉक से और सामान्यत: बाक़ी उत्तर प्रदेश के पूर्वी ज़िलों से लिया गया था।[140] किन्तु केवल कुछ ही वर्ष पूर्व, 1899 में, मोरलैंड ने गोरखपुर मंडल के आयुक्त, विलियम होइ के सुझाव के आधार पर एक नई आधिकारिक नीति का अनुमोदन किया, जिसके अनुसार किसानों को यह सलाह दी गई थी कि वे 'बीमारी से मरने वाले मवेशियों के शवों को नष्ट कर दें और कदापि चमारों को न दें', क्योंकि चमार बीमारियाँ फैलाते हैं।[141] 1906 में विभिन्न व्यापार वस्तुओं के उत्थान और पतन की व्याख्या करते हुए, वह अपने तर्क में इस अन्तर्विरोध को देखने में विफल रहा था कि चमार वास्तव में उद्यमी थे, अपराधी नहीं।

सन्दर्भ

1. *टाइम्स ऑफ़ इंडिया*, लखनऊ, 1 अप्रैल, 2000।
2. बनारस मंडल के पुलिस अधीक्षक, एच.सी. टकर के नाम आजमगढ़ के मजिस्ट्रेट, जॉर्ज कैंपबेल का पत्र, दिनांक 21 अक्टूबर, 1854, पृ. 24-28; गोरखपुर के प्रभारी मजिस्ट्रेट को गोरखपुर के संयुक्त मजिस्ट्रेट, आर.डी. स्पेडिंग का पत्र, दिनांक 2 अक्टूबर, 1873, पृ. 34-49; देखें, भारत सरकार के अभिलेख-संग्रह, *मवेशियों को ज़हर देने सम्बन्धी प्रपत्र*, 1881, संख्या 180
3. यांग, *डेंजरस कास्ट्स एंड ट्राइब्स*।
4. *भारत की जनगणना*, 1881, खंड 17, भाग 1, *रिपोर्ट*, पृ. 136-38 (अंग्रेज़ी संस्करण)
5. यांग, *डेंजरस कास्ट्स एंड ट्राइब्स*, पृ. 111-12
6. फ्रेटैग, *क्राइम इन दि सोशल ऑर्डर ऑफ़ कॉलोनियल नॉर्थ इंडिया*, पृ. 241-248
7. संजय निगम, *डिसीप्लिनिंग एंड पोलिसिंग दि क्रिमिनल बाय बर्थ*, पार्ट 1, पृ. 141
8. मायाराम, *क्रिमनिलिटी ऑर कम्युनिटी*, पृ. 73, 81
9. *मवेशियों को ज़हर देने के मामले में कैप्टन डोड के नोट*, संख्या 34, 27 अगस्त, 1870, न्यायिक कार्यवाही (गृह विभाग), भारतीय राष्ट्रीय अभिलेखागार, नई दिल्ली, कैप्टन डोड उत्तर प्रदेश के पुलिस महानिरीक्षक के निजी सचिव थे।
10. मेजर, *स्टेट एंड क्रिमिनल ट्राइब्स इन कॉलोनियल पंजाब*, पृ. 661
11. कोटानी, *कॉनफिलक्ट एंड कंट्रोवर्सी ओवर दि महार वनज*, पृ. 105-30
12. राधिका सिन्हा, *ए डिस्पोटिज़्म ऑफ़ लॉ*, पृ. 37-46
13. चेवर्स, *ए मैनुवल ऑफ़ मेडिकल जूरिसप्रूडेंस*, पृ. 127-35
14. पशु प्लेग आयोग, *आयुक्तों की रिपोर्ट्स*, परिशिष्ट-4, *रिपोर्ट्स ऑन कैटल पायजनिंग*, पृ. 646
15. वही, पृ. 645
16. कैंपबेल का टकर के नाम 22 अक्टूबर, 1854 का पत्र, *मवेशियों को ज़हर देने सम्बन्धी प्रपत्र*, 1881 के भारत सरकार के अभिलेखों से चयनित, संख्या 180, पृ. 24-28, मवेशी-जहरखुरानी पर 19 अक्टूबर, 1854 का कैंपबेल का मेमो भी देखें, बस्ता संख्या 7,

खंड 84, उत्तर प्रदेश राज्य क्षेत्रीय अभिलेखागार, इलाहाबाद, के गोरखपुर कलक्ट्रेट में ग़दर-पूर्व अभिलेख।

17. वही, पृ. 27
18. वही, पृ. 25
19. वही, पृ. 26
20. वही, पृ. 27
21. टकर के नाम कैंपबेल का 7 अक्टूबर, 1854 का पत्र, विविध न्यायिक पत्रावलियाँ, बस्ता संख्या 109, खंड 4, बनारस आयुक्त कार्यालय, उत्तर प्रदेश राज्य क्षेत्रीय अभिलेखागार।
22. अपराध और जाति पर स्लीमैन के नोट्स, विविध न्यायिक पत्रावलियाँ, बस्ता संख्या 131, खंड 1, ग़दर-पूर्व अभिलेख, बनारस आयुक्त कार्यालय, उत्तर प्रदेश राज्य क्षेत्रीय अभिलेखागार।
23. राधिका सिंह, *ए डिस्पोटिज़्म ऑफ़ लॉ*, पृ. 170
24. भू-अभिलेख और कृषि निदेशक के नाम डब्ल्यू. होइ का पत्र, दिनांक 26 अगस्त, 1899, पत्रावली संख्या 154 (सी), बॉक्स संख्या 27, फ़रवरी, 1900, न्यायिक (अपराध) विभाग, उत्तर प्रदेश राज्य अभिलेखागार।
25. *पशु-मृत्यु पर रिपोर्ट*, जन-सुनवाई (गृह विभाग), संख्या 93-94, 1869, भारतीय राष्ट्रीय अभिलेखागार, पृ. 71-73, 78
26. पशु चिकित्सक एच. फैरेल का पत्र दिनांक 20 अक्टूबर, 1869 जे. वेस्टनैंड, कलेक्टर, जेस्सोर के नाम, *पशुओं की मौतों पर रिपोर्ट*, जन-सुनवाई (गृह विभाग) संख्या 93-94, 1869, भारतीय राष्ट्रीय अभिलेखागार, पृ. 4-5
27. वही, पृ. 4
28. *पशु प्लेग आयोग की रिपोर्ट*, परिशिष्ट 4, *पशुओं को ज़हर देने सम्बन्धी रिपोर्ट*, पृ. 651
29. गोरखपुर के कार्यकारी मजिस्ट्रेट के नाम, गोरखपुर के संयुक्त मजिस्ट्रेट, आर.डी. स्पेडिंग का पत्र, दिनांक 2 अक्टूबर, 1873, पृ. 34-49; बनारस मंडल के आयुक्त के नाम, आर.डी. स्पेडिंग का पत्र, दिनांक 11 अक्टूबर, 1879, पृ. 60-65; आर.डी. स्पेडिंग का पत्र, दिनांकों को ज़हर देने के अपराध सम्बन्धी प्रपत्र, भारत सरकार के अभिलेखों से संकलित, 1881, संख्या 181, पृ. 35
30. वही, पृ. 35
31. वही, पृ. 37
32. *पुलिस कार्यवाही*, वॉल्यूम 78, जनवरी-जून, 1883, उत्तर प्रदेश राज्य अभिलेखागार, लखनऊ, पृ. 5
33. वही, वॉल्यूम 79, जुलाई-दिसम्बर, 1883, पृ. 121-23; वॉल्यूम 101, जुलाई-दिसम्बर, 1894, पृ. 53-54
34. वही, वॉल्यूम 101, जुलाई-दिसम्बर, 1894, पृ. 54
35. वही, वॉल्यूम 102, जनवरी-जून, 1895, पृ. 17
36. भू-अभिलेख एवं कृषि निदेशक को भेजा गया विलियम होइ का पत्र दिनांक 6 अगस्त, 1899, पत्रावली संख्या 154 (सी), बॉक्स संख्या 27, फ़रवरी, 1900, न्यायिक (आपराधिक) विभाग, उत्तर प्रदेश राज्य अभिलेखागार, लखनऊ।

37. कैप्टन एल. रोजर्स, एम.डी., इम्पीरियल बैक्टीरियोलोजिस्ट का सरकार के सचिव को पत्र, दिनांक 18 सितम्बर, 1899, पत्रावली संख्या 154 (सी), बॉक्स संख्या 27, फ़रवरी, 1900, न्यायिक (आपराधिक) विभाग, उत्तर प्रदेश राज्य अभिलेखागार, लखनऊ।
38. उत्तर-पश्चिम प्रान्त सरकार के सचिव को भू-अभिलेख एवं कृषि विभाग के निदेशक, डब्ल्यू.एच. मोरलैंड का पत्र, दिनांक 21 अक्टूबर, 1899, उत्तर प्रदेश राज्य अभिलेखागार, लखनऊ।
39. सभी आयुक्तों के नाम, उत्तर-पश्चिम प्रान्त सरकार के सचिव, एल.एम. थॉर्नटन का पत्र, दिनांक 7 दिसम्बर, 1899, पत्रावली संख्या 154(सी), बॉक्स संख्या 27, फ़रवरी, 1900, न्यायिक (आपराधिक) विभाग, उत्तर प्रदेश राज्य अभिलेखागार, लखनऊ।
40. जॉर्ज कैंपबेल, 'इंपोर्टेशन ऑफ़ आरसेनिक इनटू दि बनारस डिवीजन फॉर अनलॉफुल परपजेस', *इन सेलेक्शंस फ्रॉम दि नार्थ-वेस्ट प्रोविंसेस*, वॉल्यूम 3, सेकंड सीरीज़, नं. 14, पृ. 268
41. उत्तर-पश्चिम के लेफ़्टिनेंट-गवर्नर, आर. कोल्विन को मेडिकल बोर्ड (फ़ोर्ट विलियम, कलकत्ता) का पत्र, दिनांक 24 जनवरी, 1855, उत्तर-पश्चिम प्रान्त से संकलित, वॉल्यूम 3, सेकेंड सीरीज़, संख्या 14, पृ. 273
42. बंगाल सरकार के सचिव को कलकत्ता के पुलिस आयुक्त, एस. वाउचोप का पत्र, दिनांक 4 जून, 1872, पशुओं को ज़हर देने के अपराध से सम्बन्धित प्रपत्र, भारत सरकार के 1881 के अभिलेखों से संकलित, संख्या 180, पृ. 14
43. पटना के कलेक्टर, ए.सी. मंगलेश का पत्र, दिनांक 13 जून, 1872, पटना मंडल के आयुक्त के नाम, पशुओं को ज़हर देने के अपराध से सम्बन्धित प्रपत्र, भारत सरकार के 1881 के अभिलेखों से संकलित, संख्या 180, पृ. 17-18
44. भारतीय चिकित्सा विभाग के जनरल सर्जन, डॉ. जे.एस. ब्राउन द्वारा बंगाल सरकार के सचिव को दिया गया माँग-पत्र, दिनांक 5 नवम्बर, 1873, पशुओं को ज़हर देने के अपराध से सम्बन्धित प्रपत्र, भारत सरकार के 1881 के अभिलेखों से संकलित, संख्या 180, पृ. 22
45. सचिव, बंगाल सरकार को भारतीय चिकित्सा विभाग के जनरल सर्जन, डॉ. एच.बी. बकल का पत्र, दिनांक 5 नवम्बर 1873, पशुओं को ज़हर देने के अपराध से सम्बन्धित प्रपत्र, भारत सरकार के 1881 के अभिलेखों से संकलित, संख्या 180, पृ. 21
46. चिकित्सा बोर्ड के कार्यकारी सचिव को ईस्ट इंडिया कम्पनी के दवा-विक्रेता का पत्र, दिनांक 31 अक्टूबर, 1855, ग़ैर-क़ानूनी उद्देश्यों के लिए संखिया का आयात, उत्तर-पश्चिम प्रान्तों से संकलित अभिलेख, खंड 3, दूसरी श्रृंखला, संख्या 14, पृ. 278-79
47. भारतीय चिकित्सा विभाग के जनरल सर्जन के सचिव को मेडिकल कॉलेज की वर्नाकुलर कक्षाओं के रसायन और चिकित्सीय विधिविज्ञान के शिक्षक कन्नी लाल देव का पत्र, दिनांक 16 अक्टूबर, 1873, ग़ैर-क़ानूनी उद्देश्यों के लिए संखिया का आयात, उत्तर-पश्चिम प्रान्तों से संकलित अभिलेख, खंड 3, दूसरी श्रृंखला, संख्या 14, पृ. 23
48. होम्स, *ए नोट ऑन सम इंट्रेस्टिंग रिजल्ट्स*, पृ. 1
49. *एनसाइक्लोपीडिया ब्रिटानिका* (शिकागो : एनसाइक्लोपीडिया ब्रिटानिका, 1965), एस.वी., 'पायजन'।

50. *दि न्यू एनसाइक्लोपीडिया ब्रिटानिका* (शिकागो : एनसाइक्लोपीडिया ब्रिटानिका, 1997), एस.वी. 'आरसेनिक'।
51. *भारतीय पशु प्लेग आयोग की रिपोर्ट,* परिशिष्ट 4, पृ. 651
52. वही, पृ. 647-48
53. वही, पृ. 650-51
54. बनारस मंडल के आयुक्त को आर.डी. स्पेडिंग का पत्र, दिनांक 11 अक्टूबर, 1879, भारत सरकार के अभिलेखों से संकलित : *मवेशियों को ज़हर देने सम्बन्धी प्रपत्र,* 1881, संख्या 180, पृ. 63-64
55. *मवेशियों को ज़हर देने के मामले में पशु प्लेग आयोग की रिपोर्ट,* परिशिष्ट 4, पृ. 647-48
56. न्यायिक (आपराधिक) कार्यवाही, खंड 60, जनवरी-जून, 1874, उत्तर प्रदेश राज्य अभिलेखागार, लखनऊ, पृ. 5
57. चौधरी, *फॉरेन ट्रेड एंड बैलेंस ऑफ़ पेमेंट,* पृ. 806
58. भारत सरकार के गृह, राजस्व एवं कृषि सचिव, कलकत्ता को बंगाल सरकार के राजनीतिक और नियुक्ति विभाग के सचिव, होरेस कॉकरेल का पत्र, दिनांक 28 जून, 1880, भारत सरकार के अभिलेखों से संकलित : *मवेशियों को ज़हर देने सम्बन्धी प्रपत्र,* 1881, संख्या 180, पृ. 109
59. *पुलिस कार्यवाही,* खंड 95, जुलाई-दिसम्बर, 1892, पृ. 11
60. भारत सरकार के गृह, राजस्व एवं कृषि विभाग का 20 फ़रवरी, 1880 का प्रस्ताव, भारत सरकार के अभिलेखों से संकलित : *मवेशियों को ज़हर देने सम्बन्धी प्रपत्र,* 1881, संख्या 180, पृ. 2-11
61. *पशु प्लेग आयोग की रिपोर्ट,* परिशिष्ट 4, पृ. 690-702
62. वही, *एम. स्मिथ का ज्ञापन,* पृ. 694, यह मामला आजमगढ़ में निजामुज अदालत की सत्र अदालत में तीन जजों, एम. स्मिथ, एन.डब्ल्यू. बेगबी और सी.सी. जैक्सन की पीठ द्वारा सुना गया था।
63. वही।
64. वही, एस.जे. बेचर, सत्र न्यायाधीश, आजमगढ़, 16 फ़रवरी, 1855, पृ. 696
65. वही, आजमगढ़ के सत्र न्यायाधीश को कैंपबेल का उत्तर, 26 फ़रवरी, 1855, पृ. 696 एवं 698
66. वही, जक्खू और पैंतालीस चमारों के मुक़दमे में सत्र न्यायाधीश द्वारा की टिप्पणी, पृ. 697
67. वही, पृ. 697
68. मिश्र, *दि सेंट्रल एडमिनिस्ट्रेशन ऑफ़ दि ईस्ट इंडिया कम्पनी,* पृ. 299-301
69. टकर को कैंपबेल का पत्र, दिनांक 21 अक्टूबर, 1854, भारत सरकार के अभिलेखों से संकलित : *मवेशियों को ज़हर देने सम्बन्धी प्रपत्र,* 1881, संख्या 180, पृ. 25; *मवेशियों को ज़हर देने सम्बन्ध में कैंपबेल का मेमो,* दिनांक 19 अक्टूबर, 1854, बस्ता संख्या 7, खंड 84, गोरखपुर कलेक्ट्रेट में उपलब्ध ग़दर-पूर्व अभिलेख, उत्तर प्रदेश राज्य क्षेत्रीय अभिलेखागार, इलाहाबाद।
70. मिश्र, *दि सेंट्रल एडमिनिस्ट्रेशन ऑफ़ दि ईस्ट इंडिया कम्पनी,* पृ. 339-46

71. वही, पृ. 338
72. बनारस मंडल के पुलिस अधीक्षक को उत्तर-पश्चिम प्रान्तों की सरकार के सचिव डब्ल्यू. विलियम मुइर का पत्र, दिनांक 6 नवम्बर, 1854, भारत सरकार के अभिलेखों से संकलित : *मवेशियों को ज़हर देने सम्बन्धी प्रपत्र*, 1881, संख्या 180, पृ. 28-29
73. उत्तर-पश्चिम प्रान्तों की सरकार के सचिव, डब्ल्यू. विलियम मुइर को बनारस मंडल के आयुक्त एच.सी. टकर का पत्र, दिनांक 11 दिसम्बर, 1854, उत्तर-पश्चिम प्रान्त न्यायिक (अपराध) कार्यवाही, पी/233/71, ओरियंटल एंड इंडिया ऑफ़िस कलेक्शन, ब्रिटिश लाइब्रेरी।
74. टकर को कैंपबेल का पत्र, दिनांक 9 दिसम्बर, 1854, उत्तर-पश्चिम प्रान्त न्यायिक (अपराध) कार्यवाही, पी/233/71, ओरियंटल एंड इंडिया ऑफ़िस कलेक्शन, ब्रिटिश लाइब्रेरी।
75. *पशु प्लेग आयोग की रिपोर्ट*, परिशिष्ट 4, पृ. 697
76. विविध न्यायिक पत्रावलियाँ, बस्ता संख्या 109 (ए), खंड 2, 5, बनारस आयुक्त कार्यालय, उत्तर प्रदेश राज्य क्षेत्रीय अभिलेखागार, इलाहाबाद।
77. *मवेशियों को ज़हर देने के सम्बन्ध में डोड की टिप्पणी*, न्यायिक कार्यवाही (गृह विभाग), संख्या 34, 27 अगस्त, 1870, भारतीय राष्ट्रीय अभिलेखागार, नई दिल्ली।
78. वही, पृ. 1
79. *पशु प्लेग आयोग की रिपोर्ट*, 1869 में उत्तर-पश्चिमी प्रान्तों की सरकार के रासायनिक परीक्षक डब्ल्यू. वाकर, *एम.डी. की रिपोर्ट* से उद्धरित, परिशिष्ट 4, पृ. 726-27
80. वही, पृ. 727
81. वही, पृ. 726
82. *मवेशियों को ज़हर देने के सम्बन्ध में कैप्टन डोड की टिप्पणी*, संख्या 34, 27 अगस्त, 1870, न्यायिक कार्यवाही (गृह विभाग), भारतीय राष्ट्रीय अभिलेखागार, नई दिल्ली, पृ. 5
83. *पशु प्लेग आयोग की रिपोर्ट*, 1869 में उत्तर-पश्चिमी प्रान्तों की सरकार के रासायनिक परीक्षक, डब्ल्यू. वाकर, *एम.डी. की रिपोर्ट* से उद्धरित, परिशिष्ट 4, पृ. 726
84. रासायनिक परीक्षक मूरे थॉमसन, *एम.डी. की वार्षिक रिपोर्ट*, न्यायिक (अपराध) विभाग, कार्यवाही, खंड 63, जनवरी-जून, 1876, उ.प्र. राज्य अभिलेखागार, लखनऊ, पृ. 5-7
85. *पुलिस कार्यवाही*, खंड 93, जुलाई-दिसम्बर, 1890, पृ. 53
86. वही, खंड 106, जुलाई-दिसम्बर, 1895, पृ. 14
87. औसत राशि वार्षिक रिपोर्टों के अनुसार चौकीदारों और पुलिसकर्मियों को दिये गए पुरस्कारों के योग पर आधारित है—*पुलिस कार्यवाही*।
88. *पुलिस कार्यवाही*, खंड 79, जुलाई-दिसम्बर, 1883, पृ. 4
89. वही, खंड 97, जुलाई-दिसम्बर, 1892, पृ. 5-55
90. वही, खंड 103, जुलाई-दिसम्बर, 1895 पृ. 50
91. वही, खंड 91 जुलाई-दिसम्बर, 1889 पृ. 30
92. वही, खंड 101, जुलाई-दिसम्बर, 1894, पृ. 76-77
93. वही, खंड 97, जुलाई-दिसम्बर, 1892, पृ. 33

94. *मवेशियों को ज़हर देने के मामले में कैप्टन डोड की टिप्पणी*, संख्या 34, 27 अगस्त, 1870, न्यायिक कार्यवाही (गृह विभाग), भारतीय राष्ट्रीय अभिलेखागार, नई दिल्ली, पृ. 3-4
95. *पुलिस कार्यवाही*, खंड 105, जुलाई-दिसम्बर, 1896, पृ. 13-14
96. *उत्तर-पश्चिमी प्रान्त और अवध की वार्षिक व्यापार रिपोर्ट*, 1898, पृ. 7
97. डब्ल्यू. होइ का पत्र, दिनांक 26 अगस्त, 1899, पत्रावली संख्या 154 (सी), बॉक्स संख्या 27, फ़रवरी, 1900, न्यायिक (अपराध) विभाग, उत्तर प्रदेश राज्य अभिलेखागार, लखनऊ।
98. *पशु-रोगों पर रिपोर्ट*, 1869, पृ. 74-75
99. वही।
100. वही, पृ. 81-82
101. *पुलिस कार्यवाही*, खंड 97, जुलाई-दिसम्बर, 1892, पृ. 4
102. आपराधिक समुदायों के बारे में इसी तरह की चर्चा के लिए देखिए, *क्रिमिनल कम्युनिटीज़ : दि ठगी एक्ट XXX ऑफ़ 1836*, सिंह, *ए डिसपोजीशन ऑफ़ लॉ*, पृ. 168-228
103. क्रूक, *पॉपुलर रिलीजन एंड फोकलोर ऑफ़ नॉर्दर्न इंडिया*, पृ. 80-81, 103-104, 125-126, 139
104. *मवेशियों की बीमारियों पर रिपोर्ट*, जन-कार्यवाही, गृह विभाग, संख्या 93-94, 1869, भारतीय राष्ट्रीय अभिलेखागार, नई दिल्ली, पृ. 81-82
105. विलियम होइ का पत्र, दिनांक 26 अगस्त, 1899, फ़ाइल संख्या 154
106. पशु प्लेग आयोग के समक्ष हमीरपुर ज़िले के रमेरी गाँव के निवासी गोब्रा ठाकुर की गवाही, *आयोग की रिपोर्ट*, पृ. 181
107. *आजमगढ़ ज़िले में गो-हत्या की सरगर्मियाँ*, फ़ाइल संख्या 461, बॉक्स संख्या 57, सामान्य प्रशासनिक विभाग, उत्तर प्रदेश राज्य अभिलेखागार, लखनऊ, आन्दोलन के इतिहास और इतिहास-लेखन की विस्तृत चर्चा के लिए देखिए, पांडेय की *दि कंस्ट्रक्शन ऑफ़ कम्युनलिज़्म* में 'मोबलाइजिंग दि हिन्दू कम्युनिटी', लेख, पृ. 155-200
108. *पुलिस कार्यवाही*, खंड 101, जुलाई-दिसम्बर 1894, पृ. 2-5, 58
109. *आजमगढ़ ज़िले में गो-हत्या की सरगर्मियाँ*, फ़ाइल संख्या 461, बॉक्स संख्या 57, सामान्य प्रशासनिक विभाग, उत्तर प्रदेश राज्य अभिलेखागार, लखनऊ, ब्लॉक फ़ाइल्स, पृ. 2
110. *पुलिस कार्यवाही*, खंड 101, जुलाई-दिसम्बर, 1894, पृ. 75-76
111. उत्तर प्रदेश के 1894 से 1900 तक के बहुत से स्थानीय समाचार-पत्र।
112. वही, *हिन्दुस्तान*, खंड 28, 28 नवम्बर, 1894
113. वही, *हिन्दुस्तान*, खंड 33, 6 फ़रवरी, 1900, यह भी देखिए, *अल्मोड़ा अख़बार*, खंड 28, 17 जनवरी, 1894, 7 जून, 1899; *हिन्दुस्तान*, वही, खंड 31, 21 सितम्बर, 1898, खंड 34, 20 जुलाई, 1901; *भारत जीवन* (हिन्दी साप्ताहिक, बनारस), खंड 32, 14 जून, 1899।
114. *आजमगढ़ ज़िले में गोहत्या विरोध*, फ़ाइल संख्या 461, बॉक्स संख्या 57, सामान्य प्रशासनिक विभाग, ब्लॉक पत्रावलियाँ, उत्तर प्रदेश राज्य अभिलेखागार, लखनऊ, पृ. 2
115. *अभ्युदय*, 20 जुलाई, 1929

116. विलियम क्रुक, *दि ट्राइब्स एंड कास्ट्स ऑफ़ दि नॉर्थ-वेस्टर्न प्रोविंसेस एंड अवध*, खंड 1, पृ. 194
117. स्थानीय समाचार-पत्रों का संग्रह, *मारवाड़ गजट* (हिन्दी-उर्दू साप्ताहिक, जोधपुर), ख़ंड 14, 22 मई, 1881; *अलबशीर* (उर्दू साप्ताहिक, इटावा), खंड 32, 21 फ़रवरी, 1899, *रोहिलखंड अख़बार* (उर्दू साप्ताहिक), खंड 3, 22 फ़रवरी, 1870
118. वही, खंड 21, *प्रदीप* (हिन्दी मासिक, इलाहाबाद), मई, 1888
119. वही, खंड 2, *उर्दू देहली गजट* (उर्दू साप्ताहिक, दिल्ली), 5 जुलाई, 1869
120. वही, खंड 31, *नासिम आगरा* (उर्दू साप्ताहिक, आगरा), 9 फ़रवरी, 1898
121. ज्ञानेन्द्र पांडेय, *दि कंस्ट्रक्शन ऑफ़ कम्युनिलिज़्म*, पृ. 179
122. *पुलिस कार्यवाही*, खंड 98, जुलाई-दिसम्बर, 1892, पृ. 9
123. वही, खंड 93, जुलाई-दिसम्बर, 1890, पृ. 66-68, खंड 100, जुलाई-दिसम्बर, 1893
124. वही, खंड 93, जुलाई-दिसम्बर, 1890, पृ. 67
125. वही, खंड 93, जुलाई-दिसम्बर, 1889, पृ. 30
126. वही, खंड 93, जुलाई-दिसम्बर, 1890, पृ. 68
127. वही, पृ. 69-70
128. *भारतीय पशु आयोग की रिपोर्ट*, परिशिष्ट 4, पृ. 649
129. *पुलिस कार्यवाही*, खंड 97, जुलाई-दिसम्बर, 1892, पृ. 10; खंड 98, जनवरी-जून, 1893, पृ. 41-42
130. वही, खंड 93, जुलाई-दिसम्बर, 1890, पृ. 68
131. वही, खंड 91, जुलाई-दिसम्बर, 1889, पृ. 30
132. वही, खंड 97, जुलाई-दिसम्बर, 1892, पृ. 11; खंड 99, जनवरी-जून, 1893, पृ. 41
133. डी.एम. स्टीवार्ट, *सेसेस इन अवध*, 1922, रेवेन्यू (ए), प्रोसीडिंग्स, मई, 1925, उत्तर प्रदेश राज्य अभिलेखागार, लखनऊ, पृ. 38-39
134. *पुलिस कार्यवाही*, खंड 103, जुलाई-दिसम्बर, 1895, पृ. 53
135. आर.डी. स्पेडिंग का पत्र, दिनांक 11 अक्टूबर, 1879, *मवेशियों को ज़हर देने के अपराध से सम्बन्धित प्रपत्र*, भारत सरकार के अभिलेखों से संकलित, 1881, संख्या 180, पृ. 63
136. *पुलिस कार्यवाही*, खंड 105, जनवरी-जून, 1896, पृ. 50
137. चमड़े के व्यापार के इस कार्य को जुलाई-दिसम्बर, 1893 से नियमित रूप से पुलिस की रिपोर्टों में दर्ज किया जाता था।
138. *पुलिस कार्यवाही*, खंड 97, जुलाई-दिसम्बर, 1892, पृ. 10-11; खंड 99, जुलाई-दिसम्बर, 1893, पृ. 41-42
139. *अभ्युदय*, 20 जुलाई, 1929
140. *इनलैंड ट्रेड ऑफ़ नार्थ-वेस्टर्न प्रोविंसेस एंड अवध की वार्षिक रिपोर्ट*, 1906, पृ. 3
141. सभी मंडलों के आयुक्तों को उत्तर-पश्चिमी प्रान्तों की सरकार के सचिव एल.एम. थॉर्नटन का भेजा गया पत्र, दिनांक 7 दिसम्बर, 1899, बॉक्स संख्या 27, फ़रवरी, 1900, न्यायिक (अपराध) विभाग, उत्तर प्रदेश राज्य अभिलेखागार, लखनऊ, पृ. 7

अध्याय-2

रूढ़ धारणाओं की जाँच : चमार किसान और खेतिहर मज़दूर

हमारे पास यहाँ सालों से जोत (ज़मीन) है, हमारे बाप-दादे यहाँ आसामी (किरायेदार) थे; हमारे खेतों को बदला नहीं गया, और हमने एक दर पर (किराया) चुकाया है, लेकिन हम दावा कुछ नहीं करते, ज़मीन का मालिक तालुकेदार है, वह हमारा किराया बढ़ा सकता है, और भुगतान करने से इनकार करने पर हमें बेदख़ल भी कर सकता है।

*—**लूछा, केसर और प्रताप चमार** से हरदोई (उत्तर प्रदेश) के बन्दोबस्त अधिकारी, ई.ओ. ब्रेडफोर्ड द्वारा 1867 में की गई बातचीत से।*

यह सिर्फ़ एक धारणा है कि चमार को उसकी जाति के कारण जानवरों की खाल निकालने के लिए योग्य माना जाता है, पर यह ज़रूरी नहीं है कि यह उसका मूल पेशा भी हो। चमार वास्तव में दूसरों की तरह का ही एक किसान है, जिसके पास 2 से 9 बीघे ज़मीन है, और जिसका वह 9 से 51 रुपये तक किराया देता है। सम्पत्ति के रूप में वह अनाज उगाता है और उसकी बिक्री से अपनी आय पैदा करता है।

*—उत्तर प्रदेश के उद्योग निदेशक, **जे.सी. डोनाल्डसन** द्वारा 18 फ़रवरी, 1931 को की गई टिप्पणी।*

हम लूछा, केसर और प्रताप चमारों के इस चौंका देने वाले दावे को कैसे समझें कि वे परम्परागत रूप से किसान थे और उन्होंने पीढ़ियों से ज़मीनें जोती थीं? ज़मीन पर ज़मींदारों का मालिकाना हक़ मानते हुए वे यह स्वीकार करने को तैयार नहीं थे

पहला उद्धरण सी. कूरी, बन्दोबस्त आयुक्त, के ज्ञापन से लिया गया है, जो अवध के मालिकाना अधिकार और काश्तकारों के अधिकारों से सम्बन्धित विविध काग़ज़ात में शामिल है, पृ. 157; दूसरा उद्धरण फ़ाइल संख्या 498, (1930), बॉक्स संख्या 315, उद्योग विभाग, उत्तर प्रदेश राज्य अभिलेखागार, लखनऊ से लिया गया है।

कि जिस ज़मीन को वे जोतते हैं, उस पर उनका क़ानूनी अधिकार है। उन्होंने इस तरह के अधिकारों का दावा इस आधार पर किया था कि वे पीढ़ियों से ज़मीन जोतते आए थे और ज़मींदारों को ज़मीन का लगान देते थे। किसानों के भूमि-अधिकारों के मामले में 1867 में हुई एक औपनिवेशिक जाँच के दौरान पूरे अवध क्षेत्र के चमारों ने भी इसी तरह का दावा किया था। उसके छह दशक बाद, 1931 में, जब जे.सी. डोनाल्डसन ने यह टिप्पणी की कि चमार मूलतः किसान हैं, तो उसने चमारों के ही दावे को स्वीकार किया था। 1911 की उत्तर प्रदेश की जनगणना के अनुसार 34,67,317 में से केवल 1,30,233 (4 प्रतिशत) चमार चमड़े के कार्य से जुड़े थे, जबकि 13,73,184 (40 प्रतिशत) चमारों की पहचान किसान के रूप में की गई थी, जिनमें मौरूसी (क़ब्ज़ाधारी, यानी, मालिकाना) और ग़ैर-मौरूसी (ग़ैर-क़ब्ज़ाधारी, यानी ग़ैर-मालिकाना) किरायेदार दोनों शामिल थे। शेष चमारों में, 13,55,387 (40 प्रतिशत) खेतिहर मज़दूर थे, 3,31,244 (9 प्रतिशत) अनिर्दिष्ट (विविध क्षेत्रों के) मज़दूर, 1,42,786 (4 प्रतिशत) मिल मज़दूर, और 1,07,922 (3 प्रतिशत) पशुपालक तथा दूध बेचते थे।[1] 1961 में चमार किसानों की संख्या 50 प्रतिशत बढ़कर 17,88,134 हो गई थी, और चमड़े का काम करनेवाले चमारों का प्रतिशत घटकर 0.6 रह गया था। (देखिए तालिका 3)[2] ये बयान और आँकड़े न केवल चमारों की मुख्य पहचान किसानों के रूप में साबित करते हैं, बल्कि हमें उनके बारे में इस रूढ़ धारणा पर भी सवाल उठाने के लिए मजबूर करते हैं कि उनका परम्परागत पेशा चमड़े का है।

हम इन आँकड़ों का समाज में व्याप्त इस धारणा के साथ कैसे सामंजस्य बैठाएँ कि चमार मुख्य रूप से चर्मकार और भूमिहीन मज़दूर थे? औपनिवेशिक और उत्तर-औपनिवेशिक इतिहासकारों, समाजशास्त्रियों और अन्य विद्वानों ने अपनी यह धारणा कैसे बनाई कि केवल चमड़े का काम ही चमारों की पहचान और पेशा था? विलियम क्रुक ने जातियों और जनजातियों के बारे में, 1896 में किये गए अपने सर्वे में चमारों का वर्णन 'पूरे भारत में चमड़ा कमाने वाली और दिहाड़ी मज़दूरों की जाति के रूप में किया है'। उसने लिखा कि चमार विविध पेशों से जुड़े थे, पर उनका मुख्य पेशा खाल निकालना और जूते बनाना था।[3] इसके सौ साल बाद, के.एस. सिंह ने भी 1993 में अपनी 'भारत के लोग' परियोजना में चमारों को इन्हीं शब्दों में परिभाषित किया 'वे खाल और चमड़े के पेशे से जुड़े हुए और खेतिहर मज़दूर हैं।[4] चमारों के पेशे के बारे में यह रूढ़ समझ, उत्तर-औपनिवेशिक मानवशास्त्रियों और इतिहासकारों को, हिन्दू समाज में चमारों की भूमिका के बारे में, बराबर प्रभावित करती रही है।

चमारों के बारे में यह धारणा कि चमड़े का काम उनका परम्परागत और प्राथमिक पेशा था, उन्नीसवीं सदी में उत्तर प्रदेश में उन बहसों से बनी थी,

जो जनगणना, जातीय-जनजातीय सर्वेक्षणों, गजेटियरों और दिल्ली तथा लन्दन में केन्द्रित अखिल भारतीय स्रोतों के माध्यम से की गई थीं। किन्तु, जनपदों की बन्दोबस्त अधिकारियों की रिपोर्टें, तफ़तीशें, और प्रान्तीय अभिलेखागारों में चमारों के बारे में मौजूद विस्तृत विवरण मूल रूप से इस धारणा के विपरीत तसवीर पेश करते हैं। चमारों का 'अछूत' स्तर माने जाने के बावजूद, वे मुख्य रूप से उन्नीसवीं और बीसवीं सदी के उत्तर भारतीय समाज में एक किसान जाति थे, और भले ही उन्हें किसान न माना जाता हो, पर, खेती तथा ज़मीन से उनका निकट का सम्बन्ध था। इस अध्याय का मुख्य उद्देश्य उत्तर प्रदेश के उन्नीसवीं सदी के ग्रामीण समाज में चमारों की विविध भूमिकाओं की पड़ताल करके ज़मीन और खेती से उनके सम्बन्धों की जाँच करना है।

इस अध्याय के पहले खंड में उत्तर प्रदेश की चमार आबादी के बारे में औपनिवेशिक 'खोज' पर विचार किया गया है, ताकि उनकी विशाल आबादी, कृषि-क्षेत्र में उनकी उपस्थिति और उनके कथित 'पारम्परिक' पेशे के साथ उनके असंगत सम्बन्धों के बारे में समकालीन व्याख्याओं की जाँच की जा सके। औपनिवेशिक मानवविज्ञान ने 'चमार' को एक अमूर्त शाब्दिक श्रेणी (या पहचान) से एक मूर्त प्रशासनिक और सामाजिक श्रेणी में बदल दिया। दूसरे, तीसरे और चौथे खंडों में कृषक समाज के भीतर उनकी स्थिति की जाँच करके उनकी काश्तकारी-योग्यता के बारे में विचार किया गया है। यद्यपि औपनिवेशिक राज्य ने श्रेणीकरण ग़ैर-मालिकाना किरायेदारों और ग़ैर-कृषक के रूप में किया है,[5] परन्तु 'मौरूसी' और 'ग़ैर-मौरूसी' काश्तकारों के रूप में चमारों की मौजूदगी उन्नीसवीं सदी के उत्तर प्रदेश में एक शानदार विशेषता बनी हुई थी। पाँचवें खंड में उत्तर प्रदेश के ग्रामीण समाज में चमारों की सामाजिक, स्थानिक और ख़ासतौर से उनकी पेशेगत गतिविधियों पर विचार किया गया है। पिछले खंडों में जो स्थापित किया गया है, उस आधार पर छठा और अन्तिम खंड चमारों की सामाजिक और सांस्कृतिक गतिविधियों का सर्वेक्षण करता है, जो खेती-किसानी से उनके निकट सम्बन्धों को दर्शाता है, जिसमें उत्तर भारत के सबसे प्रसिद्ध किसान आन्दोलन में उनकी भागीदारी भी शामिल है।

अंग्रेज़ों द्वारा चमारों की खोज

उन्नीसवीं सदी के उत्तरार्द्ध में, जब दस वर्षीय जनगणना की शुरुआत हुई, तो अंग्रेज़ों को उत्तर प्रदेश में चमारों की एक विशाल आबादी का पता चला। चमार एक अत्यन्त बहुसंख्यक हिन्दू जाति थी, और 1911 की जनगणना के समय तक यह स्पष्ट हो गया था कि अधिक से अधिक 80 प्रतिशत चमार खेतिहर मज़दूर और किसान थे। उत्तर प्रदेश की 1881 की जनगणना के अनुसार, सम्पूर्ण हिन्दू

आबादी में चमार 14 प्रतिशत थे, जबकि ब्राह्मण 12 प्रतिशत और अहीर 9 प्रतिशत थे। (देखिए, तालिका 1)[6] ब्रिग्स ने इसे एक 'आश्चर्यजनक तथ्य' के रूप में वर्णित किया है, क्योंकि कथित तौर पर उनका पारम्परिक पेशा माना जानेवाला चमड़े का काम इतनी बड़ी जनसंख्या द्वारा नहीं अपनाया जा सकता था।[7] उनकी इतनी बड़ी जनसंख्या ने औपनिवेशिक प्रशासकों को हैरत में डाल दिया, और वे चमारों के बारे में अपने विचारों का पुनर्परीक्षण करने के लिए बाध्य हो गए। औपनिवेशिक राज्य को विवश होकर इस सच्चाई के समर्थन में आना पड़ा कि चमार कृषक समुदाय का अभिन्न अंग थे। इस तरह की खोज के दो असर हुए। पहला यह कि इससे लम्बे समय से चमारों के बारे में बनाई गई यह रूढ़ धारणा टूटी कि चमड़े का काम ही उनका मुख्य पेशा है, जो उनका बहुत छोटा समुदाय करता था। दूसरा असर यह हुआ कि इसने उत्तर प्रदेश की आबादी में चमारों के बारे में प्रचलित समझ और उनकी संख्यात्मक शक्ति के बीच विरोधाभास को दूर करने के लिए औपनिवेशिक मानव-विज्ञान की आवश्यकता महसूस की।

1871 में दस साला जनगणना शुरू होने से पूर्व, चमारों के बारे में औपनिवेशिक प्रभु वर्ग की धारणा चमड़े का काम करनेवालों और ज़मींदारों के सेवकों के रूप में थी, और उनके इस काम की वजह से, उनका मानना था कि प्रदेश की आबादी में चमारों का बहुत ही तुच्छ स्थान था। इंग्लैंड के एक सुधारवादी पादरी और यात्री, विलियम टेनेंट ने 1804 में चमारों का वर्णन भारत के सबसे नीच और तिरस्कृत दस्तकारों के अत्यन्त छोटे समूह के रूप में किया था, जो मुख्य रूप से चमड़े के जूते, रस्सी और अन्य वस्तुओं का निर्माण करते थे।[8] 1830 के दशक की उत्तर प्रदेश बन्दोबस्त रिपोर्टें इससे मेल खाती हैं। 1837 की गोरखपुर बन्दोबस्त रिपोर्ट में चमारों के बारे में इस प्रारम्भिक औपनिवेशिक धारणा पर ई.ए. रीड ने इस प्रकार टिप्पणी की है—

> आमतौर से एक ही गाँव में, लगभग हर जाति पाई जाती है, पर मुस्लिम लोगों की आबादी बहुत कम है; ताक़त में राजपूतों, ब्राह्मणों और अहीरों की संख्या है, पर, प्रभाव या समृद्धि के बिना, उनमें ज़्यादातर चमार, भर, बनिया, कमकुर, कोरी और कुर्मी हैं, जिनके एक या एक से अधिक परिवार रहते हैं।[9]

यह धारणा बनाई गई कि गोरखपुर के प्रत्येक गाँव में कुछ ही चमार परिवार थे, जो विशेष रूप से राजपूतों और ब्राह्मणों की तुलना में, (जिनके साथ औपनिवेशिक अधिकारियों का कहीं अधिक सम्पर्क था) आबादी का बहुत ही नगण्य हिस्सा थे।

इसी तरह, थॉमसन की 1837 की आजमगढ़ की बन्दोबस्त रिपोर्ट में चमारों का वर्णन ज़मींदारों के ग़ुलामों के रूप में किया गया है, जो ज़मींदारों की जागीरों में

बसाए गए थे और पूरी तरह उन्हीं पर निर्भर थे। उन्होंने कभी भी चमारों का उल्लेख खेती करनेवाले समुदाय के रूप में नहीं किया।[10] इसी तरह 1839 की सहारनपुर बन्दोबस्त रिपोर्ट में भी एडवर्ड थॉर्नटन द्वारा चमारों का वर्णन ज़मींदारों के ग़ुलामों के रूप में किया गया था, जिन्हें ज़मींदारों ने अपनी सुविधा के लिए अपनी ज़मीनों पर बसाया था।[11] 1842 में सी. एलिन ने भी हमीरपुर की अपनी बन्दोबस्त रिपोर्ट में ज़िले की प्रमुख जातियों के रूप में ब्राह्मणों, राजपूतों, लोधियों, यहाँ तक कि बनियों, अहीरों, कुर्मियों, काछियों, और खूँगों का ज़िक्र किया, पर चमारों का उल्लेख तक नहीं किया।[12] सामान्यत: 1830 के दशक की बन्दोबस्त रिपोर्टों में चमारों का उल्लेख नहीं मिलता है, और 1837 की गोरखपुर बन्दोबस्त रिपोर्ट में भी, रीड ने अपने वक्तव्य में चमारों की जनगणना-पूर्व की औपनिवेशिक छवि को ही स्थापित किया। इस छवि को इतनी व्यापक स्वीकृति मिली कि मध्य भारत में छत्तीसगढ़ से 1866 की जनगणना रिपोर्ट के लेखक ने भी यह दावा किया कि सतनामी चमार 'किसी भी तरह से उत्तर भारत के उन चमारों से मेल नहीं खाते हैं, जो चमड़े का काम करते हैं', क्योंकि सतनामी चमारों के पास अपनी ज़मीनें थीं।[13]

रीड की 1837 की गोरखपुर बन्दोबस्त रिपोर्ट के एकदम विपरीत, उसी ज़िले में क्रुकशांक ने 1891 की रिपोर्ट में चमारों का वर्णन दूसरी सबसे बड़ी हिन्दू जाति, और खेती करनेवालों के रूप में चौथे सबसे बड़े समुदाय के रूप में किया, जिनकी ज़िले में कुल आबादी 2,10,108 थी।[14] 1880 के दशक की दस साला जनगणना और अधिकांश बन्दोबस्त रिपोर्टों में चमारों की आश्चर्यजनक रूप से बढ़ती जनसंख्या पर टिप्पणी की गई है। इन जनसंख्याओं से टकराते हुए, उन्नीसवीं शताब्दी के उत्तरार्द्ध में औपनिवेशिक मानवविज्ञानियों ने अपनी वैचारिक धारणाओं और चमारों की वास्तविक स्थितियों के बीच विरोधाभास को दूर करने का कार्य किया। उन्होंने बड़ी संख्या में चमारों के बारे में स्पष्टीकरण दिये और लिखा कि चमड़े का काम उनका एकमात्र पेशा नहीं था।

1871 और 1881 की पहली दो जनगणनाओं के आधार पर, जे.एस. नेसफील्ड ने यह दावा करके समस्या का समाधान किया कि डोम, कंजर और चेरू जैसी अछूत जातियों ने भी हाल में चमार समुदाय की संख्या में वृद्धि की होगी।[15] ब्रिग्स ने नेसफील्ड के इस मत से सहमति व्यक्त की कि कुछ अन्य निम्न जातियों ने चमार समुदाय में शामिल होकर संख्या में वृद्धि की, जिनमें डोम, कंजर, कोल, जैसवार और अन्य जनजातियाँ शामिल थीं। उसने यह तर्क देकर नेसफील्ड के मत का और भी विस्तार किया कि चमार जाति के मिश्रित (बहुजातीय) स्वरूप ने 'एक निश्चित भौगोलिक उत्पत्ति' की ओर संकेत किया है। उसका कहना था कि कुछ उपजातियों के भौगोलिक नामों से पता चलता है कि चमार जाति का विस्तार सदियों से विजय प्राप्त करनेवाले विशिष्ट क्षेत्रों के जातीय समूहों को मिलाकर हुआ होगा,

क्योंकि जिन पराजित जनजातियों ने अपनी प्रतिष्ठा और स्थिति खो दी थी, वे विजयी जनजाति के अधीन हो गए थे। उसने चमारों की लगभग तेरह जातियों (उपजातियों) को सूचीबद्ध किया, जिनमें उनके आजमगढ़िया, अहरवार, गंगापार, पुरबिया और झुसिया नामों से उनके भौगोलिक अर्थात 'मूल स्थान' का पता चलता है।[16]

पराजय के कारण खोई हुई प्रतिष्ठा तथा स्थिति को भारतीय सभ्यता का एक विशिष्ट गुण बताते हुए ब्रिग्स ने तर्क दिया कि एक व्यावसायिक समूह की निश्चित स्थिति, उनमें बार-बार शामिल होने वाले उन समूहों जैसी हो सकती है, जो अपनी अच्छी स्थिति से नीचे गिर गए थे। इसलिए उसका निष्कर्ष था कि 'श्रेणी बदल जाने से कुछ जातियों ने अपनी पहचान और प्रतिष्ठा खो दी थी, जिसके कारण वे निचले स्तर पर आ गए थे।' पश्चिमी उत्तर प्रदेश के जटिया चमार अपने 'हल्के रंग-रूप' और 'उच्च शारीरिक गठन' के कारण इसका एक अच्छा उदाहरण थे। उसका दावा था कि 'कुछ व्यावासयिक अपेक्षाओं ने जटिया को इस निम्न स्तर के कार्य की ओर आकर्षित किया, या, अधिक सम्भावना यह है कि कुछ दबाव या दंड उनके सामाजिक पतन का कारण बना हो।' ब्रिग्स ने हर सम्भव तरीक़े से चमारों की बढ़ती संख्या का कारण अन्य समूहों के शामिल होने को बताने की कोशिश की, यहाँ तक कि उसने चमार स्त्रियों और उच्च जाति के पुरुषों के बीच अवैध सम्बन्धों को चमारों के गोरे होने का कारण बताया था।[17]

वैचारिक रूप से सबसे महत्त्वपूर्ण यह देखना है कि चमारों के पारम्परिक काम के रूप में देखे जानेवाले पेशों के बाहर, विभिन्न व्यवसायों में चमारों की स्थिति क्या थी? उन्नीसवीं सदी के अन्त में औपनिवेशिक मानवविज्ञान ने अत्यन्त सामान्य रूप से उनके पारम्परिक से ग़ैर-पारम्परिक व्यवसायों, जैसे राजमिस्त्री, बढ़ईगीरी, फ़ैक्टरी-कारीगर, और बाद में कृषि-कार्य में जाने का उल्लेख किया है।[18] आज भी ऐसा ही माना जाता है। सी.जी. चेनेविक्स-ट्रेंच ने 1904 में मध्य प्रान्तों में चर्मशोधन पर लिखे अपने विशेष निबन्ध में माना था कि आधुनिक चमड़ा-उद्योग की स्थापना के साथ, 'क्षेत्र बदलने से दिहाड़ी मज़दूरों के रूप में लौटने वाले चमारों की संख्या में वृद्धि होगी।'[19] ब्रिग्स इस बात से सहमत था कि मौरूसी (मालिकाना) और ग़ैर-मौरूसी (ग़ैर-मालिकाना) अधिकार के तहत ज़मीन पर चमारों का क़ब्ज़ा पारम्परिक कार्यों से अलग होने की हाल की घटना है।[20] कई दशक बाद 1931 की जनगणना के आयुक्त, ए.सी. टर्नर ने इन व्याख्याओं में एक तर्क यह जोड़ा कि जाटव, जाटव-राजपूत और कुरील भी चमार हो सकते हैं, जिन्होंने अपनी नई सामाजिक स्थिति और कृषि-व्यवसाय के अनुकूल नये नाम अपना लिए थे।[21] इसके साठ साल बाद, 1992 में, कुमार सुरेश सिंह ने एक और तर्क देकर इस बात की पुष्टि की कि 'उनमें से बहुत से चमार हाल के दिनों में खेती करने लगे हैं', जिससे इस धारणा को बल मिलता है कि वे परम्परा से किसान नहीं थे।[22]

1911 में, ई.ए.एच. ब्लंट ने चमारों के कथित पारम्परिक व्यवसाय और उनकी वर्तमान स्थिति के बीच 'असंगति' के चार कारणों की पहचान की।[23] पहली, किसी जाति का पारम्परिक व्यवसाय उसके समुदाय के आकार के लिए अपर्याप्त होने पर उसके कुछ सदस्य दूसरे क्षेत्रों में चले गए होंगे। दूसरी, पारम्परिक व्यवसाय की तुलना में दूसरे व्यवसाय अधिक आकर्षक साबित हुए होंगे। तीसरी, कुछ पारम्परिक व्यवसाय औद्योगिक विकास जैसे आधुनिकीकरण के प्रभाव में नष्ट हो गए थे। और अन्तिम यानी चौथी पहचान उसने यह बताई कि चमारों के 'पारम्परिक' व्यवसाय में मलिनता और दुर्गन्ध के तत्त्व ने उसको अलोकप्रिय बना दिया होगा। उसने मुरादाबाद के चमार-जुलाहों का उदाहरण दिया, जो जटिया चमार थे और जिन्होंने अपना सामाजिक स्तर सुधारने के लिए अपमानजनक व्यवसाय त्यागकर कपड़ा बुनने का व्यवसाय अपना लिया था। महत्त्वपूर्ण यह है कि वह इन सभी का वर्णन हाल के घटनाक्रम के रूप में करता है और मानता है कि वे सभी अपना पारम्परिक चमड़े का व्यवसाय छोड़कर आए थे।

औपनिवेशिक मानवविज्ञानियों ने स्पष्ट रूप से अपनी वैचारिक धारणाओं और सामाजिक यथार्थ के बीच तालमेल बैठाने के साहसिक प्रयास किये, परन्तु साथ ही उन्होंने चमारों को चमड़े और अछूत मूल के सम्बन्ध के साथ जोड़े रखने की भी कोशिश की। 1867 में औपनिवेशिक मानवविज्ञानियों ने जनगणना और जाति-व्यवस्था में चमारों की श्रेणी को एक मानक के रूप में स्थापित करने के अपने प्रयासों के तहत सबसे पहले उनको व्यवसायों से जोड़ने के लिए जाति-नामों की मूल उत्पत्ति को देखा। उन्होंने निष्कर्ष निकाला कि कुछ अन्य निचली जातियों की तरह चमारों ने भी अपने नाम उन पेशों से लिये, जो उन्हें दिये गए थे, और इसीलिए उन्होंने अपने तर्क को वैध बनाने के लिए किताबी और लोक में प्रचलित, दोनों तरह के मिथकों को स्वीकार किया।[24] एक तर्क यह दिया जा सकता है कि ब्राह्मणी ग्रंथों में 'चमार' की व्युत्पत्ति की खोज पूरी तरह से संयोग थी, ख़ासकर इसलिए कि अधिकांश दलित जातियों के नामों की उत्पत्ति के स्रोत भी ब्राह्मणी ग्रंथों में होने चाहिए थे, जो नहीं हैं। हम इसी तरह की उत्पत्ति अन्य निम्न और 'अछूत' जातियों के नामों के बारे में नहीं सुनते हैं।

औपनिवेशिक मानवविज्ञानियों को चमारों के अतीत की व्याख्या करने में थोड़ी कठिनाई हुई, क्योंकि उनके वर्तमान ने बहुत बड़ी चुनौती पेश कर दी थी। वास्तव में, औपनिवेशिक विमर्श ने सिद्धान्त और व्यवहार के बीच स्थापित करने की जो कोशिश की थी, उसके साथ चमारों के वर्तमान का सामंजस्य नहीं बैठ पा रहा था। ये दरारें उन्नीसवीं शताब्दी के अन्त तक खुलकर सामने आ गई थीं, क्योंकि इस मूल विरोधाभास के साथ बन्दोबस्त रिपोर्टों और सरकारी जाँचों के बीच अन्तर दिखना शुरू हो गया था। 1875 की इटावा ज़िले की बन्दोबस्त रिपोर्ट तैयार करनेवाले लेखकों का निष्कर्ष इस प्रकार था—

> मैं नहीं जानता कि (कृषक और ग़ैर-कृषक जातियों का) यह वर्गीकरण किस सिद्धान्त पर आधारित है, और उनके आँकड़े सही भी हो सकते हैं? लेकिन, अपने ज़िले की जानकारी के बारे में बताते हुए, मुझे विश्वास है कि अगर ग़ैर-कृषक से अभिप्राय उन लोगों से है, जो अपने जीवन-यापन के लिए किसी भी तरह से खेती या खेत-मज़दूरी पर निर्भर नहीं हैं, बल्कि व्यापार या अन्य कोई काम करते हैं, तो यह वर्गीकरण ग़लत होगा; अधिक सम्भव है कि चमारों की सभी अनगिनत जातियों को ग़ैर-कृषक माना गया है। हालाँकि बड़ी संख्या में चमार खेती से ही जीवन-यापन करते हैं, जबकि आदतन मज़दूरी करने के साथ, कुछ लोगों के पास कुछ बीघे ज़मीन भी किराये पर है।[25]

अलीगढ़, शाहजहाँपुर, कानपुर, बहराइच, आजमगढ़ और बस्ती ज़िलों के बन्दोबस्त अधिकारियों ने भी चमारों की स्थिति के बारे में भ्रम पैदा करनेवाले इस वर्गीकरण के साथ अपनी चिन्ता व्यक्त की थी। बस्ती ज़िले के बन्दोबस्त अधिकारी, जे. हूपर, यह जानकर अपने आश्चर्य को छिपा नहीं सके कि 'बहुत से चमार वास्तव में किसान हैं, जो पूरी तरह से अपने बल पर खेती करके अपना निर्वाह करते हैं, लेकिन बहुत से चमार हलवाहे या खेत-मज़दूर भी हैं, जो मुख्य रूप से दिहाड़ी मज़दूरी पर निर्भर करते हैं।'[26] फिर भी इस पहेली का एक और उदाहरण उस अवधि की वह प्रसिद्ध रिपोर्ट है, जिसे 'डफरिन जाँच' के रूप में जाना जाता है, और जिसका उन्नीसवीं सदी के उत्तरार्द्ध के प्रशासकों को सामना करना पड़ा था। 1880 के दशक में दलित वर्गों के रहन-सहन की स्थितियों के बारे में की गई यह जाँच हमें उन्नीसवीं सदी के उत्तर प्रदेश के चमारों के बारे में कुछ दुर्लभ बातें बताती है। यह जाँच निम्न वर्गों के चार विभाजन करती है : (1) मौरूसी किसान, जिन्हें भूमि पर क़ब्ज़े का अधिकार प्राप्त था, या जिनके पास पाँच एकड़ से अधिक ज़मीन थी; (2) ग़ैर-मौरूसी किसान, जिनके पास ऐसा कोई अधिकार नहीं था, या जिनके पास पाँच एकड़ से कम ज़मीन थी; (3) कृषि दिहाड़ी मज़दूर; और (4) कारीगर।[27] यह रिपोर्ट आरम्भ में चमारों को कृषि दिहाड़ी मज़दूरों के रूप में वर्गीकृत करती है। इसके बाद भी वह उनकी तीन अन्य श्रेणियों का उल्लेख किये बिना नहीं रहती : मौरूसी और ग़ैर-मौरूसी अधिकार वाले किसान, खेतिहर मज़दूर और कारीगर। इस रिपोर्ट में 31 चमार परिवारों की चर्चा की गई थी, जिनमें 11 की पहचान मौरूसी किसानों के रूप में, 11 की ही ग़ैर-मौरूसी के रूप में, 5 की बुनकरों के रूप में, और केवल 4 परिवारों की पहचान कृषि मज़दूरों तथा कभी-कभी चमड़े का काम करनेवाले कारीगर के रूप में की गई थी।

चमार और भू-स्वामित्व की प्रणाली

1909 में मुरादाबाद ज़िले के चमारों ने 3,24,571 रुपये सालाना भूमि-कर भुगतान किया था। ज़िले में 3021,394 रुपये के कुल भूमि-कर में चमारों का हिस्सा ज़िले में किसी भी जाति से सबसे बड़ा था। उसी वर्ष जाट किसानों ने 2,81,268 रुपये का भूमि-कर अदा किया था, जबकि शेखों ने 3,13,733 रुपये, ठाकुरों ने 1,64,419 रुपये, और ब्राह्मणों ने 1,42,597 रुपये भूमि-कर का भुगतान किया था। (परिशिष्ट तालिका 4)[28] चमारों ने 107,525 एकड़ ज़मीन पर खेती की, और वे जाटों तथा शेखों के बाद, किसी भी किसान जाति से ज़्यादा लगान देनेवाली तीसरी किसान जाति थे। ये आँकड़े किसी एक ज़िले के नहीं हैं, बल्कि, चमारों ने उत्तर प्रदेश के अनेक ज़िलों में सबसे अधिक लगान दिया था। (परिशिष्ट तालिका 4 और 10) यह उदाहरण किसान जाति के रूप में चमारों के अस्तित्व और चमड़े का काम करनेवालों के रूप में उनके वर्गीकरण के बीच, तथा उन्नीसवीं सदी की ग़ैर-कृषक भू-राजस्व व्यवस्था रिपोर्ट और काश्तकारी क़ानून के बीच विरोधाभासों को दर्शाता है।

ज़मीन और कृषि के साथ चमारों के सम्बन्ध को औपनिवेशिक राज्य की राजस्व-नीतियों ने जो आकार दिया था, उसने विशेष रूप से ग़ैर-स्वामित्व वाले किसानों की स्थिति को बदल दिया था। उत्तर प्रदेश में, उत्तर-पश्चिमी प्रान्तों और अवध में अलग-अलग राजस्व व्यवस्थाएँ लागू की गई थीं। उत्तर-पश्चिमी प्रान्त, बनारस केन्द्र के साथ पूर्वी ज़िलों में और आगरा केन्द्र के साथ पश्चिमी ज़िलों में विभाजित करके, 1790 और 1820 के बीच बसाए गए थे, जबकि अवध रियासत, 1858 में इसके विलय के बाद बसाई गई थी, तब यह प्रान्त का मध्य क्षेत्र बन गया था, जिसकी राजधानी लखनऊ थी। (नक्शा देखें) पूर्वी ज़िलों में भू-राजस्व प्रणाली को 'ज़मींदारी' कहा जाता था, क्योंकि ज़मीनों के मालिकाना अधिकार भू-स्वामियों, अर्थात ज़मींदारों के एक परिवार या समूह के पास होते थे। पश्चिमी ज़िलों में भू-राजस्व प्रणाली को 'भैयादारी' या 'भैयाचार' कहा जाता था, जिसमें जाट, गूर्जर, या शेख जैसे मज़बूत सम्बन्ध वाले, उच्च किसान समुदायों के पास ज़मीन के स्वामित्व के अधिकार होते थे, जबकि अवध में, भू-राजस्व प्रणाली को 'तालुकादारी' के रूप में जाना जाता था, जिसमें ज़मीन का मालिकाना हक़ क्षेत्र के तालुकेदारों के पास होता था। तालुकेदार एक सम्भ्रान्त अभिजात वर्ग से सम्बन्ध रखते थे, जो ज़मींदारों की तुलना में अधिक ताक़तवर थे और अधिक ज़मीनों के मालिक होते थे, तथा जिनके अवध क्षेत्र में पूर्व-औपनिवेशिक शासकों के साथ वंशीय सम्बन्ध भी थे। अवध और उत्तर प्रदेश के बाक़ी क्षेत्रों में राजस्व बन्दोबस्तों के बीच चमारों के लिए मुख्य अन्तर यह था कि 1866-67 में अवध बन्दोबस्त में नीच और 'अछूत' जातियों जैसे ग़ैर-मालिकाना भू-कर देने वालों के मौरूसी अथवा दखल (क़ब्ज़ा)

अधिकारों को मान्यता नहीं दी गई थी, जबकि उत्तर प्रदेश के पूर्वी और पश्चिमी क्षेत्रों में ग़ैर-मालिकाना काश्तकारों के अधिकारों को न केवल मान्यता दी गई थी, बल्कि क़ानून के द्वारा उनकी रक्षा भी की गई थी।[29]

आमतौर से इतिहासकार इस बात से सहमत थे कि आजमगढ़ पर थॉमसन की 1837 की बन्दोबस्त रिपोर्ट, ग़ैर-मालिकाना किसानों को अशराफ़ (उच्च) और अरजाल (नीच) किसान जातियों में विभाजित करके, उनके अधिकारों को रेखांकित करने में महत्त्वपूर्ण बिन्दु बन गई थी, जिसमें एक या अन्य श्रेणियों के समावेश का आधार जाति था। उसने अशराफ़ किसानों के भी दो विभाजन किये, एक वे, जिनके पास निश्चित किराये पर अपनी ज़मीनों को रखने के 'वंशानुगत और हस्तान्तरणीय' अधिकार थे, और दूसरे वे, जिनके पास 'एक निश्चित अवधि के लिए या अपने जीवन के दौरान एक निश्चित दर पर ज़मीन के अधिकार थे। पहली बात, जो किराया वे चुकाते थे, वह आमतौर से उस किराये से कम होता था, जिसे अरजाल अथवा निम्न वर्गों के किसान चुकाते थे। और दूसरे, अशराफ़ किसान 'आमतौर पर धर्म, पारिवारिक सम्बन्ध या मित्रता के बन्धनों से जुड़े हुए थे, इसलिए ज़मींदार भी उनके पक्ष में रहते थे।[30]

अरजाल तीसरे दर्जे के किसान थे, जिनमें भर, चमार और अन्य निम्न जातियों के लोग थे, जो पूँजी के कुछ ख़र्च पर जागीर में रहते थे, और किसी भी समय पूरी तरह से ज़मींदारों पर निर्भर रहने के लिए बाध्य नहीं थे, पर ज़मींदारों को या तो अकाल के मौसम में उनकी सहायता करनी होती थी, या अपनी जागीर को ख़ाली कराके अपने आर्थिक लाभ के भावी स्रोत को नष्ट होता हुआ देखना होता था। ज़मींदारों और अरजाल किसानों के बीच सम्बन्ध व्यक्तिगत लेन-देन पर, या थॉमसन के अनुसार 'आर्थिक बाध्यता' पर आधारित था, लेकिन किराये पर आधारित नहीं था।[31] इस प्रणाली के अन्तर्गत, ज़मींदार अरजाल किसानों को रहने के लिए घर, खाना, बीज, अनाज, और औज़ार (ऊँची ब्याज दर पर) उपलब्ध कराते थे, और उसके बदले में उनसे खेती करवाते थे। अरजाल किसानों के सम्बन्ध में औपनिवेशिक काश्तकारी नीतियाँ इसी धारणा पर आधारित थीं, और इसीलिए उन्होंने खेती वाली ज़मीन पर अपने पुश्तैनी अधिकारों का दावा खो दिया था। बर्नार्ड कोहन लिखते हैं कि ऐसा इसलिए था, क्योंकि अरजाल किसान को सरकारी राजस्व के भुगतान के लिए ज़िम्मेदार बनाने के लिए 'जमाबन्दी' (भू-अभिलेखों) में दर्ज नहीं किया गया था, और रिवाज़ तथा क़ानून के अनुसार, उसे सामूहिक (कारपोरेट) स्वामित्व समुदाय (या संस्था) का सदस्य नहीं माना जाता था, जिससे उसके पास उसका कोई पुश्तैनी अधिकार नहीं रह गया था।[32]

ग़ैर-स्वामित्व वाले किसानों के इन तीन वर्गों का थॉमसन का मॉडल, किसानों और ज़मीन के बीच सम्बन्धों का निर्धारण केवल सैद्धान्तिक आधार पर करता है,

विशेष रूप से अरजाल किसानों के मामले में। जैसाकि उसका मानना था कि इस तीसरे वर्ग (अरजाल) के 'ग़ैर-स्वामित्व वाले काश्तकार एक लम्बे समय की सेवा के बाद दूसरे वर्ग के क़ब्ज़ा धारक किसान बन जाएँगे और अपनी ज़मीनों को निश्चित दरों पर रखने का अधिकार प्राप्त कर लेंगे।'[33] थॉमसन ने स्वीकार किया कि चमार मौरूसी और ग़ैर-मौरूसी काश्तकारी के अधीन भूमि धारण कर सकते थे और करते भी थे, क्योंकि सामाजिक समूहों के बीच उनकी गतिशीलता अच्छी थी। मेरठ ज़िले के बारे में हेनरी इलियट की 1869 की रिपोर्ट इस तथ्य को रेखांकित करती है कि अरजाल किसानों ने लगातार खेती करके, न केवल मौरूसी अर्थात भू-अधिकार प्राप्त कर लिए थे, बल्कि उस पर पुश्तैनी और हस्तान्तरणीय अधिकार भी हासिल कर लिए थे।[34] वास्तव में, उत्तर प्रदेश सरकार की 1869 की 'किरायेदारी अधिकार' रिपोर्ट मानती थी कि अरजाल जातियों के किसानों का ज़मीन पर अधिकार तब तक बना रहता था, जब तक वे किराये का भुगतान करते रहते थे। रिपोर्ट यह भी कहती है कि ज़मींदारों के पास किसान को बेदख़ल करने का अधिकार था, पर इस पर अमल शायद ही कभी होता था, क्योंकि यह बस (किसानों को नियंत्रण में रखने की) एक 'आकर्षक प्रथा' थी।[35] बी.आर. ग्रोवर के अनुसार, पूर्व-औपनिवेशिक मुग़ल भारत में, जो काश्तकार ज़मींदारों और अन्य भूस्वामियों से ज़मीन किराये पर लेते थे, वे भी ज़मीन पर पुश्तैनी अधिकार रखते थे, और जब तक वे किराये का भुगतान करते थे, तब तक काश्तकार के रूप में वे समान अधिकारों का उपभोग करते थे, जिसे 'मुजेरियन' के रूप में जाना जाता था।[36]

औपनिवेशिक राज्य ने अरजाल काश्तकारों के पुश्तैनी अधिकारों को स्वीकार नहीं किया, परन्तु 1859 के अधिनियम 'एक्स' (दस) में आकस्मिक बेदख़ली से उनको सुरक्षा दी थी। इस अधिनियम ने पूर्वी और पश्चिमी उत्तर प्रदेश 'ज़मींदारी' और 'भैयादारी' प्रशासित ज़िलों में उन किसानों के मौरूसी अधिकारों की रक्षा की, जिन्होंने लगातार बारह वर्षों तक एक ही भूमि पर खेती की थी। अरजाल अथवा ग़ैर-स्वामित्व वाले किसानों को क़ब्ज़े के तयशुदा निश्चित अधिकार दिये गए थे, जिसमें उनकी ज़मीन और उनका स्वामित्व दोनों सुरक्षित थे।[37] औपनिवेशिक राज्य का यह दावा काफ़ी हद तक सच है कि इस क़ानून ने चमार जैसी निम्न जातियों के किसानों को पहली बार मौरूसी अधिकार और उनकी ज़मीनों पर क़ानूनी हक़ दिये थे।[38] अरजाल भू-धारक किसानों को आमतौर पर औपनिवेशिक भूमि-नीतियों से लाभ हुआ था, जिनकी वजह से उनकी पहचान हुई और अशराफ (उच्च जातीय) ज़मींदारों या किसान समुदायों की व्यक्तिगत खेती की ज़मीन और सम्पूर्ण क्षेत्र का सीमांकन हुआ।[39]

किन्तु इसी तरह की क़ानूनी सुरक्षा उत्तर प्रदेश के मध्य या अवध क्षेत्र के तालुकेदारी प्रणाली वाले ज़िलों में, उनकी विशेष राजस्व नीतियों के कारण,

अरज़ाल किसानों को प्राप्त नहीं थी। अवध में, कुर्मी और चमार जैसे निम्न जातियों के ग़ैर-स्वामित्व वाले किसानों को मौरूसी अधिक़ार देने से इनकार कर दिया गया था।[40] 1865 में अवध के बन्दोबस्त आयुक्त सी. कुरी ने इसके दो कारण बताए—पहला यह कि ऐसे काश्तकारों को सुरक्षा देने से आपूर्ति और माँग के प्राकृतिक नियम के क्रियान्वयन में बाधा आएगी, और किसान वर्गों को उनके पूर्वजों की क़ब्ज़े वाली ज़मीन से चिपटे रहने के लिए अतिरिक्त प्रलोभन देने से सबसे लाभ वाले बाज़ार में श्रम का प्रवेश नहीं हो सकेगा, जिससे श्रमिक वर्ग का निर्माण रुक जाएगा; दूसरा, उन शर्तों को परिभाषित करने की कठिनाई का उल्लेख करते हुए, जिनके द्वारा ग़ैर-स्वामित्व वाले किसानों के मौरूसी अधिकारों को स्वीकार किया जा सकता था, कुरी ने कहा कि ऐसा करना कोई विकल्प नहीं था।[41]

कुरी अवध के तालुकेदारों का समर्थक था और ख़ासतौर से उनकी उस राजस्व-नीति का पक्षधर था, जो किराया बढ़ाने के उनके अधिकारों को मज़बूत करती थी। अवध के 1866 और 1868 के दो किराया अधिनियमों के बावजूद, सिर्फ़ एक प्रतिशत काश्तकारों को ही मालिकाना हक़ प्राप्त हुआ था, जबकि बाक़ी किसानों को केवल सात साल की अवधि के लिए ही मालिकाना हक़ दिया गया था।[42] 1920-21 में, अवध के किसान आन्दोलन के उभार में, वी.एन. मेहता ने, अपनी 1920 की रिपोर्ट में यह तर्क दिया था कि अवध के काश्तकारों ने, 1866 के अवध अधिनियम के तहत, 'जो सात साल के नियम के द्वारा उचित और अनुचित बेदख़ली की अनुमति देता था', अपनी ज़मीनों पर अपना स्थायी अधिकार खो दिया था। मेहता ने उल्लेख किया कि उत्तर प्रदेश के पड़ोसी ज़िलों के विपरीत, अवध के किसानों के हालात ख़राब थे; उसने उदाहरण देकर बताया कि जौनपुर में एक चमार भी नियत दर का किरायेदार है, या इलाहाबाद, जहाँ सुरक्षित किरायेदार किसान बड़ी संख्या में हैं।[43]

अवध के ग़ैर-स्वामित्व वाले किसानों के अधिकारों की 1867 की जाँच में भी यह संकेत मिलता है कि चमारों ने भू-राजस्व नीतियों पर कैसे प्रतिक्रिया दी थी।[44] इस जाँच की रिपोर्ट में चमारों द्वारा यह दावा किया गया था कि जिस ज़मीन पर वे खेती करते हैं, उस पर उनका मालिकाना अधिकार होना चाहिए। चमारों ने अपनी ज़मीनों पर खेती करने का दावा किया और किसी के भी द्वारा उन्हें उनकी ज़मीनों से बेदख़ल करने का विरोध किया। उदाहरण के लिए, मोहना चमार ने उन्नाव के बन्दोबस्त अधिकारी, जी.बी. मैकोनाची के समक्ष दावा किया कि जब तक वह किराये का भुगतान करता है, तब तक किसी को भी उसे उसकी उस ग्यारह बीघे ज़मीन से बेदख़ल करने का अधिकार नहीं है, जिस पर पीढ़ियों से उसके बाप-दादे खेती करते आए हैं। इसी तरह, लुलुआ चमार ने दावा किया कि उसका परिवार अपने ज़मींदार के 'सर' (ज़मींदार की निजी ज़मीन) की कई बीघे ग़ैर-मौरूसी काश्त के अलावा

भी पीढ़ियों से दो बीघा और अठारह बिस्वा ज़मीन पर खेती करता है।[45] मुंगरी चमार ने चौबीस बीघे ज़मीन पर खेती की, और कामगार के रूप में अपनी सेवाओं के लिए विशेषाधिकार के अन्तर्गत एक और भी खेत प्राप्त किया।[46] हरदोई ज़िले के बन्दोबस्त अधिकारी, ई.ओ. ब्रैडफोर्ड ने सम्पूर्ण अवध के चमारों के ऐसे दावों का मूल्यांकन करने के बाद निर्णय दिया कि 'चमारों को निश्चित दरों पर ज़मीन रखने का अधिकार है।' उसने तर्क दिया कि अगर इन काश्तकारों को ज़मींदार की इच्छा पर उनके साथ वर्गीकृत किया जाता है, तो अन्याय होगा और इससे नुक़सान होगा। फिर भी, उसने इस बात की वकालत की कि 'अवध में काश्तकारी प्रणाली कितनी भी असुविधाजनक और जटिल हो, उसे क़ायम रखा जाना चाहिए।'[47]

इस व्यापक साक्ष्य के बावजूद कि चमार मौरूसी और ग़ैर-मौरूसी किसान थे, उन पर कई क़ानूनों और अधिनियमों द्वारा खेती की ज़मीन ख़रीदने और उसका स्वामी बनने पर रोक लगाई गई। उदाहरण के लिए, 1903 के बुन्देलखंड भूमि हस्तान्तरण अधिनियम की धारा-2 ने सभी ग़ैर-कृषक जातियों को भूमि का स्वामित्व प्राप्त करने पर प्रतिबन्ध लगा दिया था।[48] इसी तरह, जैसाकि विजय प्रसाद ने लिखा, 1901 के पंजाब भूमि हस्तान्तरण अधिनियम में 'भूमि के स्वामित्व' पर दलितों की पहुँच रोक दी गई थी, भले ही वह अधिनियम कथित तौर पर किसानों को साहूकारों के चंगुल से बचाने के लिए बनाया गया था।[49] फिर भी भूस्वामित्व की नीतियों और क़ानूनों के बावजूद, उत्तर प्रदेश के दो विशाल दलित किसान वर्गों, चमारों और पासियों के पास ज़मीनें थीं, और कुछ ज़िलों में उन्होंने अपनी खेती की ज़मीन का विस्तार भी किया था।

राजस्व-बन्दोबस्त और चमार किसानों की स्थिति

औपनिवेशिक राज्य द्वारा ग़ैर-कृषकों के रूप में वर्गीकृत किये जाने के बावजूद, चमार मौरूसी और ग़ैर-मौरूसी किसानों के रूप में पिछले 150 सालों से उत्तर प्रदेश में, ख़ासतौर से उसके पश्चिमी ज़िलों की कृषि में प्रमुख भागीदार रहे हैं। एक गाँव में विभिन्न जातियों के बीच सम्बन्धों और ज़मीन के साथ चमार काश्तकारों के सम्बन्ध पर सबसे महत्त्वपूर्ण प्रभाव स्वामित्व वाले काश्तकारों की प्रकृति और स्वरूप का था। मेरे विचार से, चमार काश्तकारों के हालात आश्चर्यजनक रूप से भैयादारी और ज़मींदारी कार्यकालों में अलग-अलग थे, लेकिन भैयादारी व्यवस्था में उनके हालात हमेशा बेहतर थे। भाईदारी या भैयादारी प्रणाली की तीन महत्त्वपूर्ण विशेषताएँ थीं—एक, स्वामित्व वाले किसान सीधे अपनी साझा ज़मीन पर खेती करते थे; दो, खेती करनेवाले के राजस्व का हिस्सा खेती की ज़मीन से जुड़ा होता था; और तीन, ज़मीन का किराया तय नहीं होता था।

इसके बावजूद, स्वामित्व वाले किसानों का हिस्सा हर साल बदल जाता था। उदाहरण के लिए, उत्तर प्रदेश के दक्षिण-पश्चिम क्षेत्र, बुन्देलखंड में कुशल काश्तकारों की कमी ने लगान के हिस्से को निर्धारित करने में महत्त्वपूर्ण भूमिका निभाई थी।[50] चूँकि खेती करनेवालों की कमी थी, इसलिए मालिकाना हक़ वाले किसान समूह ने, जो स्वयं खेती करते थे, आसानी से चमारों के मौरूसी अधिकारों को स्वीकार कर लिया और उन्हें प्रदान किया, और प्रोत्साहित किया, यहाँ तक कि कुछ मामलों में उन्हें राजस्व-भुगतान में सह-भागीदार भी बना दिया।[51]

यह प्रवृत्ति उत्तर प्रदेश के उन पश्चिमी जनपदों में अधिक थी, जो मुख्य रूप से 'भैयाचारी' प्रणाली में आते थे। बुन्देलखंड क्षेत्र में झाँसी जनपद के बन्दोबस्त अधिकारी ने 1893 में यह उल्लेख किया था कि काश्तकारों की कमी के कारण चमार काश्तकार मालिकाना हक़ वाले किसान समूहों द्वारा सबसे अधिक सह-भागीदार बनाए गए थे।[52] 1921 तक, सहारनपुर ज़िले के चमारों ने 'भैयाचारी' प्रथा के तहत काफ़ी ज़मीन प्राप्त कर ली थी, और कुछ पर मालिकाना हक़ भी हासिल कर लिया था, क्योंकि भूस्वामियों की नज़र में वे अच्छे जोतदार थे।[53] आगरा ज़िले में भी भैयाचारी प्रणाली के अन्तर्गत चमारों को मौरूसी अधिकार प्राप्त हो गए थे, क्योंकि मालिक समूहों की गतिविधि हमेशा धीमी होती है, और दख़ली के अधिकारों के अधिग्रहण को रोकने के लिए वे किसी भी स्थायी उपाय को पूरा करने के लिए एकमत नहीं होते।[54] 1896 में मुज़फ़्फ़रनगर ज़िले के बन्दोबस्त अधिकारी ने पता लगाया कि जाट आदि प्रमुख किसान जातियों के साथ रहते हुए चमार किसानों ने भी ज़मीन के मालिकाना हक़ हासिल कर लिए थे।[55]

पश्चिमी उत्तर प्रदेश के ज़मींदारी क्षेत्रों में, जैसे बरेली ज़िले में, चमारों को मौरूसी अधिकार इस वजह से प्राप्त हो गए थे, क्योंकि ज़िले में अधिकांश जागीरें उन ज़मींदारों की थीं, जो दूर रहते थे, और जिनके पास अपनी आय के अन्य साधन थे।[56] इसके विपरीत, पूर्वी उत्तर प्रदेश के अधिकांश क्षेत्रों में ज़मींदार ताक़तवर और प्रभावशाली लोग थे, जिन्होंने ग़ैर-मालिकाना हक़ वाले काश्कारों के लिए मौरूसी अधिकारों को हासिल करना असम्भव बना दिया था।[57] फ़र्रुख़ाबाद और अलीगढ़ ज़िलों की बन्दोबस्त रिपोर्टों में इस तथ्य को रेखांकित करते हुए कहा गया था कि बाहर रहने वाले ज़मींदारों के क्षेत्रों में मौरूसी काश्तकारों का प्रतिशत ज़्यादा था, इसलिए वहाँ चमार काश्तकारों ने भी इस तरह के अधिकार हासिल कर लिए थे।[58] एक समाजशास्त्री ने लिखा है कि पश्चिमी उत्तर प्रदेश के चमारों ने, अपनी बड़ी जोत के कारण, पूर्वी और मध्य उत्तर प्रदेश की तुलना में मवेशियों की उत्तम गुणवत्ता बनाकर रखी थी।[59] 1903 की आजमगढ़ ज़िले की बन्दोबस्त रिपोर्ट बताती है कि निम्न जातियों के काश्तकार चूँकि 'विनम्र' थे, इसलिए उनके मौरूसी अधिकारों के अधिग्रहण से ज़मींदारों को कोई परेशानी नहीं थी।[60]

कुछ दशक बाद, 1947 में, मोहिन्दर सिंह ने मत व्यक्त किया कि प्रान्त के अनेक भागों में काश्तकारों ने चालीस या पचास सालों तक ज़मींदारों की निजी ज़मीन (ख़ुदकाश्त) पर खेती की थी, परन्तु वह ज़मीन ज़मींदार की ख़ुदकाश्त के रूप में सरकारी दस्तावेज़ों में दर्ज की गई।[61] अपनी अज्ञानता और ज़मींदारों के प्रति दास-भावना के कारण किसानों ने काश्तकारी क़ानूनों के तहत उन ज़मीनों पर क़ानूनी दावा नहीं किया, ख़ासतौर से मध्य (अवध) और पूर्वी उत्तर प्रदेश में, जहाँ अधिकांश किसान चमार और अन्य दलित जातियों के थे।

हालाँकि औपनिवेशिक सरकार ने भी चमार जैसी ग़ैर-मालिकाना हक़ वाली अरजाल जातियों के मालिकाना हक़ों को मान्यता नहीं दी, परन्तु उसने इस सम्भावना को स्वीकार किया कि उनके पास मौरूसी और ग़ैर-मौरूसी काश्तकारों के तहत ज़मीन पर अधिकार थे। फिर भी अंग्रेज़ सरकार द्वारा प्रस्तुत किये गए मालिकाना अधिकारों के क़ानूनों ने उत्तर प्रदेश के तीनों क्षेत्रों—ज़मींदारी, भैयादारी और रैयतदारी में चमारों की स्थिति को बनाने में प्रभावशाली भूमिका निभाई। आगे के पृष्ठों में, मैं इस बिन्दु को स्पष्ट करूँगा कि उत्तर प्रदेश के पश्चिमी क्षेत्र में 'भैयादारी' और पूर्वी क्षेत्र में 'ज़मींदारी' के तहत चमारों की कृषि-भूमि के मानदंड क्या थे?

बुन्देलखंड क्षेत्र में, ज़मींदारों को भुगतान किये जानेवाले लगान और सरकार को भुगतान किये जानेवाले राजस्व के बीच का अन्तर कभी भी महत्त्वपूर्ण नहीं था, क्योंकि वहाँ राजस्व वसूलने का काम ग्राम-प्रधान के माध्यम से मराठे करते थे, जिसका मतलब यह था कि सभी किसान स्वतंत्र मालिक थे। इसमें महत्त्वपूर्ण बिन्दु, जो 1893 में बन्दोबस्त अधिकारी ने स्वीकार किया था, यह था कि मालिकाना और ग़ैर-मालिकाना हक़ वाले किसानों की औपनिवेशिक श्रेणियाँ अस्तित्व में नहीं थीं, क्योंकि बुन्देलों जैसे प्रभुत्वशाली किसानों और चमारों जैसे निम्न जातियों के किसानों, दोनों ने राजस्व का भुगतान मराठा शासकों को किया था। हालाँकि, जैसाकि उसने कहा, 'एक वर्ग के पास मालिकाना अधिकार के दावे के लिए कुछ आधार था, जिसे स्वीकार कर लिया गया था, परन्तु अन्य लोगों के पास यह आधार नहीं था।'[62] इसलिए निम्न और अछूत मानी गई जातियों के किसानों को, जिनमें चमार भी शामिल थे, मौरूसी काश्तकारों के रूप में दर्ज किया गया था, लेकिन 1830 के दशक के पहले बन्दोबस्त में और 1890 के दशक के दूसरे बन्दोबस्त में उनका मालिकाना हक़ दर्ज नहीं किया गया था।

झाँसी जनपद की बन्दोबस्त रिपोर्टें बुन्देलखंड क्षेत्र में चमारों की स्थिति का आकर्षक विवरण पेश करती हैं। झाँसी में चमार सबसे महत्त्वपूर्ण मौरूसी और ग़ैर-मौरूसी किसान जातियों में से थे, जो हल चलाने वाले और बँटाईदार किसान थे। उनकी अच्छी साख के कारण उन्हें बीज और बैलों के लिए अग्रिम धन मिल जाता था, क्योंकि यह माना जाता था कि वे वापस कृषि में ही धन का निवेश करते थे।[63]

वास्तव में, उन्होंने रिकॉर्ड में दर्ज भूमि से भी बड़े भू-क्षेत्र पर क़ब्ज़ा कर लिया था। 1893 में, झाँसी में चमार किसानों ने 23 एकड़ ज़मीन पर मालिक के रूप में, 17,291 एकड़ पर मौरूसी किरायेदार के रूप में, और 5,952 एकड़ पर 'खातों' यानी साझा मालिक के रूप में खेती की थी। (देखिए, अन्य जातियों से तुलना के लिए परिशिष्ट, तालिका 7)[64] बुन्देलखंड पर एटकिंसन के 1874 गजेटियर (खंड 1) के अनुसार, एक किसान को परिवार के भरण-पोषण के लिए औसतन 9 एकड़ ज़मीन की ज़रूरत होती थी, इस तरह चमार किसान अच्छी खेती कर रहे थे।[65] 1943 की लगान रिपोर्ट के अनुसार, उनकी सबसे बढ़िया खेती मऊ तहसील में थी, जिनमें प्रत्येक के पास औसतन 8.2 एकड़ ज़मीन थी, जो अधिकतर मौरूसी किराये के रूप में थी; इसके बाद गरोठा तहसील में औसतन 8.1 एकड़ ज़मीन चमारों के पास थी।[66] 1940 के दशक तक चमारों ने लगभग 67,206 एकड़ तक कृषि भूमि का विस्तार कर लिया था, जिससे मालिकों को किराया बढ़ाने और राजस्व-सम्बन्धी दायित्वों को पूरा करने की अनुमति मिल गई थी।[67]

आगरा जनपद में 'भैयाचार' या भैयादारी प्रणाली में ज़मीन पर भूस्वामियों का नियंत्रण था, लेकिन चमारों के पास अधिकतर ज़मीन मौरूसी अधिकारों के अन्तर्गत थी, जिसे भूस्वामियों ने प्राप्त करने का दावा नहीं किया था।[68] 1880 के दशक में आगरा जनपद के चमारों के पास 60,286 एकड़ ज़मीन थी, जो कुल कृषि भूमि का 7.1 प्रतिशत थी। किन्तु 1930 के दशक तक चमारों ने अपनी ज़मीन को 65,000 एकड़ तक बढ़ाने में सफलता प्राप्त कर ली थी, जिसमें 40,000 एकड़ ज़मीन मौरूसी अधिकारों के तहत थी, और बाक़ी 25,000 एकड़ ग़ैर-मौरूसी तथा अन्य पट्टों के अधीन थी। (देखिए, परिशिष्ट, तालिका 5) उनकी यह 5,000 एकड़ की वृद्धि सभी जातियों में सबसे अधिक थी।[69] 'एतमादपुर' परगना में उनके पास कुल कृषि भूमि की 42 प्रतिशत भूमि थी, जो इस बात को दर्शाता है कि ज़िलों के भीतर भी उनकी स्थिति में महत्त्वपूर्ण परिवर्तन हुआ था।[70] यही नहीं, वे कृषि के विस्तार में 'बाह' तहसील में भी आगे थे।[71]

बरेली जनपद में चमारों को सबसे अधिक कुशल काश्तकार माना गया था, क्योंकि उनके परिवार में, महिला सहित, सभी सदस्य खेतों में काम करते थे। छोटी जोत वाले चमार किसान अपनी आमदनी बढ़ाने के लिए कुछ दूसरे काम भी करते थे, जैसे, निराई, गुड़ाई, कटाई, गहाई, फटकना और चौकीदारी आदि का काम। उनकी सबसे अच्छी काश्तकारी 'आँवला' तहसील में थी, जहाँ उनके पास कुल भूमि का 14 प्रतिशत हिस्सा था, जो ठाकुरों को छोड़कर किसी भी अन्य समूह से अधिक था। आँवला के बाद फरीदपुर तहसील थी, जहाँ उनके पास कुल ज़मीन का 9.2 प्रतिशत हिस्सा था। जनपद के प्रत्येक परगना में उनके पास कुल भूमि का औसतन 5 प्रतिशत से भी अधिक हिस्सा था, जो ब्राह्मणों, ठाकुरों और अहीरों की औसत

भूमि की तुलना में अच्छी स्थिति थी।[72] बीसवीं शताब्दी के आरम्भ तक, बरेली में चमारों के पास 49,506 एकड़ भूमि हो गई थी, जो कुल भूमि का 7 प्रतिशत थी, जिसका वे 209,905 रुपये वार्षिक लगान देते थे। (देखिए, तालिका 8)[73] किन्तु उनकी इस ज़मीनी स्थिति में 1940 के दशक तक कोई ज़्यादा परिवर्तन नहीं हुआ था।[74]

सहारनपुर जनपद में चमार काश्तकार गेहूँ, बासमती चावल और गन्ने की पैदावार करते थे। 1921 में वे मौरूसी काश्तकारों का छठा सबसे बड़ा समुदाय था, और उनका वार्षिक लगान 2,63,260 रुपये था, जो उन्हें गूर्जर, गढ़ा और माली या सैनी के बाद चौथे स्थान पर रखता था, किन्तु जाट, अहीर और राजपूत जैसे प्रसिद्ध किसान समूहों से आगे। उन्होंने किरायेदार और मालिक दोनों रूपों में भूमि का अच्छा-ख़ासा हिस्सा क़ब्ज़े में किया हुआ था। भू-मालिक के रूप में, चमारों के पास 1921 में 15,209 एकड़ भूमि थी, जो 1890 की बन्दोबस्त रिपोर्ट में दर्ज 13,332 एकड़ से बढ़कर थी। मौरूसी किरायेदार के रूप में उनके पास 41,465 एकड़ भूमि थी, जिसमें से 31,457 एकड़ भूमि नक़द किराये पर थी। (देखिए, तालिका 10)[75] कई दफ़ा राजपूत जैसे उच्च जातीय भू-स्वामी भी अपनी 'सर' भूमि (निजी भूमि) को अन्य निम्न जातीय किसानों को बँटाई पर देने के मामलों में चमारों को देना पसन्द करते थे, क्योंकि वे अच्छे किसान माने जाते थे।[76] ड्रेक-ब्रॉकमैन के अनुसार, 1921 में सहारनपुर को ब्रिटिश साम्राज्य का 'अन्न-भंडार' माना जाता था, और अगर ऐसा था, तो इसका श्रेय चमार किसानों के कौशल को ही जाता था।[77]

बुलन्दशहर की 1891 की रिपोर्ट में बी.टी. स्टोकर ने माना था कि ज़िले के चमारों के पास न केवल भूमि का बड़ा भाग था, बल्कि किसी-किसी के पास मालिकाना हक़ भी थे। चमारों के इस छोटे से समूह के पास मालिकाना पट्टे के तहत 133 एकड़ भूमि थी, हालाँकि यह संख्या 1840 के दशक के बन्दोबस्त में कम हो गई थी, पर हिस्सेदारी की संख्या 27 से बढ़कर 34 हो गई थी। बुलन्दशहर में चमार काश्तकार समुदाय की वास्तविक शक्ति उनकी इस स्थिति में थी कि उनके पास 81,179 एकड़ ज़मीन थी और लगभग 7,722 अपने हल थे। अधिकांश चमार काश्तकारों के पास अपनी ही बैलों की जोड़ियाँ थीं।[78] किन्तु 1920 के दशक तक उनकी कृषि-भूमि घटकर 65,000 एकड़ रह गई थी, क्योंकि ज़मींदारों और अन्य भू-स्वामियों ने मुख्य रूप से चमार तथा निम्न जातीय लोध किसानों को बेदख़ल करके अपनी निजी 'सिर' भूमि बढ़ा ली थी। इसलिए, यह आश्चर्यजनक नहीं है कि ग़ैर-मौरूसी चमार किरायेदारों ने 11 रुपये प्रति एकड़ की दर से लगान दिया था, जो मौरूसी किरायेदारों द्वारा भुगतान किये गए लगान का लगभग दो-गुना था।[79]

गोरखपुर जनपद उत्तर प्रदेश के पूर्वी क्षेत्र का एक उदाहरण है, जो पश्चिमी क्षेत्र के विपरीत है। गोरखपुर ग़ैर-कृषक ज़मींदारी वाले भू-स्वामियों का क्षेत्र था, जो बिना मालिकाना हक़ वाले किसानों पर अत्यधिक शक्ति का प्रयोग करते थे।

1881 में एडवर्ड एटकिंसन ने देखा कि काश्तकारों को ज़मीन का मालिक होने का कोई अधिकार प्राप्त नहीं था, और वे सारे काश्तकार लगभग निम्न जातियों से थे, जिनमें दलित भी शामिल थे।[80] ए.डब्ल्यू. क्रुकशेंक ने अपनी 1891 की गोरखपुर बन्दोबस्त रिपोर्ट में उल्लेख किया कि कुल कृषि भूमि का केवल 6 प्रतिशत हिस्सा ही चमारों के पास था। कुल 72,857 चमार काश्तकार 117,501 एकड़ ज़मीन पर 3,87,753 रुपये वार्षिक लगान पर खेती करते थे। (देखिए, तालिका 9) चमारों के पास पडरौना और महाराजगंज तहसीलों में अन्य क्षेत्रों से अधिक भूमि थी, प्रत्येक में क्रमशः 29,000 एकड़, जिसकी औसत जोत 3.47 एकड़ थी, (जो ज़िले की औसतन 2 एकड़ से बेहतर थी।)[81] उन्नीसवीं शताब्दी के उत्तरार्द्ध में किसानों के पास सौदेबाज़ी करने की अच्छी ताक़त आ गई थी, क्योंकि उपलब्ध भूमि के मुक़ाबले जनसंख्या कम थी। अतः चमार किसानों ने गोरखपुर के उत्तर क्षेत्र में कृषि को विस्तार देने में महत्त्वपूर्ण भूमिका निभाई थी।[82]

अस्पृश्यता, बेगारी और खेत-मज़दूर

ऊपर दिये गए तमाम आँकड़े यह साबित करते हैं कि लगभग 97 प्रतिशत चमार चमड़े का काम करनेवाले चर्मकार नहीं थे, बल्कि भूमिधारी किसान थे। फिर यह मिथक क्यों बना हुआ है कि जो चर्मकार नहीं हैं, वे भूमिहीन मज़दूर रहे होंगे? जबकि, जनगणना-रिपोर्टें हमें बताती हैं, 1911 में सम्पूर्ण चमारों में 40 प्रतिशत और 1961 में 50 प्रतिशत किसान थे। मेरा मानना है कि इस प्रश्नः का उत्तर, उत्तर प्रदेश में चमारों की जनसंख्या के आकार और उनके द्वारा जोती जानेवाली भूमि के बीच असमानता में निहित है। इस अन्तर्विरोध को एच.एफ. इवांस ने अपनी 1880 की आगरा बन्दोबस्त रिपोर्ट में पकड़ा था। उनके अनुसार, 'उनके (चमारों) और ऊपर उल्लिखित उच्च जातियों (जाटों, ठाकुरों और ब्राह्मणों) के बीच अन्तर यह था कि यद्यपि चमारों की जनसंख्या 16 प्रतिशत थी, पर वे 7 प्रतिशत भूमि पर खेती करते थे, जबकि ठाकुरों और जाटों की स्थिति इसके विपरीत थी।'[83] ऐसे ही अन्तर्विरोध उत्तर प्रदेश के अन्य जनपदों की बन्दोबस्त रिपोर्टों में मिलते हैं।

ऐसे वक्तव्य का क्या मतलब है कि चमार भूमिहीन या खेत-मज़दूर थे? इस प्रश्न का उत्तर देने के लिए, हमें पहले यह स्वीकारना होगा कि चमार ग्रामीण समाज के भीतर एक अनूठी सामाजिक-आर्थिक स्थिति में स्थित थे। अछूतों के रूप में कलंकित होने के बावजूद, वे हरवाहे, किसान, मज़दूर और कारीगर के रूप में कई प्रकार के पेशों में लगे हुए थे। अलग-अलग आर्थिक (पेशेगत) स्थितियों का मतलब यह था कि चमारों ने 'मौरूसी' या ग़ैर-मौरूसी' काश्तकारों के रूप में अपनी ज़मीन पर खेती करते हुए, दूसरे किसानों के लिए भी काम किया होगा या उनकी मदद की होगी।

नीलाद्रि भट्टाचार्य ने अपने एक निबन्ध में इस विषय पर एक नई स्थिति का ख़ुलासा किया। उन्होंने कहा, 'अधिकांश विद्वान अब इस विषय पर सन्देह करते हैं कि क्या किसानों का खेतिहर मज़दूरों में कुछ भी परिवर्तन हुआ था।' भट्टाचार्य ने पंजाब के ग्रामीण समाज के अपने अध्ययन के आधार पर लिखा कि 'भूमिहीनता खेतिहर मज़दूरों की अनिवार्य विशेषता नहीं थी।'[84] इस तरह के कथन हमें बताते हैं कि हमें यह नहीं मान लेना चाहिए कि खेत-मज़दूर भूमिहीन थे।

1880 में, ग़ाज़ीपुर के कलेक्टर, ई. रोज ने अपने अध्ययन में एक ओर छोटी जोत के किसानों और दूसरी ओर श्रमिकों, सेवकों तथा कारीगरों के बीच अन्तर किया था। रोज का तर्क था कि किसान और खेतिहर मज़दूर के बीच अन्तर स्पष्ट नहीं था, क्योंकि 'मेरे द्वारा बनाई गई वर्गों की श्रेणियाँ पूर्णतया निश्चित नहीं हैं।' उसने स्वीकार किया कि 'बहुत से मामलों में यह पाया गया था कि दिहाड़ी मज़दूर, चाहे चमार हो, या किसी भी जाति का, सेवक हो, या न हो, उसकी एक या दो बीघे ज़मीन भी मज़दूरी के बदले में नहीं होती है, लेकिन अधिकांश मामलों में दरें विशेष होती थीं।' रोज का यह कथन रेखांकित करने योग्य है कि चमार हलवाहे के पास, मज़दूर या सेवक के रूप में कार्य के अलावा भी ग़ैर-मौरूसी काश्तकार के रूप में ज़मीन थी। रोज के अनुसार, चमार अच्छे हलवाहे होने के कारण ज़मींदारों के लिए महत्त्वपूर्ण थे—'आमतौर से ज़मींदारों के बीच हलवाहों के लिए प्रतिस्पर्धा होती थी, न कि ज़मींदारों के लिए हलवाहों के बीच। इसलिए चमार हलवाहे का परिवार कपड़े और भोजन के लिए पूरी तरह ज़मींदार पर निर्भर रहता था।' पूर्वी उत्तर प्रदेश में, बड़ी और छोटी दोनों जोत वाले सवर्ण हिन्दू ज़मींदारों ने खेत जोतने के लिए चमार हलवाहों को ही नियुक्त किया था, क्योंकि धार्मिक संस्कृति उन्हें स्वयं अपने हाथों से हल चलाने का निषेध करती थी।[85]

उत्तर प्रदेश के पूर्वी और मध्य क्षेत्रों में व्यापक रूप से हलवाही एक कुशल पेशा माना जाता था। 1871 की गोरखपुर-बस्ती की बन्दोबस्त रिपोर्ट के अनुसार, चमार हलवाहा और उसका परिवार 59 रुपये सालाना कमाता था, जिसमें 18 रुपये उसे हलवाहे के रूप में काम करने के लिए और बाक़ी अन्य कृषि-कार्यों के लिए दिये जाते थे। उसका औसतन ख़र्च लगभग 49 रुपये था, मुनाफ़ा साल में 10 रुपये मिल जाता था, जिसमें ज़्यादातर क़र्ज़ के भुगतान के रूप में महाजन को चला जाता था।[86] गिरवर सक्सेना ने, 1929 में लखनऊ जनपद के एक गाँव में किये गए अपने मानवविज्ञानी अध्ययन में पाया कि निम्न जातीय किसानों के रूप में चमार अपने छोटे खेतों की आय में वृद्धि के लिए छोटे-मोटे अन्य पूरक काम करते थे और दूसरों के खेतों में मज़दूरों के रूप में भी काम करते थे।[87]

इसी तरह हरिहर दयाल ने 1929 में अवध क्षेत्र के उन्नाव जनपद में किये गए खेतिहर मज़दूरों के समाजशास्त्रीय अध्ययन में चमारों और लोधों को

'नायाब काश्तकार' के रूप में पाया था। उनकी माँग अच्छे हलवाहों के रूप में थी, इसलिए उन्हें काछी, कुर्मी और अहीर जैसे अधिक सुविधा-प्राप्त सामाजिक समूहों की तुलना में बेहतर मज़दूरी और अन्य सुविधाएँ देने की पेशकश की जाती थी। दयाल हमें चमार हलवाहा के पूरे वर्ष के कठिन, लेकिन सन्तोषपूर्ण जीवन का विवरण प्रदान करते हैं। ख़रीफ़ के मौसम में वह सावन (जुलाई-अगस्त) से अगहन (नवम्बर-दिसम्बर) तक इस मौसम की मुख्य फ़सल चावल के साथ-साथ कपास, मक्का, जुआर, और मसूर की भी बुआई-कटाई करता था। इसी के साथ वह रबी की प्रमुख फ़सल गेहूँ के लिए भी खेतों को तैयार करता था। रबी के मौसम में वह पूस (दिसम्बर-जनवरी) से बैसाख (अप्रैल-मई) तक आलू, गन्ना बोता-काटता था, गुड़ तैयार करता था, और सरसों, जौ तथा गेहूँ की फ़सल तैयार करता था। गेहूँ की फ़सल तैयार करने में, नियम से पानी देने से लेकर काटने, फटकने, छानने और भूसा निकालने तक उसे पूरे मौसम अधिक काम करना पड़ता था।[88] सक्सेना के अनुसार, चमार महिलाएँ भी इस वार्षिक कृषि-चक्र में बुवाई, निराई, कटाई, गाहना, फटकना, लदाई और घास साफ़ करने आदि के काम करके महत्त्वपूर्ण भूमिका निभाती थीं।[89] कृषि-उत्पादन में चमार हलवाहा के विशेष कौशल पर प्रकाश डालते हुए, दयाल ने दावा किया कि एक साल में अच्छे मानसून के साथ वह छह बीघा ज़मीन से, लोध जैसे छोटे किसान से अधिक कमा सकता था।[90] भारतीय समाज के पारखी दृष्टा प्रेमचन्द ने 1930 की अपनी कहानी 'पूस की रात' में अवध क्षेत्र के छोटे किसानों की तुलना में हलवाहों और खेत-मज़दूरों की बेहतर स्थिति को प्रमाणित किया है। इस कहानी के दो नायक हल्कू और मुन्नी छोटे किसान हैं, जो अपने खेत को इसलिए नष्ट कर देते हैं कि वे मज़दूर बनकर अधिक कमा सकते हैं।[91]

बेगारी सवर्ण हिन्दुओं के लिए बिना मज़दूरी के किया जानेवाला श्रम है। क्रुक के अनुसार, बेगारी वह व्यवस्था है—

> जिसमें सामूहिक रूप से गाँव में 'बेगार' के रूप में काम करनेवाले लोगों का एक समूह या ऐसे व्यक्ति शामिल होते हैं, जो ज़मींदार और अन्य सवर्ण लोगों के लिए कुछ अनिवार्य काम करने के लिए बाध्यकारी होते हैं। चमार से ली जानेवाली बेगार में कुएँ के ढोल की मरम्मत करना, चमड़े के पट्टे और चाबुक तैयार करना, और अनाज साफ़ करने में सहायता करना शामिल था, जिसके एवज में उसे प्रत्येक फ़सल में प्रति हल बीस सेर अनाज मिलता था। खलिहान की सफ़ाई करना और उसमें अनाज भरना चमार का मुख्य काम होता है, क्योंकि वह अनाज को गाहने और फटकने का काम करता है। मृत पशुओं को उठाने और खाल निकालने का काम भी उसी को करना पड़ता है, पर खाल उसे नहीं मिलती है।

> पशु के मरने पर उसकी खाल उसके मालिक को मिलती है, और चमार को 'रंगन' और नमक लगाकर सुखाने के बदले में 10 से 15 सेर अनाज मिलने की उम्मीद अवश्य होती है। कुछ मामलों में और कुछ नहीं, तो उससे जूतों की ही मरम्मत करने की उम्मीद की जाती है।[92]

क्रुक का 1888 का विवरण बेगारी के रूप में किये गए कार्य की सीमा को इंगित करता है, जिसमें कृषि और चमड़े के दोनों काम शामिल हैं। प्रमुख रूप से बेगारी चमारों को सवर्ण हिन्दू जातियों और ज़मींदारों के अधीन बनाती है। भले ही वे समृद्ध मौरूसी काश्तकार हों, या ग़ैर-मौरूसी काश्तकार हों, या मज़दूर हों, उन्हें बेगारी करनी ही पड़ती थी। मथुरा ज़िले में जैत गाँव के कमली चमार के पास अपनी सोलह बीघे ज़मीन थी, जिसमें बारह बीघे ज़मीन मौरूसी अधिकारों के तहत थी, लेकिन फिर भी वह न सिर्फ़ सवर्ण हिन्दुओं की, बल्कि सेना की छावनी में भी बेगारी करता था।[93]

बेगारी का स्वरूप बीसवीं शताब्दी के आरम्भ तक बदल चुका था। बेगारी को केवल बिना वेतन का काम नहीं माना जाना चाहिए, जो उत्तर भारतीय समाज की एक शाश्वत विशेषता है। प्रत्युत, इसने चमारों के साथ-साथ अन्य निम्न जातियों के किसानों के लिए भी अधिक क्रूर रूप में, एक नया अर्थ ग्रहण कर लिया था। चूँकि अंग्रेज़ी शासन में लगान अधिक निश्चित हो गया था, जिससे दलित और अन्य निम्न जातियों के किसानों, ज़मींदारों और अन्य प्रमुख भू-स्वामियों को लाभ हुआ था, इसलिए बेगारी का दायरा भी नये अर्थ में बढ़ गया था। उन्नीसवीं शतादी के अन्त तक बेगारी, 'हरी' (जुताई) और नज़राना (भेंट) लगान वृद्धि के सबसे स्पष्ट रूप बन गए थे, जिसके माध्यम से ज़मींदारों ने 1886 के उस कृषि-क़ानून को दरकिनार कर दिया, जिसने अवध क्षेत्र में सात साल के लिए लगान तय किया था। जैसाकि वी.एन. मेहता ने उल्लेख किया है, 'हरी और बेगारी, कोई बहुत पुरानी प्रथा नहीं थी, जिसमें आषाढ़ और कार्तिक महीनों में (प्रत्येक माह में एक दिन) जोतने, धान की पौध रोपने, और रबी की सिंचाई के लिए बाल्टियों से पानी डालने में चमारों से पूरे दिन काम करने को लेकर, दो सेर अनाज और आधे दिन काम के एवज में सूखा या मोटा अनाज दिया जाता था।' और 'नज़राना' दलित और शूद्र किसानों पर थोपा गया एक अवैध भूमि-कर था, जो उन्हें बेदख़ली की धमकी देकर उनसे जबरन वसूला जाता था।[94]

काश्तकारी क़ानून द्वारा प्रदान किये गए मौरूसी अधिकारों का मुक़ाबला करने के लिए ज़मींदारों ने अपनी 'सिर' (निजी) ज़मीन में भारी इज़ाफ़ा कर लिया था, इसलिए उन ज़मीनों पर खेती के लिए वे बेगारी पर निर्भर थे।[95] हरि और बेगारी असल में चमार किसानों से जबरन वसूली के तरीक़े थे, जिसके लिए चमारों को खेती के महत्त्वपूर्ण मौसम में ज़मींदारों के खेतों में जुताई करनी पड़ती थी।

इससे चमारों को अपनी ख़ुद की ज़मीन को जोतने का समय नहीं मिलता था, जिससे उनकी फ़सल नहीं हो पाती थी, और उसके कारण उन्हें ज़मींदारों तथा बनियों पर निर्भर रहना पड़ता था। उन जगहों पर, जहाँ छोटी या मामूली जोत वाले चमार काश्तकारों का लगान कम था, वहाँ ज़मींदार उनसे अक्सर बेगारी, हरि और नज़राना के माध्यम से सारा काम करने के लिए बाध्य करते थे।[96] बेगारी की नई शर्तों के अन्तर्गत, एक चमार काश्तकार कृषि के पूरे मौसम में ज़मींदार के खेतों में प्रति सप्ताह एक दिन काम करने के लिए बाध्य था, जिसके लिए उसे कोई भुगतान नहीं मिलता था, या जो ज़मींदार की मर्ज़ी होती थी, दे देता था। एक चमार ने वी. एन. मेहता को शिकायत की कि उसे हर दस दिन में एक दिन बेगारी करनी पड़ती है, जिसकी उसे कोई मज़दूरी नहीं मिलती है, साथ ही उसे अपनी ज़मीन पर 15 रुपये नज़राने के तौर पर और 1 रुपया अतिरिक्त कर के रूप में भी देना पड़ता है।[97]

एक शब्द 'चमारी' है, जो औपनिवेशिक भारत के साहित्य में चमड़े के काम पर लगाए गए टैक्स के रूप में आया है। लेकिन यह वस्तुत: 'बेगारी' का ही एक और रूप था, जिसे चुकाने के लिए दलित वर्गों के किसानों को ज़मींदारों का खेत जोतना पड़ता था, और कुछ मामलों में नक़द भुगतान के रूप में भी यह टैक्स देना पड़ता था। स्टोकर ने इस तरह की 'चमारी' अर्थात कृषि-करों की एक सूची बनाई थी, जो बताती है कि बुलन्दशहर ज़िले की खुर्जा तहसील में चमारों को अपने हल, अपनी ज़मीन, अपनी सिंचाई, और अपनी फ़सलों पर ज़मींदारों और अधिकारियों को धन देना पड़ता था।[98] चमारों ने एक और टैक्स का विरोध किया था, जो उनसे ज़मींदार, स्थानीय राजस्व अधिकारी, उसके बाबू तथा चपरासी को दिये जानेवाले सामान्य नज़राने के अलावा, दशहरा और होली पर भी अलग से वसूला जाता था।[99] ऐसा नहीं है कि ये नज़राने सिर्फ़ अवध में ही थे, बल्कि इस बात के काफ़ी प्रमाण हैं कि उत्तर प्रदेश के अन्य भागों में भी चमारों को यह नज़राना देना पड़ता था। सरकारी दौरे पर आने वाले अधिकारी और उनके कर्मचारियों की भी स्थानीय चमारों को बेगार करनी पड़ती थी, जिसे पहले से चली आई प्राचीन प्रथा माना जाता था। ब्रिटिश अधिकारियों का मानना था कि 'वे ज़मींदार से उचित मात्रा में सुविधाएँ प्राप्त करने के हक़दार थे, जो अपने ख़र्चे पर इस मनोरंजन को सम्मान समझता था।' रसद (भोजन-सामग्री) और बेगारी के विरोध पर 1920 की रिपोर्ट में यह निष्कर्ष दिया गया था कि रिवाज़ के अनुसार 'मज़दूर वर्ग अपने ज़मींदारों के यहाँ जो नि:शुल्क सेवा करते हैं, उसी के बदले में उन्हें रहने के लिए मुफ़्त घर और सुरक्षा प्रदान की जाती है।' एक अधिकारी ने दावा किया कि 'बेगारों' को ज़मींदारों से रियायती दरों पर ज़मीन दी जाती है, इसलिए चमारों को उनके श्रम का पर्याप्त मुआवज़ा मिल जाता था। रिपोर्ट ने घोषणा की कि बेगारी ज़मींदारों और गाँव के बेगारों के बीच प्रचलित परम्परा थी।[100]

चमार किसान, अन्य निम्न जातीय किसानों की तरह, ग्रामीण जीवन के सामाजिक और आर्थिक पहलुओं पर ज़मींदारों को उपकरण (जैसे हल), अनाज, घास, भूसा, गन्ने का रस, खाना पकाने का तेल, घी, देने के साथ-साथ, होली और दशहरा जैसे त्यौहारों पर 'रक़म सिवाई' के रूप में नक़द भुगतान करने के लिए भी बाध्यकारी थे। ये भुगतान नक़द या वस्तु के रूप में दुगुने बाज़ार-भाव पर दिये जाते थे। उसी समय ज़मींदार चमारों से रसद देने और अपने यहाँ काम कराने की माँग भी कर बैठते थे, वह भी बाज़ार-भाव से आधे दाम पर। 1920 में पाँच चमारों ने अपने खेतों से ज़मींदारों द्वारा भूसा माँगने की नई परम्परा का विरोध किया था। कालू चमार ने आरोप लगाया था कि उसे साल में दो बार बाज़ार-भाव से आधी क़ीमत पर 5 रुपये मूल्य का घी देने के लिए मजबूर किया गया था।[101] आजमगढ़ के अधिकांश गाँवों में चमारों को सवर्ण हिन्दुओं और ज़मींदारों को मुर्ग़े भी देने पड़ते थे। यदि ज़मींदार मुसलमान होते, जैसाकि आजमगढ़ के मुस्तफ़ाबाद में थे, तो चमार उन्हें ईद और बकरीद के मौक़े पर लाजिमी तौर पर मुर्ग़ा देते थे। वे उन्हें सिंचाई के डोल और खेती के अन्य सामान भी उपलब्ध कराते थे। ज़मींदार के परिवार में होने वाली शादियों तथा अन्य समारोहों के लिए भी चमारों से रसद पहुँचाने और बेगारी करने की अपेक्षा की जाती थी। उन्होंने आजमगढ़ ज़िले के विद्यामानपुर और रेवरा गाँव के ज़मींदार परिवार को एक-एक बकरा, पाँच सेर कच्चा खाना (आटा, दाल, चावल), आधा सेर घी, और मुर्ग़ा दिया था।[102]

इससे एक बात स्पष्ट होती है कि चमार कई व्यवसाय करते थे। इस तथ्य से हमें शुद्धता और अपवित्रता की धार्मिक धारणाओं के अर्थ पर पुनर्विचार करना होगा, जिसने अछूतों के साथ सवर्णों के सम्बन्धों को अलगाववादी रूप में निर्धारित किया है। चमारों की जिस धार्मिक अशुद्धता से उन्हें समाज में एक 'अछूत' का दर्जा दिया गया था, उसे हिन्दू धर्म-ग्रंथों से लिया गया था, परन्तु यह आवश्यक रूप से सामाजिक दुनिया के लिए नहीं था। बुकानन-हैमिल्टन ने दक्षिण भारत की तुलना में उत्तर भारत में चमारों की विशेष स्थिति का उल्लेख किया है। उसने गोरखपुर और शाहबाद ज़िलों के वर्ष 1813 के अपने अध्ययन में मालाबार और दक्षिण भारत के चमारों की स्थिति की तुलना, 'जहाँ वे ग़ुलाम थे', गंगा के इलाक़े में उनकी स्थिति से की, 'जहाँ उच्च जातियों और ज़मींदारों तक उनकी सीधी पहुँच थी।'[103] उन्नीसवीं शताब्दी के उत्तरार्द्ध में एक किसान और मज़दूर चमार, कमली, जिसका पूर्व में उल्लेख हुआ है, बाज़ार में घी बेचा करता था। इसी तरह एटा में पहलोई मौजा (गाँव) का गोबिन्दा चमार भी दूध और घी बेचता था, और उसकी पत्नी रूई से सूत कातती थी और खेती में भी उसका हाथ बँटाती थी। मौजा मंडेरिया का मुन्नी चमार गन्ने की खेती करता था, और गुड़ बनाकर भी बेचता था।[104] क्रुक ने 1888 में एटा ज़िले की अपनी रिपोर्ट में उल्लेख किया था कि चमार किसान,

और अन्य निम्न जातियों के किसान भी घी, दूध, दही और हाथ से बने सूती कपड़े बेचते थे। कुछ चमार पूर्णकालिक बुनकर थे, जो देसी मोटे कपड़े बनाते थे, जिसे 'गाजी', 'गज्जी', या 'गफी' कहा जाता था।[105] मिर्ज़ापुर में 'वे रेशम के कीड़े पालने और उनसे रेशम निकालने के लिए जाने जाते थे।'[106] चमार औरतें अपने या सवर्ण हिन्दुओं के घरों में अक्सर मक्का, अनाज और दालें पीसती थीं।[107] चमार और पासी, चौरी-चौरा के निकट मुंडेरा बाज़ार में दाल निकालने का काम करते थे, जहाँ सैकड़ों की संख्या में स्त्री-पुरुष और बच्चे पूरे दिन काम करते थे।[108]

चमारों की जीवन-शैली की सबसे उल्लेखनीय विशेषताओं में से एक यह थी कि वे औपनिवेशिक सरकार द्वारा उपलब्ध कराए गए नये अवसरों का लाभ उठाने में सदैव तत्पर रहते थे। उत्तर भारत में भवन-निर्माण के व्यवसाय में भी चमार बहुत आगे थे, जो न केवल मज़दूरों के रूप में, बल्कि ठेकेदारों के रूप में भी काम करते थे। अनेक भारतीय समाजविज्ञानियों का मानना है कि अभिजात चमारों का उभार आगरा में चमड़े से सम्पत्ति अर्जित करके हुआ था, लेकिन यह ग़लत है।[109] आगरा में 1900 के पहले दो दशकों में जो जाटव अभिजात रूप में उभरे थे, वे बड़े ठेकेदार थे, जिन्होंने निर्माण-स्थलों पर, विशेष रूप से कलकत्ता और दिल्ली में, मज़दूरों की आपूर्ति का काम करके धन अर्जित किया था। वास्तव में, 1940 के दशक में भी उनका इस उद्योग पर ख़ासा प्रभाव था, विशेष कर राजस्थान से लाल पत्थरों के खनन में। 1917 में जिस जाटव व्यक्ति ने 'जाटव महासभा' की बुनियाद रखी थी, वह एक कपड़ा उद्यमी और एक प्रिंटिंग प्रेस का मालिक था।[110] यही नहीं, जाटव को बीसवीं शताब्दी के पहले दशक में नई राजधानी दिल्ली के निर्माण में महत्त्वपूर्ण भूमिका निभाने का भी विशेष गौरव प्राप्त है। एक जाटव के शब्द हैं, 'हमने अंग्रेज़ों को मज़दूर और पत्थरों की आपूर्ति की थी।'[111] जाटवों ने रेलवे और नहर परियोजनाओं में भी काम किया था, न केवल गाँवों में काम के विकल्प के रूप में, बल्कि गाँवों की सीमाओं से बाहर निकलने के अवसरों के रूप में भी।[112]

उन्नीसवीं शताब्दी के अन्त में भारतीय गिरमिटिया मज़दूरों ने फिजी और वेस्टइंडीज के बागान उपनिवेशों में प्रवास करना आरम्भ कर दिया था। यह प्रवास औपनिवेशिक राजनीतिक अर्थव्यवस्था का एक नया रूप था। अधिकतर गिरमिटिया मज़दूर ग्रामीण उत्तर भारत की निम्न जातियों से गए थे। गिरमिटिया मज़दूरों के जहाज़ के टिकटों का परीक्षण करने के बाद, ब्रज लाल ने अपने निष्कर्ष में लिखा था कि सभी 13.4 प्रतिशत प्रवासियों में सबसे बड़ी संख्या पूर्वी उत्तर प्रदेश से आए उन लोगों की थी, जो चमार जाति के थे।[113] सबसे उच्च स्तर पर मज़दूरों का पलायन बस्ती, गोरखपुर, गोंडा, बहराइच और आजमगढ़ ज़िलों से हुआ था, जिसके कारण वहाँ की ज़मींदार-जातियों की कृषि-आय पर बुरा प्रभाव पड़ा था।

1900 में बस्ती ज़िले के ज़मींदारों ने शिकायत की थी कि उनके सबसे श्रेष्ठ हलवाहे पलायन कर गए, जिसकी वजह से कृषि मज़दूरों की मज़दूरी बढ़ गई।[114] आमतौर से यह पलायन सवर्ण हिन्दुओं की तुलना में चमार परिवारों का हुआ था, जबकि सवर्ण हिन्दू परिवारों से केवल एक पुरुष का पलायन हुआ था। वास्तव में, चमार जैसे अछूत परिवार उपनिवेशों के नये समाज के साथ बेहतर बातचीत करने में, सवर्ण हिन्दुओं की तुलना में, अधिक सक्षम थे। इसका एक प्रमुख संकेत यह है कि उनमें आत्महत्या की दर सबसे कम और सवर्ण हिन्दुओं में सबसे अधिक थी। चमार और निचली जातियों के प्रवासियों ने अपने लोकगीतों में हिन्दू धर्म के उत्पीड़न से बचाव के रूप में उपनिवेशों के लिए अपनी यात्रा का वर्णन करना शुरू कर दिया था। भारतीय समाज-व्यवस्था में चमारों और अन्य दलित जातियों की कमज़ोर आर्थिक स्थिति की तुलना में उनकी निम्न सामाजिक स्थिति ने उनके पलायन में अधिक महत्त्वपूर्ण भूमिका निभाई थी, क्योंकि उपनिवेशों ने उन्हें भारत की जाति-व्यवस्था के संकीर्ण दायरे से परे, एक नया स्थान और वातावरण देने की पेशकश की थी।[115] गिरमिटिया श्रमिक नीति की आलोचना में हिन्दू मध्यवर्ग ने यह दावा किया था कि उपनिवेशों में प्रवास के लिए चमार आदि निम्न जातियों को उनकी ग़ुलामी की स्थिति से मुक्त करने की पेशकश की गई थी।[116]

चमार किसानों और कृषि मज़दूरों की दुनिया

उन्नीसवीं शताब्दी में चमार किसानों और कृषि मज़दूरों की दुनिया कैसी दिखती थी? क्या चमड़े का काम उनके दैनिक जीवन का महत्त्वपूर्ण भाग था या मुख्य भाग था? इन प्रश्नों का उत्तर देने के लिए, इस अध्याय में 1888 की डफरिन रिपोर्ट पर प्रकाश डाला गया है, जो भारतीय गाँवों की निम्न वर्गों की उन्नीसवीं सदी की एक दुर्लभ झाँकी प्रस्तुत करता है। 1887 में वायसराय लॉर्ड डफरिन ने भारत के विभिन्न भागों में निम्न वर्गों के किसानों की वास्तविक स्थिति का पता लगाने के लिए जाँच का आदेश दिया था।[117] डफरिन रिपोर्ट लोगों के समूहों का उनकी जातियों और पेशों के अनुसार, विशेष रूप से निचले दलित वर्गों का, वर्गीकरण करने के औपनिवेशिक अभियान का प्रमाण प्रस्तुत करती है, पर अपनी व्याख्या में इस तरह के वर्गीकरण का खंडन भी करती है। चमार परिवारों की 'वास्तविक स्थितियों' के अपने वर्णन में यह रिपोर्ट चर्मकार तथा भूमिहीन मज़दूरों के रूप में उनकी बहुत कम चर्चा करती है। रिपोर्ट में 31 चमार परिवारों की चर्चा है, जिनमें से 22 परिवारों का उल्लेख किसानों के रूप में, 4 परिवारों का कृषि मज़दूरों और शेष 5 परिवारों का ज़िक्र बुनकरों के रूप में किया गया है। वास्तव में, चमारों को चमड़े का काम करनेवालों और कृषि मज़दूरों के रूप में वर्गीकृत करनेवाली यह

रिपोर्ट ही हमें मौरूसी और ग़ैर-मौरूसी काश्तकारों के रूप में उनके जीवन, उनके द्वारा पैदा की जानेवाली फ़सलों और खेती से उनकी होने वाली सालाना आमदनी के बारे में आकर्षक जानकारी प्रदान करती है। जिन मामलों में उनके चमड़े के काम का उल्लेख किया गया है, वह उनकी आय का बहुत ही मामूली हिस्सा है।

रिपोर्ट में चमार काश्तकारों की तीन श्रेणियों की पहचान की गई है—मौरूसी और ग़ैर-मौरूसी काश्तकार, कृषि मज़दूर और बुनकर। पहली श्रेणी में मथुरा ज़िले के जैत गाँव के कमली चमार का परिवार शामिल था, जो सोलह बीघे ज़मीन का मालिक था—बारह बीघे मौरूसी और चार बीघे ग़ैर-मौरूसी के रूप में। वह कई तरह की फ़सलें उगाता था, जिनमें ज्वार, उड़द, अरहर, तिलहन, कपास, बाजरा, मूँग, नील और सन की खेती शामिल थी। अपने परिवार के लोगों के अतिरिक्त, कमली चमार बुआई और कटाई के मौसम में बाहर के भी आठ मज़दूरों से काम करवाता था। वह दो गायों और एक बैल का मालिक था, और एक बैल उसने जुताई के लिए उधार ले लिया था। उसकी इस बेहतर स्थिति के बावजूद, सरकारी अधिकारियों के दौरे के दौरान उससे बेगार कराई जाती थी। 1878-79 में उसकी सालाना आमदनी 91 रुपये थी, जबकि उसका ख़र्चा 104 रुपये था, जिसके परिणामस्वरूप उसे 13 रुपये का घाटा हुआ था, और 80 रुपये उस पर क़र्ज़ था। ख़रीफ़ और रबी के मौसमों में उसका परिवार साल के सात महीनों तक काम में लगा रहता था; बाक़ी महीनों में उन्हें अतिरिक्त आमदनी के लिए मज़दूरों के रूप में काम करना पड़ता था, जिसमें अपनी दोनों गायों के दूध से बनाया गया घी बेचना भी शामिल था। वे आराम से जीवन गुज़ारते थे, दिन में दो बार भोजन करते थे, और तेल, नमक, तम्बाकू और दूध जैसी चीज़ों का उपभोग करते थे।[118] इसी तरह का विवरण हमें अन्य चमार किसान परिवारों का भी मिलता है। उदाहरणस्वरूप, एटा ज़िले के जोरसिमी मौजा का हरिसिंह चमार पुश्तैनी किसान था, और दस एकड़ ज़मीन पर खेती करता था, जिसके लिए वह 61 रुपये सालाना लगान देता था। इसके अतिरिक्त वह तीन एकड़ अन्य ज़मीन पर भी खेती करता था, जो उसने 32 रुपये किराये पर ली हुई थी। यद्यपि वह समृद्ध था, फिर भी उसका परिवार मज़दूरी करता था।[119]

डफरिन रिपोर्ट एटा के पहलोई गाँव के गोबिन्द चमार के परिवार का भी हाल बताती है। वह मुख्य रूप से किसान परिवार था, मगर दूध, घी और सूत भी बेचता था, और कभी-कभी मवेशियों की खाल निकालने का काम भी कर लेता था। गोबिन्द के पास विभिन्न पट्टों के अधीन दस एकड़ ज़मीन थी। खेती से परिवार की सालाना आमदनी 154 रुपये थी, अतिरिक्त आमदनी में 6 रुपये खालों से, 16 रुपये घर के बने घी से, और 5 रुपये सूत बेचकर अर्जित करता था; इस प्रकार कुल आमदनी 181 रुपये थी, जबकि उनका ख़र्चा 171 रुपये था। इसी तरह, पीलीभीत ज़िले में मंडेरिया गाँव का मुन्नी चमार 31 बीघे ज़मीन पर खेती करता था, जिसमें वह गन्ना,

कोंदो (बाजरा की एक प्रजाति), धान, गेहूँ, जौ, अलसी और सरसों की पैदावार करता था और 40 रुपये सालाना कमाता था। यद्यपि वह काश्तकार था, लेकिन उसने दूसरों की ज़मीन पर मज़दूरी करके, तटबन्धों के निर्माण में काम करके, मृत मवेशियों की खालें उतारकर, जूते और पानी के डोल (बाल्टियाँ) बनाकर अपनी आमदनी बढ़ा ली थी। इससे वह एक साल में 20 रुपये कमा लेता था। इसमें से 16 रुपये का वह लगान अदा करता था।[120]

एफ.एन. राइट ने 1877 की अपनी कृषि रिपोर्ट में दावा किया कि चमार, कुर्मी और काछी सबसे महत्त्वपूर्ण ग़ैर-मालिकाना हक़ वाली किसान जातियाँ थीं। उनके अनुसार, कानपुर ज़िले में तीन बच्चों वाले एक चमार परिवार के पास औसतन बारह बीघे ज़मीन और एक जोड़ी बैल होते थे। ख़रीफ़ के मौसम में इस परिवार के लोग मक्का, कपास, जौ, और रबी के मौसम में गेहूँ, अरहर और सरसों बोते थे। वे परिवार के श्रम के अतिरिक्त, फ़सलों की, ख़ासतौर से कपास की बुआई और कटाई के समय बाहर से भी सात से बीस स्त्री-पुरुषों को मज़दूरी पर रखते थे। ख़रीफ़ के मौसम में उसकी फ़सल 39 रुपये की होती थी, जिसके लिए वह 6 रुपये ख़र्च करता था, और रबी के मौसम में 55 रुपये की फ़सल होती थी, जिस पर 9 रुपये का ख़र्च आता था। वे 28 रुपये किराये में और 4 रुपये कृषि-उपकरणों की मरम्मत पर भी ख़र्च करते थे। इस प्रकार, परिवार की कुल सालाना आमदनी 94 रुपये, 8 आना थी, और ख़र्च 48 रुपये, 8 आना और 3 पाई था; इस तरह उसे 45 रुपये का लाभ था। उनके द्वारा चमड़े का काम करने का रिपोर्ट में कोई उल्लेख नहीं है।[121]

डफरिन ने दूसरी श्रेणी में उन चमार किसानों और कृषि मज़दूरों को शामिल किया था, जिनके पास पाँच बीघे से कम ज़मीन थी, और जो अपनी जीविका के लिए दूसरे व्यवसायों पर निर्भर थे। विलियम क्रुक ने अपनी जाँच रिपोर्ट में एक छोटे किसान का वर्णन किया है, जिसके पास औसतन पाँच बीघे ज़मीन और एक हल था, या शायद दस बीघे, जिसमें वह आधे में रबी की और आधे में ख़रीफ़ की खेती करता था। अथवा वह एक जोड़ा हल और चार बैलों का मालिक हो सकता है, जो अन्य स्रोतों से आय अर्जित करता था।[122] रायबरेली ज़िले के मौजा दौराहरा के एक चमार का उल्लेख एक काश्तकार, बुनकर और चर्मकार के रूप में किया गया था, जिसके पास तीन बैल और एक हल था। उसके परिवार के पास सात बीघे ज़मीन थी, जिस पर अफ़ीम आदि की खेती करके 87 रुपये अर्जित करता था, साथ ही वह बुनाई से भी 22 रुपये अतिरिक्त कमाता था। उसका सालाना ख़र्च 39 रुपये और लाभ 70 रुपये था।[123] हमारे पास एटा ज़िले के मौजा मोहौली के कृषि मज़दूर, सुमेरा चमार के परिवार की भी जानकारी है। वह और उसकी पत्नी साल के ग्यारह महीने दूसरों के खेतों में मज़दूरी करते थे, जिसकी मज़दूरी 28 रुपये उसे और 6 रुपये उसकी पत्नी को मिलती थी। उनकी सबसे अधिक कमाई फ़सल के

मौसम में होती थी, जब वे मज़दूरी के अलावा ज़मीन पर गिरे हुए अनाज को भी पाने के हक़दार होते थे।[124]

एटा ज़िले के मौजा चकेरी के धन्ना चमार का परिवार ठेठ चमार परिवार की औपनिवेशिक रूढ़ धारणाओं से सबसे अच्छा मेल खाता था। वह कृषि के मौसम में खेतों में काम करता था, और बरसात के दो महीनों को छोड़कर, जब रोज़गार नहीं रहता था, वह राजमिस्त्री के रूप में काम करता था, मिट्टी की दीवारें बनाने और छप्पर छाने का काम करता था। उसको अधिकतर मज़दूरी अनाज के रूप में मिलती थी, और उसकी सालाना दस महीनों की आमदनी 58 रुपये थी। वास्तव में, ऐसे चमार परिवारों की आय काफ़ी हद तक उनके अलग-अलग व्यावसायिक कौशल पर निर्भर करती थी। रायबरेली में मौजा मुस्तफ़ाबाद का एक अन्य चमार परिवार साल में छह महीने काम करता था, और प्रतिदिन ढाई सेर अनाज पाता था। पति पालकी ढोने का काम भी करता था, और लोगों को गाँव से 24 मील रायबरेली पहुँचाकर 36 रुपये सालाना कमाता था। यह काम आकस्मिक था, और मज़दूरी भी महीने-दर-महीने बदलती रहती थी। डफरिन की रिपोर्ट के अनुसार, 'ग़रीब लोग अमीरों की तुलना में 50 प्रतिशत ज़्यादा भुगतान करते थे, क्योंकि अमीर ज़्यादातर नियमित ग्राहक थे।' वह अन्य चमार मज़दूरों की सहायता से मृत मवेशियों की खाल भी निकालता था, जिससे वह साल में 3 रुपये कमाता था। उसकी पत्नी दाई का काम करती थी, और अपने पति की तरह ही अमीर और ग़रीब लोगों से अलग-अलग पैसा लेती थी। अमीर लोग एक महीने के काम के लिए 2 रुपये और खाना तथा अनाज देते थे, जबकि ग़रीबों से वह छह दिन के काम के लिए 1 रुपया, खाना और अनाज लेती थी। इस तरह उस परिवार की सालाना आमदनी 52 रुपये थी।[125]

अन्तिम श्रेणी कोली उपजाति के बुनकर चमारों की थी। औपनिवेशिक अभिलेखों में एक पहचान नन्हे के रूप में हुई है, जो अकाल के कारण कपड़े नहीं बेच सका था। इसलिए उसे मज़दूरी करने के लिए बाध्य होना पड़ा था, जबकि उसकी पत्नी और बेटा खेतों में से साग बटोरकर लाते थे और मज़दूरी में मिले अन्न के साथ गुज़ारा करते थे। लेकिन वह न केवल अकाल के समय में, बल्कि ख़राब मौसम में भी, अपनी ज़रूरत के अनुसार, एक काम छोड़कर दूसरा काम करता रहता था। वह 'दोहरा' (सूती चादर) बुनकर चौदह आने (एक रुपये में दो आने कम) कमा लेता था। बुनाई में उसकी पत्नी और बेटा दोनों हाथ बँटाते थे और वे खेतों में भी काम करते थे। अच्छे मौसम में उन्हें दोनों समय खाना मिल जाता था। वे बुनकर समुदाय में सबसे ग़रीब थे।[126]

लेकिन क्रुक की रिपोर्ट एटा ज़िले के चमार बुनकरों की एक अलग ही तसवीर पेश करती है। मौजा मोहनपुर में आसा कोली का परिवार, जिसमें दो पुरुष, दो महिलाएँ और एक लड़की थी, गाजी (देहाती धोती) बुनने का काम करता था।

वे मज़दूरी पर ग्राहकों के घरों पर कपड़ा बुनते थे, या स्थानीय बाज़ार में बेचने के लिए रूई का सूत कातते थे। उनकी सालाना आमदनी 48 रुपये थी, हालाँकि उनके रहन-सहन के ख़र्चों में एक रुपया अधिक था। एक अन्य बुनकर मनेटर मौजा का हनुमान कोली था, जिसकी पत्नी सूत कातती थी। वे भी दूसरों के लिए मज़दूरी पर कपड़ा बुनते थे, जिसकी मज़दूरी उन्हें अनाज के रूप में और कभी-कभी नक़द भी मिलती थी। उनकी सालाना आमदनी 68 रुपये थी।[127]

डफरिन की रिपोर्ट के कई अंश हमें चमार परिवारों की 'वास्तविक जीवन-स्थितियों' के बारे में विस्तार से बताते हैं, जिनके आधार पर हम कुछ यथोचित ठोस निष्कर्ष निकाल सकते हैं। उसने किसी भी परिवार के मुख्य पेशे के रूप में चमड़े के काम का उल्लेख नहीं किया है। उसके अनुसार, कृषि मज़दूर भी हमेशा भूमिहीन नहीं थे। ग़रीब चमार परिवार भी मुख्य रूप से खेती करके ही जीविका चलाते थे। वे ख़रीफ़ और रबी फ़सलों की विभिन्न क़िस्मों का उत्पादन करते थे। इसके सिवा वे अपनी आय बढ़ाने के लिए अन्य काम भी करते थे, जिनमें चमड़े के काम के साथ-साथ हलवाही, मज़दूरी और दूध-घी बेचना शामिल थे।

चमारों के सामाजिक और सांस्कृतिक जीवन का कृषि-सन्दर्भ

जनवरी, 1931 में बाबा रामचन्द्र को प्रस्तुत किये गए एक प्रार्थना-पत्र में प्रतापगढ़ ज़िले के पन्द्रह गाँवों के चमार प्रतिनिधियों ने दावा किया था कि वे सालों से किसानी का काम करते आ रहे हैं, लेकिन हाल ही में ठाकुर ज़मींदारों ने उन्हें उनकी ज़मीन से बेदख़ल कर दिया है, जबकि वे नियमित रूप से ज़मीन के किराये का भुगतान करते रहे हैं।[128] चूँकि ठाकुर ज़मींदार किराये की रसीद नहीं देते थे, इसलिए चमार किसानों ने रसीद देने के लिए आन्दोलन करना शुरू कर दिया, ताकि वे ज़मीन पर अपना क़ानूनी दावा कर सकें और बेदख़ली के ख़िलाफ़ लड़ सकें। ठाकुर ज़मींदार चमारों को उनकी ज़मीनों से वंचित करना चाहते थे। इसलिए चमार प्रतिनिधियों ने यह महसूस करते हुए कि इस तरह के मामलों को उठाने के लिए उनके पास न ज़रूरी जानकारी है और न वकील को देने के लिए धन है, बाबा रामचन्द्र की सहायता ली, क्योंकि वह किसानों के हितैषी के रूप में जाने जाते थे। उन्होंने यह भी माँग की कि सरकार उनको ज़मीन उपलब्ध कराए, ताकि वे अपने ख़ुद के गाँव बसा सकें।

चमार किसानों और बाबा रामचन्द्र के बीच संवाद का यह केवल पहला और एकमात्र प्रमाण नहीं है। इससे पहले भी चमार किसान, अवध में 1921-22 में हुई किसान सभा के प्रसिद्ध किसान आन्दोलन में भाग ले चुके थे। चमार किसानों ने किसान आन्दोलन में अपनी ज़मीनों से बेदख़ली और अपने कृषि व्यवसाय पर ख़तरे की वजह से भाग लिया था। बाबा रामचन्द्र के अनुसार, बहुत से चमारों ने

किसान सभा की सदस्यता ग्रहण की थी, और उसकी सभाओं तथा आन्दोलन में सक्रिय भूमिका निभाई थी। किसान सभा के उन प्रतिज्ञा-पत्रों में, जो गाँवों में किसान सभा स्थापित करने के लिए लिखे गए थे, चमार किसानों को प्रमुखता से सदस्य के रूप में शामिल किया गया था। चमार किसानों ने किसान सभा की कई सभाओं में रसद (खाद्य सामग्री) पहुँचाने के साथ-साथ संगठन को आर्थिक सहयोग भी प्रदान किया था।[129] किन्तु किसान सभा आन्दोलन में उनकी भारी भागीदारी के साक्ष्य के बावजूद, इतिहास में उसे अहीर, कुर्मी और कोइरी जैसी निचली जातियों के किसान आन्दोलन के रूप में देखा गया। और जैसा कि मैं किताब के परिचय में बता चुका हूँ, इतिहासकारों ने किसान आन्दोलन में चमारों की भागीदारी का मूल्यांकन उनके द्वारा 'लूटमार करने' और 'दंगा करनेवालों' के रूप में किया। हालाँकि साक्ष्य बताते हैं कि चमारों और दलित किसानों की अन्य खेतिहर किसानों के साथ बहुत समानता थी। जनवरी, 1921 में रायबरेली शहर में पुलिस की गोली से घायल और मारे गए किसानों में आधे चमार और आधे पासी थे। इसी तरह फ़ुर्सतगंज बाज़ार में पुलिस की गोलीबारी में 24 हताहतों में से 16 चमार और पासी थे।[130] बाबा रामचन्द्र ने भी अपनी डायरी में चमारों की सक्रिय भागीदारी का उल्लेख किया था।[131]

चमार किसान इसलिए मरने के लिए तैयार थे, क्योंकि उनका 'किसानी काम' उनकी जीविका और गरिमा थी, जिसे ज़मींदारों की बेदख़ली-नीतियों ने गम्भीर रूप से ख़तरे में डाल दिया था। इन घटनाओं में उनकी सक्रिय भागीदारी का इसके सिवा कोई अन्य कारण नहीं था कि उनका जीवन मूल रूप से कृषि कार्य पर निर्भर था। मलहेरा और दस पड़ोसी गाँवों के किसानों ने 1922 के 'एका आन्दोलन' में भाग लिया था, हालाँकि वह आन्दोलन अवध में मुख्य रूप से हरदोई ज़िले तक ही सीमित था।[132] राधाकमल मुखर्जी के एक विद्यार्थी, कृष्ण अस्थाना 1929 में हरदोई ज़िले में मलहेरा गाँव के अपने सर्वे में हमें बताते हैं कि 78 परिवारों के मलहेरा गाँव में 42 परिवार चमारों के थे।[133] उनके अनुसार, चमारों की छवि 'चमड़े का काम करनेवाले' या 'भूमिहीन मज़दूरों' के रूप में उचित नहीं है, जो औपनिवेशिक और राष्ट्रवादी दोनों इतिहासकारों ने उन पर थोपी है।

इतिहासकारों द्वारा किसान सभा को एक सुधारवादी संगठन के रूप में स्वीकार किये जाने के बावजूद, बाबा रामचन्द्र की समझ काफ़ी हद तक सवर्ण हिन्दू मानसिकता वाली ही थी। 1921 में अवध के लोगों के नैतिक सुधार पर लिखी गई अपनी लम्बी टिप्पणी में, बाबा ने द्विजों (सवर्ण हिन्दुओं) को सामाजिक बुराइयों के बारे में चेतावनी दी थी, जिसके कारण उनके सामाजिक और नैतिक स्तर में गिरावट आ गई थी। उन्होंने उन पर 'चमारों और वेश्याओं के साथ स्वतंत्र रूप से दोस्ताना व्यवहार' रखने का आरोप लगाया था, जिनमें नैतिकता बहुत कम थी और जिनके रहने की जगह भी गन्दी थी। उनका समाज-सुधार और जाति-सुधार

का एजेंडा स्पष्ट रूप से इस धारणा पर आधारित था कि सवर्ण हिन्दुओं को चमारों और मुसलमानों के घृणित प्रभाव से बचने के लिए उनसे दूरी बनाकर रखनी चाहिए। उन्हें मुसलमानों के अभिवादन 'सलाम' का प्रयोग नहीं करना चाहिए, और हिन्दू महिलाओं को मुस्लिम सन्त, गाजी मियाँ की मज़ार पर जाना और पूजा करना बन्द करना चाहिए।[134] असल में, किसान सभा ने जाति के नियमों को लागू करने और जाति-व्यवस्था के भीतर ही सामाजिक संघर्ष के काम को शुरू करने के लिए किसानों को संगठित किया था।[135] इस ऊँच-नीच के जातीय ढाँचे में, किसान सभा को रसद का योगदान करनेवाले चमारों और पासियों का उल्लेख हमेशा सूची में अन्तिम सोपान पर किया जाता था, जो हिन्दू समाज की दुनिया में उनकी 'सही' (अन्त्यज) जगह को दर्शाता है।[136] गनीमत है कि बाबा रामचन्द्र अपनी स्मृतियों में तीन पंक्तियों में एक चमार महिला का क्षणिक सन्दर्भ देते हैं, जिसे उसका पति फिजी में छोड़कर भारत लौट आया था।[137]

यह तथ्य कि चमार किसान अपनी ज़मीन से बेदख़ली के ख़िलाफ़ किसान-आन्दोलन में शामिल हुए थे, इस बात का प्रमाण है कि ज़मीन और खेती ही उनके अस्तित्व का मुख्य आधार था। डफरिन रिपोर्ट, विभिन्न ज़िलों की बन्दोबस्त रिपोर्टें और अन्य औपनिवेशिक स्रोत सभी इस बात को प्रमाणित करते हैं कि चमारों की धार्मिक और सांस्कृतिक गतिविधियाँ निर्णायक रूप से कृषि-कार्यों से ही जुड़ी थीं। किन्तु चमारों तथा अन्य दलित जातियों पर औपनिवेशिक और उत्तर-औपनिवेशिक मानवशास्त्रियों का साहित्य हिन्दू धर्मशास्त्रों में वर्णित शुद्ध-अशुद्ध जातियों की रूढ़ धारणाओं पर ही आधारित है।[138] 1920 की ब्रिग्स की कृतियों और 1958 के कोहन के निबन्ध में दिखने वाली इस साहित्य की मूलभूत कार्य-शैली उन प्रथाओं के अध्ययन में निहित है, जिनके द्वारा चमारों को हिन्दू धर्म से बाहर रखा गया था और उसकी तुलना चमारों के अपने अलग धर्म से की गई थी, जिसमें आत्माएँ, भूत-प्रेत, देवी-देवता और जादू-टोना शामिल थे।[139] फिर भी यह चमारों की धार्मिक और सांस्कृतिक दुनिया का एक वैकल्पिक चरित्र-चित्रण करने के लिए पर्याप्त प्रमाण है, जो उसे इस धरती माता की उर्वरता पर आधारित और कृषि-सम्पदा पर केन्द्रित रखता है।

चमारों के पास मिट्टी की उर्वरता पर ध्यान केन्द्रित करने और उस पर जुताई, बुआई और कटाई का प्रबन्ध करनेवालीं भरपूर कृषि-रस्में थीं। उनके पास गेहूँ, धान और कपास की बुआई से पहले हल की पूजा करने की एक महत्त्वपूर्ण रस्म थी। उदाहरण के लिए, बरेली में, जहाँ चमारों ने एक मज़बूत ग़ैर-मालिकाना किसान समूह का गठन किया था, (देखिए, तालिका 8) वे ख़रीफ़ और रबी की बुआई के मौसम की शुरुआत पंडित से मुहूर्त निकलवाकर करते थे। चमार किसान भोर में अपने खेत पर अपने हल से पाँच अलग-अलग जगहों पर खुरचकर खेती के मौसम का

शुभारम्भ करता था, जिसमें वह हर बार यह देखता था कि चन्द्रमा उसके दाहिने या सामने पूरब में है या उत्तर में। इस रस्मी अनुष्ठान को करने के बाद, वह रास्ते-भर लोगों की शुभकामनाएँ लेता हुआ और अपशकुन से बचता हुआ घर वापस आता था। घर लौटने पर, उसकी पत्नी उसे दही खिलाती थी, जो शुभ माना जाता था। पंडित से मुहूर्त निकलवाने का काम सभी किसान नहीं करते थे। कुछ लोग अपने से ही कोई सही दिन चुन लेते थे, और भोर में अपने खेत पर चले जाते थे, और ज़मीन के कुछ हिस्से पर हल चलाकर वापस घर आ जाते थे। इसके बाद वे नये कृषि मौसम का खीर-पूड़ी खाकर जश्न मनाते थे।[140]

बुकानन-हेमिल्टन ने उल्लेख किया है कि चमार गाँव के देवताओं के भगत (पुजारी) भी थे, जो बुराई तथा बीमारियों से गाँव की रक्षा करते थे, और जिनकी पूजा हर फसली मौसम का आरम्भ और अन्त होने से पहले की जाती थी। ब्राह्मण उन्हें भूत बताते थे, परन्तु वे 'दिहुयार' अथवा 'ग्रामदेवता' के रूप में लोकप्रिय थे। इन ग्रामदेवताओं की पूजा सिर्फ़ चमारों द्वारा ही नहीं, बल्कि सभी समुदायों के लोगों द्वारा की जाती थी। गाँव में इन दिहुयार या ग्रामदेवताओं की पूजा की पवित्र जगह को 'थान' कहा जाता था, जो आमतौर पर एक ऊँचे टीले पर या पेड़ के नीचे बना होता था। दिहुयार की कोई प्रतिमा नहीं होती थी, वह सिर्फ़ एक चबूतरे पर मिट्टी के पिंड के रूप में दिखाया जाता था। चमार फ़सल के मौसम और त्यौहारों के अवसर पर दिहुयार को सूअर और शराब चढ़ाते थे, और उसका ख़र्चा सारे गाँव वाले मिलकर वहन करते थे।[141] अनाज को गाहने और तौलने के दौरान भी अनाज की सुरक्षा के लिए पूजा की जाती थी, जिसमें एक मुट्ठी अनाज ब्राह्मण पुजारी को और एक मुटठी अनाज दिहुयार को चढ़ाया जाता था।[142] यद्यपि ये हिन्दू धर्म के देवता नहीं थे, परन्तु स्थानीय ब्राह्मण पुजारियों ने दिहुयार की लोकप्रियता को स्वीकार कर लिया था।[143] गोरखपुर और अधिकतर पूर्वी उत्तर प्रदेश में दिहुयार देवताओं ने वार्षिक कृषि चक्र में महत्त्वपूर्ण भूमिका निभाई थी, इसलिए किसान अपनी फ़सलों की सुरक्षा के लिए नियमित पूजा करते थे।[144] प्रत्येक फ़सल के बाद, गाँव के देवता और चमारों को एक छोटी भेंट दी जाती थी।[145] मिर्ज़ापुर में चमार किसान अपने खेतों और फ़सलों की सुरक्षा के लिए बुआई और फ़सल के पहले दिन अपने ग्राम देवता को चपाती और शराब चढ़ाते थे। फिर दोपहर में खेत पर समारोह करते थे।[146]

हर फ़सल का अनुष्ठान अलग होता था, यह भी चमार समुदाय के कृषि-चरित्र को दर्शाता है।[147] उदाहरण के लिए, गन्ने की बुआई से पहले, चमार हल से गुड़ का एक टुकड़ा स्पर्श कराते थे। बाद में उस टुकड़े को दिहुयार को चढ़ा दिया जाता था और बाक़ी बचे गुड़ को किसानों को बाँट दिया जाता था। हलवाही के पहले दिन औपचारिक रूप से खीर का भोजन होता था। गन्ने की अच्छी और मीठी

फ़सल के सगुन के लिए इस बात का ध्यान रखा जाता था कि खीर में चावल, चीनी और अन्य सामग्री का अच्छा मिश्रण हो। प्रचुर मात्रा में फ़सल की पैदावार के लिए दरवाज़े के बाहर गाय के गोबर से सतिए (स्वास्तिक) के शुभ निशान बनाए जाते थे। इसी तरह के अनुष्ठान फ़सल काटने से पहले भी किये जाते थे। कटाई से पूर्व, अच्छी फ़सल की प्रार्थना के लिए, गन्ने के तनों का एक गुच्छा ऊपर बाँधकर उसके नीचे एक बर्तन में पानी भरकर रख दिया जाता था। उन गुच्छों को फ़सल की कटाई पूरी होने तक अलग नहीं किया जाता था। हवन भी किया जाता था, जिसमें महिलाएँ दिहुयार देवता की पूजा करती थीं। जो व्यक्ति गुड़ बनाता था, वही पहले गन्ना काटता था, और बना हुआ गुड़ किसानों में बाँटा जाता था। फ़सल की शुद्धता के लिए भी पहले गन्ने का हवन किया जाता था। शाम में उड़द-भात का भोज होता था, जिसमें सब शामिल होकर उत्सव मनाते थे।

इसी तरह की पूजा अन्य फ़सलों के लिए भी की जाती थी। गेहूँ के मामले में, जब बुआई का मौसम आता था, तो एक छोटे मिट्टी के बर्तन में एक मुट्ठी अनाज रखकर उसे खेत की मिट्टी में दबा दिया जाता था, एक मुट्ठी अनाज गंगा की दिशा में पूरे खेत में बिखेर दिया जाता था, और पाँच मुट्ठी अनाज खेत के विभिन्न भागों में दबा दिया जाता था। उसके बाद हवन करके हल की पूजा की जाती थी। इससे यह माना जाता था कि खेत का स्वामी बुआई के समय पर भूखा नहीं होगा। गन्ने की फ़सल की तरह ही, गेहूँ की फ़सल भी सबसे पहले दिहुयार देवता को चढ़ाई जाती थी। इसी तरह के पूजा-अनुष्ठान कपास की उपज के दौरान अलग-अलग चरणों में किये जाते थे। कटाई से पहले खेत में हवन कराया जाता था, और जो औरतें कपास बीनती थीं, वे वहीं बैठकर भात खाती थीं। अच्छी बारिश के लिए और सर्दी व शरद के मौसम में ओलावृष्टि तथा पाले से फ़सल की सुरक्षा के लिए भी विशिष्ट अनुष्ठान किये जाते थे। अच्छे मानसून के लिए भी कई तरह के टोटके किये जाते थे, जैसे एक छोटे हल को कुएँ में लटकाना, या खेत में रोटियों के साथ मिट्टी के बर्तन में पानी भरकर रखना। खेतों में सिंचाई के लिए कुआँ बनाने के दौरान भी एक टोटका किया जाता था। कुआँ बनाने वाले स्थान के चारों ओर शनिवार की रात में कटोरियों में पानी भरकर रख दिया जाता था। जो कुआँ पिछली बार सूख गया था, उससे नया कुआँ खोदने के लिए सटीक स्थान का पता चल जाता था।

ब्रिग्स ने चमारों के इन कृषि-अनुष्ठानों को 'रहस्यमय' बताया है, और लिखा है कि वे उच्च जातियों के धार्मिक अनुष्ठानों से भिन्न थे, और उनका चमारों के सामाजिक तथा आर्थिक जीवन से कोई सम्बन्ध नहीं था। किन्तु ये अनुष्ठान और समारोह किसान-जीवन की अनिश्चितताओं को सुलझाने के उनके प्रयासों को बताते हैं। ये अनुष्ठान केवल चमारों तक सीमित नहीं थे, अपितु सभी जातियों के किसानों में,

ख़ासतौर से निम्न जातियों के सभी किसानों में प्रचलित थे। फिर भी ब्रिग्स और उत्तर प्रदेश के अनेक बन्दोबस्त रिपोर्ट-लेखकों ने कृषि से जुड़े इन धार्मिक अनुष्ठानों की चर्चा में विशेष रूप से चमारों का ही उल्लेख किया है।

इतिहासकार शाहिद अमीन के साथ अपनी बातचीत में गोरखपुर के एक निम्न जातीय किसान, सीता अहीर ने दावा किया था कि 'चमारों के पास कोई ज़मीन नहीं थी, बल्कि वे केवल सवर्ण हिन्दुओं के खेतों में हल चलाते थे।' अमीन हमें बताते हैं कि 'चमारों की छोटी जोतें, जो गाँव से दूर कोनों में अनुपजाऊ क्षेत्र में होती थीं, शायद सीता अहीर की कमज़ोर स्मृति से ग़ायब हो गई थीं, या शायद 1885 के चालीस साल बाद, क़ीमतों में वृद्धि और बढ़ते किराये के कारण डुमरी के चमारों को सिख ज़मींदारों ने बेदख़ल कर दिया था।'[148] सीता अहीर की स्मृति और भारतीय इतिहास-लेखन के बीच एक आश्चर्यजनक समानता है, जो ज़मीन और खेती के साथ चमारों के महत्त्वपूर्ण सम्बन्ध को पहचानने में विफल रहा है। चमारों ने एक महत्त्वपूर्ण और कुशल काश्तकार जाति का गठन किया था, जिसे उत्तर भारत के कृषि समाज द्वारा बहुत अधिक महत्त्व दिया गया था। अस्पृश्यता के बावजूद, चमारों ने काश्तकारों के रूप में अपनी एक महत्त्वपूर्ण उपस्थिति बनाकर रखी है। चमड़े का कार्य न उनका एकमात्र पेशा था और न उनकी पहचान; उनके पेशों की शृंखला विस्तृत और व्यापक है।

सन्दर्भ

1. *सेंसस ऑफ़ इंडिया,* 1911, खंड 15, भाग 2, तालिकाएँ, पृ. 756-62; चमारों की कुल आबादी 60,68,382 थी। वर्गीकरण के लिए देखिए, भाग 1, रिपोर्ट, 'किसान' शब्द में ज़मींदार तथा क़ब्ज़ेदार और ग़ैर-क़ब्ज़ेदार किरायेदार शामिल हैं।
2. *सेंसस ऑफ़ इंडिया,* 1961, खंड 15, भाग 5 ए (1), अनुसूचित जातियों की विशेष तालिकाएँ, पृ. 4-7
3. विलियम क्रुक, *दि ट्राइब्स एंड कास्ट्स ऑफ़ दि नार्थ-वेस्टर्न प्रोविंसेस एंड अवध,* खंड 1, पृ. 190
4. के.एस. सिंह, *दि शेड्यूल्ड कास्ट्स,* पृ. 303
5. ब्रिटिश सरकार ने ग़ैर-मालिकों को उन लोगों के रूप में परिभाषित किया था, जिनके पास न ज़मीन थी, न वे ज़मीनों के मालिक थे और न ही उनके पास उस ज़मीन पर किसी को हस्तान्तरण करने के अधिकार थे। इसलिए वे भू-राजस्व एकत्र करने या भुगतान करने के लिए ज़िम्मेदार नहीं थे।
6. *सेंसस ऑफ़ इंडिया,* 1881, खंड 17, भाग 1, रिपोर्ट, पृ. 136
7. ब्रिग्स, *दि चमार्स,* पृ. 21
8. विलियम टेनेंट, *इंडियन रिक्रिएशंस,* वॉल्यूम 1, पृ. 195
9. *रिपोर्ट ऑन दि सेटलमेंट ऑफ़ दि डिस्ट्रिक्ट गोरखपुर,* 1837, ई.ए. रीड, पृ. 445

10. *रिपोर्ट ऑन दि सेटलमेंट ऑफ़ दि सेडेड पोर्शन ऑफ़ दि डिस्ट्रिक्ट ऑफ़ आजमगढ़,* 1837, जे. थॉमसन, पृ. 35-36
11. *रिपोर्ट ऑन दि सेटलमेंट ऑफ़ दि डिस्ट्रिक्ट ऑफ़ सहारनपुर,* 1839, एडवर्ड थॉर्नटन, पृ. 112-113
12. *रिपोर्ट ऑन दि सेटलमेंट ऑफ़ दि ज़िला हमीरपुर,* 1842, सी. एलिन, पृ. 781
13. रसेल, *रिपोर्ट ऑन दि सेंसस ऑफ़ दि सेंट्रल प्रोविंसेस,* 1866, पृ. 13
14. *फ़ाइनल रिपोर्ट ऑन दि सेटलमेंट ऑफ़ गोरखपुर डिस्ट्रिक्ट,* 1891, ए.डब्ल्यू. क्रुकशांक, पृ. 30, 42ए, 45ए
15. नेसफील्ड, *ब्रीफ व्यू ऑफ़ दि कास्ट सिस्टम,* पृ. 12, नेसफील्ड ने जाति-व्यवस्था पर आधिकारिक रूप से पहला विवरण लिखा था, जो उत्तर प्रदेश सरकार द्वारा सौंपा गया कार्य था।
16. ब्रिग्स, *दि चमार्स,* पृ. 17-19
17. वही, पृ. 17-18
18. विलियम क्रुक, *रिपोर्ट ऑन एटा डिस्ट्रिक्ट,* 'इन ए कलेक्शन ऑफ़ पेपर्स कनेक्टेड विद एन इन्क्वायरी इनटू दि कंडीशंस ऑफ़ दि लोअर क्लासेज', वॉल्यूम 2, पृ. 41, फ़ाइल संख्या 2/1887-88, बॉक्स नं. 129, उत्तर प्रदेश राज्य अभिलेखागार, लखनऊ।
19. चेनीविक्स-ट्रेंच, *मोनोग्राफ़ ऑन टेनिंग एंड वर्किंग इन लेदर,* पृ. 4
20. ब्रिग्स, *दि चमार्स,* पृ. 58-59
21. *सेंसस ऑफ़ इंडिया,* 1931, वॉल्यूम 18, यूनाइटेड प्रॉविंसेस, सेंट्रल रिपोर्ट (इलाहाबाद), पार्ट 1, पृ. 538-611
22. के. सिंह, *दि शेड्यूल्ड कास्ट्स,* पृ. 303
23. *सेंसस ऑफ़ इंडिया,* 1911, वॉल्यूम 15, पार्ट 1, रिपोर्ट, पृ. 412-14, साथ ही, ब्लंट, *दि कास्ट सिस्टम ऑफ़ नॉर्दर्न इंडिया,* पृ. 50-57; इसी तरह के तर्क के लिए यह भी देखिए, एम. सिंह, *दि डिप्रेस्ड क्लासेस,* पृ. 22
24. *सेंसस ऑफ़ नार्थ-वेस्टर्न प्रोविसेंस,* 1865, वॉल्यूम 1, पृ. 15
25. *रिपोर्ट ऑफ़ दि सेटलमेंट ऑफ़ दि इटावा डिस्ट्रिक्ट,* 1875, सी.एच.टी. व्रॉसवाइट एंड डब्ल्यू. नील, पृ. 20
26. *फ़ाइनल रिपोर्ट ऑफ़ दि सेटलमेंट ऑफ़ दि बस्ती डिस्ट्रिक्ट,* 1891, जे. हूपर, पृ. 28; अन्य ज़िलों के लिए देखिए : *फ़ाइनल रिपोर्ट ऑन दि रिवीजन ऑफ़ सेटलमेंट इन दि डिस्ट्रिक्ट ऑफ़ अलीगढ़,* 1882, टी.ई. स्मिथ, पृ. 130; *रिपोर्ट ऑन दि सेटलमेंट ऑफ़ दि शाहजहाँपुर डिस्ट्रिक्ट,* 1874, रॉबर्ट जी. कुरी, पृ. 61; *फ़ाइनल रिपोर्ट ऑफ़ दि सेटलमेंट ऑफ़ दि कानपुर डिस्ट्रिक्ट,* 1878, एफ.एन. राइट, पृ. 46; *रिपोर्ट ऑन दि रिवीजन ऑफ़ दि सेटलमेंट ऑफ़ दि बहराइच डिस्ट्रिक्ट, अवध,* 1873, ई.जी. क्लार्क एंड एच. स्काटी बोयज, पृ. 66; *रिपोर्ट ऑन दि सेटलमेंट ऑपरेशन इन दि डिस्ट्रिक्ट ऑफ़ आजमगढ़;* 1881, जे.आर. रेड, पृ. 31
27. *ए कलेक्शन ऑफ़ पेपर्स कनेक्टेड विद एन इन्क्वायरी इनटू दि कंडीशंस ऑफ़ दि लोअर क्लासेज,* पृ. 8
28. *फ़ाइनल रिपोर्ट ऑन दि इलेवंथ सेटेलमेंट ऑफ़ दि मुरादाबाद,* 1909, एच.जे. बोस, पृ. 10

29. इस क़ानून ने राजनीतिक गतिशीलता को भी प्रभावित किया। उत्तर प्रदेश के अवध क्षेत्र में प्रसिद्ध किसान आन्दोलन ने मनमानी बेदख़ली से सुरक्षा की माँग की थी।
30. *रिपोर्ट ऑन दि सेटेलमेंट ऑफ़ दि सेडेड पोर्शन ऑफ़ दि डिस्ट्रिक्ट ऑफ़ आजमगढ़,* 1837, जे. थॉमसन, पृ. 33-36। कृपया थॉमसन की रिपोर्ट पर आसिया सिद्दीकी की चर्चा के लिए देखें, *अग्रेरियन चेंज इन ए नॉर्दर्न इंडियन स्टेट,* पृ. 15-25, 33, 35-36
31. *रिपोर्ट ऑन दि सेटेलमेंट ऑफ़ दि सेडेड पोर्शन ऑफ़ दि डिस्ट्रिक्ट ऑफ़ आजमगढ़,* 1837, जे. थॉमसन, पृ. 36
32. 'एन एंथ्रोपोलोजिस्ट दि हिस्टोरियंस' में बर्नार्ड कोहन का लेख, *स्ट्रक्चरल चेंज इन इंडियन रूरल सोसाइटी,* 1596-1885, पृ. 402
33. *रिपोर्ट ऑन दि सेटलमेंट ऑफ़ दि सेडेड पोर्शन ऑफ़ दि डिस्ट्रिक्ट ऑफ़ आजमगढ़,* 1837, जे. थॉमसन, पृ. 37
34. हेनरी इलियट, *मेमोइर्स ऑन दि हिस्ट्री, फोकलोर एंड डिस्ट्रीब्यूशन ऑफ़ दि रेसेस ऑफ़ दि नार्थ-वेस्टर्न प्रोविंसेस ऑफ़ इंडिया,* पृ. 88
35. *नोट्स ऑन टेनेंट राइट,* पृ. 77-78
36. बी.आर. ग्रोवर, *नेचर ऑफ़ लैंड राइट्स इन मुग़ल इंडिया।*
37. ए. सिद्दीकी, *अग्रेरियन चेंज इन ए नॉर्दर्न इंडियन स्टेट,* चैप्टर 1 और 2; व्हिटकॉम्बे, *अग्रेरियन कंडीशंस इन नॉर्दर्न इंडिया,* चैप्टर 3
38. मोरलैंड, *दि रेवेन्यू एडमिनिस्ट्रेशन ऑफ़ दि यूनाइटेड प्रॉविंसेस,* पृ. 56-59
39. एम. सिंह, *दि डिप्रेस्ड क्लासेस,* पृ. 24
40. एम. सिद्दीकी, *अग्रेरियन अनरेस्ट इन नॉर्दर्न इंडिया,* चैप्टर 1
41. मेमोरेंडम, सी. कुरी, सेटलमेंट कमिश्नर, अवध, *इन पेपर रिलेटिंब टू अंडर-प्रोप्राइटरी राइट्स एंड राइट्स ऑफ़ कल्टीवेटर्स इन अवध,* पृ. 163, 166
42. एम. सिद्दीकी, *अग्रेरियन अनरेस्ट इन नॉर्थ इंडिया,* पृ. 10-15
43. वी.एन. मेहता, *रिपोर्ट्स ऑन दि पीजेंट मूवमेंट इन प्रतापगढ़,* फ़ाइल संख्या 753, बॉक्स संख्या 6, 1920, राजस्व विभाग, उत्तर प्रदेश राज्य अभिलेखागार, लखनऊ, पृ. 5-7
44. अवध में किसानों के मालिकाना अधिकारों से सम्बन्धित अन्य काग़ज़ात।
45. वही, बन्दोबस्त अधिकारी, उन्नाव, जी.बी. मैकोनोची का स्मृति-पत्र, 16 मार्च, 1865, पृ. 386, 407
46. वही, एच.बी. हैरिंगटन, सहायक बन्दोबस्त अधिकारी, दरियाबाद (लखनऊ जनपद) आयुक्त, 4 अप्रैल, 1865, पृ. 518
47. वही, हरदोई के बन्दोबस्त अधिकारी ने खैराबाद मंडल के आयुक्त को लिखा, 30 अप्रैल, 1865, पृ. 518
48. दत्ता, *दि बुन्देलखंड एलीनेशन ऑफ़ लैंड एक्ट,* पृ. 13
49. विजय प्रसाद, *अनटचेबिल फ्रीडम,* पृ. 38
50. ए. सिद्दीकी, *अग्रेरियन चेंज इन ए नॉर्दर्न इंडियन स्टेट,* ख़ासतौर से चैप्टर 2 देखिए।
51. स्टोक्स, *दि पीजेंट एंड दि राज,* पृ. 58
52. *झाँसी जनपद की पहली बन्दोबस्त रिपोर्ट,* 1893, डब्ल्यू.एच.एल. इम्पेइ, पृ. 91
53. *सहारनपुर ज़िले की अन्तिम बन्दोबस्त रिपोर्ट,* 1921, डी.एल. ड्रेक-ब्रोकमैन, पृ. 12

54. *आगरा ज़िले की बन्दोबस्त रिपोर्ट*, 1880, एच.एफ. इवांस, पृ. 57
55. *स्टेटिस्टिकल, डिस्क्रिपटिव एंड हिस्टोरिकल एकाउंट ऑफ़ दि नार्थ-वेस्टर्न प्रोविंसेस ऑफ़ इंडिया*, एडविन टी. एटकिंसन, वॉल्यूम 3, पृ. 560-61
56. ए. सिद्दीकी, *अग्रेरियन चेंज इन ए नॉर्दर्न इंडियन स्टेट*, पृ. 31
57. स्टोक्स, *दि पीजेंट एंड दि राज*, पृ. 58
58. *स्टेटिस्टिकल, डिस्क्रिप्टिव एंड हिस्टोरिकल एकाउंट ऑफ़ दि नार्थ-वेस्टर्न प्रोविंसेस ऑफ़ इंडिया*, एडविन टी. एटकिंसन, वॉल्यूम 7, पृ. 109-110, *अलीगढ़ ज़िले की अन्तिम बन्दोबस्त रिपोर्ट*, 1882, टी.ई. स्मिथ, पृ. 128-32
59. एम. सिंह, *दि डिप्रेस्ड क्लासेस*, पृ. 29
60. *आजमगढ़ ज़िले की सातवीं अन्तिम रिपोर्ट*, 1908, सी.ई. क्रावफोर्ड, पृ. 15
61. एम. सिंह, *दि डिप्रेस्ड क्लासेस*, पृ. 25-26
62. *फ़ाइनल रिपोर्ट ऑन दि सेटलमेंट ऑफ़ दि झाँसी डिस्ट्रिक्ट*, 1893, डब्ल्यू.एच.एल. इम्पे, पृ. 91
63. *फ़ाइनल रिपोर्ट ऑन दि रिवीजन ऑफ़ सेटलमेंट इन दि ललितपुर सब-डिवीजन, डिस्ट्रिक्ट झाँसी*, 1899, एच.जे. होरे, पृ. 7-8
64. *फ़ाइनल रिपोर्ट ऑन दि सेटलमेंट ऑफ़ दि झाँसी डिस्ट्रिक्ट*, 1893, डब्ल्यू.एच.एल. इम्पे, पृ. 91, 61ए
65. *स्टेटिस्टिकल, डिस्क्रिप्टिव एंड हिस्टोरिकल एकाउंट ऑफ़ दि नार्थ-वेस्टर्न प्रोविंसेस ऑफ़ इंडिया*, एडविन टी. एटकिंसन, वॉल्यूम 1, पृ. 312
66. *असेसमेंट रिपोर्ट ऑफ़ तहसील मऊ, डिस्ट्रिक्ट झाँसी*, 1943, एच.टी. लेन, पृ. 5
67. *फ़ाइनल सेटलमेंट रिपोर्ट ऑफ़ झाँसी डिस्ट्रिक्ट*, 1947, एच.टी. लेन, पृ. 7
68. *रिपोर्ट ऑन दि सेटलमेंट ऑफ़ दि आगरा डिस्ट्रिक्ट*, 1880, एच.एफ. इवांस. पृ. 28-29
69. *फ़ाइनल रिपोर्ट ऑन दि सेटलमेंट एंड रिकॉर्ड ऑपरेशंस इन डिस्ट्रिक्ट आगरा*, 1930, आर.एफ. मुडी, पृ. 20
70. *रेंट-रेट रिपोर्ट्स ऑफ़ परगना एतमादपुर एंड फ़िरोज़ाबाद, डिस्ट्रिक्ट आगरा*, 1928, आर.एफ. मुडी, पृ. 24
71. *रेंट-रेट रिपोर्ट्स ऑफ़ परगना एंड तहसील बाह, डिस्ट्रिक्ट आगरा*, 1928, आर.एफ. मुडी, पृ. 9
72. *रिपोर्ट ऑन दि सेटलमेंट ऑफ़ दि बरेली डिस्ट्रिक्ट*,1874, एस.एम. मोएंस, पृ. 51-53
73. *फ़ाइनल सेटलमेंट रिपोर्ट ऑफ़ दि डिस्ट्रिक्ट बरेली*, 1903, एस.एच. फ़्रेमेंटल, पृ. 4
74. *फ़ाइनल सेटलमेंट रिपोर्ट ऑफ़ दि डिस्ट्रिक्ट बरेली*, 1942, आई.डब्ल्यू. लुइस-लॉयड, पृ. 5
75. *दि फ़ाइनल रिपोर्ट ऑन दि सेटलमेंट ऑपरेशंस ऑफ़ दि सहारनपुर डिस्ट्रिक्ट*, 1921, डी.एल. ड्रेक-ब्रॉकमैन, पृ. 26, 47-48
76. *स्टेटिस्टिकल, डिस्क्रिप्टिव एंड हिस्टोरिकल एकाउंट ऑफ़ दि नार्थ-वेस्टर्न प्रोविंसेस ऑफ़ इंडिया*, एडविन टी. एटकिंसन, वॉल्यूम 2, पृ. 225
77. *दि फ़ाइनल रिपोर्ट ऑन दि सेटलमेंट ऑपरेशंस ऑफ़ दि सहारनपुर डिस्ट्रिक्ट*, 1921, डी.एल. ड्रेक-ब्रॉकमैन, पृ. 26

78. *फ़ाइनल रिपोर्ट ऑन दि सेटलमेंट ऑफ़ लैंड रेवेन्यू इन दि बुलन्दशहर डिस्ट्रिक्ट,* 1891, बी.टी. स्टोकर, पृ. 16-17, 20-21
79. *फ़ाइनल रिपोर्ट ऑन दि सेटलमेंट ऑफ़ बुलन्दशहर,* 1919, ई.ए. फेल्प्स, पृ. 10-11
80. *स्टेटिस्टिकल, डिस्क्रिप्टिव एंड हिस्टोरिकल एकाउंट ऑफ़ दि नार्थ-वेस्टर्न प्रोविंसेस ऑफ़ इंडिया,* एडविन टी. एटकिंसन, वॉल्यूम 6, पृ. 386
81. *फ़ाइनल रिपोर्ट ऑन दि सेटलमेंट ऑफ़ गोरखपुर डिस्ट्रिक्ट,* 1891, ए.डब्ल्यू. क्रुकशेंक, पृ. 42-45
82. *स्टेटिस्टिकल, डिस्क्रिप्टिव एंड हिस्टोरिकल एकाउंट ऑफ़ दि नार्थ-वेस्टर्न प्रोविंसेस ऑफ़ इंडिया,* एडविन टी. एटकिंसन, वॉल्यूम 6, पृ. 408
83. *रिपोर्ट ऑन दि सेटलमेंट ऑफ़ दि आगरा डिस्ट्रिक्ट,* 1880, एच.एफ. इवांस, पृ. 28
84. नीलाद्रि भट्टाचार्य, *एग्रीकल्चरल लेबर एंड प्रोडक्शन,* पृ. 123-124
85. ई. रोज, डिस्ट्रिक्ट मजिस्ट्रेट, ग़ाज़ीपुर, 'नोट ऑन ग़ाज़ीपुर डिस्ट्रिक्ट', *ए कलेक्शन ऑफ़ पेपर्स कनेक्टेड विद एन इन्क्वायरी इनटू दि कंडीशंस ऑफ़ दि लोअर क्लासेस,* पृ. 170, 176, यह भी देखें, एम. सिंह, *दि डिप्रेस्ड क्लासेस,* पृ. 28-32
86. *रिपोर्ट ऑन दि सेटलमेंट ऑफ़ दि गोरखपुर-बस्ती डिस्ट्रिक्ट,* 1871, वॉल्यूम 1, पृ. 46
87. गिरवर सक्सेना, *एन एग्रीकल्चरल सर्वे ऑफ़ बख्शी का तालाब, डिस्ट्रिक्ट लखनऊ,* पृ. 136
88. हरिहर दयाल, *एग्रीकल्चरल लेबर्स,* पृ. 235-238, 246
89. गिरवर सक्सेना, *एन एग्रीकल्चरल सर्वे ऑफ़ बख्शी का तालाब, डिस्ट्रिक्ट लखनऊ,* इन राधाकमल मुखर्जी एडीटेड, *फ़ील्ड्स एंड फ़ार्मर्स इन अवध,* पृ. 119
90. दयाल, *एग्रीकल्चरल लेबर्स,* पृ. 273
91. प्रेमचन्द, *पूस की रात,* पृ. 154-60, पहली बार मई, 1930 में लखनऊ जर्नल *माधुरी* में प्रकाशित।
92. देखिए, *ए कलेक्शन ऑफ़ पेपर्स कनेक्टेड विद एन इन्क्वायरी इनटू दि कंडीशंस ऑफ़ दि लोअर क्लासेस* में 'एटा ज़िले पर विलियम क्रुक की रिपोर्ट', पृ. 62-63
93. *मथुरा पर ए. कैडेल की रिपोर्ट,* उपर्युक्त, पृ. 52-54
94. इसके लिए देखिए, *प्रतापगढ़ के किसान आन्दोलन पर वी.एन. मेहता की रिपोर्ट,* फ़ाइल संख्या 753, बॉक्स संख्या 6, 1920, राजस्व विभाग, उत्तर प्रदेश राज्य अभिलेखागार, लखनऊ।
95. वही, एम. सिंह की *दि डिप्रेस्ड क्लासेस* भी देखें, पृ. 34
96. डी.एम. स्टीवर्ट, *सेसेस इन अवध,* 1922, रेवेन्यू (ए) प्रोसीडिंग्स, मई 1925, उत्तर प्रदेश राज्य अभिलेखागार, लखनऊ, पृ. 22-25
97. देखिए, *वी.एन. मेहता की प्रतापगढ़ के किसान आन्दोलन पर रिपोर्ट,* फ़ाइल संख्या 753, बॉक्स संख्या 6, 1920, राजस्व विभाग, उत्तर प्रदेश राज्य अभिलेखागार, लखनऊ, पृ. 68, मेहता और स्टीवर्ट दोनों की रिपोर्ट में चमार किसानों की ऐसी अनेक शिकायतें दर्ज हैं।
98. *एसेसमेंट रिपोर्ट ऑफ़ तहसील खुर्जा ऑफ़ दि बुलन्दशहर डिस्ट्रिक्ट,* 1889, बी.टी. स्टोकर, पृ. 27
99. देखिए, *वी.एन. मेहता की प्रतापगढ़ के किसान आन्दोलन पर रिपोर्ट,* फ़ाइल संख्या 753, बॉक्स संख्या 6, 1920, राजस्व विभाग, उत्तर प्रदेश राज्य अभिलेखागार, लखनऊ, पृ. 63

100. *रसद एंड बेगारी एजीटेशन इन यू.पी.*, 1920, फ़ाइल संख्या 694, बॉक्स नं. 153/1920, जनरल एडमिनिस्ट्रेशन डिपार्टमेंट, उत्तर प्रदेश राज्य अभिलेखागार, लखनऊ, पृ. 1, 3
101. *वी.एन. मेहता की प्रतापगढ़ के किसान आन्दोलन पर रिपोर्ट*, फ़ाइल संख्या 753, बॉक्स संख्या 6, 1920, राजस्व विभाग, उत्तर प्रदेश राज्य अभिलेखागार, लखनऊ, पृ. 7, 8, 48, 68
102. डी.एम. स्टीवर्ट, *सेसेस इन अवध*, 1922, रेवेन्यू (ए) प्रोसीडिंग्स, मई, 1925, उत्तर प्रदेश राज्य अभिलेखागार, लखनऊ, पृ. 125
103. *बुक 2 : एन एकाउंट ऑफ़ दि डिस्ट्रिक्ट ऑफ़ शाहबाद*, बुकानन-हैमिल्टन, पृ. 117-18
104. देखिए, 'ए कलेक्शन ऑफ़ पेपर्स कनेक्टेड विद एन इन्क्वायरी इनटू दि कंडीशंस ऑफ़ दि लोअर क्लासेस' में *एटा ज़िले पर क्रुक की रिपोर्ट*, पृ. 53, 60-61, 137
105. वही, पृ. 65, 79
106. क्रुक, डैम्पियर एंड कोनीबेयर, *ए नोट ऑन दि ट्रैक्ट ऑफ़ कंट्री साउथ ऑफ़ दि रिवर सोन*, पृ. 21
107. देखिए, 'ए कलेक्शन ऑफ़ पेपर्स कनेक्टेड विद एन इन्क्वायरी इनटू दि कंडीशंस ऑफ़ दि लोअर क्लासेस' में *एटा ज़िले पर क्रुक की रिपोर्ट*, पृ. 46
108. अमीन, *इवेंट, मेटाफर, मेमोरी*, पृ. 28
109. श्रीनिवास, *कास्ट इन मॉडर्न इंडिया*, पृ. 17, यह आम धारणा है, इसलिए श्रीनिवास किसी स्रोत का हवाला नहीं देते।
110. यादवेन्दु, *यदुवंश का इतिहास*, पृ. 206-31, यादवेन्दु जाटव महासभा के सदस्य और अखिल भारतीय जाटव यूथ लीग के संस्थापक थे।
111. श्री पुत्तू लाल जाटव (जन्म 1927) के साथ लेखक की बातचीत, दिनांक 12 सितम्बर, 2002, इन्होंने 1940 के दशक में आगरा में जाटव-राजनीति की शुरुआत की थी, सम्प्रति वह ज़िला जज के पद से सेवानिवृत्त हैं।
112. *स्टेटिस्टिकल, डिस्क्रिप्टिव एंड हिस्टोरिकल एकाउंट ऑफ़ दि नार्थ-वेस्टर्न प्रोविंसेस ऑफ़ इंडिया*, एडविन टी. एटकिंसन, वॉल्यूम 2, पृ. 225
113. ब्रज लाल, *चलो झाजी* (शायद फिजी) पृ. 100, 106-107
114. फ़ाइल संख्या 478, बॉक्स संख्या 191/1914, उद्योग विभाग, उ.प्र. राज्य अभिलेखागार, लखनऊ, पृ. 53
115. ब्रज लाल, *चलो झाजी*, पृ. 111-112, 114-16, 229
116. फ़ाइल संख्या 478, बॉक्स संख्या 191/1914, उद्योग विभाग, उ.प्र. राज्य अभिलेखागार, लखनऊ, पृ. 53
117. नार्थ-वेस्ट प्रोविंसेस और अवध की सरकार के सचिव को भारत सरकार के सचिव का पत्र, दिनांक 17 अगस्त, 1887, सन्दर्भ : *ए कलेक्शन ऑफ़ पेपर्स कनेक्टेड विद एन इन्क्वायरी इनटू दि कंडीशंस ऑफ़ दि लोअर क्लासेस*, पृ. 1, और एलिजाबेथ व्हिलकाम्ब डिसकशन ऑफ़ दि इन्क्वायरी इन *अग्रेरियन कंडीशंस इन नॉर्दर्न इंडिया*, पृ. 266-70
118. *मथुरा पर कैडिल की रिपोर्ट*, देखिए, *ए कलेक्शन ऑफ़ पेपर्स कनेक्टेड विद एन इन्क्वायरी इनटू दि कंडीशंस ऑफ़ दि लोअर क्लासेस*, पृ. 52-54

119. *एटा ज़िले पर क्रुक की रिपोर्ट,* सन्दर्भ उपर्युक्त, पृ. 114-15, क्रुक की रिपोर्ट से हमें उनके प्रखर नृवंशविज्ञानी कौशल की पहली झलक मिलती है।
120. वही, और *पीलीभीत पर टी. डब्ल्यू. होल्डरनेस की रिपोर्ट,* पृ. 135-38, 154-55
121. एफ. राइट, *मेमोरेंडम ऑन एग्रीकल्चर इन दि डिस्ट्रिक्ट ऑफ़ कानपुर,* पृ. 76-78, 88, 92-94
122. *पीलीभीत पर टी.डब्ल्यू. होल्डरनेस की रिपोर्ट,* सन्दर्भ : *ए कलेक्शन ऑफ़ पेपर्स कनेक्टेड विद एन इन्क्वायरी इनटू दि कंडीशंस ऑफ़ दि लोअर क्लासेस,* पृ. 154-55
123. *रायबरेली पर एच.सी. इरविन की रिपोर्ट,* सन्दर्भ : *ए कलेक्शन ऑफ़ पेपर्स कनेक्टेड विद एन इन्क्वायरी इनटू दिं कंडीशंस ऑफ़ दि लोअर क्लासेस,* पृ. 220
124. *एटा ज़िले पर क्रुक की रिपोर्ट,* सन्दर्भ उपर्युक्त, पृ. 109-117
125. *रायबरेली पर एच.सी. इरविन की रिपोर्ट,* सन्दर्भ : *ए कलेक्शन ऑफ़ पेपर्स कनेक्टेड विद एन इन्क्वायरी इनटू दि कंडीशंस ऑफ़ दि लोअर क्लासेस,* पृ. 99-100, 225
126. *मथुरा ज़िले पर कैडिल की रिपोर्ट,* सन्दर्भ उपर्युक्त, पृ. 46
127. *एटा ज़िले पर क्रुक की रिपोर्ट,* सन्दर्भ उपर्युक्त, पृ. 74-76, 78-79
128. *स्पीचेस एंड राइटिंग्स,* फ़ाइल संख्या 2, बाबा रामचन्द्र पेपर्स, नेहरू मेमोरयल म्यूज़ियम एंड लाइब्रेरी। रैदासियों के एक समूह की याचिका को भी अलग से संग्रह में रखा गया है। वह भी जनवरी, 1931 की है।
129. *प्रजा संघ से सम्बन्धित प्रपत्र, 1929-34,* पत्रावली संख्या 6, साथ ही देखें : *यात्रा विवरण रिपोर्ट्स और कार्यक्रम, 1929-40,* पत्रावली 7, एवं बाबा रामचन्द्र प्रपत्र, नेहरू मेमोरियल म्यूज़ियम एंड लाइब्रेरी।
130. *रिपोर्ट ऑन किसान सभा मूवमेंट,* फ़ाइल संख्या 50, बॉक्स संख्या 133-34/1921, जी.ए.डी., उ.प्र. राज्य अभिलेखागार, लखनऊ, पृ. 687-93, 985-1001
131. *पेपर्स रिलेटिंग टू पीजेंट मूवमेंट ऑफ़ 1921,* फ़ाइल संख्या 1, बाबा रामचन्द्र प्रपत्र, नेहरू मेमोरियल म्यूज़ियम एंड लाइब्रेरी, पृ. 20
132. के. कुमार, *पीजेंट्स इन रिवोल्ट,* पृ. 189-212, इस आन्दोलन की मुख्य माँग किसानों की सुरक्षा थी।
133. अस्थाना, *ए सोशल एंड इकोनॉमिक सर्वे ऑफ़ विलेज मलहेरा,* पृ. 18-21
134. *1921 के किसान आन्दोलन से सम्बन्धित प्रपत्र,* फ़ाइल संख्या 1, बाबा रामचन्द्र काग़ज़ात, नेहरू मेमोरियल म्यूज़ियम एंड लाइब्रेरी, पृ. 18
135. पांडेय, *पीजेंट रिवोल्ट एंड इंडियन नेशनलिज़्म,* पृ. 168, एम. सिद्दीकी, *अग्रेरियन अनरेस्ट इन नॉर्दर्न इंडिया,* पृ. 213-16
136. *प्रजा संघ से सम्बन्धित प्रपत्र, 1929-1934,* फ़ाइल संख्या 6, *यात्रा-विवरण एवं कार्यक्रम, 1929-1940,* फ़ाइल संख्या 7, बाबा रामचन्द्र काग़ज़ात, नेहरू मेमोरियल म्यूज़ियम एंड लाइब्रेरी।
137. वही, फ़ाइल संख्या 2, भाषण और लेख, 1933-42
138. डेलिगे, *दि अनटचेबिल्स ऑफ़ इंडिया,* पृ. 89-94
139. ब्रिग्स, *दि चमार्स,* पृ. 45, कोहन, *दि चेंजिंग ट्रेडीशंस ऑफ़ ए लो कास्ट,* सन्दर्भ : *एन एंथ्रोपोलोजिस्ट अमंग दि हिस्टोरियंस,* पृ. 285, मैं इस पर चर्चा 'परिचय' में कर चुका हूँ।

140. *रिपोर्ट ऑन दि सेटलमेंट ऑफ़ बरेली डिस्ट्रिक्ट,* 1874, एस.एम. मोइंस, पृ. 69; मोइंस ने किसी ख़ास जाति का उल्लेख नहीं किया है, परन्तु आमतौर से ग़ैर-मालिकाना हक़ वाले किसान मुख्य रूप से निम्न जातियों के और अछूत ही होते थे। मोइंस के अनुसार, बरेली में सबसे अच्छी खेती करनेवाले किसानों में कुर्मी, लोध, मोराव, चमार, राइन, और जाट थे। पृ. 51

141. *बुक 1, पार्ट 2 : सेक्शन ऑन हिन्दूज एंड रिलीजन, गोरखपुर,* बुकानन-हेमिल्टन, डी., 91-92, ओरियंटल एंड इंडिया ऑफ़िस कलेक्शन, ब्रिटिश लाइब्रेरी।

142. ब्रिग्स, *दि चमार्स,* पृ. 172

143. *बुक 1, पार्ट 2 : सेक्शन ऑन हिन्दूज एंड रिलीजन, गोरखपुर,* बुकानन-हेमिल्टन, डी., 91-92, ओरियंटल एंड इंडिया ऑफ़िस कलेक्शन, ब्रिटिश लाइब्रेरी।

144. वही, बुकानन-हेमिल्टन ने लिखा है कि दक्षिण भारत और बंगाल में इस प्रकार के देवताओं को ब्राह्मणों द्वारा अवैध माना जाता था, जबकि उत्तर में उनकी पूजा ब्राह्मणों ने स्वीकार की हुई थी।

145. *बुक 2 : एन एकाउंट ऑफ़ दि डिस्ट्रिक्ट शाहबाद,* बुकानन-हेमिल्टन, डी., 88, ओरियंटल एंड इंडिया ऑफ़िस कलेक्शन, ब्रिटिश लाइब्रेरी।

146. *नार्थ इंडियन नोट्स एंड क्वेरी* 3, नं. 1, (अप्रैल, 1893), पृ. 40

147. यह और इससे आगे का विवरण ब्रिग्स पर आधारित है। देखिए, *दि चमार्स,* पृ. 171-77

148. अमीन, *इवेंट, मेटाफर, मेमोरी,* पृ. 34

अध्याय-3

क्या चमड़ा-उद्योग एक चमार-उद्यम है? चमड़ा-कारीगरों का निर्माण

इस देश में चमड़ा-उद्योग, जैसाकि सब जानते हैं, उन लोगों के हाथों में है, जिन्हें चमार और मोची कहा जाता है, और जो हिन्दुओं की सामाजिक तथा धार्मिक व्यवस्था में सबसे निचले पायदान पर हैं। यह बहुत सम्भव है कि चमार और मोची, मूल रूप से उसी एक मुख्य जाति की उपजातियाँ हैं, जिसका पेशा चमड़ा उतारना और चमड़े का काम करना था। हालाँकि, एक लम्बे समय से ये दो अलग-अलग जातियाँ रही हैं।

—रोलैंड एन.एल. चन्द्रा, 1904

बी. जीतू लाल ने सम्पूर्ण भारत में लगभग 1,15,00,000 चर्मकार होने का संकेत देते हुए कहा कि ऐसा प्रतीत होता है कि चर्चा केवल कारख़ानों में काम करनेवाले चर्मकारों से सम्बन्धित है, और जिन समस्याओं के सम्बन्ध में वास्तव में ध्यान दिये जाने की आवश्यकता थी, उन पर एजेंडे में बहुत कम बात की गई है, जो चर्मकारों के व्यापक उत्थान के लिए महत्त्वपूर्ण थी। उनके अनुसार, केवल 10 से 15 प्रतिशत चर्मकार कारख़ानों में काम करते थे, जबकि सर्वाधिक संख्या में वे गाँवों में अपनी झोंपड़ियों में काम करते थे। यह मानना ग़लत होगा कि अकेले कारख़ानों में काम करनेवाले चर्मकारों की हालत सुधार देने से कारख़ानों के बाहर काम करनेवाले चर्मकारों की भी हालत सुधर जाएगी।

—1949 में चमड़े के कारखानों और चमड़े की वस्तुओं के उत्पादन पर औद्योगिक समिति की कार्यवाही का एक अंश।

पहला उद्धरण एन.एल. चन्द्रा की पुस्तक 'मोनोग्राफ़ ऑन टैनिंग एंड वर्किंग इन लेदर इन दि प्रोविंस ऑफ़ बंगाल', पृ. 17 से लिया गया है; और दूसरा उद्धरण इंडस्ट्रियल कमेटी ऑन टेनरीज एंड लेदर गुड्स मैन्युफेक्चरीज़, समरी ऑफ़ प्रोसीडिंग्स, पृ. 15 से लिया गया है। यह दिलचस्प है कि भारतीय संसद के सदस्य, जीतू लाल ने चमड़ा फ़ैक्टरियों के श्रमिकों के वेतन निर्धारण पर चर्चा में हस्तक्षेप किया था।

चमड़ा-व्यापार और चमड़ा-उद्योग से चमार इस कदर जुड़ गए थे कि चमड़ा-उद्योग से सम्बन्धित नीतियों को चमार समुदाय से सम्बन्धित नीतियों के रूप में मान लिया गया था। उपर्युक्त दो उद्धरण औपनिवेशिक और राष्ट्रवादी नज़रियों को दर्शाते हैं, जो भारतीय समाज में चमारों की भूमिका और स्थिति को साझा करते हैं। यदि अंग्रेज़ों ने चमारों को प्राचीन काल से चमड़े का काम करनेवाले चर्मकार के रूप में माना था, तो राष्ट्रवादी भी उन्हें इसी रूप में मानते थे। और उनकी यह छवि क़ानूनी और प्रशासनिक नीतियों के बल पर एक नया अर्थ ग्रहण कर रही थी। भारतीय संसद के एक दलित सदस्य, बी. जीतू लाल का तर्क था कि स्वतंत्र भारत की चमड़ा नीति सम्पूर्ण चमार समुदाय को ध्यान में रखकर बनाई जानी चाहिए। उनका कहना था कि चमार न केवल कारख़ानों में चमड़े की चीज़ें बनाते हैं, बल्कि सम्पूर्ण भारत में, अपने घरों में भी चमड़े का काम करते हैं। चमारों और चमड़ा-उद्योग के चर्मकारों के बीच सम्बन्ध की इस अवधारणा की और अधिक जाँच करने की आवश्यकता है।

हम चमड़ा-उद्योग के साथ चमारों के सम्बन्ध को कैसे समझें और कैसे उसकी व्याख्या करें? जबकि, इन दोनों अलग-अलग चीज़ों को एक साथ जोड़कर दोनों को एक मान लिया गया? कैसे यह रूढ़ धारणा आम लोगों में लोकप्रिय हो गई, और कैसे एक अकादमिक समझ भी बन गई? उदाहरण के लिए, इतिहासविद् चित्रा जोशी 2003 में लिखती हैं कि 'चमार परम्परागत रूप से चमड़े के कार्य से जुड़े हुए थे, इसलिए वे चमड़ा फ़ैक्टरियों और कारख़ानों में भी प्रमुख थे।' उन्होंने कहा, उनका प्रभुत्व इसलिए बढ़ा, क्योंकि (कारख़ाना) प्रबन्धकों ने चमड़े के व्यवसाय में उनके पारम्परिक कौशल के कारण चमारों को प्राथमिकता दी, जबकि मध्य तथा उच्च जातियों के श्रमिकों में चमड़े को 'अशुद्ध' मानने का पूर्वग्रह था।[1]

चमड़ा-उद्योग में चमारों की उपस्थिति की व्याख्या हमेशा उनकी परम्परा के सन्दर्भ में की जाती है। इन सन्दर्भों को सबसे पहले औपनिवेशिक मानवविज्ञानियों ने पेश किया, और उनको स्थापित किया। इस अध्याय के पहले भाग में चमारों और चमड़ा-उद्योग के विकास के सम्बन्ध में औपनिवेशिक मानवविज्ञानियों (जैसे रोलैंड चन्द्रा) द्वारा किये गए दावों का मूल्यांकन किया गया है। 1946 में, भारत के चमड़ा श्रमिकों के अपने महत्त्वपूर्ण सर्वेक्षण में, अहमद मुख़्तार ने तर्क दिया था कि चमड़ा-फ़ैक्टरियों में सबसे प्रमुखता से चमार श्रमिकों का होना स्वाभाविक था।[2] एक दशक बाद, आर्थर निहॉफ ने भी कानपुर की चमड़ा फ़ैक्टरियों में चमारों के काम को उनके ग्रामीण क्षेत्रों में पारम्परिक व्यवसाय को नगरीय उद्योग के विस्तार के रूप में देखा।[3] आगरा के सन्दर्भ में, ओवेन लिंच ने जूता उद्योग में जाटवों (चमारों) की बहुतायत की व्याख्या जाटवों के परम्परागत व्यवसाय के रूप में की। इसमें पीटर नोरिंगा यह भी जोड़ते हैं कि 'इस तरह के व्यवसाय को अन्य जातियों को करने से रोकने के लिए उन्हें (चमारों को) ज़्यादा प्रतिस्पर्धा का सामना नहीं करना पड़ता था।'[4]

चमारों के भविष्य की पहचान चमड़ा-फ़ैक्टरियों द्वारा सृजित किये गए रोज़गार के अवसरों से की गई, और सामाजिक परिवर्तन के लिए उनकी आर्थिक क्षमताओं को नज़रअन्दाज़ कर दिया गया। दलित जैसे कारीगर-समुदायों पर तीर्थंकर राय का 1999 में किया गया अध्ययन इस धारणा पर आधारित है कि आधुनिक चमड़ा-उद्योग के विकास ने चमारों के लिए आर्थिक और सामाजिक मुक्ति का आधार खड़ा किया था; सबसे अधिक संख्या वाली और शोषित जातियों में से भी कुछ के लिए, इस प्रक्रिया में एक सामाजिक परिवर्तन मौजूद था, क्योंकि बाज़ार ने उनके आगे बढ़ने के लिए नये मार्ग खोल दिये थे, जिसे समाज ने पहले नकार दिया था।[5] वास्तव में, इस धारणा का एक लम्बा इतिहास रहा है। 1929 में 'चमड़ा टैक्स जाँच समिति' के समक्ष अपने साक्ष्य में कानपुर की 'कूपर एलन एंड कम्पनी' के ए.सी. इनस्किप ने इस तर्क के साथ चमड़ा-उद्योगों के विस्तार को उचित ठहराया था कि इससे विभिन्न वर्गों के लोगों के लिए, अनपढ़ चमारों से लेकर विश्वविद्यालय के विज्ञान स्नातक तक के लिए रोज़गार के नये रास्ते खुले हैं।[6] चमार कारीगरों पर एस.के. शर्मा ने भी अपने अध्ययन में यही विचार व्यक्त किया था, यथा 'चूँकि जूते बनाना चमारों का सदियों से एक विशेष पेशा रहा है, इसलिए जूता उद्योगों का विकास और बाज़ार में जूता बनाने के कुशल कारीगरों की माँग से निश्चित ही पारम्परिक रूप से चमड़े के उन कुशल कारीगरों के लिए नये रास्ते खुलेंगे, जो अपने परम्परागत समृद्ध व्यवसाय को जारी रखे हुए हैं।'[7] ध्यान देने की बात यह है कि राय और शर्मा दोनों ने सामाजिक और आर्थिक गतिशीलता के अवसरों की पहचान जाति-निर्धारित सीमाओं के भीतर की। संशोधनवादी आर्थिक इतिहास के अध्येता होने के बावजूद, राय ने इस औपनिवेशिक तर्क को ही दोहराया कि चमड़ा-उद्योग चमारों को ग्रामीण क्षेत्रों में सवर्ण हिन्दुओं के सदियों से चले आ रहे उत्पीड़न और शोषण से मुक्ति दिलाएगा, और उन्हें नगरों में पलायन करने के लिए प्रोत्साहित करेगा।

तीर्थंकर राय का विचार है कि चमड़े का व्यापार उस ज़रूरी 'अर्ध-सेवाओं' से बढ़ा था, जिसका व्यवसायीकरण औपनिवेशिक काल के दौरान हुआ था।[8] राय के सूत्रीकरण में एक महत्त्वपूर्ण धारणा निहित है, जिस पर मैं इस अध्याय में विस्तार से चर्चा करूँगा। 1870 से पहले भारत में कोई भी संगठित चमड़ा व्यापार नहीं था, सिवाय, ग्रामीण क्षेत्रों में जजमानी व्यवस्था के स्वरूप को छोड़कर, जिसमें गाँव में प्रत्येक जाति को दूसरों के लिए कुछ विशिष्ट सेवाएँ अर्थात 'अर्ध-सेवाएँ' करना ज़रूरी थीं। इस अध्याय के मध्य भाग में, मैंने राय की धारणा के सन्दर्भ में दो प्रश्न उठाए हैं—पहला, उन्नीसवीं शताब्दी के आरम्भ में चमड़े के व्यापार की व्यापक रूपरेखा क्या थी? और दूसरा, चमड़े की वस्तुओं के निर्माता कौन थे?

यह निश्चित रूप से सच है कि चमड़ा-उद्योग में काम करनेवाले लोगों में एक बड़ा सामाजिक वर्ग चमारों का था। 1940 के दशक तक वे चमड़ा-उद्योग में

कुल कार्य बल का 64 प्रतिशत थे, उसके बाद मुसलमान थे, जो 32 प्रतिशत थे।[9] कानपुर में, जो चमड़ा-उद्योग का केन्द्र था, चमड़ा कारीगरों के रूप में चमारों की संख्या 14 प्रतिशत थी, जो मुसलमानों के बाद श्रमिकों का दूसरा बड़ा समुदाय था।[10] चमड़ा-उद्योग में उनकी भारी उपस्थिति से इस रूढ़ धारणा को और बल मिला कि चमड़े का काम उनकी पारम्परिक पहचान थी। लेकिन उपनिवेशवाद के अन्तर्गत वे कौन-सी परिस्थितियाँ थीं, जिन्होंने इस रूढ़ धारणा को बढ़ावा दिया और मज़बूत किया? इस अध्याय के चौथे और अन्तिम भाग में, चमारों और चमड़ा-उद्योग के बीच 'अन्त:सम्बन्ध क़ायम करने के लिए' बनाई गई नीतियों और योजनाओं के माध्यम से औपनिवेशिक राज्य के प्रयासों की चर्चा की गई है। मैंने राज्य के विभिन्न भागों में उत्तर प्रदेश सरकार द्वारा स्थापित औद्योगिक स्कूलों पर चर्चा करके उन प्रयासों और उनके प्रभाव का परीक्षण किया है, जिनका स्पष्ट मिशन चमड़ा-उद्योग में काम करने के लिए चमारों को प्रशिक्षित करना था।

औपनिवेशिक शासन की स्थितियों में, औद्योगीकरण और श्रमिक वर्ग का गठन एक ऐसे दिशा-पथ का अनुसरण करता था, जो पश्चिमी अनुभव से काफ़ी अलग था। बंगाल के जूट श्रमिकों पर दीपेश चक्रवर्ती का अध्ययन भी इस पूर्व धारणा को सही ठहराता है कि आधुनिक उद्योग पूर्व-आधुनिक सम्बन्धों को तोड़ते हैं, क्योंकि वास्तव में औपनिवेशिक उद्यमी आगे बढ़ने के लिए श्रमिकों की निरन्तर आपूर्ति के लिए इस तरह के सम्बन्धों पर भरोसा करते हैं।[11] सस्ता श्रम बंगाल के जूट उद्योग के लिए लाभ की कुंजी थी। इसलिए उसने मूल रूप से श्रमिकों वाले क्षेत्रों पर ज़्यादा ध्यान दिया।[12] उद्योग की इन समस्याओं का समाधान 'सिरदारों' (ठेकेदारों) में निहित था, क्योंकि वे श्रमिकों के आपूर्तिकर्ता और श्रमिकों के पर्यवेक्षक, दोनों रूपों में महत्त्वपूर्ण थे। सिरदार की भौगोलिक पृष्ठभूमि ने ही श्रमिकों की सामाजिक संरचना को निर्धारित किया, क्योंकि वह ही उनको काम देने वाला और उनका मुखिया था। लेकिन भारतीय चमड़ा-उद्योग में औपनिवेशिक दृष्टि श्रमिकों की भौगोलिक उत्पत्ति की बजाय उनकी जातीय पहचान पर थी, इसलिए वहाँ श्रमिकों के रूप में चमारों को होना ही था।

1976 के एक लेख में, रंजीत दास गुप्ता ने हमें 1911 और 1921 की जनगणनाओं के आधार पर श्रमिकों की जातीय पहचान के महत्त्व का यह तर्क दिया कि बंगाल के जूट उद्योग में श्रमिक वर्ग में मुख्य रूप से दलित, आदिवासी और हिन्दू समाज की निम्न जातियों के लोग शामिल थे। उन 'उद्योगों में श्रमिकों का गठन मुख्य रूप से पारम्परिक (हिन्दू) समाज-व्यवस्था में सबसे नीचे के पायदान के लोगों से किया गया था।' गुप्ता ने यह भी उल्लेख किया कि जूट उद्योग में चमार अकुशल श्रमिकों में 17 प्रतिशत और कुशल श्रमिकों में 5 प्रतिशत थे, जो अन्य किसी भी हिन्दू जाति से अधिक थे।[13] यहाँ विरोधाभास है।

चमार केवल चमड़ा-उद्योग में ही नहीं, बल्कि जूट उद्योग में भी सबसे बड़ी संख्या में थे, और भारत से बागान कॉलोनियों में प्रवासी के रूप में जानेवालों में भी उनका समूह सबसे बड़ा था।[14] यही नहीं, चमार और कोरी, ये दो 'अछूत' जातियाँ 1906 में कानपुर की कपड़ा मिलों में भी सबसे बड़ी संख्या में थीं, जो सम्पूर्ण श्रम-बल का 32.4 प्रतिशत थीं। इसके बाद मुसलमान थे, जो 29.8 प्रतिशत थे।[15]

चमड़ा-उद्योग का चमारीकरण

उन्नीसवीं शताब्दी के उत्तरार्द्ध में जो चमड़ा-उद्योग उभरा, उसकी कल्पना औपनिवेशिक राज्य ने एक चमार-उद्यम के रूप में की थी। इस कल्पना को उन मानवविज्ञानी विवरणों और सरकारी नीतियों ने आकार दिया, जिनका निर्धारण चमारों और चमड़ा व्यापार के बीच आन्तरिक सम्बन्धों को लेकर किया गया था। इस अन्त:सम्बन्ध को जाति के इस सिद्धान्त से मज़बूत किया गया कि चमार चमड़े का काम करनेवाली जाति है, और चमड़ा-उद्योग में सबसे बड़ा श्रम-बल चमार जाति से ही आएगा। इसी धारणा ने चमड़ा-उद्योग का 'चमारीकरण' करने का काम किया। इससे चमड़ा-उद्योग की एक विशेष जातिगत पहचान बन गई, और यह पहचान ही इस उद्योग की स्थापना के लिए कानपुर शहर को चुनने का कारण बनी। यह एक अजीब चुनाव था, क्योंकि उन्नीसवीं शताब्दी के औपनिवेशिक भारत में अधिकांश उद्योग कलकत्ता, बम्बई और सूरत के समुद्रतटीय शहरों में स्थापित हो रहे थे, न कि उत्तरी भारत के भीतरी इलाक़ों में। कानपुर को चुनने का व्यावहारिक कारण वहाँ सेना की छावनी का होना बताया गया, जहाँ चमड़े के जूते आदि वस्तुओं की भारी माँग रहती थी, और वहाँ सस्ते कच्चे माल की उपलब्धता थी।[16] हालाँकि, किसी भी इतिहासकार ने (कानपुर में) चमारों की बड़ी आबादी होने के तथ्य को स्वीकार नहीं किया, जिसे ब्रिटिश सरकार ने सस्ते श्रम के स्रोत के रूप में देखा था, और सबसे महत्त्वपूर्ण कारण माना था।[17]

भारत की पहली आधुनिक चमड़ा फ़ैक्टरी, 'गवर्नमेंट हार्नेस एंड सेडलरी फ़ैक्टरी' के लिए उपयुक्त जगह के चयन में चमारों की बड़ी आबादी ही केन्द्र में थी। इसलिए चमारों की बस्ती से दूरी को ध्यान में रखकर ही कानपुर शहर में फ़ैक्टरी के स्थान का चयन किया गया था। शुरू में जिस स्थान का चयन किया गया था, वह 'शहर से 3 मील और चमारों की बस्तियों से, जहाँ से उन्हें बड़ी संख्या में नियोजित किया जाना था, 5 या उससे भी अधिक मील दूर था।' योजनाकारों ने ध्यान दिया कि फ़ैक्टरी के नज़दीक श्रमिकों के लिए आवासों का निर्माण करना महँगा पड़ेगा। एक भय यह भी था कि परियोजना में कई साल लगने से चमार श्रमिक भी हतोत्साहित हो जाएँगे। इसलिए अन्तत: फ़ैक्टरी के लिए शहर के भीतर ही सेना के एक अनुपयोगी

हार्नेस डिपो को चुना गया, जिसे स्थानीय रूप से क़िला फ़ैक्टरी के नाम से जाना जाता था। क़िला फ़ैक्टरी के पक्ष में महत्त्वपूर्ण बात यह थी कि वह चमारों की बस्ती के नज़दीक थी।[18] यह अवश्य ही महत्त्वपूर्ण बात थी कि कानपुर छावनी के भीतर चमारों के अपने मोहल्ले भी थे, और उन्हीं के आसपास अन्य कारीगरों तथा सफ़ाई कर्मचारियों की भी बस्तियाँ थीं। अभी तक ये शहरी चमार कारख़ानों में, रेलवे में और छावनी के बाहर घरेलू सेवकों के रूप में काम करते थे।[19]

राजकीय हार्नेस एंड सेडलरी फ़ैक्टरी की स्थापना में जॉन स्टीवर्ट की भूमिका अहम थी। वह चमड़ा-उत्पादन की तकनीक सीखने और भारतीय चमड़े को अंग्रेज़ी चमड़े की तुलना में बेहतर बनाने का प्रशिक्षण लेने के लिए इंग्लैंड गए थे। उसने भारत सरकार को आश्वस्त किया कि वह उसकी वित्तीय सहायता से उच्च गुणवत्ता वाले चमड़े की वस्तुओं का उत्पादन करने के लिए एक चमड़ा-उद्योग स्थापित कर सकते हैं। स्टीवर्ट के दावे के अनुसार, कानपुर में चमारों की उपस्थिति इस उद्योग का मुख्य आधार था, और चमार समुदाय के साथ उसके बेहतर सम्बन्ध इस उद्योग को आगे बढ़ा सकते थे। जोइ यालैंड के अनुसार, स्टीवर्ट को विश्वास हो गया था कि वह चमारों के प्राचीन कौशल को पुनर्जीवित कर सकते थे और चमड़ा तैयार करने के यूरोपीय तरीक़ों को लागू करके, यूरोप से आयातित चमड़े के सामान का उत्पादन समय पर कर सकते थे। यालैंड ने कानपुर के चमार समुदाय के लोगों के साथ स्टीवर्ट के निजी सम्बन्धों को उजागर किया। चमार उसे 'बड़ा मोची' कहते थे और उन्होंने उसकी मधुर स्मृति के रूप में फ़ैक्टरी के बाहर, भगवतदास मन्दिर में उसकी प्रतिमा भी स्थापित की थी।[20]

चमड़ा फ़ैक्टरी के स्थल के रूप में कानपुर के चयन को बढ़ावा देने में, श्रमिकों की जाति का सिद्धान्त महत्त्वपूर्ण था, जिसने उसे एक ठोस आकार दिया। इसके साथ ही मानवविज्ञानियों के समर्थन से यह सिद्धान्त उन्नीसवीं शताब्दी के उत्तरार्द्ध में आर्थिक कारणों से भी काफ़ी लाभदायक साबित हुआ, जिस पर औपनिवेशिक राज्य ने विशेष ध्यान दिया था। उन्नीसवीं शताब्दी के अन्त तक भारत से कच्ची खालों का प्रमुख निर्यात होने लगा था, जिसका लगभग शत-प्रतिशत सम्पूर्ण निर्यात कलकत्ता बन्दरगाह से होता था। कानपुर और कलकत्ता कच्ची खालों के उत्पादन के प्रमुख केन्द्र बन गए थे। तैयार चमड़े के उत्पादों के निर्यात ने औपनिवेशिक सरकार को और लाभ पहुँचाया। चमड़ा-उद्योग की मौजूदा स्थिति को समझने के लिए, जिसमें निर्माण की तकनीकों और उसमें लगे श्रमिकों की स्थिति को समझना शामिल था, औपनिवेशिक सरकार ने बीसवीं शताब्दी के पहले दशक में केन्द्रीय प्रान्तों का एक सर्वेक्षण कराया था। इस सर्वेक्षण का उद्देश्य वाणिज्यिक दृष्टिकोण से प्रान्तों के चमड़ा-उद्योगों की स्थिति को बताना था, क्योंकि यह स्थिति उन उद्यमियों के लिए महत्त्वपूर्ण थी, जो केन्द्रीय प्रान्तों में चमड़े की फैक्ट्रियाँ की स्थापना पर विचार कर सकते थे।[21]

1904 में प्रकाशित इस सर्वेक्षण में श्रमिकों के रूप में चमारों की भूमिका को केन्द्र में रखकर व्यापार के अर्थशास्त्र का परीक्षण किया गया था। इस सिद्धान्त के परीक्षण के लिए कि क्या चमड़ा कारीगरों की उत्पत्ति स्वाभाविक रूप से चमार जाति से हुई थी, छह विषयों पर ध्यान केन्द्रित किया गया—शिल्प का आधुनिक उद्योग में रूपान्तरण, चमारों के खाल कमाने के अकुशल तरीक़े, चमारों का सामाजिक और आर्थिक उत्थान, चमारों के लिए एक नये अवसर के रूप में आधुनिक चमड़ा-उद्योग, एक हस्तशिल्प के रूप में ग्रामीण चर्मशोधन कार्य का पुनरुद्धार, और चमड़े के कार्य की चमारों की लम्बी परम्परा।

सर्वेक्षण में चमारों के भविष्य को कारीगर से आधुनिक उद्योग में बदलने के अनिवार्य परिणाम के रूप में दर्शाया गया, जिसमें उन्हें श्रमिकों के रूप में फिर से नियुक्त किया जा सकता था। इस सर्वेक्षण के प्रारूपकार, चेनेविक्स-ट्रेंच ने चमारों की विशाल आबादी के भाग्य की भविष्यवाणी इस तरह की—'हालाँकि ज़िले के भीतर चमड़े के काम को हमेशा चर्मकार जातियों द्वारा किया जाता है, परन्तु व्यापार में लगी इन जातियों की संख्या को जल्दी ही कम-से-कम कर दिया जाएगा, इससे यह विशाल आबादी अपरवर्तनीय रूप से आकस्मिक मज़दूरों की श्रेणी में आ जाएगी।'[22] उसको विश्वास था कि आधुनिक कारख़ानों में उनके आ जाने से, एक नया श्रमिक वर्ग उभरेगा। उसका यह भी मानना था कि इससे 'चमारों को अपना निजी पेशा छोड़ने की भी ज़रूरत नहीं पड़ेगी, क्योंकि उन्हें चमड़ा-फ़ैक्टरियों में वही काम दिया जाएगा, जो वे करते आए थे।'[23] किन्तु ब्रिग्स का मत था कि चमारों को नये उद्योगों में काम के लिए प्रशिक्षित किया जाना चाहिए, जिससे वे अपने 'पारम्परिक' काम से विस्थापन की भरपाई नये अवसरों से लाभ उठाकर कर सकें। उसका मानना था कि सम्बन्धित प्रौद्योगिकी और वित्तीय सहायता के बिना, ग्रामीण क्षेत्र के चर्मशोधक चमार शहरी क्षेत्रों में पिछड़ जाएँगे। उसका यह भी मानना था कि कानपुर में आधुनिक चमड़ा-उद्योग के विकास ने माँग और प्रवाह के नये प्रतिमान (पैटर्न) बनाकर ग्रामीण चर्मशोधकों से उनके काम को छीन लिया था। उदाहरण के लिए, कच्ची खालों का तेज़ी से कानपुर भेजा जाना बढ़ गया था, क्योंकि वहाँ उनकी अच्छी क़ीमत मिलती थी, जिससे ग्रामीण चर्मकारों के लिए खालें प्राप्त करना महँगा हो गया था।[24]

चमड़ा-उद्योग के औद्योगीकरण के कारण भारतीय खालों की माँग में वृद्धि हुई, जिससे निर्यात और घरेलू बाज़ार, दोनों के लिए कच्ची खालों का उत्पादन होने लगा था। बीसवीं शताब्दी की शुरुआत तक इस बात पर आम सहमति दिखाई देने लगी थी कि चमारों द्वारा उत्पादित चमड़ा, फ़ैक्टरी द्वारा उत्पादित सस्ते और बेहतर गुणवत्ता वाले चमड़े के सामने बेकार हो गया था। वॉल्टन ने 1903 की अपनी रिपोर्ट में लिखा था कि 'चमार चर्मशोधकों द्वारा बनाया गया चमड़ा निम्न श्रेणी का इसलिए होता था, क्योंकि वे उसे बीमारी या भूख से मरने वाले जानवर की खाल से

बनाते थे।'[25] इससे औद्योगिक आयोग की 1918 की रिपोर्ट में की गई टिप्पणी सही प्रतीत होती है कि चमड़े के कारख़ाने गाँव के चमार चर्मशोधकों का स्थान ले लेंगे, क्योंकि चमारों के चर्मशोधन के तरीक़े अच्छे नहीं हैं। रिपोर्ट में कहा गया था कि 'चमार अच्छी खाल से ख़राब चमड़ा बनाते हैं, इसलिए इस बात की बहुत कम उम्मीद लगती है कि उनकी फ़ैक्टरी बची रह सकेगी या नहीं।'[26] इन परिस्थितियों में यही स्वाभाविक था कि चमार चमड़ा फ़ैक्टरियों में काम करने के लिए कानपुर जैसे नगरों में पलायन करते।[27] अन्ततः औद्योगिक आयोग की रिपोर्ट ने यह कहकर अपनी स्थिति का ख़ुलासा किया कि उन्हीं चमारों ने, जो 'मूलतः गाँव के चर्मशोधक थे', चमड़ा-उद्योग के लिए एक कुशल श्रमिक-बल का गठन किया।

अधिकारियों की मुख्य चिन्ता श्रमिकों की जातीय पहचान थी, न केवल इसलिए कि वे नगरों में एक चमार श्रमिक वर्ग तैयार करना चाहते थे, बल्कि इसलिए भी कि वे चमारों का सामाजिक और आर्थिक उत्थान भी चाहते थे।[28] वॉल्टन को विश्वास था कि चमड़ा फ़ैक्टरियों द्वारा पेश की जानेवाली अच्छी मज़दूरी के कारण, 'रोज़ कमाकर खाने वाले' चमार या चिकवा लोग अपना धंधा छोड़कर चमड़ा फ़ैक्टरियों में काम करने के लिए राजी हो जाएँगे।[29] बम्बई प्रेसीडेंसी में सहकारी समितियों के रजिस्ट्रार, रॉबर्ट इव्बैंक ने 1917 में, औद्योगिक आयोग को बताया था कि चमड़ा-उद्योग ने चमारों को अपना सामाजिक और आर्थिक स्तर सुधारने के लिए कई अवसर उपलब्ध कराए थे। उसने दावा किया कि गाँवों में चमार जिन परिस्थितियों में जी रहे थे, वे इतनी अपमानजनक थीं कि उन्हें तत्काल फ़ैक्टरियों में जाना ही बेहतर लगा।[30] 6 नवम्बर, 1929 को 'हाईड्स सेस इन्क्वायरी कमेटी' को दिये अपने साक्ष्य में 'कूपर ऐलन एंड कम्पनी' के ए.सी. इंस्किप ने कहा था कि चमड़ा-उद्योग के विस्तार ने प्रान्त के 'अनपढ़ चमारों' को अपनी स्थिति में सुधार लाने के लिए एक बड़ा अवसर प्रदान किया था।[31] इव्बैंक और इंस्किप, दोनों ने ही इस औपनिवेशिक विचार को स्वीकार किया कि शहरी चमड़ा-उद्योग ग्रामीण चमारों को हिन्दू समाज के सदियों के उत्पीड़न से मुक्त करेगा। हाल में ही तीर्थंकर राय ने भी यही दावा किया कि चमड़े के उत्पादन के औद्योगीकरण की प्रक्रिया में एक सामाजिक परिवर्तन शामिल है, जो चमारों को उनके उत्थान का मार्ग उपलब्ध कराता है, जिसे पूर्व में समाज ने उनके लिए बन्द कर दिया था।[32] यह चमारों के बारे में औपनिवेशिक और उत्तर-औपनिवेशिक विचारों के बीच एक निरन्तर समान सहमति का उदाहरण है।

चेनेविक्स ट्रेंच ने 1904 में लिखा था कि चमड़ा-उद्योग ने ग्रामीण क्षेत्रों के चमारों के पारम्परिक कार्य को एक नया अवसर प्रदान करके उनका पुनर्वास किया, जिससे उनको भारी लाभ हुआ। वे अब जूता बनाने के लिए स्वयं चमड़ा तैयार करने के बजाय, फ़ैक्टरी से तैयार चमड़ा ख़रीद सकते थे, जो सस्ता भी था, और उसकी गुणवत्ता भी बेहतर थी। ब्रिग्स ने भी, अपनी चिन्ताओं के बावजूद, इसी बात को

दोहराया कि आधुनिक चमड़ा-उद्योगों में 'चमारों के पारम्परिक व्यवसाय के बढ़ने के अवसर प्राप्त हुए थे।' उसकी चिन्ता यह थी कि यद्यपि ग्रामीण क्षेत्रों में चर्मशोधकों के रूप में चमारों की संख्या घट सकती है, परन्तु वे फ़ैक्टरी-शोधित क्रूम (चमड़ा) ख़रीदकर मोची (जूता-कारीगर) के रूप में एक वैकल्पिक रोज़गार पा सकते थे।[33] ब्रिग्स के विचार में ग्रामीण चमार भी गाँवों में जूतों की बढ़ती माँग देखकर इससे लाभ उठाने के लिए तैयार हो सकते थे। उसका कहना था कि यूरोपियन शैली के जूते शहरी क्षेत्रों में लोकप्रिय हो गए थे, जिनसे उनकी माँग बढ़नी थी, इसलिए चमारों को भी जूता बनाने की इस नई तकनीक को सीखने की ज़रूरत पड़ेगी। उसने माना था कि वास्तव में, 1911 की जनगणना के अनुसार, मोचियों की संख्या 32.2 प्रतिशत बढ़ गई थी।[34] रोलैंड चन्द्रा का ज़ोर इस बात पर था कि यदि आवश्यक हुआ, तो चमारों को 'चमड़ा-निर्माण की नई विधियों से परिचित कराया जा सकता है, जो नियमित चमड़ा-फ़ैक्टरियों की स्थापना का मार्ग तैयार करेगा। चन्द्रा का तर्क था कि 'देश के कुछ औद्योगिक संस्थान' चमारों को तकनीकी प्रशिक्षण देकर उनके आर्थिक उत्थान की दिशा में एक क़दम बढ़ा सकते थे।'[35]

1920 के दशक तक उत्तर प्रदेश सरकार ग्रामीण चमारों को चर्मशोधन और जूता-निर्माण की 'आधुनिक तकनीक' से लैस करके देशी उद्योग को 'पुनर्जीवित' करने में लगी हुई थी।[36] ऐसा करने के लिए, उसने खाल उतारने वाले ग़रीब चर्मकारों को सहकारी समितियों में संगठित किया। उदाहरण के लिए, चन्द्रा ने सावधान किया कि 'यदि उसे व्यक्तिगत उद्यमियों पर छोड़ दिया गया, तो उनके व्यवसाय के विस्तार या उसके सुधार की कोई भी सम्भावना नहीं है', परन्तु सहकारी समितियाँ उनकी और उद्योग, दोनों की स्थितियों को बेहतर बना सकती हैं।[37] एक अन्य सरकारी अधिकारी ने कहा कि सहकारी समितियाँ चर्मशोधक चमारों को सरकारी एजेंसियों और बैंकों से सस्ते ऋण की सुविधा उपलब्ध कराएँगी, और साथ ही, उन्हें सस्ते दाम पर अन्य सामग्री भी दिलाने की व्यवस्था करेंगी। सहकारी समितियाँ चमारों की आय बढ़ाकर उन्हें कच्ची खालें बेचने के बजाय, उनका अधिक संख्या में शोधन करने के लिए प्रोत्साहित करेंगी।[38] कई सर्वेक्षणकर्ताओं का सुझाव था कि चर्मकारों को चर्मशोधन की आधुनिक तकनीक सिखाने के लिए सहकारी समितियाँ प्रशिक्षक दलों का गठन कर सकती हैं, क्योंकि चमारों के चर्मशोधन के स्थानीय तरीक़े 'बहुत भद्दे' हैं।[39] वैकल्पिक रूप से, आधुनिक चमड़ा-फ़ैक्टरियों में अथवा कानपुर या मेरठ में स्थापित चर्मकला-प्रशिक्षण स्कूलों में उन्हें चर्मशोधन-कार्य के आधुनिक तरीक़ों से परिचित कराकर उनकी अतिप्राचीन कार्य-प्रणाली में महत्त्वपूर्ण सुधार किया जा सकता था। सरकार का विश्वास था कि 'देश के कुछ औद्योगिक संस्थानों में चमारों को तकनीकी प्रशिक्षण उपलब्ध कराकर उनकी और चमड़ा-उद्योग, दोनों की स्थितियों को सुधारा जा सकता है।[40]

चमड़ा-उद्योग पर लिखे गए लगभग सभी निबन्धों में यही तर्क दिया गया था कि भारत में चर्मकारों की जातीय पहचान बहुत प्राचीन है। वॉल्टन का तर्क था कि चमार अनार्य-मूल के चर्मकार थे, जिन्होंने भारत में आर्यों के बसने के बाद भी चमड़े के काम को जारी रखा था। क्रुक और ब्रिग्स की तरह, उनका भी यही मानना था कि ब्राह्मण-ग्रंथों में 'चर्मकारम' शब्द का होना 'निस्सन्देह इस उद्योग की प्राचीनता' और उसे बनाए रखने में चमारों की भूमिका को प्रमाणित करता है।[41] वॉल्टन का निष्कर्ष था कि भारत में देशी चमड़ा-उद्योग का उद्‌भव भारत में मुस्लिम शासकों के स्थापित होने के साथ हुआ, जो भारतीय चर्म-उद्योग के इतिहास में एक बड़ी शुरुआत का प्रतीक बना।[42] इसी मध्यकाल में चमड़े की विभिन्न वस्तुओं का उत्पादन आरम्भ हुआ, जिनमें सेना के उपयोग में आनेवाली और अन्य विलासी वस्तुएँ शामिल थीं। कई औपनिवेशिक रिपोर्टें बताती हैं कि इसी अवधि में खालों का व्यापार आरम्भ हुआ, और ऐसे भी सबूत मिलते हैं कि यह व्यापार मुख्य रूप से 'मुरदारी' के बजाय 'हलाली' में होता था, अर्थात, यह व्यापार बीमारी या स्वाभाविक रूप से मृत पशुओं की खालों का नहीं, बल्कि हातों या बूचड़खानों में ज़िबह किये गए पशुओं की खालों का होता था।[43]

ऊपर छह विषयों पर की गई चर्चा में निहित जिस सिद्धान्त ने मानवविज्ञानी साहित्य में एक सशक्त भूमिका निभाई, वह यही है कि चमार श्रमिक वर्ग की उत्पत्ति चमड़े के व्यवसाय से हुई थी। औपनिवेशिक मानवविज्ञानियों ने लगातार यह दावा किया कि सम्पूर्ण भारत में एक चमार जाति है, जो यद्यपि, अलग-अलग क्षेत्रों में स्वयं को अलग-अलग नामों से पुकारते हैं, पर वे एक ही जाति के हैं, और सभी अपनी विविध क्षेत्रीय पृष्ठभूमि और पहचान के बावजूद, चमड़े का काम करते हैं। उदाहरण के लिए, विलियम क्रुक ने चमार जाति की सोलह उपजातियों की पहचान की, जबकि 1891 की जनगणना 1,156 उपजातियों का उल्लेख करती है।[44] खालों के विपणन पर 1943 की रिपोर्ट में घोषित किया गया था कि चमार विभिन्न इलाक़ों में अलग-अलग नामों से जाने जाते हैं, लेकिन उनके कार्य आमतौर से सम्पूर्ण भारत में समान हैं। रिपोर्ट के अनुसार, उनका मुख्य व्यवसाय मृत पशुओं की खाल निकालना था, कभी-कभी चमड़ा कमाना, और चमड़े का सामान तैयार करना था। भारत के पश्चिमी भाग में 'ढेड़', मध्य प्रान्तों में 'दोहरे', मद्रास प्रान्त में 'मडिगा' और 'वेट्टियन', एवं बम्बई प्रान्त में 'खालपा' और 'महार' ये सब चमारों के ही वैकल्पिक नामों से पहचाने जाते हैं।[45]

चमार जाति की यह परिभाषा उनकी पहचान के रूप में पूरी तरह चमड़े के कार्य पर आधारित थी, पर इसमें एक जोखिम भी था। औपनिवेशिक मानवविज्ञानियों को मुस्लिम चर्मकारों की महत्त्वपूर्ण भागीदारी की भी चर्चा करनी थी। सो, उनके द्वारा हिन्दू चमारों द्वारा इस्लाम में धर्मान्तरण को सबसे सम्भावित कारण के रूप

में पेश किया गया। इस तरह का पहला विचार 1882 में जे.एस. नेसफील्ड ने रखा था कि 'मोची जाति का एक बड़ा हिस्सा मुसलमान बन गया था।'[46] यहाँ तक कि वॉल्टन ने भी दावा किया कि उत्तर प्रदेश के क़स्बों और शहरों में चमड़े के जो मुस्लिम कारीगर हैं, वे हिन्दू धर्म से धर्मान्तरित चमार हैं।[47] वास्तव में इस तरह के स्पष्टीकरण हमें उनकी श्रेणियाँ बनाने और उनको अर्थ देने के तरीक़ों में निहित मानवविज्ञानियों के असली मक़सद को बताते हैं। हिन्दू धर्म में चमारों के उत्पीड़न को देखते हुए, धर्मान्तरण एक ऐसा कारण था, जो समझ में आता है। लेकिन इसकी व्याख्या में उनका एक महत्त्वपूर्ण उद्‌देश्य यह भी निहित था कि इसने चमड़े के व्यापार के अर्थशास्त्र को बेहतर ढंग से आकार देने के लिए श्रमिक वर्ग की जातीय पहचान को स्वीकार किया था। इस तरह की व्याख्या, असल में, जजमानी व्यवस्था की औपनिवेशिक धारणाओं से उत्पन्न हुई थी। अगले भाग में इन औपनिवेशिक धारणाओं की और अधिक विस्तार से पड़ताल की गई है।

उन्नीसवीं शताब्दी के उत्तर प्रदेश में चमड़ा-व्यापार

दो धारणाओं ने भारत में चमड़ा-व्यापार के उद्‌भव के बारे में हमारी समझ को बढ़ाया है। साफ़तौर से ये धारणाएँ तीर्थंकर राय के उस प्रस्ताव में मौजूद हैं, जो बताती हैं कि चमड़ा-व्यापार 'उन अर्ध-सेवाओं में कदाचित सबसे महत्त्वपूर्ण था, जिसका औपनिवेशिक काल में व्यवसायीकरण हो गया था।' राय के शब्दों में, पहली धारणा यह है कि 'चमड़ा एकमात्र बाज़ार-निर्माण का सबसे महत्त्वपूर्ण उदाहरण है, जो उन्नीसवीं शताब्दी के अन्त में इतने बड़े व्यापार के योग्य बन गया था' कि अन्ततः दक्षिण एशिया के प्रमुख निर्यातों में शामिल हो गया था। राय इस बाज़ार के निर्माण की स्थिति को 1875 के बाद की अवधि का मानते हैं, जब ब्रिटिश सरकार ने खालों पर 3 प्रतिशत निर्यात-शुल्क ख़त्म कर दिया था। दूसरी धारणा यह है कि उस काल (1875) से पहले 'चमड़े का कार्य 'अर्ध-सेवा' (कभी-कभार की सेवा) के रूप में चमार द्वारा किया जानेवाला एक ग्रामीण शिल्प था, जो मुख्य रूप से गाँव का एक व्यक्तिगत मज़दूर होता था, पर वास्तव में वह एक खेतिहर मज़दूर होता था, पर कभी-कभार वह खाल निकालने का कच्चा काम भी कर लेता था।' राय का कहना था कि 'कई अर्थों में चमड़े का काम कारीगरों के लिए आसान नहीं था', क्योंकि वे उसके विशेषज्ञ बनने, ग्राहक तलाशने या उसकी क़ीमत निर्धारित करने के लिए स्वतंत्र नहीं थे, और ये वक्तव्य जजमानी व्यवस्था की औपनिवेशिक समझ के बारे में ख़ास है।[48] फिर भी यह कहने के लिए पर्याप्त साक्ष्य हैं कि उन्नीसवीं शताब्दी के शुरुआती दशकों में, यह एक बड़ा घरेलू व्यापार था, जिसमें चमड़े की विविध वस्तुओं का व्यापार भी शामिल था, लेकिन ईस्ट इंडिया कम्पनी की नीतियों के

कारण चमड़ा और खालों के निर्यात पर रोक लगी हुई थी। और, चमड़े के उत्पादन और व्यापार के केन्द्र गाँव नहीं, बल्कि क़स्बे थे, और मुख्य रूप से इसका नियंत्रण मुस्लिम व्यापारियों के हाथों में था, जो चमड़ा-निर्माण के विभिन्न कार्यों में शामिल थे।

1875 से पूर्व ईस्ट इंडिया कम्पनी ने चमड़ा और खालों के निर्यात को बढ़ावा नहीं दिया था, भले ही समकालीन समीक्षकों ने इंग्लैंड और यूरोप को बिक्री की सम्भावना के बारे में ध्यान दिलाया था। बंगाल में चमड़े के घरेलू व्यापार के सम्बन्ध में 1804 में एच.टी. कोलब्रुक ने ध्यान आकर्षित करते हुए भारत और इंग्लैंड के बीच इस तरह के व्यापार की सम्भावना पर टिप्पणी की थी।[49] उसी वर्ष, विलियम टेनेंट ने चमड़े के व्यापार और इंग्लैंड से उसके सम्भावित लाभ के बारे में कोलब्रुक के आशावादी विचार को साझा किया।[50] जॉर्ज प्रिंसेप ने 1823 में उल्लेख किया कि निर्यात की जानेवाली 'कैच-ऑल' श्रेणी की हर प्रकार की वस्तुओं में सबसे महत्त्वपूर्ण खालें थीं, जो न केवल ब्रिटेन में, बल्कि अमेरिका सहित कई अन्य देशों में निर्यात की जाती थीं।[51] प्रिंसेप ने यह भी सुझाव दिया कि अगर कम्पनी सरकार का नियंत्रण ख़त्म हो जाए, या निर्यात शुल्क कम कर दिया जाए, तो चमड़ा-व्यापार के बढ़ने की अपार सम्भावना थी। उसका कहना था कि ईस्ट इंडिया कम्पनी भारत और ब्रिटेन के बीच वस्तुओं के आयात और निर्यात को नियमित करके भारी लाभ अर्जित कर सकती थी। व्यापार-मार्ग पर पूर्ण एकाधिकार के साथ उसने किन वस्तुओं को भेजने का निर्णय लिया, और शिपिंग-दरों तथा यात्रा करनेवाले जहाज़ों की संख्या नियंत्रित करके और क़ीमतें तय करके माँग उत्पन्न करने का ज़बर्दस्त प्रयास किया। इंग्लैंड और भारत में व्यापारियों की अपनी कोई राय नहीं थी। कोलब्रुक ने लिखा कि 'इस बात की पर्याप्त सम्भावना थी कि एक टन खालों को पन्द्रह पाउंड के बजाय, छह पाउंड के भाड़े पर, निर्यात करके बीस प्रतिशत मुनाफ़ा कमाया जा सकता था।[52] किन्तु शिपिंग की उच्च लागत ने चमड़ा जैसी वस्तुओं के व्यापार में बाधा डाल दी थी।[53]

के.एन. चौधुरी ने तर्क दिया कि अठारहवीं सदी के उत्तरार्द्ध और उन्नीसवीं सदी के पूर्वार्द्ध में कम्पनी सरकार की आर्थिक नीतियों ने ब्रिटेन और भारत के बीच देश और विदेश दोनों स्तरों पर व्यापार में एक 'आकस्मिक गम्भीर विकृति' पैदा कर दी थी।[54] हालाँकि उन्नीसवीं सदी के पूर्वार्द्ध में, अत्यधिक आधिकारिक हस्तक्षेपों ने 1813 में भारतीय व्यापार पर कम्पनी के अनन्य एकाधिकार को समाप्त कर दिया था और 1833 में उसे व्यापार करने से पूरी तरह रोक दिया गया था। 1837 में जॉन क्रॉफर्ड ने, कम्पनी की नीतियों की अपनी आलोचना में तर्क दिया कि कम्पनी का एकाधिकार समाप्त होने के बाद भारत से व्यापार को निर्यात करने की अनुमति मिली, क्योंकि यूरोप के लोगों ने विभिन्न भारतीय उद्योगों, ख़ासतौर से कलकत्ता में चमड़ा फ़ैक्टरियों में भारी निवेश किया था।[55] कम्पनी ने चमड़ा-व्यापार के विस्तार

के महत्त्व को स्वीकार कर लिया था, जबकि 1829 में उसने अपनी कार्य-पंजिका में उस पर अलग से विचार करने के लिए उसे 'हर प्रकार की वस्तुओं की विविध श्रेणी' से हटा दिया था। उस वर्ष 3,57,610 खालों का निर्यात हुआ था, जिसका वजन 1,78,805 मन था।[56] यह आँकड़ा 1880 के दशक के 600,000-700,000 मन के वार्षिक आँकड़ों से काफ़ी कम है (परिशिष्ट, तालिका 11), लेकिन हमें कम्पनी के व्यापार-अवरोधों को ध्यान में रखना चाहिए, जो अभी भी बने हुए थे।

हालाँकि, राय के दावे के विपरीत, 1875 से पहले भी, खालों के निर्यात का व्यापार अस्तित्व में था, परन्तु वह कम्पनी सरकार के नियंत्रण में था। 1810 और 1820 के दशकों में भी उत्तर प्रदेश में खालों और चमड़े के उत्पादों का पर्याप्त घरेलू व्यापार था। इस विषय को स्पष्ट करने के लिए कुछ उदाहरण आवश्यक हैं—इलाहाबाद में 1816 में 60,000 मन चमड़ा और 1817 में 75,000 मन चमड़ा सीमा-चुंगी से होकर गुज़रा था।[57] ये आँकड़े, उन्नीसवीं सदी के शुरुआती दशकों में उत्तर प्रदेश के केवल एक शहर के हैं, जो कलकत्ता के लिए प्रान्त के 1880 (1,45,404 मन) और 1881 (1,36,883 मन) के कुल निर्यात की तुलना में बेहतर हैं। खालों का व्यापार चमड़ा-व्यापार का एक महत्त्वपूर्ण हिस्सा था। उन्नीसवीं सदी के सीमा-शुल्क कार्यालयों के बहीखातों में व्यापार में 'उम्दा' और 'देसी' जूतों की भाषा दर्ज की जाती थी, और इलाहाबाद से भी निर्मित जूतों और बूटों का काफ़ी आयात और निर्यात किया गया था। कस्टम हाउस (सीमा-शुल्क कार्यालय) की 1816 की रिपोर्ट में उल्लेख किया गया है कि 'चमड़े पर लिया जानेवाला सीमा-शुल्क भी, कच्ची खालों की अधिक मात्रा में आपूर्ति के कारण दुगुना हो गया था, जो पिछले वर्ष के दौरान पश्चिम की ओर गोरखपुर से जौनपुर भेजी गई थीं।'[58] मवेशियों को ज़हर देने सम्बन्धी 1854 की कैंपबेल की रिपोर्ट में उत्तर भारतीय खाल-व्यापार में आजमगढ़ और गोरखपुर की महत्त्वपूर्ण भूमिका को रेखांकित किया गया था, जो कलकत्ता के व्यापार के प्रमुख केन्द्र थे।[59] 1831 और 1832 में कुल 93,674 मन खालें फ़र्रुख़ाबाद सीमा-शुल्क कार्यालय से गुज़री थीं, जो एक प्रभावशाली आँकड़ा था, क्योंकि 1880 में उत्तर प्रदेश से खालों का कुल निर्यात प्रतिवर्ष लगभग 200,000 मन का था। (देखिए, तालिका 11)[60] फ़र्रुख़ाबाद को दोआब क्षेत्र का सबसे 'प्रमुख व्यापारिक और वित्तीय शहर माना जाता था, और उसकी यह स्थिति 1832 में शाही टकसाल के बन्द हो जाने तक क़ायम थी।'[61]

सी.ए. बेली के अनुसार, अठारहवीं शताब्दी में भारत के अन्तरदेशीय व्यापार की मात्रा अधिक थी, जबकि 'उसका विदेशी व्यापार भारतीय अन्तरदेशीय विशाल व्यापार के सामने बौना था।'[62] चमड़ा इस व्यापार का छोटा, परन्तु महत्त्वपूर्ण अंग था, और विशेष रूप से उसका केन्द्र पटना में था।[63] फ्रांसिस बुकानन-हैमिल्टन ने पटना, दानापुर और बंगाल, तथा लखनऊ और पटना के बीच जूतों और चमड़े के

सामानों का बड़े पैमाने पर व्यापार होने का उल्लेख किया है। पटना और दानापुर चमड़े की वस्तुओं के निर्माण के मुख्य केन्द्र थे, जो जूतों की अपनी उत्तम गुणवत्ता के लिए जाने जाते थे। प्रमुख व्यापार-केन्द्र पटना ने कच्ची खालों का आयात शाहाबाद, सारण, तिरहुत, आजमगढ़ और गोरखपुर से किया, लखनऊ से जूतों तथा चमड़े के सामानों का आयात किया, और जूतों का निर्यात बंगाल को किया।[64] उन्नीसवीं शताब्दी में जूता-व्यापार का केन्द्र लखनऊ स्थापित हो गया था, जहाँ से आगरा, मेरठ, बरेली, रामपुर, मुरादाबाद, कानपुर, फतेहपुर, बनारस और पटना के लिए जूतों का निर्यात किया जाता था।[65] बिहार से पूर्वी और पश्चिमी उत्तर प्रदेश के लिए चमड़े के बैगों और खालों का भी निर्यात किया जाता था। हमीदा नकवी ने अठारहवीं शताब्दी के उत्तरार्द्ध में बनारस से कलकत्ता में जूतों के निर्यात का उल्लेख किया है।[66] ये सारे तथ्य राय के इस विचार के विपरीत हैं कि 'उन्नीसवीं शताब्दी के आरम्भ में, चर्मशोधन पूरी तरह एक ग्रामीण उद्योग था।'[67] रॉबर्ट मोंटगोमॅरी की गणना थी कि 1940 के दशक में उत्तर प्रदेश के विभिन्न भागों से कानपुर शहर में कच्ची खालों का सालाना आयात 100,000 रुपये का था, जबकि स्थानीय उत्पादन 75,000 रुपये का था। कानपुर से भी उत्तर प्रदेश के अन्य भागों में 25,000 रुपये मूल्य के चमड़े के सामान का निर्यात किया गया था।[68]

चमड़े के उत्पादों में व्यापार की विविधता के अन्य संकेत 1829 की कानपुर और 1815 की आगरा की मूल्य-दरों की पुस्तिकाओं में मिलते हैं।[69] ये पुस्तिकाएँ विभिन्न प्रकार की वस्तुओं की विस्तृत मूल्य-सूचियाँ उपलब्ध कराती हैं, जिनमें तीन प्रकार की भैंस की खालें शामिल हैं—'श्रेष्ठ, मध्यम, और घटिया, साथ ही भैंस की बड़ी शोधित खाल, दो क़िस्म की छोटी शोधित खालें, और ग़ैर-शोधित कच्ची खाल का भी उल्लेख है।' इसी तरह, उसमें तीन क़िस्म की बैल और गाय की शोधित और ग़ैर-शोधित खालें भी विशिष्ट मूल्य के साथ शामिल हैं। इसी तरह का श्रेणीकरण भेड़, बकरी और हिरन की खालों का भी किया गया है। इन पुस्तिकाओं में कलकत्ता, कानपुर और पटना में निर्मित 'देशी और यूरोपीय' दोनों क़िस्म के बूटों, जूतों, और चप्पलों (स्लीपर) की दरें भी सूचीबद्ध हैं। जैसाकि प्रिंसेप ने लिखा है, विभिन्न सीमा-शुल्क कार्यालयों में शुल्क निर्धारित करने के लिए इन पुस्तिकाओं का उपयोग किया जाता था, इसलिए ये सूचियाँ हमें उन वस्तुओं का विवरण देती हैं, जिनका व्यापार किया जाता था।[70]

मूल्य सूचियों में सुझाए गए चमड़ा उत्पादों की व्यापारिक गतिशीलता क़स्बों में कार्यरत कारीगरों की विविधता को बताती है। बुकानन-हैमिल्टन ने पटना शहर के कारीगरों की अपनी सूची में चमड़ा-व्यापार से सम्बन्धित दस व्यवसायों को शामिल किया था।[71] जॉन क्रॉफर्ड ने 1820 में बरेली शहर के अपने सर्वेक्षण में सत्तर व्यवसायों की पहचान की थी, जिनमें पन्द्रह का सम्बन्ध चमड़े से था, यथा—

'चर्मकार, जूता-कारीगर, जीनसाज, चमड़े के बैगों और मशकों के निर्माता, तीर-कमान बनाने वाले, पोस्तीन-साज, घोड़े की लगाम बनाने वाले, रस्सी बनाने वाले, चमड़ा-व्यापारी, तम्बू बनाने वाले, ब्रुश बनाने वाले, बकरी-ड्रेसर, चाबुक-निर्माता, कसाई और रँगरेज।' उसने इस तर्क के साथ कि उत्तर भारत के अधिकांश क़स्बों में व्यवसायों की इसी तरह की श्रेणियाँ थीं, उत्तर भारत के 'अन्तरदेशीय व्यापार की वस्तुओं' में एक बड़े व्यवसाय के रूप में खालों को सूचीबद्ध किया था।[72]

इतिहासकार व्यापार और उत्पादन की विशेषताओं में विविधता देख चुके हैं। निर्माण और उत्पादन कार्य मुख्य रूप से क़स्बों के व्यवसाय थे, लेकिन शहरों में भी विलासिता की वस्तुओं का उत्पादन होता था। राय चौधुरी का तर्क है कि 'धनी लोगों के पारम्परिक उपभोग की चीज़ों ने आरामदायक वस्तुओं की एक विस्तृत माँग पैदा की, जिनमें चमड़े की वस्तुएँ भी शामिल थीं।'[73] बादशाह अकबर के लिए खाना पकाने और पीने का पानी चिनाब और गंगा नदियों से चमड़े की बनी मश्कों में भरकर लाया जाता था, और चमड़े की सुराहियों से ही उस पानी को पिया जाता था। वास्तव में, सभी प्रकार के तरल पदार्थ चमड़े के थैलों में ही भेजे जाते थे। दिल्ली के लिए घी भी चमड़े की कुप्पियों में भरकर भेजा जाता था। इस सम्बन्ध में एक साक्ष्य मिला है कि 1730 में घी से भरी कुप्पियों की 1,300 गाड़ियाँ दिल्ली के रास्ते में लूट ली गई थीं। शाही कारख़ानों में चमड़े की कई चीज़ें, जैसे साज, जीन, और जूते बनाए जाते थे, और वहाँ के कारीगरों को नियम से वेतन दिया जाता था। हमीदा नकवी उल्लेख करती हैं कि दिल्ली, लाहौर और आगरा के बीच जूतों और जीनों का भारी व्यापार होता था। सिंध में निर्मित चमड़े की वस्तुएँ पूरे भारत में प्रसिद्ध थीं, जो उत्तर भारत के सभी प्रमुख शहरों और क़स्बों में नियमित रूप से निर्यात की जाती थीं।[74]

दिल्ली का करोल बाग मोहल्ला मोचियों द्वारा बसाया गया था, जो चमड़े और जूतों के निर्माण के लिए जाना जाता था। उसके निकट 'कुप्पी वाला मोहल्ला' मुस्लिम कारीगरों का था, जो चमड़े के जार, मश्क (बैग) और कुप्पियाँ बनाते थे। लाहौर और मुल्तान जूतों, बूटों, साज और जीन-काठी के निर्माण के लिए जाने जाते थे।[75] अकबर के शासन में चमड़े की वस्तुएँ, विशेष रूप से कच्ची खालें, और पका हुआ (शोधित) चमड़ा कर-योग्य माल था।[76] राय चौधुरी लिखते हैं, 'जीविका-उन्मुख उत्पादन की प्रमुखता के बावजूद, ग्रामीण निर्माताओं में, जैसाकि कृषि में, विनिमय-प्रणाली ने गहरी पैठ बना ली थी, इसलिए किसान-उत्पादक और कारीगर, दोनों ही बाज़ार के विकास के लिए, ग्रामीण समुदाय की ज़रूरतों से जुड़े हुए थे।'[77] ग्रामीण क्षेत्रों में क़स्बों और कटरों (क़स्बा-बाज़ार) के बीच वस्तुओं का विनिमय बड़ी मात्रा में होता था। प्रत्येक क़स्बे में कारीगरों, और मोची जैसे व्यावसायिक वर्गों का अपना हिस्सा था। अलग-अलग स्रोतों से प्राप्त साक्ष्य सत्रहवीं और अठारहवीं शताब्दियों में चमड़े की वस्तुओं तथा अन्य कारीगरों के

बनाए गए सामानों में एक मज़बूत व्यापार होने की पुष्टि करते हैं। उत्तर भारत के क़स्बे ही चमड़ा-उत्पाद और व्यापार के केन्द्र थे, और चमड़ा-कारीगर और मोची इन क़स्बों के महत्त्वपूर्ण अंग थे।[78]

1920 और 1932 के बीच उत्तर प्रदेश सरकार द्वारा कराए गए ज़िला औद्योगिक सर्वेक्षण में भी क़स्बों की भूमिका को रेखांकित किया गया था, जिससे चमड़ा-व्यापार और उद्योग के विभिन्न रूपों के बारे में अच्छी जानकारी मिलती है। रायबरेली ज़िले की रिपोर्ट में उस समय के चमड़ा-व्यापार के बारे में कहा गया था—'मुख्य स्थानों पर ख़ास क़िस्म का और बड़े पैमाने पर होने वाला उत्पादन, प्रत्येक गाँव के लिए आत्मनिर्भरता का सिद्धान्त नहीं था, बल्कि यह रोज़ का क्रम था।'[79] इस तरह के ज़िला औद्योगिक सर्वेक्षणों से स्पष्ट होता है कि क़स्बे चमड़े के सामान का केन्द्र थे, जहाँ कच्ची खालें, नमक लगी खालें, जूते, कुप्पी, जीन, काठी, मशक, थैले आदि का उत्पादन होता था, और ये सब गाँवों में जजमानी व्यवस्था का हिस्सा नहीं था, जैसाकि तीर्थंकर राय का विचार था।

इन सर्वेक्षणों के आधार पर, मैं दो प्रकार के चमड़ा-शोधन के केन्द्रों में अन्तर करता हूँ। पहले प्रकार में कच्ची और पकी हुई (शोधित) खालें, तथा उनसे तैयार किये गए उत्पाद हैं, जिनमें से कानपुर, आगरा और कलकत्ता के लिए कुछ कच्ची खालों का निर्यात होता था। नगरों में चमड़ा-उद्योग के स्थापित होने के बावजूद, क़स्बों में खालों और चमड़े के सामान का उत्पादन बन्द नहीं हुआ था, बल्कि उत्पादन के उन पारम्परिक केन्द्रों (जैसे—झाँसी, सहारनपुर, लखनऊ, जौनपुर, ग़ाज़ीपुर, और रायबरेली) ने अपने महत्त्व को बरक़रार रखा था। यह ग्रामीण इलाक़ों से कानपुर या कलकत्ता के उत्पादन-केन्द्रों में खालें भेजे जाने और वहाँ से निर्मित वस्तुओं को वापस ग्रामीण क्षेत्र में भेजे जाने का साधारण मामला नहीं था, बल्कि, व्यापार की चीज़ें उत्तर प्रदेश के विभिन्न क्षेत्रों में अलग-अलग थीं। 1890 में, उत्तर प्रदेश की वार्षिक रिपोर्ट में उल्लेख किया गया है कि सहारनपुर ज़िला 'सांभर (हिरन) के चमड़े से बनी वस्तुओं के लिए प्रसिद्ध था, पर सामान्य चमड़े के सामान का भी वहाँ एक बड़ा व्यवसाय था।'[80] 1923 की ज़िला सर्वेक्षण-रिपोर्ट में कहा गया था कि सहारनपुर लगभग 15,900 मन खालों का उत्पादन प्रतिवर्ष करता था, जिसमें आधी खालों का उपयोग स्थानीय स्तर पर होता था, और शेष खालों को कानपुर भेज दिया जाता था। यह शहर उत्तर प्रदेश के पूर्वी ज़िलों, और कलकत्ता में जूते और सैंडिलों का निर्यात किये जाने के साथ-साथ, चमड़े से निर्मित बन्दूक़ के कवर, कारतूसों की पेटियों, बेल्टों, बिस्तर की पट्टियों, बोतल तथा पीपों के ढक्कनों और जीन-काठी के लिए प्रसिद्ध था।[81] 1920 के दशक में, मोची और चर्मकारों (चर्मशोधक) की बस्तियाँ मुज़फ़्फ़रनगर ज़िले में चमड़ा-उत्पादन के चार प्रमुख क़स्बों में थीं—बुढ़ाना, लिसाढ़, गफूरगढ़ और शोरों। वे प्रतिवर्ष 12,000 मन खालों का शोधन और उपयोग करते थे।

हरदोई ज़िले में प्रत्येक तहसील में चर्मशोधन और चमड़ा-उत्पादन के क़स्बे थे, जिनमें शाहाबाद, पिहानी, और पाली क़स्बे शाहाबाद तहसील में, सांदी और मल्लावन क़स्बे बिलग्राम तहसील में, एवं हरदोई और गोपामऊ क़स्बे हरदोई तहसील में थे। जूतों के तलों (सोल) के लिए स्थानीय रूप से शोधित चमड़े का उपयोग किया जाता था, और ऊपर के हिस्से (अपर) के निर्माण के लिए कानपुर से चमड़ा मँगाया जाता था। हरदोई से पाँच हज़ार जोड़े जूते बिहार और बम्बई को भेजे जाते थे।[82]

झाँसी भी अपने चमड़े के उत्पादों के लिए विख्यात था, और उसकी यह स्थिति बीसवीं सदी के आरम्भिक काल तक बरक़रार थी। 1923 में उसने लगभग 28,514 मन खालों का उत्पादन किया था, जिसमें पड़ोसी राज्य टीकमगढ़ से मँगाई गई 8,514 मन खालें भी शामिल थीं। इनमें से 21,440 मन खालों का उपयोग स्थानीय स्तर पर हुआ था, और 7,000 खालें कानपुर, आगरा और दिल्ली भेजी गई थीं। उसने प्रतिवर्ष 1,29,600 मन शोधित खालों का आयात भी कानपुर, दिल्ली, आगरा और कलकत्ता से किया था। यह प्रभावशाली व्यापार मोठ, झाँसी, ललितपुर, चिरगाँव और मऊ के क़स्बों पर आधारित था, और इसका नियंत्रण और संचालन मुस्लिम व्यापारियों, कारीगरों और चमार शोधकों के हाथों में था।[83] अलीगढ़ ज़िला उत्तर प्रदेश में जूता-उत्पादन का बड़ा केन्द्र था, जो एक वर्ष में दो लाख रुपये मूल्य के 2,50,000 जोड़े 'देशी जूतों' का, तथा 37,500 जोड़े अंग्रेज़ी-शैली के जूतों का उत्पादन करता था, जिनका मूल्य 84,375 रुपये था। प्रतिवर्ष उत्पादन 28,000 खालों (चमड़ा) का था, जिसकी 70 प्रतिशत खपत स्थानीय जूता-कारख़ानों में हो जाती थी।[84]

रायबरेली अपने 'सालिम शाही' जूतों के लिए जाना जाता था, जो पहनने में बहुत हल्के होते थे, और उनकी माँग ज़मींदारों के बीच ज़्यादा थी। उत्तर भारत के बाहर के मज़दूरों के लिए नियमित जूते बड़ी संख्या में बिहार, कलकत्ता और बम्बई को निर्यात किये जाते थे, लेकिन रायबरेली में उत्पादित अधिकांश चमड़े की खपत स्थानीय स्तर पर की जाती थी।[85] लालगंज, महरगंज और बछरावाँ चर्मशोधन और उत्पादन के प्रमुख केन्द्र थे, जहाँ नियमित मज़दूरी पर मोची काम करते थे। लखनऊ चमड़ा-उत्पादन का दूसरा केन्द्र था, जो अपने जूतों, चप्पलों और बूटों के लिए प्रसिद्ध था, और जिसका चर्मशोधन तथा उत्पादन का कार्य शहर के कारख़ानों में होता था। इनमें से अधिकांश कारख़ाने मौलवीगंज, यहियागंज, और रानीगंज के आसपास स्थित थे, और शहर के कुछ क़स्बों तथा मलीहाबाद तहसील के इलाक़ों में भी खालों के शोधन का कार्य होता था।[86] लखनऊ और उसके आसपास के इलाक़ों में 54,000 खालों का शोधन होता था, और तैयार चमड़े की अधिकतर खपत स्थानीय स्तर पर ही हो जाती थी। हालाँकि, लखनऊ से भारत के सभी हिस्सों में, यहाँ तक कि मेसोपोटामिया और मिस्र तक में जूतों का निर्यात किया जाता था, जो प्रतिवर्ष 10,000 जोड़ों का कारोबार था।[87]

दूसरे प्रकार के चर्मशोधन केन्द्र वे थे, जिनमें कच्ची खालों और चमड़े का उत्पादन किया जाता था, और वहाँ से उन्हें कानपुर, कलकत्ता और दिल्ली को निर्यात किया जाता था। कानपुर के समीप, फतेहपुर ने भी एक सहायक केन्द्र के रूप में कलकत्ता और मद्रास भेजने के वास्ते कानपुर को कच्ची और शोधित खालों का निर्यात करने में महत्त्वपूर्ण भूमिका निभाई थी।[88] हरिहरगंज, बाकरगंज, और जहानाबाद ये मुख्य बाज़ार थे, जहाँ प्रतिसप्ताह 5,000 मन खालें आती थीं, जिसका 1923 में सालाना कारोबार 80,000 मन खालों का था। 1907-1908 में उनका साप्ताहिक कारोबार लगभग 7,000 खालों का था। पूर्वी उत्तर प्रदेश के आजमगढ़ और गोरखपुर ज़िले कच्ची खालों के प्रमुख निर्यातक थे, जहाँ से 1922 में 34,150 मन खालों का निर्यात किया गया था।[89] आजमगढ़ में मऊ, मुबारकपुर और कोपागंज क़स्बे खाल-निर्यात के केन्द्र थे, हालाँकि 1923 में आजमगढ़ का निर्यात 4,000 मन खालों का था, जो खाल-व्यापार में उसके महत्त्व को देखते हुए बहुत कम था।[90] हमीरपुर ज़िला 1923 में प्रतिवर्ष 12,000 मन खालों का उत्पादन करता था, जिसमें से 9,000 मन खालें कानपुर और आगरा भेजी जाती थीं। चमड़ा-उत्पादन के उसके प्रमुख केन्द्र कुल्पाहार, महोबा, मौदहा, हमीरपुर, और राठ तहसीलों के क़स्बों में स्थित थे। उदाहरण के लिए, कुल्पाहार तहसील में सूपा, पनवाड़ी, जैतपुर, अजनार, महवाबन्ध और कुल्पाहार के क़स्बे चमड़ा-उत्पादन के केन्द्र थे।[91] इस तरह के अधिकांश ज़िलों में 80 से 90 प्रतिशत तक कच्ची खालों का उत्पादन कानपुर, कलकत्ता और आगरा भेजने के लिए किया जाता था।

ज़िला औद्योगिक सर्वेक्षणों ने पूर्णकालिक श्रमिकों के बीच एक महत्त्वपूर्ण अन्तर स्थापित किया, जो श्रमिकों की अलग-अलग उत्पादन-प्रक्रिया के बारे में तो बताते हैं, पर उनकी जाति के बारे में नहीं बताते। पूर्णकालिक चर्मशोधक चर्मकार, जो आमतौर पर क़स्बों में होते थे, जहाँ खालों के शोधन और बाहर भेजे जाने का नियमित काम होता था, मोची के रूप में जाने जाते थे। 1924 में बी.आर. भट्ट ने लिखा था कि 'देशी चर्मकार छोटे स्तर पर साधारण चर्मशोधन का कार्य करते थे, और वे लगभग सभी बड़े शहरों और बिलासपुर, पूरनपुर, धरमपुर, मोहम्मदपुर, पिपरिया, टांडा, नवादिया, नौगावाँ, कालीनगर आदि क़स्बों में पाए जाते थे।'[92] 1923 में 1923 में, खीरी ज़िले के सर्वेक्षण में बी.के. घोषाल ने कहा था कि 'खीरी और महोम्दी (तहसील) के मोचियों को छोड़कर, जहाँ उन्हें नियमित काम करना होता था, शेष सभी मोची आमतौर से किसान थे।'[93] शोधित-खालों और चमड़े की वस्तुओं का उत्पादन मौसमी था, जिसके कारण इस कार्य से पड़ोसी गाँवों के वे चमार आकर्षित हो गए, जो अपनी आमदनी बढ़ाना चाहते थे। हमीरपुर ज़िले में 1923 में मौसमी अर्थात् 'अंशकालिक श्रमिकों की संख्या कुल श्रम-शक्ति की 40 प्रतिशत थी।[94] झाँसी ज़िले का सर्वेक्षण हमें श्रमिकों में लैंगिक विभाजन की जानकरी

देता है, जिसके अनुसार 959 पुरुष और 289 महिला अंशकालिक चर्मकार थे, जिनमें 227 पुरुष और 47 महिलाएँ काश्तकार थे।[95] ये उदाहरण बताते हैं कि क़स्बे पूर्णकालिक श्रमिकों के निर्माण के मज़बूत केन्द्र थे।

अधिक महत्त्वपूर्ण यह है कि 1923-24 के ज़िला औद्योगिक सर्वेक्षण 'आधुनिक' चमड़ा-उद्योग की तुलना में, क़स्बों में श्रमिकों की सामाजिक संरचना को ज़्यादा विविधता में देखते हैं। ये केवल मुस्लिम या चमार ही नहीं थे, जो चमड़े का काम करते थे, बल्कि खटीक, भंगी और पासी जैसी अन्य अछूत जातियों के लोग भी क़स्बों में रहते थे, और पूर्णकालिक रूप से मोची का काम करते थे।[96] फ़ैज़ाबाद और बहराइच में भंगी चमड़े का काम करते थे।[97] भोपा बाज़ार में लगभग 50 प्रतिशत चमार थे, जो मुस्लिम व्यापारियों के लिए न केवल चर्मकार के रूप में, बल्कि व्यापार से सम्बन्धित अन्य प्रकार के छोटे-मोटे काम भी करते थे।[98] असल में, पूर्णकालिक काम और नियमित बाज़ार ने इन विविध जातियों को क़स्बों की ओर आकर्षित किया था।

क़स्बों के व्यापारियों ने ग्रामीण इलाक़ों में हाट (साप्ताहिक बाज़ार) से खालें एकत्र करके व्यापारिक प्रणाली का आधार खड़ा किया था। ग्रामीण इलाक़ों में साप्ताहिक बाज़ार ही व्यापार के प्रमुख स्थान थे। हाट से लेकर कानपुर की चमड़ा फ़ैक्टरियों तक व्यापार-प्रणाली का सबसे अच्छा विवरण जे.एस. वाटल ने फतेहपुर ज़िले के अपने सर्वेक्षण में दिया है। उन्होंने लिखा है—

> फतेहपुर और बाँदा ज़िलों के आसपास के गाँवों से लोग कच्ची खालें बाज़ार में लेकर आते हैं। इन्हें व्यक्तिगत रूप से बाज़ारों में आने वाले व्यापारियों को बेचा जाता है, या स्थानीय व्यापारियों द्वारा ख़रीद लिया जाता है। वे उन्हें नमक लगाकर अपने कानपुर के एजेंटों को गाड़ियों में लादकर भेज देते हैं; और प्रति 20 खाल के लिए गाड़ी के भाड़े के रूप में रु. 1.4.0 (एक रुपया चार आने) का भुगतान करते हैं। एजेंट उनको निर्यातकों को बेच देते हैं, जिसके लिए वे प्रति 20 खाल पर दो रुपये से दो रुपये आठ आना तक का कमीशन लेते हैं। खालों की बिक्री पर कमीशन प्रति सैकड़ा दो रुपये आठ आना है। विक्रेता को बाज़ार के मालिकों को 1 से 4 पैसे प्रति खाल और 4 आना प्रति सैकड़ा खालों की दर से रॉयल्टी देनी होती है।[99]

आर. सारन, मुरादाबाद ज़िले के अपने सर्वेक्षण में उल्लेख करते हैं कि 'हसनपुर तहसील में चुचैला क़स्बा ज़िले का सबसे बड़ा खाल-बाज़ार था, जहाँ बिजनौर जैसे पड़ोसी ज़िलों से भी खालें आती थीं; वहाँ प्रत्येक शनिवार को लगने वाले बाज़ार में लगभग 500 खालें लाई जाती हैं।'[100] साप्ताहिक बाज़ार में अच्छे पके हुए चमड़े और खालें भी आती थीं, जिन्हें व्यापारियों द्वारा शहरों के अन्दर भेजने के लिए ख़रीदा जाता था।[101] रेलवे स्टेशन भी व्यापार के केन्द्र हो गए थे।

उदाहरण के लिए, चौरी-चौरा रेलवे स्टेशन खालों को कानपुर भेजने के लिए व्यापार का बड़ा केन्द्र बन गया था।[102] चौरा से कुछ ही दूरी पर स्थित, भोपा बाज़ार अपने ख़ास चमड़ा-व्यापार के कारण, खालों के व्यापार का एक प्रमुख केन्द्र था, और अपेक्षाकृत कम संरक्षित खालें चौरी-चौरा रेलवे स्टेशन से कानपुर और कलकत्ता भेजी जाती थीं। एक सप्ताह में लगभग 300-400 आदमी आसपास के गाँवों से भोपा बाज़ार में खालों का व्यापार करने के लिए आते थे, और जो खालें बेचने के लिए आते थे, वे मुस्लिम और चमार काश्तकार होते थे।[103]

चमड़ा-उत्पादन और व्यापार से मुसलमानों का सम्बन्ध

यह स्पष्ट है कि मुसलमानों ने क़स्बों के चमड़ा-उद्योग और व्यापार में हर स्तर पर महत्त्वपूर्ण भूमिका निभाई थी। उनकी इस भूमिका का परीक्षण करके, हम इस व्यापार में चमारों की स्थिति की भी पहचान कर सकते हैं। मेरा पहला तर्क है कि मुसलमानों ने न केवल घरेलू और विदेशी चमड़े के व्यापार को नियंत्रित किया, बल्कि वे क़स्बों में भी चमड़ा-उत्पादन के कार्य में शामिल थे और शहरों में खुदरा विक्रेताओं के रूप में भी काम करते थे। लेकिन चमार मुख्य रूप से श्रमिक और कारीगर थे। दूसरा तर्क यह है कि उन्नीसवीं शताब्दी के उत्तरार्द्ध में औपनिवेशिक अधिकारियों ने चमड़े के व्यापार से चमारों के सम्बन्ध को पूरी तरह से जजमानी व्यवस्था के सन्दर्भ में समझा था और यही समझ उत्तर-औपनिवेशिक मानवविज्ञानियों को विरासत में मिली। चमड़ा व्यापार में मुसलमानों और चमारों की भूमिका की इस ग़लत समझ के कारण औपनिवेशिक राज्य इस सच्चाई पर विचार नहीं कर सका कि इस व्यापार में चमारों का प्रवेश पिछली दो शताब्दियों के भीतर (अंग्रेज़ों के आने के बाद) ही हुआ था।

चमड़ा-व्यापार की सबसे महत्त्वपूर्ण विशेषता यह थी कि इस पर मुस्लिम कारीगरों और व्यापारियों का क़ब्ज़ा था। चमारों का प्रवेश अधिकतर चमड़ा निकालने या सस्ते देशी जूतों के निर्माता के रूप में हुआ था। फ्रांसिस बुकानन ने उत्तर भारत के 1813 के अपने सर्वेक्षण में पटना शहर में चमड़ा-उद्योग में मज़दूरी करनेवाले श्रमिकों और व्यापारियों के रूप में केवल मुसलमानों का उल्लेख किया था। गोरखपुर में सिराज और साबरवाला जैसे मुस्लिम मोची बकरी, भेड़, हिरन और भैंसों के चमड़े से जूते और जीन-काठी बनाने के अच्छे कारीगर थे, जबकि चमार खाल कमाने और मोची का काम मज़दूरी के लिए करते थे। बुकानन ने उनके चमड़े के कार्य को कृषि से सम्बन्धित बताया है, न कि पुश्तैनी पेशे के रूप में। उनके अनुसार, चमार अधिकतर चमड़े की छोटे स्तर की सस्ती चीज़ें बनाते थे, जैसे सिंचाई में काम आने वाले डोल, हलों को खींचने वाली रस्सियाँ, ढोल-नगाड़ों पर मढ़ने वाला चमड़ा और कभी-कभी जूते।[104] विलियम होइ ने 1880 में उत्तर भारत

में व्यापार और निर्माण पर लिखे अपने निबन्ध में बताया था कि 'चिरमफ़रोश' शब्द का प्रयोग चमड़े के उन सभी व्यापारियों लिए किया जाता था, जो मुसलमान थे।[105] 'चिरम' शब्द सम्भवतः चमार से सम्बन्धित है, जो उस पेशे के बारे में बताने के लिए प्रयोग किया गया था, जिस पर मुसलमानों का वर्चस्व था, चमारों का नहीं।

पूर्वी उत्तर प्रदेश के चौरी-चौरा शहर में भोपा बाज़ार के बारे में शाहिद अमीन का कथन है कि इस व्यापार पर सामाजिक और आर्थिक दोनों रूपों में मुसलमानों का नियंत्रण था।[106] समग्रतः इस बाज़ार को उत्तर प्रदेश में चमड़े के व्यापार के प्रतिनिधि केन्द्र के रूप में लिया जा सकता है। केवल एकाध ज़िले में नहीं, बल्कि पूरे प्रान्त में, मुस्लिम व्यापार और एजेंट ही खालों और चमड़ा-उत्पादन के कारोबार का नियंत्रण-संचालन करते थे, जिस पर सभी ज़िला औद्योगिक सर्वेक्षण एकमत हैं। क़स्बों और शहरों में वे स्थानीय व्यापारी और डीलर के रूप में चमड़ा कमाने के लिए चमारों को नौकरी पर रखते थे, और उनके द्वारा उत्पादित चमड़े को कानपुर और कलकत्ता भेजते थे। उत्तर प्रदेश के अधिकांश शहरों और क़स्बों में जूतों और बूटों के कारोबार में मुसलमानों की महत्त्वपूर्ण भागीदारी थी, क्योंकि वे बढ़ती शहरी आबादी के लिए अंग्रेज़ी-शैली के जूतों का निर्माण करते थे।[107] 1920 के दशक तक उत्तर प्रदेश में आगरा जूता-उत्पादन का एक महत्त्वपूर्ण व्यापारिक केन्द्र बन गया था, जिसमें लगभग 25,000 कारीगर काम करते थे, जिनमें 95 प्रतिशत मुसलमान थे।[108] शहर में फुटकर व्यापार पर भी ज़्यादातर नियंत्रण मुसलमानों का ही था। कानपुर शहर में बूटों और जूतों का सारा कारोबार और ज़्यादातर खालों का व्यापार भी मुसलमानों के हाथों में था।[109] 1920 के दशक में फुटकर व्यापार की उल्लेखनीय विशेषता यह थी कि मुसलमान अंग्रेज़ी-शैली के बूट बनाते थे, और चमार कारीगर देसी जूते बनाते थे।[110] शहर का मांस-कारोबार भी मुसलमानों के हाथों में था, जिसमें भेड़-बकरियों को काटकर उनका मांस बेचने वाले 'चिकवा' कहलाते थे, और जो बड़े जानवरों को काटकर उनका मांस बेचते थे, उन्हें 'क़साब' कहा जाता था।[111] (पश्चिमी ज़िलों में इन्हें क्रमशः 'बकरकसा' और 'कसाई' कहा जाता है।—अनुवादक)

1860 के दशक के बाद नगरपालिका बूचड़खानों की स्थापना ने मुस्लिम कसाइयों के लिए नये अवसरों के दरवाज़े खोले।[112] शहरों और क़स्बों में मांस-विक्रेता के रूप में खालों और चमड़े के कारोबार पर उनका नियंत्रण हो गया, जिसका उल्लेख सभी ज़िला औद्योगिक सर्वेक्षणों में मिलता है।[113]

अब प्रश्न है कि भारत में खालों और चमड़े के मुख्य उत्पादक कौन थे : चमार या मुसलमान? यह प्रश्न प्रथम विश्व युद्ध के दौरान कच्ची खालों के निर्यात पर लगाए गए अतिरिक्त 'उपकर' या टैक्स से सम्बन्धित बहस का हिस्सा था। यह टैक्स खाल-उत्पादकों के विरोध के बावजूद, युद्ध के बाद भी जारी रहा, और 1929 में यह निर्णय करने के लिए 'खाल उपकर जाँच समिति' का गठन हुआ कि क्या

इस टैक्स को ज्यों का त्यों जारी रखा जाए, या इसे चमड़े के कुछ अन्य सामानों पर भी लगा दिया जाए, या पूरी तरह से ख़त्म कर दिया जाए। पंजाब के विधायक, चौधरी सहाबुद्दीन ने समिति के समक्ष दिये गए अपने बयान में यह दावा किया कि खालों और चमड़े का उद्योग भारत में एक मात्र व्यापार है, जिसे मुसलमान चलाते हैं।[114] उन्होंने अंग्रेज़ सरकार से अपील की कि वह इस टैक्स को ख़त्म करे, वरना मुस्लिम समुदाय इस व्यापार पर अपना नियंत्रण खो देगा। सहाबुद्दीन ने बताया कि इस टैक्स ने मुसलमानों पर तीन तरह से असर डाला था। पहला, इससे युद्ध के दौरान और उसके बाद, कच्ची तथा पकी खालों के निर्यात में भारी गिरावट आई। दूसरा, निर्यात बाज़ार में मन्दी के कारण बूचड़खानों में कम संख्या में जानवर आए, जिससे घरेलू बाज़ार में कच्ची खालों और चमड़े की क़ीमतें बढ़ गईं। तीसरा, बूचड़खानों में कम जानवरों के कटने से, गोमांस और मटन दोनों तरह के मांसों की क़ीमतें बढ़ गईं, जिसे मुख्य रूप से मुसलमान खाते हैं। एक निर्वाचित प्रतिनिधि के रूप में, सहाबुद्दीन पंजाब में मुस्लिम व्यापारियों के हितों की रक्षा करने का काम कर रहे थे, जो खालों और चमड़े की वस्तुओं के निर्यात और घरेलू बाज़ार को सँभालते थे। सहाबुद्दीन यह दावा करके कि चमड़ा-उद्योग एक 'मुस्लिम उद्योग' है, वास्तव में अंग्रेज़ों की उस सरकारी धारणा को भी चुनौती दे रहे थे, जो विशेष रूप से (चमार) समुदाय के नाम से बनी हुई थी। वह वस्तुतः इस डर से चिन्तित थे कि यदि टैक्स जारी रहा, तो इससे अल्पसंख्यक समुदाय को अपना व्यवसाय और उद्योग खोना पड़ेगा, जिसका प्रभाव विनाशकारी होगा।

'खाल उपकर जाँच समिति' के एक सदस्य, ई.एल. प्राइस ने समिति की रिपोर्ट से असहमत होकर अलग से अपनी 'असहमति की टिप्पणी' लिखी थी। वे कच्ची खालों के निर्यात पर उपकर को समाप्त करने के सबसे मुखर समर्थक थे, जिनका दावा था कि इसके जारी रहने से मुसलमानों की तुलना में चमारों पर अधिक असर पड़ेगा। उन्होंने अपनी रिपोर्ट को मुख्य रूप से चमार उत्पादकों, जो अपने लिए विश्व-बाज़ार को खोले जाने की माँग कर रहे थे, और भारतीय चर्मशोधकों के संघर्ष के बीच तैयार किया था, जिनकी माँग कच्चा माल ख़रीदने के लिए एक 'संरक्षित बाज़ार' की थी। उनके अनुसार, चमार मुख्य उत्पादक थे, क्योंकि यह उनका 'पारम्परिक पेशा' था। अगर क़ीमतें गिरती रहीं, तो सबसे अधिक नुक़सान चमारों को होगा, क्योंकि उनके पास कोई 'वैकल्पिक व्यवसाय' न होने से वे खालों की बिक्री पर ही निर्भर रहते हैं। चमार से ज़्यादा ग़रीब कोई नहीं है, जिसकी ग़रीबी इतनी अधिक है कि हमारे विचार से उसका दावा सबसे बड़ा है, और उसे 'बाधा-रहित खुले बाज़ार की ज़्यादा ज़रूरत है।' उनका तर्क था कि चर्मशोधन और चमड़ा-उद्योग उपकर के पक्ष में था, क्योंकि वह निर्यात को अत्यधिक महँगा बनाकर और घरेलू क़ीमतों को कम रखकर घरेलू बाज़ार पर नियंत्रण करना चाहता था।[115]

यहाँ प्रश्न यह है कि चमारों के भविष्य और हालात को लेकर प्राइस इतना चिन्तित क्यों था? उसके तर्क ऐसे लगते हैं, जैसे उसने 'खाल उपकर जाँच समिति' के समक्ष चमारों का प्रतिनिधित्व किया हो, जबकि ऐसा नहीं था। प्राइस कराची के जहाज़-वाहकों और खाल व्यापारियों का प्रतिनिधि था। कराची के मालवाहक (शिपर्स) और व्यापारी मुख्य रूप से कच्ची खालों के मुस्लिम निर्यातक थे। चमड़े पर उपकर (टैक्स) ने उनकी लागत को पहले ही बढ़ा दिया था। इसलिए, प्राइस भारतीय समाज के सुधारवादी वर्गों को प्रभावित करने के लिए, बड़ी चालाकी से चमारों की स्थिति का प्रश्न उठाकर उपकर को एक नैतिक मुद्दा बना रहा था। उसके बयान तात्कालिक राजनीतिक स्वार्थ से प्रेरित थे। 1929 तक दलित राजनीति भी हिन्दू समाज के कई वर्गों की दृष्टि में एक बड़ा विवादित विषय बन गया था। गांधी और आंबेडकर, दोनों ने अपने आन्दोलनों में इसे प्रमुखता से उठाया था। दलितों की मुक्ति (चमारों सहित) एक ऐसा मुद्दा था, जिससे राष्ट्रवादी और अंग्रेज़ दोनों चिन्तित थे। इसलिए ग़रीब चमारों के नाम पर अपील करना प्राइस के लिए अपनी स्थिति को सही ठहराने का एक सुविधाजनक तरीक़ा था।

1930 में उत्तर प्रदेश के उद्योग निदेशक, जे.एस. डोनाल्डसन ने प्राइस के तर्क का खंडन किया कि खालों पर उपकर चमारों पर भारी पड़ता है। उसने पहला तर्क यह दिया कि उपकर ने भारतीय चर्मकारों को 'आवश्यक सुरक्षा और प्रोत्साहन' प्रदान करके विदेशी प्रतिस्पर्धा से बचाया है। दूसरी बात डोनाल्डसन ने यह कही कि वह इस बात से सहमत नहीं है कि चमार भारत में खालों के प्रथम उत्पादक थे। उसका कहना था कि भारत में 'कसाई या खाल-व्यापारी को, या दोनों को ही प्रथम उत्पादक माना जाना चाहिए', क्योंकि भारत में मवेशियों को 'मांस या खाल' के लिए नहीं पाला जाता था।[116] डोनाल्डसन ने कहा कि एक चमार सिर्फ़ अपनी जाति की वजह से चमड़े का प्रथम उत्पादक नहीं हो सकता। उसने इस बात पर ज़ोर दिया कि 'चमार भी अन्य किसानों की तरह ही मूल रूप से काश्तकार है, जिसके पास 2 से 9 बीघे के बीच ज़मीन है, और वह 9 से 51 रुपये तक का लगान अदा करता है। वह जो अनाज पैदा करता है, उसकी बिक्री से प्राप्त आय को सम्पत्ति के रूप में रखता है। उसने इस बात को ज़ोर देकर कहा कि चमार मूल रूप से किसान थे, इस धारणा का खंडन किया कि चमार की श्रेणी का सम्बन्ध चमड़े के पेशे से है।'[117] इस बहस में चमारों को जान-बूझकर शामिल किया गया था, जबकि हक़ीक़त में चमड़े के निर्यात और घरेलू व्यापार, दोनों पर मुस्लिम समुदाय का क़ब्ज़ा था।

किन्तु चमड़ा-व्यापार और उद्योग पर मुस्लिम प्रभुत्व के बावजूद, प्राय: चमार ही विशेष रूप से इससे जोड़ दिये गए थे। इस जुड़ाव का एक कारण यह था कि औपनिवेशिक मानवविज्ञानियों ने चमड़ा-व्यापार के साथ चमारों के सम्बन्ध को जजमानी व्यवस्था के अंग के रूप में स्वीकार कर लिया था।

सबसे पहले, जॉर्ज कैंपबेल ने 1854 में मवेशियों को ज़हर देने की अपनी जाँच-रिपोर्ट में जजमानी व्यवस्था की भूमिका पर प्रकाश डाला था, जिसके अन्तर्गत मृत मवेशियों के शवों और खालों पर चमारों का अधिकार होता था। यथा—

> प्रत्येक गाँव के किसानों को चमारों के कुछ परिवारों में बाँट दिया गया है। चमार उन किसानों को अपनी सेवाएँ देते हैं, जिनके बदले में उन किसानों के मृत पशुओं के शवों पर चमारों का अधिकार हो जाता है। इस सर्वमान्य इक़रारनामे के तहत, जब चमार किसी विशेष पशु को ज़हर देते हैं, तो मरने पर उस पशु के शरीर पर व्यक्तिगत रूप से उनका अधिकार हो जाता है।[118]

कैंपबेल द्वारा की गई अपराध की पहचान की यह धारणा और व्याख्या ही बाद की जाँचों के लिए भी एक महत्त्वपूर्ण आधार बन गई। भारतीय पशु प्लेग आयोग की 1871 की रिपोर्ट में भी यह दावा किया गया था कि 'चमार परम्परागत रूप से जिस गाँव में रहते हैं, उसके सभी मृत पशुओं की खालों पर वे अपना अधिकार जताते हैं, (और ऐसे एक या कई चमार परिवार भारत के प्रत्येक गाँव से जुड़े हुए हैं)।' उसने चमारों के 'अधिकारों' में क्षेत्रीय भिन्नताओं को मानते हुए, उनके अलग-अलग आठ अधिकारों को सूचीबद्ध किया था, जिसमें खाल के अधिकार का नियम, खालों के लिए भुगतान, और मवेशियों की खाल उतारने के बदले में ज़मीन का मामूली किराया भी शामिल था।[119] विलियम क्रुक ने भी, उत्तर प्रदेश की जातियों के सम्बन्ध में अपने प्रसिद्ध मानवविज्ञानी अध्ययन की प्रस्तावना में ग्रामीण समाज में चमारों के योगदान का निर्धारण करने में जजमानी व्यवस्था की भूमिका को दोहराया है। उसका दावा था कि 'चमार गाँव में जजमानी दायरे में रहता है, जिसके नियम के तहत वह जिस जजमान के मृत पशु को उठाता है, उसके बदले में वह उसे चमड़ा या एक निश्चित संख्या में जूते देता है।'[120] विलियम होइ ने अपने क्लासिक अध्ययन में चमड़े के पेशे को चमारों का एक 'सर्वविदित' यथार्थ बताया है, और यह दावा किया है कि चमारों के पास मृत जानवरों की जजमानी होती है, जो खाल पाने के लिए जानवरों को ज़हर देने का भी सहारा लेते हैं।[121] मवेशियों को ज़हर देने के सम्बन्ध में आधिकारिक जाँचों में भी चमड़े के पेशे में चमारों की भूमिका को जजमानी व्यवस्था के परिणाम के रूप में देखा गया है।

जजमानी व्यवस्था के एक संशोधनवादी अध्ययन में पीटर मेयर ने उल्लेख किया है कि उन्नीसवीं शताब्दी में भंगी और चमार जैसी निम्न जातियाँ जजमानी सम्बन्धों के धारकों में बदल गई थीं। मेयर का तर्क है कि 'जजमानी व्यवस्था, जैसाकि मानवशास्त्रीय साहित्य में मौजूद है, काफ़ी हद तक एक ख़ास तरह की गढ़ी हुई परम्परा थी, जो बहुत प्राचीन नहीं थी।'[122] इसी तरह, रिचर्ड स्मिथ ने, औपनिवेशिक

पंजाब में ज़मीन के अधिकारों और अभिलेखों के अपने विस्तृत अध्ययन में, निष्कर्ष दिया कि 'वाजिब-उल-अर्ज' अर्थात, अधिकारों के वर्गों का रिकॉर्ड, एक गाँव के सभी वर्गों के प्रथागत अधिकारों और कर्तव्यों के विचारों में बदल दिया गया था। स्मिथ ने तर्क दिया कि वाजिब-उल-अर्ज ने प्रत्येक जाति को अपनी-अपनी प्रथाएँ और कर्तव्य सौंपकर ग्राम-समुदाय को जातियों के समुदाय में बदल दिया था। किन्तु प्रत्येक व्यक्ति की, अधिकारों और कर्तव्यों के अपने हिस्से को स्वतंत्र रूप से निर्धारित करने की क्षमता तब 'कम हो गई, जब उस हिस्से को रिकॉर्ड में दर्ज कर वर्गीकृत किया गया, और क़ानूनी रूप देकर अभिलेखागार (रिकॉर्ड रूम) में दाख़िल किया गया।'[123]

उत्तर प्रदेश में भी चमड़े के कार्य को चमारों के पेशे के रूप में ही भूमि-बन्दोबस्त दस्तावेज़ों में दर्ज किया गया, जिसे जाँचकर्ताओं और मानवविज्ञानियों द्वारा चमारों के कर्तव्यों और अधिकारों के साक्ष्य के रूप में उद्धृत किया गया। इस प्रक्रिया में, ग्रामीण समुदाय में चमारों की सेवाओं (हिस्सेदारी) को उन श्रेणियों में बदल दिया गया, जिसे स्मिथ ने 'पूर्वनिर्धारित क़ानूनी श्रेणियाँ' कहा, और जो अदालतों तथा सरकार द्वारा संरक्षित और सुरक्षित थीं। डी.एम. स्टीवर्ट ने, 1922 में अवध में उपकरों की अपनी जाँच में इस तरह के वर्गीकरणों से होने वाले परिवर्तनों को उजागर किया था। उसका निष्कर्ष था कि वाजिब-उल-अर्ज, उन परिस्थितियों में, जिनमें यह बनाया गया था, एक नियम के रूप में, अपने दर्ज तथ्यों का बहुत मज़बूत साक्ष्य था, और वाजिब-उल-अर्ज में दर्ज प्रविष्टि को लगभग आमतौर से इस प्रथा के अस्तित्व का पर्याप्त प्रमाण मान लिया गया था।[124] वाजिब-उल-अर्ज 'वर्गों के अधिकार के दस्तावेज़' से प्रथागत अधिकारों और कर्तव्यों में परिवर्तित कर दिये गए थे। चमड़े के काम, पेशे और मृत मवेशियों के साथ चमारों के सम्बन्ध को प्रथागत जजमानी व्यवस्था का अंग मान लिया गया, और उसको प्रमाणित करने के लिए हिन्दू धर्म की मान्यताओं और रीति-रिवाज़ों के हवाले दिये गए।

वास्तव में, चमार जाति के लोगों की पहचान चमड़े का व्यवसाय करनेवालों के रूप में बनाई गई, और इसे जजमानी व्यवस्था के अन्तर्गत उनका आनुवंशिक जातीय कर्म बताया गया। पुलिस की रिपोर्टों में दिये गए साक्ष्य बताते हैं कि 1880 के दशक के अन्त तक चमारों ने प्रथागत अधिकारों की धारणा पर भरोसा करने के बजाय, उन बूढ़े और बीमार मवेशियों की ख़रीद-फ़रोख्त शुरू कर दी थी, जिसे हिन्दू किसानों ने त्याग दिया था।[125] 1890 के दशक तक चमार ठेकेदारों के रूप में उद्यमियों की एक नई पीढ़ी सामने आ गई थी, जिन्होंने स्थानीय ज़मींदारों से खालें इकट्ठा करने का अधिकार ख़रीद लिया था। यह बनारस, आजमगढ़, ग़ाज़ीपुर और बलिया जैसे पूर्वी ज़िलों में व्यापार की एक ख़ास विशेषता बन गई थी।[126] अवध क्षेत्र में इसे ठेकेदारी कहा जाता था, जिसे डी.एम. स्टीवर्ट ने 1922 की अपनी रिपोर्ट में 'हाल की उत्पत्ति' बताया था। बहराइच, फ़ैज़ाबाद और प्रतापगढ़ जैसे

ज़िलों में ज़मींदारों ने अपनी ज़मींदारियों में खालें इकट्ठा करने के अधिकार की नीलामी चमार ठेकेदारों को की थी। ठेके की क़ीमत गाँव के चरागाह के आकार और खाल के व्यापार के पैमाने पर निर्भर करती थी। पूरे अवध में ज़मींदारों ने चमारों से नक़द भुगतान की माँग करनी शुरू कर दी थी।[127] इससे स्पष्ट है कि औपनिवेशिक अर्थव्यवस्था, मानवविज्ञान और क़ानून-व्यवस्था ने चमारों को चमड़े के पेशे से जोड़ने में भूमिका निभाई।

लेकिन वास्तव में यह किसी पारम्परिक पेशे के कारण नहीं था, बल्कि इसका कारण यह था कि चमारों ने उपलब्ध अवसरों का लाभ उठाया था, जिनसे वे कानपुर के चमड़ा-उद्योग के लिए महत्त्वपूर्ण हो गए थे। गेविन जोंस ने अपनी आत्मकथात्मक पुस्तक 'कानपुर का उत्थान और विकास' में दावा किया कि 'चमार कानपुर के मुख्य श्रमिक वाशिन्दे थे, जिन्होंने अंग्रेज़ों के व्यापार से सबसे पहले लाभ उठाया था, और निम्न जाति और अत्यन्त ग़रीब होने के कारण उन्होंने अंग्रेज़ों के शिविरों में नौकरों की तरह काम किया था।' उन्होंने तर्क दिया कि चमारों ने कानपुर में सिपाहियों और शिविर-सेवकों की तत्काल ज़रूरत को पूरा करने के लिए उनके चमड़े के सामानों, ख़ासतौर से उनके जूतों की मरम्मत करके स्थिति का लाभ उठाया।[128] बाथगेट और कैंपबेल जैसी ब्रिटिश और यूरोपियन कम्पनियाँ कानपुर में चमड़ा-व्यापार को नियंत्रित करती थीं।[129] चमार 'काम लायक चमड़ा' और सामान बनाने में सक्षम थे; हालाँकि उससे पहले उन्होंने वह काम कभी नहीं किया था, पर समय के साथ उन्होंने उसमें अच्छी महारत हासिल कर ली थी।[130] घोड़े की जीन-काठी का निर्माता बाबू राम चमार 1860 के दशक में 'पायनियर' में विज्ञापन करनेवाला पहला भारतीय था, जो नये अवसरों से लाभ उठाने वाले अनेक चमारों की उद्यमशीलता का प्रतिनिधित्व करता था।[131] 1849 तक कानपुर भारत में चमड़ा-उत्पादन का एक विख्यात केन्द्र बन चुका था, जहाँ से देश के अन्य भागों में कैरिज, हार्नेस और सेडलरी जैसे उत्पादों को भेजा जाता था।[132]

चमड़ा-उद्योग के लिए चमारों को श्रमिक बनाने की प्रक्रिया

एस.एच. फ्रेमेंटल ने उत्तर प्रदेश के औद्योगिक श्रमिकों के 1906 के अपने सर्वेक्षण में चमड़ा-उद्योग में श्रमिकों की नियुक्तियों के लिए जाति के महत्त्व को रेखांकित किया था। उसने दावा किया कि चमारों को चर्मशोधन के कार्य के लिए भर्ती किया गया था, क्योंकि इसमें कच्ची खालों को छूना शामिल था, जबकि सिलाई और फिनिशिंग का सारा कार्य मुस्लिम कारीगरों द्वारा किया जाता था।[133] रॉयल श्रम आयोग की 1930 की रिपोर्ट ने स्वीकार किया था कि विभिन्न उद्योगों के लिए श्रमिकों की भर्ती में जाति ने महत्त्वपूर्ण भूमिका निभाई थी। आयोग का दावा था

कि प्रत्येक व्यवसाय का जाति के साथ पारम्परिक और आनुवंशिक सम्बन्ध था, जो उन्हें अन्य व्यवसाय करने से रोकता था।[134] औपनिवेशिक राज्य की नीतियों ने भी चमड़ा-उद्योग में चमारों की श्रमिक भागीदारी के लिए इसी धारणा को अपनाते हुए चमारों को चर्मकार बनाया, जबकि वे पहले यह काम नहीं करते थे। इसी औपनिवेशिक विमर्श ने चर्म-प्रशिक्षण स्कूलों की स्थापना का मार्ग प्रशस्त किया, जिनमें चमड़ा-उद्योग में चमारों की एक विशिष्ट और अतिप्राचीन छवि को गढ़ा गया।

चमारों और चमड़ा-उद्योग पर उत्तर प्रदेश सरकार ने ध्यान आर्थिक कारणों से दिया था। उन्नीसवीं शताब्दी के अन्त तक चमड़ा-उद्योग ईस्ट इंडिया कम्पनी का आठवाँ सबसे लाभदायक निर्यात व्यापार था।[135] 1880 और 1930 के बीच भारत की कुल निर्यात-आय का लगभग पाँच प्रतिशत भाग खालों और चमड़े के निर्यात से प्राप्त हुआ था।[136] भारत की कुल खालों और चमड़े का 85 प्रतिशत निर्यात कलकत्ता से किया जाता था, जिसमें उत्तर प्रदेश की हिस्सेदारी काफ़ी महत्त्वपूर्ण थी; उसका 1880 के दशक में वार्षिक योगदान कुल निर्यात का लगभग 20 प्रतिशत था, जो 1890 के दशक में बढ़कर 25 प्रतिशत हो गया था। (देखिए, परिशिष्ट, तालिका 11)[137] इस अवधि में भारत में 75 से 80 प्रतिशत चमड़े का उत्पादन मृत पशुओं की खालों से, और शेष बूचड़खानों में काटे गए पशुओं की खालों से होता था।[138] इसमें बड़ी वृद्धि सूखे और अकाल के दौरान तब हुई थी, जब पशुओं में मृत्यु-दर बढ़ गई थी।[139] कलकत्ता से इंग्लैंड और यूरोप तथा अमेरिका के अन्य भागों के लिए तीन प्रकार की खालें—नमक लगाकर सुखाई गई खालें, नमक लगी गीली खालें और संखिया से सुखाई गई खालें निर्यात की जाती थीं।

1907 में उत्तर प्रदेश सरकार ने ए.सी. चटर्जी को स्थानीय उद्योगों की स्थिति और उनके विकास की सम्भावनाओं की जाँच के लिए नियुक्त किया था। उसने 'चर्मशोधन और चमड़ा-उद्योगों को इस तरह से प्रोत्साहित किये जाने की सिफ़ारिश की कि चमारों और ग़रीब मुसलमानों को गाँवों से निकालकर शहरों की घनी आबादी में बसाने की आवश्यकता के बिना ही, उनको बड़ी संख्या में चमड़ा-उद्योगों में काम पर लगाया जा सके।' उसका तर्क था कि नई तकनीकों के आने से ग्रामीण इलाक़ों में चमड़े का काम अधिक लाभदायक हो जाएगा, और चमारों को भी गाँवों में रहने के लिए प्रोत्साहन मिलेगा। इस उद्देश्य को प्राप्त करने के लिए, उसने दो क़िस्म के स्कूल खोलने का सुझाव दिया। सबसे पहले चर्मशोधन की नई विधियों और तकनीकों का प्रशिक्षण देने के लिए चर्मकला स्कूल खोले जाएँ। ये स्कूल उत्तर प्रदेश के चमार और मुस्लिम बहुल आबादी वाले ज़िलों, जैसे लखनऊ, गोरखपुर और सहारनपुर में खोले जाने चाहिए। दूसरे, कुछ विशेष स्कूल उन चमारों के लिए खोले जाने चाहिए, जो चमड़े की वस्तुएँ तैयार करने में कुशल हों। उसका मानना था कि ये स्कूल चमार मोचियों को 'आधुनिक औज़ारों के साथ बूट, जूते और जीन आदि

के निर्माण की नई तकनीक सिखा सकते हैं।' उसने यह भी सुझाव दिया कि ये स्कूल कानपुर, बनारस, आगरा, या मेरठ जैसे इलाक़ों में, जहाँ पहले से ही प्रशिक्षित श्रमिक हैं, नहीं खोले जाने चाहिए।[140] इसी तरह, फतेहपुर, खीरी, रायबरेली, सुल्तानपुर, मुज़फ़्फ़रनगर और मेरठ ज़िलों की 1924 की औद्योगिक रिपोर्टों में चमारों की खाल उतारने और चमड़ा बनाने के तकनीकों में सुधार लाने का सुझाव दिया गया था।[141]

1907 में नैनीताल में आयोजित औद्योगिक सम्मेलन के उद्घाटन भाषण में, लेफ़्टिनेंट गवर्नर ने चटर्जी द्वारा सुझाए गए अधिकांश उपायों को मान लिया था। वह इस बात से सहमत थे कि 'सरकार को चमड़ा-उद्योग को प्रोत्साहित करने के लिए छोटे चर्मशोधन स्कूल शुरू करने चाहिए। सम्मेलन ने जो प्रस्ताव पास किया था, उसमें सरकार से ऐसा चर्मशोधन स्कूल खोलने का अनुरोध किया गया था, जिसमें बेहतर उपकरणों के साथ बूट और जूते बनाने का प्रशिक्षण दिया जाए।[142] और, सरकार ने 1908 में, 15 हज़ार रुपये की वार्षिक लागत के साथ, लखनऊ में उन चमारों को प्रशिक्षित करने के लिए स्कूल खोला, 'जो पहले से ही चमड़े के काम का कुछ ज्ञान रखते थे।' गवर्नर को आशा थी कि 'स्कूल में सरकारी कार्य की भी एक अच्छी भागीदारी हो सकती है।'[143]

इस प्रकार, बूट और जूतों के निर्माण का पहला स्कूल 1908 में लखनऊ में स्थापित हुआ, जो केवल चमार जातियों के छात्रों तक सीमित किया गया था।[144] दूसरे शब्दों में, किसी ग़ैर-चमार को इस स्कूल में चमड़ा-उत्पादन की नई तकनीक को सीखने का अवसर नहीं दिया गया था। 1915 में दूसरा चर्मशोधन स्कूल कानपुर में स्थापित किया गया, जबकि मेरठ में तीसरे स्कूल के प्रस्ताव का अनुमोदन किया गया। प्रान्तीय सरकार के सचिव, ई.ए.एच. ब्लंट का मानना था कि मेरठ स्कूल स्थानीय चमड़ा-उद्योग को तकनीकी जानकारी उपलब्ध कराएगा। 'यह माना गया था कि यह कानपुर के चमड़ा स्कूल की तरह ही काम करेगा, और इसमें उत्तीर्ण छात्रों को दिल्ली और आसपास के स्थानों पर रोज़गार पाने में कोई कठिनाई नहीं होगी।'[145] सरकार ने मेरठ स्कूल का अनुमोदन 9 जनवरी 1919 को किया, और उसे 1921 में आरम्भ किया।[146] स्कूलों के लिए इन स्थानों का चयन इसलिए किया गया था, क्योंकि चमड़ा-उद्योग और चमार श्रमिक बल वहाँ पहले से ही मौजूद थे।

1925 में सरकार ने इस आधार पर आगरा में भी चर्मशोधन स्कूल खोलने का निश्चय किया कि जिस तरह कानपुर, लखनऊ और मेरठ के स्कूलों ने चमड़ा-उद्योग में अच्छा काम किया है, उसी तरह आगरा का स्कूल भी करेगा। उद्योग विभाग चाहता था कि यह स्कूल चमड़ा-उद्योग की 'तत्काल आवश्यकता' को पूरा करे। उसका तर्क था कि 'आगरा जूता उद्योग का मुख्य केन्द्र है, इसलिए जूता-निर्माण के विकास और प्रशिक्षण के लिए ऐसे स्कूल की, अन्य जगह की अपेक्षा, यहाँ ज़्यादा ज़रूरत है।'[147] सरकार ने 1927 में पड़ोसी ज़िला फतेहपुर में

छात्रों को चमड़ा और क्रुम दोनों को आधुनिक तरीक़ों से छीलने और तैयार करने का प्रशिक्षण देने के लिए एक और चर्मकला स्कूल शुरू किया। इसने 'चमड़े के काम से आनुवंशिक सम्बन्ध रखने वाले चमारों को बढ़ावा देने के लिए' दस में से पाँच छात्रों को छात्रवृत्ति का प्रलोभन दिया।[148]

चटर्जी ने यह सुझाव भी दिया कि सरकार को चर्मकला स्कूलों को बढ़ावा देने में जातीय तंत्र का उपयोग करना चाहिए, क्योंकि 'इन समुदायों में जाति का बहुत ही मज़बूत प्रभाव है।'[149] सरकार ने इस सम्बन्ध में बाबू खेमचन्द से सहायता लेने का निश्चय किया, जो उस समय के एक महत्त्वपूर्ण चमार नेता थे, और जो लन्दन की गोलमेज़ सभा में भी आमंत्रित किये गए थे। सरकार का कहना था कि इस तरह के स्कूल 'दलित वर्गों की स्थिति में, जिससे बाबू खेमचन्द आते हैं, सुधार लाएँगे, और बाबू खेमचन्द की उपस्थिति से सरकार को उनकी आवश्यक भर्ती करने में सहायता मिलेगी।'[150] बाबू खेमचन्द का सहयोग सुनिश्चित करके, अंग्रेज़ सरकार चमार समुदाय को सन्देश दे रही थी कि यह उनके लाभ के लिए खोला गया था। सरकार का इरादा उन कुशल चमारों का इस्तेमाल करके, जो पहले से ही कारख़ानों में या छोटे पैमाने पर अपना ख़ुद का चमड़े का काम करते थे, चमड़ा-उत्पादन उद्योग को मज़बूत करने का था। आगरा, कानपुर और मेरठ के इन स्कूलों की ख़ासियत यह थी कि 'उनमें मिस्त्रियों (बढ़ई) और मोचियों के सामान्य कामकाज की तकनीक में सुधार के लिए उनकी सहायतार्थ शाम की कक्षाएँ शुरू की गई थीं।' इसके अतिरिक्त, उन्हें थोड़ा पढ़ने-लिखने के साथ, उनके पेशे का एक संक्षिप्त इतिहास और चित्र बनाना भी सिखाया गया था, ताकि वे उत्पाद का एक ठोस चित्र बनाने या किसी वस्तु को त्रि-आयामी नाप के साथ काग़ज़ पर उतारने में सक्षम हो सकें।[151]

कानपुर, मेरठ और आगरा के चमड़ा स्कूलों ने जो पाठ्यक्रम अपनाया, वह स्थानीय उत्पादन-प्रणाली के अनुरूप था। कानपुर और मेरठ के स्कूलों में 'हाथ से सिलाई' सिखाई जाती थी, जिसमें एक व्यक्ति पूरा जूता बनाता था, अर्थात, वह एक जोड़े जूते के सभी भागों को स्वयं बनाकर तैयार करता था।[152] इस प्रणाली के अन्तर्गत, उत्पादन का काम कुशल कारीगर के स्वामित्व में चलने वाले छोटे कारख़ानों में किया जाता था, जहाँ सीमित संख्या में जूतों का निर्माण होता था। किन्तु, बड़े कारख़ानों में जूतों के निर्माण की प्रणाली अलग थी, जैसे 'हार्नेस' और 'सेडलरी' में, जहाँ जूतों के अलग-अलग हिस्सों के निर्माण का काम अलग-अलग विभागों में किया जाता था, और जहाँ चालीस से पचास जोड़े जूते प्रतिदिन बनाए जाते थे। इस प्रणाली को आगरा के स्कूल में पढ़ाया जाता था, जहाँ छह महीने का प्रशिक्षण दिया जाता था।

चर्मकला स्कूलों के अतिरिक्त, सरकार ग्रामीण क्षेत्रों में चमारों के साथ सीधा सम्पर्क स्थापित करने के लिए भी कक्षाएँ चलाती थी। इस तरह की परियोजनाओं का सुझाव, फतेहपुर, रायबरेली, सुल्तानपुर और कई अन्य ज़िलों के औद्योगिक सर्वेक्षणों

में चमारों को आधुनिक तकनीकों से लैस करने के लिए दिया गया था।[153] जिन गाँवों में चर्मशोधक चमारों की बड़ी आबादी थी, वहाँ 'चमारों को खाल निकालने और चमड़ा तैयार करने की सही विधियाँ सिखाने के लिए लगातार कक्षाएँ चलाई गईं, और सही तरीक़े से चमड़ा-शोधन करके दिखाया गया।' बिना दिनांक की एक रिपोर्ट में, एल.एन. श्रीवास्तव ने दावा किया कि 1930 के दशक के मध्य तक, लगभग चार हज़ार चमार और कसाई खाल निकालने की आधुनिक तकनीक सीख चुके थे, जिसके लिए राज्य के विभिन्न भागों में छब्बीस कक्षाएँ आयोजित की गई थीं।[154]

किन्तु उत्तर प्रदेश में प्रशिक्षण स्कूल खोलकर चमड़ा-उद्योग का चमारीकरण करने का प्रयास अपने उद्देश्य में सफल नहीं हुआ। अधिकारियों ने सोचा था कि ये स्कूल चमार जाति के छात्रों को आकृष्ट करेंगे, परन्तु वे नहीं कर सके। छात्रों की सामाजिक पृष्ठभूमि पर उपलब्ध कुछ आँकड़े आधिकारिक धारणाओं और सामाजिक वास्तविकता के बीच असंगति दर्शाते हैं, जिनमें चमार छात्र स्पष्ट रूप से अनुपस्थित थे। 1919 में कानपुर स्कूल में 45 छात्र थे, जिनमें 38 मुस्लिम, 3 ईसाई, 2 ब्राह्मण थे, 1 यूरेशियाई और 1 पारसी था।[155] मेरठ के स्कूल में 25 छात्रों में 22 मुस्लिम थे, 2 की पहचान हिन्दू के रूप में हुई थी, और 1 की पहचान चमार के रूप में हुई थी। 1921 में कानपुर स्कूल में 41 छात्रों में 34 मुस्लिम थे, 3 ईसाई, 2 ब्राह्मण और 2 कायस्थ थे।[156] इन स्कूलों में सबसे बड़ी संख्या मुस्लिम छात्रों की थी, जो लगभग 90 प्रतिशत थे। यह कोई आश्चर्य की बात नहीं है, क्योंकि चमड़ा-व्यापार पर मुसलमानों का नियंत्रण था। लेकिन चमड़े के साथ मुसलमानों के सम्बन्ध को, चमारों की तरह, पारम्परिक या वंशानुगत रूप में नहीं देखा गया। 1928 में सरकार ने स्वीकार किया कि ये स्कूल उन व्यक्तियों को प्रशिक्षित कर रहे थे, 'जिनका चमड़ा-व्यवसाय से कोई वंशानुगत सम्बन्ध नहीं था।' हालाँकि उद्योग निदेशक का यही कहना था कि चर्मशोधन की नवीनतम तकनीकों के शिक्षण-प्रशिक्षण की ज़रूरत सिर्फ़ चमारों को थी।[157]

चमड़ा-उद्योग में मुख्य उद्यमियों के रूप में मुसलमानों ने चर्मकला स्कूलों में तुरन्त अपने व्यापार का लाभ देख लिया था। मुस्लिम समुदाय को उनके कौशल और सामान्यतः उनके पेशे में सुधार की आशा ने इन स्कूलों में जाने के लिए प्रेरित किया। इसी उद्देश्य से जनवरी 1937 में, बहराइच में एक निजी स्कूल 'नूर-उल-उलूम' नाम से उद्योग विभाग की 600 रुपये वार्षिक अनुदान की सहायता से स्थापित हुआ था। यह स्कूल मसूदिया नूर-उल-उलूम का हिस्सा था, जो पिछले सात सालों से मुसलमानों को पर्सियन और अरबी में धार्मिक और धर्मनिरपेक्ष शिक्षा प्रदान कर रहा था। हमारे (मुस्लिम) समुदाय के उन युवाओं के लिए, जो व्यापारिक उद्यमों में शामिल होने में संकोची और पिछड़े हुए थे, रोज़गार का एक अच्छा क्षेत्र बनाने के लिए सरकारी सहायता माँगी गई थी।[158] पहले साल में चर्मकला स्कूल में शिक्षा पाने के लिए इस

मदरसे में 14 छात्रों ने प्रवेश लिया। उद्योग और वाणिज्य निदेशक, एच.एन. सप्रू ने यह तर्क देकर अतिरिक्त अनुदान की माँग का विरोध किया कि इसमें चमार छात्रों ने प्रवेश नहीं लिया था; यह मुस्लिम युवकों की ओर से की गई एक मुस्लिम पहल थी, और 'इस स्कूल का उद्योग या बेरोज़गार युवकों के लिए कोई उपयोग नहीं है।'[159]

सरकार द्वारा संचालित 'सेडलरी एंड हार्नेस कम्पनी' ने अपने श्रमिकों की जातीय पहचान पर ध्यान केन्द्रित करके चमारीकरण के सिद्धान्त पर भरोसा किया था। उसने नये श्रमिकों की भर्ती के लिए अपने कर्मचारियों की जातीय संरचना का उपयोग किया। अहमद मुख़्तार ने लिखा कि जब भी 'प्रशिक्षित श्रमिकों की कमी' होती, तो कम्पनी अपने कुछ कर्मचारियों या एजेंटों को नई भर्ती करने के लिए ग्रामीण इलाक़ों में भेजती थी। वह अपने सेवानिवृत्त या वृद्ध कर्मचारियों के पुत्रों और सम्बन्धियों को भी नियुक्त करती थी।[160] कानपुर की सेडलरी एंड हार्नेस कम्पनी के अधीक्षक ने रॉयल श्रम आयोग के समक्ष स्वीकार किया था कि कम्पनी की प्राथमिकता चमारों की नियुक्ति करने की थी। उसने बताया कि 'हमारे चमड़ा विभागों में निम्न जाति के हिन्दू काम करते हैं, जबकि मेटल फिटिंग, लोहार-मिस्त्री, कारपेंटर (बढ़ई) और टेलरिंग (सिलाई) विभागों में हिन्दू-मुसलमानों की मिश्रित जातियों के लोग नियुक्त किये गए हैं।' सरकारी कम्पनी ने कर्मचारियों के बच्चों को भी 'बाल-कारीगरों' के रूप में प्रशिक्षण देने के लिए स्कूल खोलने की राज्य सरकार की सिफ़ारिश को स्वीकार कर लिया था। इस फ़ैक्टरी स्कूल में 1930 के दशक में लगभग 60 बच्चे नियमित रूप से आते थे।[161] इन नीतियों का उद्देश्य चमारों को मज़दूर बनाना था। फिर भी अहमद मुख़्तार का निष्कर्ष था कि 'पेशेवर चमार' पृष्ठभूमि के श्रमिकों को उनके कौशल और अनुभव के कारण नियुक्त किया गया था, और उन्हें अन्य जातियों के श्रमिकों की तुलना में बेहतर वेतन दिया जाता था।[162] यह निष्कर्ष अभी भी विद्वानों द्वारा व्यापक रूप से स्वीकार किया जाता है, जैसा कि चित्रा जोशी की 2003 की पुस्तक प्रमाणित करती है।

अहमद मुख़्तार भी, अन्य बहुत से भारतीय राष्ट्रवादियों की तरह उपनिवेशवादियों की इस धारणा को स्वीकार करते थे कि चमड़ा-उद्योग ने चमारों को ग़रीबी और उत्पीड़न से मुक्त किया था। राष्ट्रवादियों ने भी पूर्ववर्ती औपनिवेशिक प्रशासकों की तरह, इसी बात पर ज़ोर दिया कि 'हरिजनों' अथवा 'अछूतों' के बच्चों को उनके 'पैतृक व्यवसाय' में ही प्रशिक्षित किया जाना चाहिए। इसी सोच के तहत 1936 में भारतीय राष्ट्रीय कांग्रेस ने किंग्सवे कैंप, दिल्ली में एक 'हरिजन उद्योगशाला' की स्थापना की। इस उद्योगशाला में प्रशिक्षणरत 25 लड़कों में 19 चमार थे, जो जूता-निर्माण का काम सीख रहे थे। बाक़ी छह प्रशिक्षुओं में एक ब्राह्मण, दो खत्री, एक जाट और दो भंगी थे, जो बढ़ईगीरी सीख रहे थे। कांग्रेस ने आशा की थी ये लड़के अपने पैतृक व्यवसाय में प्रशिक्षित होकर, अपने 'माता-पिता की तुलना में अपना

जीवन ज़्यादा उच्च स्तर का बनाएँगे।' स्कूल (उद्योगशाला) की स्थापना करके, कांग्रेस को 'हरिजनों की भलाई में रुचि रखने वाले' सभी सुधारवादी उच्च जातियों के हिन्दुओं की सहानुभूति मिल गई। इसने सवर्ण हिन्दुओं के ध्यान में यह बात भी भर दी कि 'अधिकांश चमार लड़कों ने बिना किसी झिझक के ही अपने चमड़े के पैतृक काम को अपना लिया था।'[163] सभी राष्ट्रवादी समान रूप से जातीय व्यवस्था को मज़बूत करने के पक्षधर थे, और सवर्ण हिन्दू विशेष रूप से चमारों को चमड़े के ही कार्यों से जोड़े रखना चाहते थे। हालाँकि, यह सिर्फ़ एक परम्परागत विचार था। फिर भी, औपनिवेशिक सरकार द्वारा संचालित स्कूलों की तरह, राष्ट्रवादियों के स्कूल ज़्यादा आधुनिक नहीं बन सके थे।

कांग्रेस-मंत्रालयों पर 1937 की रिपोर्ट ने ग्रामीण चर्मशोधन व्यवसाय में सुधार करके उस एजेंडे को, आसानी से स्वीकार कर लिया था, जिसमें 'ग़रीब और दलित वर्गों' को प्रशिक्षण देकर 'गाँवों में रह रहे हज़ारों लोगों को रोज़गार उपलब्ध कराने की बात कही गई थी।' रिपोर्ट में दावा किया गया था कि 'यदि हम खालों के बजाय, चमड़ा निर्यात करने का काम करें, तो हम ग़रीबों की जेबों में एक करोड़ रुपये डाल सकते हैं।'[164] एक कांग्रेसी सदस्य और कांग्रेस मंत्रालय में संसदीय सचिव, गोपीनाथ श्रीवास्तव के अनुसार, उत्तर प्रदेश सरकार ने 'चमारों के आर्थिक उत्थान के लिए कच्ची खालों के उद्योग के विकास के लिए एक योजना' आरम्भ की थी। इसके अन्तर्गत कांग्रेस सरकार ने सभी शहरी औद्योगिक स्कूलों में और ग्रामीण केन्द्रों पर 'चर्मशोधन में प्रशिक्षण-कक्षाएँ शुरू कीं, जिनमें विशेषज्ञ प्रशिक्षक, जो 'उस्ताद' कहलाते थे, बेहतर उपकरणों के साथ चर्मशोधन करना सिखाते थे।' ये कक्षाएँ 'चमड़ा उतारने, सुखाने, संरक्षित करने और उन्हें पकाने के प्रशिक्षण पर केन्द्रित थीं।'[165]

चर्मकला स्कूलों में चमारों की अनुपस्थिति को नज़रअन्दाज़ करके और उद्योग की भर्ती-रणनीतियों की भी परवाह न करके राष्ट्रवादियों ने, अपने पूर्ववर्ती औपनिवेशिक प्रशासकों की तरह, चमारों को पूर्णकालिक पेशेवर चर्मकारों में बदलकर 'परम्परा' को फिर से स्थापित कर दिया। चर्मशोधन और चमड़ा-उद्योग पर विचार करने सम्बन्धी एक सभा में भारतीय संसद के दो सदस्यों, बी. जीतू लाल और रामप्रसाद सोनी ने तर्क दिया कि चमड़ा-उद्योग को कुटीर उद्योग घोषित किया जाना चाहिए, क्योंकि इससे गाँवों में लाखों चमारों को रोज़गार मिलेगा।[166]

कानपुर के एक चमड़ा-निर्माता, ए. कार्नेगी ने 1916 में भारतीय औद्योगिक आयोग के समक्ष अपने साक्ष्य में एक टिप्पणी की थी, जो इस अध्याय के तर्क को अच्छी तरह से व्यक्त करती है। कार्नेगी ने लिखा था, 'चमार लोग आमतौर पर चमड़े के कार्य को अपने जीवन-भर के लिए नहीं अपनाते हैं। उनमें अधिकांश लोग किसान हैं, और चमड़े के कारखानों में काम करने के लिए तभी अपना गाँव छोड़ते हैं,

जब उन्हें कुछ धन कमाने की ज़रूरत होती है।'[167] चमार किसी परम्परा के कारण चमड़ा-कारख़ानों में काम नहीं करते हैं, बल्कि इसलिए करते हैं, क्योंकि यह उनके लिए रोज़गार का एक और अवसर उपलब्ध कराता है। एक अन्य उदाहरण से भी इसे समझा जा सकता है। 1920 के दशक में इलाहाबाद में क्रान्तिकारी दलितों के संरक्षक, सेठ सूरजदीन कोरी के बारे में लिखते हुए नन्दलाल वियोगी हमें बताते हैं कि सूरजदीन एक ग़रीब कृषक परिवार से थे, लेकिन उन्होंने जूता और चमड़ा व्यापार द्वारा प्रदान किये गए व्यावसायिक अवसर का लाभ उठाया।[168] वास्तव में, चमड़े के कार्य से चमारों का स्वाभाविक या 'प्राकृतिक' सम्बन्ध औपनिवेशिक काल के दौरान गढ़ा गया। चमड़ा-उद्योग का प्रमुख प्रतिनिधित्व, चर्मकला स्कूलों का खोला जाना, वह भी विशेष रूप से चमारों के लिए और औपनिवेशिक अधिकारियों द्वारा सदियों पुरानी 'जजमानी' व्यवस्था के साथ चमारों का सम्बन्ध जोड़ना, इन सबने मिलकर यह विचार विकसित करने में सहायता की कि चमड़े का काम ही उनका एकमात्र व्यवसाय है, और यही दूसरों की नज़रों में उनकी पहचान बन गई। यह सब इस बात की परवाह किये बग़ैर हुआ कि क्या वास्तव में चमार पूरे समय चमड़े का ही काम करते थे? किन्तु अन्ततः इससे चर्मकार श्रमिकों की जातीय पहचान का मिथ ज़रूर पैदा कर दिया गया। उन्नीसवीं और बीसवीं शताब्दी के आरम्भ में चमड़ा-व्यापार के विश्लेषण भी इस बात को प्रमाणित करते हैं कि चमड़े का काम करनेवाले चर्मकार, मुसलमानों की तरह ही, गाँवों में नहीं, बल्कि क़स्बों में रहते थे, जो पूर्व-औपनिवेशिक काल में उत्पादन से जुड़े कारीगरों के केन्द्र थे। लेकिन ये राष्ट्रवादी हिन्दू नहीं, बल्कि चमार विचारक और कार्यकर्ता थे, जिन्होंने चमड़े के कार्य को चमारों से जोड़ने का विरोध किया था। अगले अध्याय में इस प्रतिरोध पर विचार किया जाएगा।

सन्दर्भ

1. चित्रा जोशी, *लॉस्ट वर्ड*, पृ. 78, 239-40
2. मुख़्तार, *रिपोर्ट ऑन लेबर कंडीशंस*, पृ. 29
3. निहॉफ, *फ़ैक्टरी वर्कर्स इन इंडिया*, पृ. 54-55
4. लिंच, *दि पॉलिटिक्स ऑफ़ अनटचेबिलिटी*, पृ. 33; नोरिंगा, *आर्टिजन लेबर इन दि आगरा फ़ुटवियर इंडस्ट्री*, पृ. 304; नोरिंगा चमड़े के काम और जूता-निर्माण को चमारों का पुश्तैनी काम मानते हैं।
5. राय, *ट्रेडीशनल इंडस्ट्री*, पृ. 197
6. *हाइड्स सेस इन्क्वायरी कमेटी की रिपोर्ट*, वॉल्यूम 2, पृ. 12
7. एस. शर्मा, *दि चमार आर्टिजंस*, पृ. 35
8. राय, *ट्रेडीशनल इंडस्ट्री*, पृ. 156; राय का यह उद्धरण, जॉर्ज वाट की पुस्तक *ए डिक्शनरी ऑफ़ दि इकोनॉमिक प्रोडक्ट्स ऑफ़ इंडिया*, वॉल्यूम 4 से लिया गया है, जो यह संकेत करता है कि वह जजमानी व्यवस्था की बात कर रहे हैं।

9. मुख़्तार, *रिपोर्ट ऑन लेबर कंडीशंस,* पृ. 29
10. *सेंसस ऑफ़ इंडिया,* 1931, वॉल्यूम 18, पार्ट 1, रिपोर्ट, पृ. 422
11. चक्रवर्ती, *रीथिंकिंग वर्किंग क्लास हिस्ट्री,* चैप्टर 2 और 3, चन्दावरकर, *दि ओरिजिंस ऑफ़ इंडस्ट्रियल कैपिटलिज़्म इन इंडिया।*
12. वही, पृ. 14, 93-96
13. दास गुप्ता, *फ़ैक्टरी लेबर इन ईस्टर्न इंडिया,* पृ. 316-17, 326
14. लाल, *चलो झाजी,* पृ. 106-107
15. फ्रेमेंटल, *रिपोर्ट ऑन दि सप्लाई ऑफ़ लेबर इन दि यूनाइटेड प्रोविंसेस एंड बंगाल,* एपेंडिक्स ए।
16. राय, *ट्रेडिशनल इंडस्ट्री,* पृ. 176; जोशी, *लॉस्ट वर्ल्ड,* पृ. 35
17. फ़ाइल संख्या 434, 7 दिसम्बर, 1866, एल/एमआईएल/7/13506, हार्नेस एंड सेडलरी फ़ैक्टरीज, कानपुर, मिलिटरी डिपार्टमेंट, ओरियंटल एंड इंडिया ऑफ़िस कलेक्शन, ब्रिटिश लाइब्रेरी।
18. वही
19. नार्थ-वेस्टर्न प्रोविंसेस और अवध सरकार के सचिव को इलाहाबाद मंडल के आयुक्त, एफ.एल. पेत्रे का पत्र, दिनांक 29 अगस्त, 1899, फ़ाइल संख्या 71बी, बॉक्स संख्या 547/1900, विविध, (सामान्य) म्यूनिसिपल विभाग, उ.प्र. राज्य अभिलेखागार, लखनऊ, पृ. 29-32
20. यालैंड, *बॉक्सवालास,* पृ. 129-30, 272; यालैंड का विवरण स्टीवर्ट के परिवार के काग़ज़ात पर आधारित है।
21. चेनेविक्स-ट्रेंच, *मोनोग्राफ़ ऑन टैनिंग एंड वर्किंग इन लैदर,* पृ. 1-3, ये छह प्रान्त थे—बंगाल, बम्बई, मद्रास, संयुक्त प्रान्त, और पंजाब।
22. वही, पृ. 13
23. *रिपोर्ट ऑन दि इंडस्ट्रियल सर्वे ऑफ़ दि जालौन डिस्ट्रिक्ट,* 1924, जी.एन. भार्गव, पृ. 28
24. ब्रिग्स, *दि चमार्स,* पृ. 225-228
25. वाल्टन, *मोनोग्राफ़ ऑन टैनिंग एंड वर्किंग इन लैदर,* पृ. 27
26. *भारतीय औद्योगिक आयोग की रिपोर्ट,* पृ. 36
27. ब्रिग्स, *दि चमार्स,* पृ. 228
28. वही।
29. वाल्टन, *मोनोग्राफ़ ऑन टॅनिंग एंड वर्किंग इन लैदर,* पृ. 27
30. भारतीय औद्योगिक आयोग में आर.बी. इब्बैंक की मौखिक साक्षी, मिनट्स ऑफ़ एविडेंस, वॉल्यूम 4, पृ. 552
31. *हाईड्स सेस इन्क्वायरी कमेटी की रिपोर्ट,* वॉल्यूम 2, पृ. 12
32. राय, *ट्रेडीशनल इंडस्ट्री,* पृ. 157
33. ब्रिग्स, *दि चमार्स,* पृ. 226
34. वही, पृ. 230
35. चन्द्रा, *मोनोग्राफ़ ऑन टॅनिंग एंड वर्किंग इन लैदर,* पृ. 25
36. वही
37. वही

38. *रिपोर्ट ऑन दि इंडस्ट्रियल सर्वे ऑफ़ दि मुज़फ़्फ़रनगर डिस्ट्रिक्ट*, 1923, एम. जिया-उर-रब, पृ. 14, 15, 19; *रिपोर्ट ऑन दि इंडस्ट्रियल सर्वे ऑफ़ दि सुल्तानपुर डिस्ट्रिक्ट*, 1923, एच.एन. सप्रू, पृ. 14; *रिपोर्ट ऑन दि इंडस्ट्रियल सर्वे ऑफ़ दि रायबरेली डिस्ट्रिक्ट*, 1923, बी.के. घोषाल, पृ. 27
39. *रिपोर्ट ऑन दि इंडस्ट्रियल सर्वे ऑफ़ दि फ़ैज़ाबाद डिस्ट्रिक्ट*, 1923, एच.एन. सप्रू, पृ. 34; यह भी देखें, *रिपोर्ट ऑन दि इंडस्ट्रियल सर्वे ऑफ़ दि फ़तेहपुर डिस्ट्रिक्ट*, जगदीश सहाय वातल, पृ. 23; *रिपोर्ट ऑन दि इंडस्ट्रियल सर्वे ऑफ़ दि सुल्तानपुर डिस्ट्रिक्ट*, 1923, एच.एन. सप्रू, पृ. 14
40. *रिपोर्ट ऑन दि इंडस्ट्रियल सर्वे ऑफ़ दि मुज़फ़्फ़रनगर डिस्ट्रिक्ट*, 1923, एम. जिया-उर-रब, पृ. 14
41. वॉल्टन, *मोनोग्राफ़ ऑन टैनिंग एंड वर्किंग इन लैदर*, पृ. 1-2
42. वही; *ब्रिग्स, दि चमार्स*, पृ. 1-2
43. *पशु प्लेग आयोग की रिपोर्ट*, परिशिष्ट 4, रिपोर्ट ऑन कैटल पॉयजनिंग, पृ. 649
44. क्रूक, *दि ट्राइब्स एंड कास्ट्स ऑफ़ दि नार्थ-वेस्टर्न प्रोविंसेस एंड अवध*, वॉल्यूम 1, पृ. 171-72
45. डायरेक्ट्रेट ऑफ़ मार्केटिंग एंड इंस्पेक्शन, *रिपोर्ट ऑन दि मारकेटिंग ऑफ़ हाइड्स*, पृ. 131-32, 253-54
46. नेसफील्ड, *ब्रीफ व्यू ऑफ़ दि कास्ट सिस्टम*, पृ. 22
47. वॉल्टन, *मोनोग्राफ़ ऑन टैनिंग एंड वर्किंग इन लैदर*, पृ. 12
48. राय, *ट्रेडीशनल इंडस्ट्री*, पृ. 156, 25, 164-67, 33-34
49. कोलब्रुक, *रिमार्क ऑन दि हजबैंडरी एंड इंटरनल कॉमर्स ऑफ़ बंगाल*, पृ. 181-84, उनका आशावाद ब्राजील से पुर्तगाल तक चमड़े के बढ़ते व्यापार पर आधारित था, जिसका सालाना कारोबार 80,000 पाउंड था।
50. टेनेंट, *इंडियन रिक्रिएशंस*, वॉल्यूम 1, पृ. 103
51. प्रिंसेप, *रिमार्क्स ऑन दि एक्सटर्नल कॉमर्स एंड एक्सचेंजेस बंगाल*, पृ. 7-8, प्रिंसेप की रिपोर्ट 1813-14 और 1820-21 के बीच भारत के विदेशी व्यापार से सम्बन्धित है।
52. कोलब्रुक, *रिमार्क ऑन दि हजबैंडरी एंड इंटरनल कॉमर्स ऑफ़ बंगाल*, पृ. 183
53. एच. राइट, *ईस्ट इंडियन इकोनॉमिक प्रॉबलम्स*, पृ. 200-201
54. चौधुरी, *फारेन ट्रेड एंड बैलेंस ऑफ़ पेमेंट।*
55. क्रॉफर्ड, *ए स्केच ऑफ़ दि कॉमर्शियल रिसोर्सेस*, पृ. 277-78
56. हाइड्स सेस इन्क्वायरी कमेटी, *रिपोर्ट*, पृ. 10, जी.एन. भार्गव के अनुसार, लगभग साढ़े सात खालों का एक मन होता है। *रिपोर्ट ऑन दि इंडस्ट्रियल सर्वे ऑफ़ दि झाँसी डिस्ट्रिक्ट*, 1923, जी.एन. भार्गव, पृ. 15-17
57. फ़ाइल संख्या 5/1830, बॉक्स संख्या 232; फ़ाइल संख्या 5/1818, बॉक्स संख्सा 84; फ़ाइल संख्या 6/1818, बॉक्स संख्या 26; आयुक्त कार्यालय, इलाहाबाद, कस्टम हाउस शृंखला, 1801-57, उ.प्र. राज्य क्षेत्रीय अभिलेखागार, इलाहाबाद। ज़िलाधिकारी और आयुक्त के कार्यालयों में 1857 के ग़दर-पूर्व के सीमा-शुल्क सम्बन्धित अभिलेख हमें 1800 और 1861 के बीच उत्तर प्रदेश से गुज़रने वाले व्यापार के बारे में विस्तृत जानकारी देते हैं।

58. फ़ाइल संख्या 5/1818, बॉक्स संख्या 84, आयुक्त कार्यालय, इलाहाबाद, ग़दर-पूर्व सीमा-शुल्क शृंखला, 1801-57, उ.प्र. राज्य क्षेत्रीय अभिलेखागार, इलाहाबाद।
59. जॉर्ज कैंपबेल, *इंपोर्टेशन ऑफ़ आरसेनिक इनटू दि बनारस डिवीजन फॉर अनलॉफुल परपजेस*, सन्दर्भ : *सेलेक्शंस फ्रॉम दि नार्थ-वेस्ट प्रोविंसेस*, वॉल्यूम 3, सेकेंड सीरीज़, नं. 14, पृ. 260-66
60. फ़ाइल संख्या 19/1829-53, आयुक्त कार्यालय, आगरा डिवीजन, ग़दर-पूर्व सीमा-शुल्क शृंखला, 1801-57, उ.प्र. राज्य क्षेत्रीय अभिलेखागार, इलाहाबाद। यह भी देखें, ट्रेवेलियन, *रिपोर्ट अपॉन दि इनलैंड कस्टम्स एंड टाउन् ड्यूटीज ऑफ़ दि बंगाल प्रेसीडेंसी*, पृ. 229
61. ए. सिद्दीकी, *अग्रेरियन चेंज इन ए नॉर्दर्न इंडियन स्टेट*, पृ. 143, सी.ए. बेली, *रूलर्स, टाउनमैन एंड बाज़ार्स*, पृ. 250-51
62. सी.ए. बेली, *रूलर्स, टाउनमैन एंड बाज़ार्स*, पृ. 462, अध्याय 3, 4, और 6 भी देखिए।
63. नकवी, *अर्बन सेंटर्स एंड इंडस्ट्रीज इन अपर इंडिया*, पृ. 114
64. बुकानन, *एन एकाउंट ऑफ़ दि डिस्ट्रिक्ट्स ऑफ़ बिहार एंड पटना*, वॉल्यूम 1, पृ. 627-28, 678
65. होइ, *ए मोनोग्राफ़ ऑन ट्रेड एंड मैनुफैक्चरर्स इन नॉर्दर्न इंडिया*, पृ. 124-26
66. नकवी, *अर्बन सेंटर्स एंड इंडस्ट्रीज इन अपर इंडिया*, पृ. 119
67. राय, *ट्रेडीशनल इंडस्ट्री*, पृ. 158
68. मोंटगोमरी, *स्टेटिस्टिकल रिपोर्ट ऑफ़ दि डिस्ट्रिक्ट ऑफ़ कानपुर*, परिशिष्ट 7।
69. कानपुर कस्टम हाउस, 8 मई, 1829, फ़ाइल संख्या 14/बी, बॉक्स संख्या 82, ग़दर-पूर्व अभिलेख, आयुक्त कार्यालय, इलाहाबाद, 1801-57; प्रपोज्ड रेट्स फॉर 1816, आयुक्त कार्यालय, आगरा, कस्टम सीरीज़, वॉल्यूम 1, 1808-17, उ.प्र. राज्य क्षेत्रीय अभिलेखागार, इलाहाबाद।
70. प्रिंसेप, *रिमार्क्स ऑन दि एक्सटर्नल कॉमर्स एंड एक्सचेंजेस ऑफ़ बंगाल*, पृ. 3
71. बुकानन, *एन एकाउंट ऑफ़ दि डिस्ट्रिक्ट ऑफ़ बिहार एंड पटना*, वॉल्यूम 1, पृ. 765-73
72. क्रॉफर्ड, *ए स्केच ऑफ़ दि कॉमर्शियल रिसोर्सेस*, पृ. 231-33
73. तपन राय चौधुरी, *नॉन-एग्रीकल्चरल प्रोडक्शन : मुग़ल इंडिया*, सन्दर्भ : *दि कैंब्रिज इकोनॉमिक हिस्ट्री ऑफ़ इंडिया*, सम्पादक : राय चौधुरी और हबीब, वॉल्यूम 1, पृ. 276-77
74. नकवी, *अर्बन सेंटर्स एंड इंडस्ट्रीज इन अपर इंडिया*, पृ. 30-38, 51; और ग्रोवर, *एन इंटीग्रेटेड पैटर्न ऑफ़ कॉमर्शियल लाइफ़*, पृ. 235
75. नकवी, उपर्युक्त, पृ. 66, 71
76. फ़ज़ल, *आईने अकबरी*, वॉल्यूम 2, पृ. 67
77. तपन राय चौधुरी, *नॉन-एग्रीकल्चरल प्रोडक्शन : मुग़ल इंडिया*, सन्दर्भ : *दि कैंब्रिज इकोनॉमिक हिस्ट्री ऑफ़ इंडिया*, सम्पादक : राय चौधुरी और हबीब, वॉल्यूम 1, पृ. 281
78. ग्रोवर, *एन इंटीग्रेटेड पैटर्न ऑफ़ कॉमर्शियल लाइफ़*, पृ. 224-27
79. *रिपोर्ट ऑन दि इंडस्ट्रियल सर्वे ऑफ़ दि रायबरेली डिस्ट्रिक्ट*, 1923, बी.के. घोषाल, पृ. 29
80. *एनुअल रिपोर्ट ऑफ़ दि रायबरेली ट्रैफिक ऑफ़ दि नार्थ-वेस्टर्न प्रोविंसेस एंड अवध*, 1890

81. *रिपोर्ट ऑन दि इंडस्ट्रियल सर्वे ऑफ़ दि सहारनपुर डिस्ट्रिक्ट,* 1923, एम. जिया-उर-रब, पृ. 16
82. *रिपोर्ट ऑन दि इंडस्ट्रियल सर्वे ऑफ़ दि हरदोई डिस्ट्रिक्ट,* 1923, बी.के. घोषाल, पृ. 32, 51
83. *रिपोर्ट ऑन दि इंडस्ट्रियल सर्वे ऑफ़ दि झाँसी डिस्ट्रिक्ट,* 1923, जी.एन. भार्गव, पृ. 15-17
84. *रिपोर्ट ऑन दि इंडस्ट्रियल सर्वे ऑफ़ दि अलीगढ़ डिस्ट्रिक्ट ऑफ़ दि यूनाइटेड प्रोविंसेस,* 1923, मौलवी एच.आर. जाफ़री, पृ. 25-27
85. *रिपोर्ट ऑन दि इंडस्ट्रियल सर्वे ऑफ़ दि रायबरेली डिस्ट्रिक्ट,* 1923, बी.के. घोषाल, पृ. 27-29
86. *रिपोर्ट ऑन दि इंडस्ट्रियल सर्वे ऑफ़ दि लखनऊ डिस्ट्रिक्ट,* 1923, बी.के. घोषाल, पृ. 38-39
87. *रिपोर्ट ऑन दि इंडस्ट्रियल सर्वे ऑफ़ दि रायबरेली डिस्ट्रिक्ट,* 1923, बी.के. घोषाल, पृ. 66-67
88. *रिपोर्ट ऑन दि इंडस्ट्रियल सर्वे ऑफ़ दि फतेहपुर डिस्ट्रिक्ट,* 1923, जे.एस. वाटल, पृ. 14-17
89. *रिपोर्ट ऑन दि इंडस्ट्रियल सर्वे ऑफ़ दि गोरखपुर डिस्ट्रिक्ट,* 1923, एम. मुश्ताक़, पृ. 17
90. *रिपोर्ट ऑन दि इंडस्ट्रियल सर्वे ऑफ़ दि आजमगढ़ डिस्ट्रिक्ट,* 1923, एम. मुश्ताक़, पृ. 10
91. *रिपोर्ट ऑन दि इंडस्ट्रियल सर्वे ऑफ़ दि हमीरपुर डिस्ट्रिक्ट,* 1923, जी.एन. भार्गव, पृ. 10
92. *रिपोर्ट ऑन दि इंडस्ट्रियल सर्वे ऑफ़ दि पीलीभीत डिस्ट्रिक्ट,* 1924, बी.आर. भट्ट, पृ. 18
93. *रिपोर्ट ऑन दि इंडस्ट्रियल सर्वे ऑफ़ दि खीरी डिस्ट्रिक्ट,* 1923, बी.के. घोषाल, पृ. 28
94. *रिपोर्ट ऑन दि इंडस्ट्रियल सर्वे ऑफ़ दि हमीरपुर डिस्ट्रिक्ट,* 1923, जी.एन. भार्गव, पृ. 9; *रिपोर्ट ऑन दि इंडस्ट्रियल सर्वे ऑफ़ दि शाहजहाँपुर डिस्ट्रिक्ट,* 1923, एम. मुश्ताक़, पृ. 23
95. *रिपोर्ट ऑन दि इंडस्ट्रियल सर्वे ऑफ़ दि झाँसी डिस्ट्रिक्ट,* 1923, जी.एन. भार्गव, पृ. 16
96. *रिपोर्ट ऑन दि इंडस्ट्रियल सर्वे ऑफ़ दि मुरादाबाद डिस्ट्रिक्ट,* 1923, आर. सारन, पृ. 22; खटीक खालों का निर्यात अमृतसर को करते थे।
97. डी. एम. स्टीवर्ट, *सेसेस इन अवध,* 1922, राजस्व (ए) प्रोसीडिंग, मई 1925, उ.प्र. राज्य अभिलेखागार, लखनऊ, पृ. 38
98. अमिन, *इवेंट, मेटाफर, मेमोरी,* पृ. 25
99. *रिपोर्ट ऑन दि इंडस्ट्रियल सर्वे ऑफ़ दि फतेहपुर डिस्ट्रिक्ट,* 1923, जे.एस. वातल, पृ. 15
100. *रिपोर्ट ऑन दि इंडस्ट्रियल सर्वे ऑफ़ दि मुरादाबाद डिस्ट्रिक्ट,* 1923, आर. सारन पृ. 24
101. *रिपोर्ट ऑन दि इंडस्ट्रियल सर्वे ऑफ़ दि खीरी डिस्ट्रिक्ट,* 1923, बी.के. घोषाल, पृ. 27; *रिपोर्ट ऑन दि इंडस्ट्रियल सर्वे ऑफ़ दि रायबरेली डिस्ट्रिक्ट,* 1923, बी.के. घोषाल, पृ. 27

102. *रिपोर्ट ऑन दि इंडस्ट्रियल सर्वे ऑफ़ दि कानपुर डिस्ट्रिक्ट*, 1923, जे.एस. वाटल, पृ. 30
103. अमीन, *इवेंट, मेटाफर, मेमोरी*, पृ. 24-25
104. *बुक 5 : ऑफ़ दि स्टेट ऑफ़ आर्ट्स एंड कॉमर्स*, गोरखपुर; *बुक 1 : टोपोग्राफ़ी एंड एंटीक्वीटीज : एन एकाउंट ऑफ़ दि डिस्ट्रिक्ट ऑफ़ गोरखपुर*, बुकानन-हैमिल्टन, एमएसएस डी-91-92, ओरियंटल एंड इंडिया ऑफ़िस कलेक्शन, ब्रिटिश लाइब्रेरी।
105. होइ, *ए मोनोग्राफ़ ऑन ट्रेड एंड मैनुफैक्चरर्स*, पृ. 90-91
106. अमीन, *इवेंट, मेटाफर, मेमोरी*, पृ. 25; बाज़ार में मस्जिद का होना उनके प्रभुत्व को रेखांकित करता है।
107. *रिपोर्ट ऑन दि इंडस्ट्रियल सर्वे ऑफ़ दि बनारस डिस्ट्रिक्ट*, 1923, बी.आर. भट्ट, पृ. 26; *रिपोर्ट ऑन दि इंडस्ट्रियल सर्वे ऑफ़ दि इलाहाबाद डिस्ट्रिक्ट*, 1923, जे.एस. वाटल, पृ. 34
108. *रिपोर्ट ऑन दि इंडस्ट्रियल सर्वे ऑफ़ दि आगरा डिस्ट्रिक्ट*, 1923, एम. जिया-उर-रब, पृ. 61-65
109. *रिपोर्ट ऑन दि इंडस्ट्रियल सर्वे ऑफ़ दि कानपुर डिस्ट्रिक्ट*, 1923, जे.एस. वाटल, पृ. 87-92
110. *रिपोर्ट ऑन दि इंडस्ट्रियल सर्वे ऑफ़ दि पीलीभीत डिस्ट्रिक्ट*, 1923, बी.आर. भट्ट, पृ. 59-61; यह आश्चर्यजनक है कि सभी सर्वेक्षणों में जूता बनाने वालों को अन्त में ही सूचीबद्ध किया गया है।
111. होइ, *ए मोनोग्राफ़ ऑन ट्रेड एंड मैनुफैक्चर्स इन नॉर्दर्न इंडिया*, पृ. 90
112. राय, *ट्रेडीशनल इंडस्ट्री*, पृ. 164-65
113. *रिपोर्ट ऑन दि इंडस्ट्रियल सर्वे ऑफ़ दि बाँदा डिस्ट्रिक्ट*, 1923, जी.एन. भार्गव, पृ. 13-14
114. हाइड्स सेस इन्क्वायरी कमेटी, *रिपोर्ट*, वॉल्यूम 1, पृ. 136
115. वही, ई.एल. प्राइस, *मिनट ऑफ़ डिस्सेंट*, वॉल्यूम 2, पृ. 132
116. शिक्षा निदेशक, जे.सी. डोनाल्डसन का पत्र, दिनांक 18 फ़रवरी, 1931, उद्योग विभाग, उ.प्र. राज्य अभिलेखागार, लखनऊ
117. *नोट्स एंड ऑर्डर्स*, डोनाल्डसन, 21 जनवरी, 1931, उद्योग विभाग, उ.प्र. राज्य अभिलेखागार, लखनऊ
118. टकर के नाम कैंपबेल का पत्र दिनांक 21 अक्टूबर, 1854, भारत सरकार के 1881 के अभिलेखों से चयनित, *मवेशियों को ज़हर देने के अपराध से सम्बन्धित काग़ज़ात*, संख्या 180, पृ. 27-28
119. *पशु प्लेग आयोग की रिपोर्ट*, परिशिष्ट 4, पृ. 648-49
120. विलियम क्रुक, *ट्राइब्स एंड कास्ट्स ऑफ़ दि नार्थ-वेस्टर्न प्रोविंसेस एंड अवध*, वॉल्यूम 1, पृ. 190
121. होइ, *ए मोनोग्राफ़ ऑन ट्रेड एंड मैनुफैक्चर्स इन नॉर्दर्न इंडिया*, पृ. 91
122. मेयर, *इंवेटिंग विलेज ट्रेडीशन*, पृ. 387
123. स्मिथ, *रूल बाई रिकॉर्ड्स*, पृ. 61, 74
124. डी.एम. स्टीवर्ट, *सेसेस इन अवध*, 1922, राजस्व (ए) कार्यवाही, मई 1925, उ.प्र. राज्य अभिलेखागार, लखनऊ, पृ. 2-4

125. *पुलिस कार्यवाही*, वॉल्यूम 91, जुलाई-दिसम्बर, 1889, पृ. 30; वॉल्यूम 93, जुलाई-दिसम्बर, 1890, पृ. 67, उ.प्र. राज्य अभिलेखागार, लखनऊ, अन्तिम अध्याय देखें।
126. *पुलिस कार्यवाही*, वॉल्यूम 97, पार्ट 2, जुलाई-दिसम्बर, 1892, पृ. 10; वॉल्यूम 98, पार्ट 1, जनवरी-जून, 1893, पृ. 41-42
127. डी.एम. स्टीवर्ट, *सेसेस इन अवध*, 1922, राजस्व (ए), कार्यवाही, मई, 1925, उ.प्र. राज्य अभिलेखागार, लखनऊ, पृ. 38-39
128. गेविन जोंस, *दि राइज एंड प्रोग्रेस ऑफ़ कानपुर*, पृ. 495; जोंस का परिवार 1820 के दशक से कानपुर में नील के व्यापार सहित विभिन्न व्यावसायिक गतिविधियों से जुड़ा हुआ था। फिर वह ग़दर के बाद मैक्सचेल्स और कूपर्स के साथ व्यापार से उद्योग की ओर मुड़ गए थे।
129. यालैंड, *ट्रेडर्स एंड नबोब्स*, पृ. 223-32
130. गेविन जोंस, *दि राइज एंड प्रोग्रेस ऑफ़ कानपुर*, पृ. 495; यालैंड, *बॉक्सवालास*, पृ. 127
131. यालैंड, *बॉक्सवालास*, पृ. 163
132. मोंटगोमरी, *स्टेटिस्टिकल रिपोर्ट ऑफ़ दि डिस्ट्रिक्ट ऑफ़ कानपुर*, पृ. 114
133. फ्रेमेंटल, *रिपोर्ट ऑन दि सप्लाई ऑफ़ लेबर इन दि यूनाइटेड प्रोविंसेस एंड बंगाल*, पृ. 2
134. रॉयल कमीशन ऑन लेबर इन इंडिया, *एविडेंस*, वॉल्यूम 3, पार्ट 1, पृ. 136
135. हॉइड्स सेस इन्क्वायरी कमेटी, *रिपोर्ट*, वॉल्यूम 1, पृ. 10
136. चौधुरी, *फॉरेन ट्रेड एंड बैलेंस ऑफ़ पेमेंट*, पृ. 844
137. *पशु प्लेग आयोग की रिपोर्ट*, परिशिष्ट 4, पृ. 705
138. रॉयल कमीशन ऑन लेबर इन इंडिया, *एविडेंस*, वॉल्यूम 3, पार्ट 1, पृ. 10
139. टोजियर, *ब्रिटिश इंडिया एंड इट्स ट्रेड*, पृ. 2
140. ए. चटर्जी, *नोट्स ऑन दि इंडस्ट्रीज ऑफ़ दि यूनाइटेड प्रोविंसेस*, प्रीफेस, पृ. 103-104
141. *रिपोर्ट ऑन दि इंडस्ट्रियल सर्वे ऑफ़ दि फतेहपुर डिस्ट्रिक्ट*, 1923, जे.एस. वाटल, पृ. 23; *रिपोर्ट ऑन दि इंडस्ट्रियल सर्वे ऑफ़ दि रायबरेली डिस्ट्रिक्ट*, 1923, बी.के. घोषाल, पृ. 27; *रिपोर्ट ऑन दि इंडस्ट्रियल सर्वे ऑफ़ दि सुल्तानपुर डिस्ट्रिक्ट*, 1923, एच.एन. सप्रू, पृ. 14; *रिपोर्ट ऑन दि इंडस्ट्रियल सर्वे ऑफ़ दि खीरी डिस्ट्रिक्ट*, 1923, बी.के. घोषाल, पृ. 34; *रिपोर्ट ऑन दि इंडस्ट्रियल सर्वे ऑफ़ दि मुज़फ़्फ़रनगर डिस्ट्रिक्ट*, 1923, एम. जिया-उर-रब, पृ. 14-15
142. *औद्योगिक सम्मेलन से सम्बन्धित प्रपत्र*, पृ. 2, 4, 52
143. *क्रोम लैदर फ़ैक्टरी इन दि यूनाइटेड प्रोविंसेस*, फ़ाइल संख्या 518, बॉक्स संख्या 105/1908, इंडस्ट्री डिपार्टमेंट, उ.प्र. राज्य अभिलेखागार, लखनऊ, पृ. 4
144. *बूट एंड शू-मेकिंग स्कूल*, इंडस्ट्रीज प्रोसीडिंग्स, वॉल्यूम 3, जनवरी-जून, 1909, उ.प्र. राज्य अभिलेखागार, लखनऊ, पृ. 44-45
145. *मेरठ में चर्मकला स्कूल का उद्घाटन*, फ़ाइल संख्या 149, बॉक्स संख्या 214/1919, उद्योग विभाग, उ.प्र. राज्य अभिलेखागार, लखनऊ, पृ. 2
146. इंडस्ट्रीज रीऑर्गेनाइजेशन कमेटी, *रिपोर्ट*, पृ. 99
147. *आगरा में चर्मकला स्कूल की स्थापना*, फ़ाइल संख्या 175, बॉक्स संख्या 260/1925, उद्योग विभाग, उ.प्र. राज्य अभिलेखागार, लखनऊ, पृ. 4-5

148. इंडस्ट्रीज प्रोसीडिंग्स, वॉल्यूम 42, जुलाई-दिसम्बर, 1928, उद्योग विभाग, पृ. 43
149. ए. चटर्जी, *नोट्स ऑन दि इंडस्ट्रीज ऑफ़ दि यूनाइटेड प्रोविंसेस,* पृ. 104
150. इंडस्ट्रीज रीऑर्गेनाइजेशन कमेटी, *रिपोर्ट,* पृ. 98; और, *आगरा में चर्मकला स्कूल की स्थापना,* फ़ाइल संख्या 175, बॉक्स संख्या 268/1925, उद्योग विभाग, उ.प्र. राज्य अभिलेखागार, लखनऊ, पृ. 5-6
151. *आगरा में चर्मकला स्कूल की स्थापना,* पृ. 4-5
152. वही, पृ. 6
153. *रिपोर्ट ऑन दि इंडस्ट्रियल सर्वे ऑफ़ दि फतेहपुर डिस्ट्रिक्ट,* 1923, जे.एस. वाटल, पृ. 23; *रिपोर्ट ऑन दि इंडस्ट्रियल सर्वे ऑफ़ दि रायबरेली डिस्ट्रिक्ट,* 1923, बी.के. घोषाल, पृ. 27; *रिपोर्ट ऑन दि इंडस्ट्रियल सर्वे ऑफ़ दि सुल्तानपुर डिस्ट्रिक्ट,* 1923, एच.एन. सप्रू, पृ. 14
154. एल.एन. श्रीवास्तव, *लैदर इंडस्ट्री,* पृ. 4
155. इंडस्ट्रीज प्रोसीडिंग्स, वॉल्यूम 25, जनवरी-जून, 1920, उ.प्र. राज्य अभिलेखागार, लखनऊ, पृ. 43
156. वही, वॉल्यूम 28, जुलाई-दिसम्बर, 1921, पृ. 8
157. *प्रपोजल फॉर रिप्लेसिंग बरइ ए सेस दि कस्टम ड्यूटी ऑन एक्सपोर्ट ऑफ़ हाइड्स,* फ़ाइल संख्या 588, बॉक्स संख्या 292/1928, उद्योग विभाग, उ.प्र. राज्य अभिलेखागार, लखनऊ, पृ. 26
158. *रिपोर्ट ऑन दि वर्किंग ऑफ़ दि नूर-उल-उलूम, लैदर वर्किंग स्कूल, बहराइच,* फ़ाइल संख्या 731, बॉक्स संख्या 412/1937, उद्योग विभाग, उ.प्र. राज्य अभिलेखागार, लखनऊ।
159. उद्योग एवं वाणिज्य निदेशक, ए.एन. सप्रू का पत्र, दिनांक 1 मई, 1940, फ़ाइल संख्या 731, बॉक्स संख्या 412/1937, उद्योग विभाग, उ.प्र. राज्य अभिलेखागार, लखनऊ।
160. मुख़्तार, *रिपोर्ट ऑन लेबर कंडीशंस,* पृ. 6
161. रॉयल कमीशन ऑन लेबर इन इंडिया, *एविडेंस,* वॉल्यूम 3, पार्ट 1, पृ. 241-49
162. मुख़्तार, *रिपोर्ट ऑन लेबर कंडीशंस,* पृ. 10
163. *हरिजन उद्योगशाला, दिल्ली, एक वर्ष की प्रगति,* फ़ाइल संख्या जी 35/1927, अखिल भारतीय कांग्रेस कमेटी प्रपत्र, नेहरू मेमोरियल संग्रहालय एवं पुस्तकालय, पृ. 36
164. *रिपोर्ट्स ऑन कांग्रेस मिनिस्ट्रीज़,* फ़ाइल संख्या 9 (विविध) 1938, अखिल भारतीय कांग्रेस कमेटी प्रपत्र, नेहरू मेमोरियल संग्रहालय एवं पुस्तकालय, पृ. 48-49
165. जी. श्रीवास्तव, *व्हेन कांग्रेस रूल्ड,* पृ. 13-14
166. इंडस्ट्रियल कमिटी ऑन टैनरीज एंड लैदर गुड्स मैनुफैक्चरीज़, *समरी ऑफ़ प्रोसीडिंग्स,* पृ. 21
167. भारतीय औद्योगिक आयोग के समक्ष कानपुर के चमड़ा-निर्माता, ए. कार्नेगी का लिखित साक्ष्य, *मिनट्स ऑफ़ एविडेंस,* वॉल्यूम 1, पृ. 121
168. वियोगी, *अम्बेदकर की आवाज़,* पृ. iii

स्वामी अछूतानन्द और आदि-हिन्दू महासभा के सदस्य 1928 से 1930 तक उत्तर प्रदेश के गवर्नर सर विलियम एम. हैली के साथ (अदिनांकित फ़ोटो)।
फ़ोटो सौजन्य : मोहन सिंह मंगल सिंह जाटव (अनुमति से उपयोग किया गया)।

ओ३म्

* यादव जीवन *

(प्रथम-द्वितीय भाग)

लेखक

पं० सुन्दरलाल सगर

संस्थापक

श्री जाटव महासभा व जाटव प्रचारक महामण्डल
(आगरा)

तुम कौन थे क्या होगये, अब तो तुम्हें कुछ ध्यान हो।
बहु-काल बीता गुप्त रहते भूलो न यदु-सन्तान हो॥

प्रकाशक

श्री जाटव महासभा (आगरा)

संवत् १९८६ वि० सन् १९२९ ई०

विजयदशमी

सर्वाधिकार सुरक्षित

द्वितीय संस्करण १०००	दोनों भागों का मूल्य ॥)

पंडित सुन्दरलाल सगर की पुस्तक 'यादव जीवन' का मुखपृष्ठ (आगरा, 1929), 1924 में 'जाटव जीवन' के नाम से पहली बार प्रकाशित।

नोट ☞ जो दुराचारी थे वे सब निकाल दिये गए हैं।

सूर्य्य-वंश

क्षत्रिय जैसवार सभा

लाहौर

प्रथम भाग

जिसको—

प्रधान लाला बुद्धरामजी ने बनाया

और

मन्त्री लाला लाहौरीमलजी ने

मैनेजर भगतचन्द लखनपाल के प्रबन्ध से बाम्बे
मशीन प्रेस लाहौर में छपवा कर
प्रकाशित किया।

पौष बदि १९८२ बिक्रमी तदनुसार जनवरी १९२६ ईस्वी.

प्रथमवार १,०००]　　[मूल्य -)

सूर्यवंश क्षत्रिय जैसवार सभा द्वारा प्रकाशित चँवर पुराण पुस्तिका का मुखपृष्ठ (लाहौर, 1926)।

अध्याय-4

पहचान का संघर्ष : चमार, इतिहास और राजनीति

आज भारत में लाखों लोग हैं, जो अपने-आप को चमार कहते हैं, और दूसरे भी उनको चमार कहते हैं। लेकिन चँवर पुराण ने यह पूरी तरह बता दिया है कि (चमार) शब्द 'चँवर' है, जिसका सम्बन्ध 'सूर्यवंश' से है, जो सभ्यता के प्रारम्भ में प्रभावशाली राजवंश था।

—***यू.बी.एस. रघुवंशी***, *श्री चँवर पुराण, पृ. 1*

अतएव, यह अनुमान करना मिथ्या नहीं हो सकता कि उन्होंने (आर्यों) अपने विरोधी दैत्य-दानव-असुर आदि के गौरवपूर्ण साहित्य व इतिहास को नष्ट करके उनके चरित्रों को अपने ग्रंथों में काला और ऊटपटाँग चित्रण करने में कोई कसर बाक़ी न रखी होगी।...इन अस्सी प्रतिशत मानवों के सम्बन्ध में ब्राह्मण-पंडितों का यह कहना ठीक नहीं मालूम होता कि ये अनुलोम-प्रतिलोम क्रम से वर्णसंकर या दोगली सन्तान हैं।

—***चन्द्रिका प्रसाद 'जिज्ञासु'***, *भारत की आदि-निवासियों की सभ्यता, 1937, पृ. 10-11*

चमार समाज के सामाजिक कार्यकर्ताओं और बुद्धिजीवियों ने बीसवीं शताब्दी के आरम्भ में उन इतिहासों के उत्तर में, जो औपनिवेशिक और हिन्दू इतिहासकारों द्वारा लिखे गए थे, अपने अध्ययन से 'अछूतों' का पहला इतिहास लिखा। इन इतिहासों के आधारभूत स्रोत दस वर्षीय जनगणना के आँकड़े, जातीय-जनजातीय सर्वेक्षण और मानव-इतिहास के लोक साहित्य के वे विवरण हैं, जिनमें चमारों के 'अछूत' मूल के आख्यान दर्ज हैं। उन्नीसवीं शताब्दी और उसके बाद हिन्दू मध्यवर्ग के लेखकों द्वारा लिखे गए इतिहास हिन्दू अतीत के गौरवगान से भरे हुए थे। उत्तर भारत में, उन्नीसवीं शताब्दी के अन्त में ऐसे लेखकों में भारतेन्दु हरिश्चन्द्र और राजा शिव प्रसाद सिंह प्रमुख थे, जिनके द्वारा लिखे गए भारत के इतिहास सवर्ण हिन्दुओं के इतिहास थे।[1]

इन इतिहासों में कोई भी चमार या दलित नहीं था, क्योंकि वे हिन्दू समुदाय के अंग ही नहीं माने जाते थे, और न ही ये लेखक अछूतों और उनके इतिहास से सम्बन्ध रखते थे। बंगाल के सन्दर्भ में पार्थ चटर्जी ने लिखा है कि हिन्दू और मुस्लिम मध्यवर्ग के बुद्धिजीवियों द्वारा प्रकाशित 'भारतीय राष्ट्रों के इतिहासों' में दलितों के बारे में कहीं कोई चर्चा नहीं है।[2] इन लेखकों ने अस्पृश्यता और जातीय असमानता पर या तो नाममात्र की चर्चा की, या बिलकुल नहीं की; यहाँ तक कि उन्होंने दलित लेखकों तथा कार्यकर्ताओं के लेखन और आन्दोलन पर भी कोई ध्यान नहीं दिया। इससे पता चलता है कि हिन्दू और दलित दो पृथक एजेंडों के साथ दो अलग-अलग राष्ट्र हैं।

1920-30 के दशक के चमार-आन्दोलन का एक उदाहरण इस अस्पृश्यता और अस्मिता के विषय पर चमारों की भारी चिन्ता को प्रकट करता है। रामनारायण यादवेन्दु ने, जो जाटव महासभा के एक महत्त्वपूर्ण सदस्य और ऑल इंडिया जाटव यूथ लीग के संस्थापक थे, जाटव-चमारों का इतिहास लिखा था। इसमें उन्होंने एक ऐसी विजय पर प्रकाश डाला है, जो भारतीय इतिहास-लेखन के पृष्ठों से पूरी तरह ग़ायब है। ऑल इंडिया जाटव यूथ लीग ने अपने सातवें अधिवेशन में, जो दिसम्बर 1937 में ग़ाज़ियाबाद में हुआ था, उत्तर प्रदेश सरकार के एक निर्णय का जश्न मनाया था, जिसमें चमारों को 'जाटव' उपनाम प्रयोग करने की अनुमति दी गई थी। इसका मतलब यह था कि अब जाटव छात्रों को सरकारी फॉर्म में अपनी जाति के नाम में, पहले की तरह, चमार शब्द को भरने की ज़रूरत नहीं थी।[3] 'चमार' शब्द के ख़िलाफ़ संघर्ष, जाटव-उत्पत्ति और उनके पेशों के साथ अस्पृश्यता तथा जाटवों के साथ होने वाले दैनिक अपमान जाटव-इतिहास-लेखन और राजनीति की मुख्य चिन्ता बने हुए थे। बीसवीं शताब्दी के शुरुआती काल में लिखे गए दलित इतिहासों के अध्ययन से यह स्पष्ट होता है कि दलित लेखक मुख्य रूप से आर्थिक समानता, भूमि-वितरण, आर्थिक अन्याय, या उपनिवेश-विरोधी आन्दोलनों के सवालों से चिन्तित नहीं थे। इसके बजाय, उनकी चिन्ता अपनी उत्पत्ति के ब्राह्मणवादी सिद्धान्तों पर सवाल उठाकर अपने समुदाय के लिए गरिमा प्राप्त करने की थी। यही विषय चमार-इतिहासों के केन्द्र में था, जिसे सवर्ण हिन्दुओं ने अपने इतिहास-लेखन में कोई महत्त्व नहीं दिया था।

दलितों के, पहले चरण के राजनीतिक संघर्ष के केन्द्र में, अस्मिता के सवाल और सवर्ण हिन्दुओं द्वारा उन पर थोपी गई 'अछूत' पहचान को ख़त्म करनेवाली रणनीतियाँ थीं। हम ऐसे संघर्ष के बारे में क्या और कैसे लिखें कि इतिहासकारों के लिए उनका क्या अर्थ है? पीढ़ियों से सवर्ण हिन्दू इतिहासकारों की आदत सामाजिक-आर्थिक अन्तर्विरोधों, उपनिवेश-विरोध और वर्ग-संघर्ष के बारे में लिखने की रही है, लेकिन उस अमानवीय उत्पीड़न का उन्होंने कभी विरोध नहीं किया, जिसमें एक व्यक्ति को चमार कहकर तिरस्कृत किया जाता था।[4]

लखनऊ, इलाहाबाद, आगरा, और दिल्ली में मेरे कार्यक्षेत्र के दौरान, बहुत स्पष्टता से मुझसे मेरी जाति के बारे में पूछा गया। कई दलितों ने उनका इतिहास लिखने के बारे में मेरी नियत पर भी शक किया। मुझसे पूछा गया कि अगर मैं दलित नहीं हूँ, तो हिन्दू भारत में एक अछूत होने का अर्थ मैं कैसे समझ सकता हूँ? मुझे बार-बार बताया गया कि उनका संघर्ष दलित इतिहास की हिन्दू व्याख्याओं के विरोध में है। उन्होंने मुझसे पूछा, 'हमारा अतीत 'अछूत' कैसे हो सकता है? आप ऐसा इतिहास कैसे लिख सकते हैं, जो लाखों लोगों की अछूत उत्पत्ति का वर्णन करता है?'

जो दो उद्धरण, इस अध्याय के आरम्भ में दिये गए हैं, वे चमार-इतिहास में अत्यन्त महत्त्वपूर्ण बिन्दु हैं। पहला इतिहास के आरम्भ का प्रतीक है, और दूसरा उसमें गुणात्मक परिवर्तन का। पहला उद्धरण उस चमार-इतिहास का प्रतिनिधित्व करता है, जिसने हिन्दू पौराणिक परम्परा से उद्धरण लेकर सवर्ण हिन्दू जातियों के बराबर 'शुद्ध' क्षत्रिय होने का दावा करके अपने अतीत को वापस प्राप्त करने का प्रयास किया था। यह दावा न केवल चमार इतिहासकारों द्वारा किया गया था, जिस पर इस अध्याय के पहले भाग में चर्चा की गई है, बल्कि 1920 के दशक में यह चमार राजनीति की प्रकृति में भी था, जिसने हिन्दू धर्म के भीतर, विशेष रूप से आर्य समाज द्वारा प्रचारित धर्म में भी उनकी स्थिति पर विचार किया था। चमारों ने अपनी समान सामाजिक स्थिति का दावा करने के अपने प्रयासों में, जिस पर इस अध्याय के दूसरे भाग में चर्चा की गई है, अपने ऊपर थोपी गई 'अस्पृश्यता', और ख़ासतौर से कृषि-कार्य के रूप में 'बेगारी', चमड़े के काम, और ज़मींदारों तथा सरकारी अधिकारियों की ग़ुलामी पर सवाल उठाए थे।

तीसरे भाग में मैंने चमार-अस्मिता के दावों और चमारों की चिन्ताओं को दूर करने के लिए हिन्दू रीति-रिवाज़ों और नये नवाचारों के गढ़ने में आर्य समाज की भूमिका के बीच सम्बन्धों का परीक्षण किया है। बीसवीं शताब्दी के प्रथम दो दशकों के दलित आन्दोलनों पर भारतीय इतिहासकारों ने दो धारणाएँ बनाई थीं। पहली, लगभग सभी स्वतंत्र और क्रान्तिकारी इतिहासकार मानते हैं कि दलित इतिहास का आरम्भ हिन्दू धर्म की आलोचना करके और यह दावा करके होता है कि वे यहाँ के मूल निवासी हैं।[5] दूसरे, ये लेखक यह भी मानते हैं कि आर्य समाज जैसे हिन्दू संगठन दलितों को हिन्दू समुदाय का अंग बनाने के लिए उनका हिन्दूकरण करना चाहते थे। किन्तु ये दोनों मत, चमारों के वास्तविक साहित्य की उपेक्षा करते हैं, और चमारों द्वारा निर्मित उनके स्वयं के इतिहास और राजनीति की अवधारणाओं को गम्भीरता से लेने में विफल हुए हैं।

दलितों की इस राजनीति में गुणात्मक परिवर्तन 1928 में आया, जब दलित इतिहासकारों की दूसरी पीढ़ी ने चमार, भंगी, पासी, दुसाध आदि सभी दलित जातियों के इतिहास की रचना करके इतिहास के दूसरे चरण में प्रवेश किया।

1930 के दशक तक चमार कार्यकर्ता एक प्रभावशाली राजनीतिक ताक़त का गठन करके नये मुद्दे उठा चुके थे। इस परिवर्तन की चर्चा चौथे और अन्तिम भाग में की गई है। पहला परिवर्तन 1920 के दशक के मध्य में आदि-हिन्दू आन्दोलन के रूप में प्रकट हुआ, जिसने दावा किया कि दलित भारत के मूल निवासी थे। हालाँकि यह दावा दलित आन्दोलन के प्रथम चरण का नहीं, बल्कि दलित आन्दोलन के विकास के दूसरे चरण का प्रतिनिधित्व करता है। दलित इतिहासकारों ने इसे केवल 1930 के दशक में उठाया था। प्रारम्भिक चरण में, चमार-इतिहास और दलित इतिहासकार (जैसा कि बहुत से विद्वानों ने माना है) हिन्दू धर्म की आलोचना से परे, दलितों की उच्च जातीय उत्पत्ति स्थापित करने की ही कोशिश कर रहे थे।

पहला चरण : क्षत्रिय होने का दावा

बीसवीं शताब्दी के पूर्वार्द्ध में उत्तर प्रदेश में चमार इतिहासों के लेखन और प्रकाशन की एक लम्बी श्रृंखला है। इनमें से मैं यहाँ चार इतिहासों पर चर्चा करूँगा। ये हैं—यू.बी.एस. रघुवंशी कृत 'श्री चँवर पुराण', जिसका प्रकाशन-काल 1910 से 1916 के बीच का है; जैसवार महासभा कृत 'सूर्यवंश क्षत्रिय जैसवार सभा' (1926); पंडित सुन्दर लाल सगर कृत 'यादव जीवन' (1929); और, रामनारायण यादवेन्दु कृत 'यदुवंश का इतिहास' (1942)। सगर और यादवेन्दु जटिया थे, जिन्होंने अपने वंश का सम्बन्ध भगवान कृष्ण से जोड़कर 'जाटव-क्षत्रिय' होने का दावा किया था। जटिया चमार पश्चिमी उत्तर प्रदेश के निवासी थे, जिनकी बड़ी आबादी मेरठ, आगरा, मुरादाबाद और बदायूँ ज़िलों में थी। जैसवार चमारों की प्रमुख आबादी पूर्वी उत्तर प्रदेश में है, जो 'चँवर राजवंश' से अपना सम्बन्ध जोड़कर क्षत्रिय वंशी होने का दावा कर रहे थे। जटिया और जैसवार दो बहुसंख्यक चमार जातियाँ हैं, जिनकी संयुक्त आबादी उत्तर प्रदेश की कुल चमार आबादी का '2/5 वाँ' हिस्सा है।[6]

रघुवंशी-कृत 79 पृष्ठीय 'चँवर पुराण' कानपुर से प्रकाशित हुआ था। इसके लेखक उत्तर प्रदेश में दलित राजनीति के प्रमुख केन्द्र, अलीगढ़ में वकील थे, और 'रघुवंशी' उपनाम से साहित्य-लेखन करते थे। लाहौर की जैसवार महासभा की दस पृष्ठीय पुस्तिका 'सूर्यवंश क्षत्रिय' में, जिसकी एक हज़ार प्रतियाँ छपी थीं, चँवर पुराण की ही कहानी दोहराई गई है। यह पुस्तिका बहुत ही सरल शैली में सीधे चमारों को सम्बोधित करते हुए उनसे अपनी मुक्ति के लिए अपनी असली क्षत्रिय पहचान को पुनः प्राप्त करने का आग्रह करती है। उत्तर प्रदेश में कानपुर और पंजाब में लाहौर से इन दोनों पुस्तकों का प्रकाशन इस बात का संकेत था कि चँवर पुराण की कहानी पूरे उत्तर भारत में लोकप्रिय हो गई थी। इसलिए रघुवंशी की इस कहानी और उसके दावों पर विस्तार से चर्चा करना ज़रूरी है।

इन उपेक्षित चमार-आख्यानों पर मेरी चर्चा का उद्देश्य उनको चमार-अतीत के औपनिवेशिक और हिन्दू इतिहासों के साथ विमर्श में लाना है। हमें चमार-इतिहास और आलोचना को समझने के लिए उनको गम्भीरता से लेना होगा। चमार-इतिहास अलग-अलग नहीं लिखे गए, बल्कि वे एक ही समय के आसपास लिखे गए जाति-इतिहास, या वंशावली के बड़े संग्रह का हिस्सा थे। चमारों की इतिहास पद्धति बीसवीं शताब्दी के उत्तरार्द्ध और उसके बाद के भारतेन्दु हरिश्चन्द्र जैसे सवर्ण हिन्दू साहित्यकारों द्वारा लिखे गए इतिहासों के ही समान हैं। क्षत्रिय होने का दावा करनेवाले चमार और सवर्ण हिन्दू, दोनों लेखकों ने पहले से मौजूद पुराणों का ऐतिहासिक ग्रंथों के रूप में उपयोग करते हुए पौराणिक परम्परा को ही अपना आधार बनाया था। यहाँ तक कि औपनिवेशिक लेखकों ने भी 'चमार' और अन्य 'अछूत' जातियों का चित्रण इन्हीं स्रोतों के आधार पर किया था। हम इस चमार-इतिहास को तब तक नहीं समझ सकते, जब तक कि यह न जान लें कि ये चमार लेखक उन औपनिवेशिक और हिन्दू इतिहासकारों को चुनौती दे रहे थे, जो उनकी जाति का प्रतिनिधित्व करने का दावा कर रहे थे।[7] रामचन्द्र गुहा ने इसे 'सत्ता का प्रश्न' बताया है।

रघुवंशी ने दावा किया कि चँवर पुराण की खोज तिब्बत में हिमालय के शिखर पर स्थित एक गुफ़ा में रहने वाले एक ऋषि ने की थी, और उसका प्रकाशन के लिए बड़े प्रयास से संस्कृत से हिन्दी में अनुवाद किया था।[8] चँवर पुराण सिद्ध करता है कि चमारों का मूल नाम 'चँवर' था। वह बताता है कि आज के चमार 'द्विज कुल' में सूर्यवंशी (क्षत्रिय) चँवर-राजवंश के शक्तिशाली शासक थे। रघुवंशी जानते थे कि चँवर पुराण में किये गए दावों की प्रामाणिकता के बारे में लोग सन्देह उत्पन्न कर सकते हैं। इसलिए उन्होंने लिखा कि 'जो भी व्यक्ति चँवर पुराण को झूठा साबित करेगा' उसको ईनाम दिया जाएगा। उनके लिए चँवर पुराण की वही वैधता थी, जो भारत में पुराण परम्परा की है। उन्होंने हिन्दू समाज का ध्यान आकर्षित करने के लिए लिखा, 'यह सराहनीय है कि हमारे हिन्दू भाई पुराणों में विश्वास करते हैं, हमारी विनम्र प्रार्थना है कि वे उसी तरह 'चँवर पुराण' में भी विश्वास करेंगे, जो 'गरुड़ पुराण' की तरह ही प्रमाणित ग्रंथ है और दोनों ही पुराणों के कथावाचक भगवान नारद हैं।[9] उन्होंने यह भी लिखा कि महाभारत के 'अनुशासन पर्व' में उल्लेख मिलता है कि क्षत्रिय जाति के रूप में 'चँवर-राजवंश' ने अपना क्षत्रिय-दर्जा इसलिए खो दिया था, क्योंकि उसके लोग 'ब्राह्मण-विद्या' का सम्मान करने में विफल हो गए थे।[10] भगवान नारद देव लोक में राजवंश के गौरवशाली अतीत और उसके पतन की कहानी सुनाते हुए बताते हैं कि इसका 'चमार' नाम कैसे पड़ा? 'चँवर पुराण' यह भी भविष्य वाणी करता है कि चमार जाति में सन्त रैदास का जन्म होगा, जो इसकी खोई हुई प्रतिष्ठा की पुनः प्राप्ति का प्रतीक बनेगा।

'चँवर पुराण' और 'सूर्यवंश क्षत्रिय', दोनों दावा करते हैं कि 'भक्तमाल' (भक्ति-साहित्य) में पन्द्रहवीं शताब्दी के हिन्दू समाज में सन्त रैदास की महानता और शासक परिवारों में उनकी लोकप्रियता की कई कहानियाँ मिलती हैं।[11] इन दोनों पुस्तकों के अनुसार, चमारों और चँवर राजवंश के बारे में सत्य का खुलासा भगवान विष्णु के दरबार में उस समय हुआ, जब सन्त रैदास देव लोक पहुँचे। उनके पहुँचने पर 'देवलोक में 'चमार-चमार' के शब्द गूँजने लगे, और भयभीत देवता यह कहते हुए भगवान विष्णु के चरणों में गिरने लगे, 'हे प्रभु! यह कैसी भयानक त्रासदी है! देवलोक में एक चमार कैसे आ गया?'[12] तब भगवान विष्णु की प्रार्थना पर, नारद भयभीत देवताओं और संसार को कहानी सुनाते हैं। सतयुग में चँवर भारत और संसार का सबसे शक्तिशाली राजवंश था। जिसके शासकों ने इस पृथ्वी पर कई शताब्दियों तक शासन किया और वैदिक धर्म के प्रसार में महत्त्वपूर्ण भूमिका निभाई। इसके बाद वह इस राजवंश की गौरवशाली वंशावली और उनके राजकाल में सुखमय जीवन जीने वाले मनुष्यों का विस्तार से वर्णन करते हैं।[13]

चँवर राजवंश का महान राजा चामुंडा राय था, जो इस राजवंश का अन्तिम राजा भी था, और वह चँवर वंश पर ग्रहण लगने और उसके लुप्त होने के लिए भी ज़िम्मेदार था। नारद ऋषि ने उसके पिता को चामुंडा राय से उत्पन्न ख़तरे के बारे में बता दिया था। उस ख़तरे पर विचार करने के बाद, राजा ने वंश को बचाने के लिए अपने पुत्र की बलि देने का निश्चय किया, किन्तु उसकी रानी ने अपने पुत्र के स्थान पर अपनी दासी श्रमकला के पुत्र की बलि दिलाकर धोखा दिया। श्रमकला ने न केवल समाधान सुझाकर, बल्कि बलि के लिए स्वेच्छा से अपने पुत्र को पेश करके भी रानी की मदद की। राजा यह सोचकर कि उसने अपने ही पुत्र को मरवा दिया है, दुख और पश्चात्ताप से मर गया।[14] किन्तु उसकी मृत्यु के बाद, रानी ने घोषणा की कि राजकुमार अभी जीवित है। इस समाचार का सभी ने स्वागत किया, और चामुंडा राय को नया शासक घोषित कर दिया गया।

चामुंडा राय ने वर्णाश्रम धर्म का पालन किया, और अन्त में, उसने सामाजिक जीवन त्यागकर संन्यास ले लिया। उसने भगवान विष्णु की भक्ति में कठोर तपस्या की, जिससे प्रसन्न होकर विष्णु ने उसका सम्मान किया। किन्तु देवताओं को चामुंडा राय की इस बढ़ती प्रतिष्ठा से ख़तरा लगने लगा, इसलिए उन्होंने उसकी प्रतिष्ठा को नष्ट करने के लिए भगवान विष्णु के प्रति उसकी भक्ति और प्रार्थना में विघ्न डालने की साज़िश रची। उन्होंने चामुंडा राय के हाथों अपनी हार का बदला लेने के लिए उसके एक दुश्मन के साथ मिलकर योजना बनाई। चामुंडा राय के शत्रु ने, भगवान शिव के भेष में प्रकट होकर भगवान विष्णु के प्रति उसकी भक्ति और निष्ठा पर सवाल उठाते हुए कहा कि उसके पास तो भगवान की कोई मूर्ति ही नहीं है,

और यह कहकर उसने चामुंडा राय को निर्गुण (निराकार) की बजाय 'सगुण' (साकार) भगवान की पूजा करने के लिए मना लिया।[15]

भक्ति का सगुण रूप वैदिक धर्म के सिद्धान्तों के विरुद्ध है। चामुंडा राय की सगुण भक्ति से भगवान विष्णु को कष्ट पहुँचा। उन्होंने शूद्र के भेष में उसकी भक्ति की परीक्षा लेने का निश्चय किया। चँवर पुराण इस अप्रत्याशित परीक्षा का विस्तार से वर्णन करता है। चामुंडा राय की भक्ति में विघ्न डालने के लिए, शूद्र ने उसकी सगुण विष्णु-भक्ति पर सन्देह प्रकट किया, और भक्ति का सगुण रूप अपनाकर वह अपनी प्रतिष्ठा दिखाने के लिए वेद-मंत्रों का उच्चारण करने लगा। पहले से नाराज़ चामुंडा राय एक शूद्र को वेद-मंत्रों का पाठ करते देखकर और क्रोधित हो गया, और उसने उसे धिक्कारते हुए कहा कि उसकी शूद्र जाति को वेद-पाठ का अधिकार नहीं है। यह सुनकर, भगवान विष्णु ने अपने असली रूप में प्रकट होकर कहा कि 'इस जगत् में शूद्र वह है, जिसके कर्म उसे शूद्र बनाते हैं। कोई मनुष्य केवल इसलिए शूद्र नहीं है कि वह उस परिवार में पैदा हुआ है।'[16] पाठकों को इस वैदिक उक्ति की बार-बार याद दिलाई गई है कि वर्ण स्थिति कर्मों से निर्धारित होती है, जन्म से नहीं। अपनी ग़लती को मानते हुए चामुंडा राय क्षमा माँगने लगा, किन्तु कुपित भगवान विष्णु ने उसे और उसके वंशजों को क्षत्रिय वर्ण से हटाकर, शूद्र वर्ण से भी निम्न स्तर पर चमार और अछूत होने का शाप दे दिया। इस प्रकार, चँवर वंश और उसका इतिहास दोनों ही इस पृथ्वी से लुप्त हो गए।

सूर्य देवता और कई अन्य देवताओं द्वारा प्रार्थना करने के बाद, भगवान विष्णु को, जो एक गुफ़ा में छिपे हुए थे, दया आ गई। उन्होंने घोषणा की कि चँवर वंश कलयुग में पुनः जीवित होगा, जब एक ऋषि (सन्त रैदास) का जन्म होगा, जो वैदिक धर्म को पुनः पृथ्वी पर स्थापित करके समस्त अज्ञान का नाश करेंगे। उनका अवतरण इस जाति को अछूत स्थिति से ऊपर उठाएगा, और उसे पुनः मूल क्षत्रिय जाति के रूप में स्थापित करेगा।[17] 'सूर्यवंश क्षत्रिय जैसवार सभा' अन्त में अपने पाठकों का आवाहन करती है, 'प्रिय मित्रो! कृपया सोचो, हम कौन हैं? हमारा मूल्य क्या है? पहले हम सूर्यवंशी क्षत्रिय थे, और अब हमें चमार कहा जाता है। प्रिय पाठको! अपने दिमाग़, मन, धन और ज्ञान से अपने समुदाय की सहायता करो, जो अपने अतीत को भूल गया है। उसके पुनर्जागरण में ही हमारा कल्याण है।'[18]

पश्चिमी उत्तर प्रदेश के जटिया चमारों ने भी जाटवों या यादवों के रूप में अपने वंश को भगवान कृष्ण के यदु वंश से जोड़कर अपनी क्षत्रिय पहचान पर ज़ोर दिया। यह दावा 1924 में प्रकाशित 'जाटव जीवन' पुस्तक में किया गया था, जिसका दूसरा संस्करण, 108 पृष्ठों में, 1929 में नये शीर्षक 'यादव जीवन' नाम से प्रकाशित हुआ था। इस पुस्तक के लेखक सुन्दर लाल सगर प्रमुख सामाजिक कार्यकर्ता और आगरा की जाटव महासभा के सदस्य थे।

इसी महासभा की आर्थिक सहायता से इस पुस्तक के दो संस्करण प्रकाशित हुए थे। इस पुस्तक में दो भाग हैं—पहला भाग जटिया चमारों के 'यादव' होने के दावे पर कई पहलुओं से प्रकाश डालता है—दूसरे भाग में सगर द्वारा जाटवों के लिए सुझाए गए 'शुद्ध' सामाजिक और सांस्कृतिक कार्यों का विवरण है। साथ ही सगर ने जाटव जाति के विकास के लिए भी एक कार्यक्रम और जाटव महासभा के उद्देश्यों और कार्यों के बारे में जानकारी दी थी। 1946 में, रामनारायण यादवेन्दु ने 'यदुवंश का इतिहास' नाम से एक और पुस्तक प्रकाशित की। यादवेन्दु ने 'जाटव-जीवन' में दिये गए कई तर्कों को इस पुस्तक में भी दोहराया है और विभिन्न जाटव संगठनों का विस्तृत इतिहास उपलब्ध कराने के साथ-साथ जाटव महासभा के सदस्यों के जीवन-परिचय भी प्रस्तुत किये हैं।

सुन्दर लाल सगर मानते थे कि 'हम किसी भी क़ौम, देश, वंश और जाति के बारे में उसके इतिहास के जरिए ही जानते हैं।' इसीलिए उन्होंने अपनी जाति का इतिहास लिखा, क्योंकि वे अपने समुदाय के गौरवशाली अतीत के बारे में अपने समुदाय को बताना चाहते थे, जिसे वह भूल चुका था। यह पुस्तक प्रश्नोत्तर शैली में लिखी गई है, जिसमें लेखक अज्ञानी जाटव के प्रश्नों का उत्तर देकर उसे शिक्षित करता है। सगर का दावा है कि यह उनके समुदाय को अपने इतिहास और अतीत की जानकारी न होने का ही परिणाम है कि आज शुद्ध यदुवंश पतित और अशुद्ध स्थिति में है। 'यह अत्यन्त दुख का विषय है कि हमारे जाटव भाई अहंकारी जातिवादियों को अपनी पहचान के बारे में सही जवाब देने में समर्थ नहीं हैं।'[19]

समसामयिक स्रोतों से लिए गए साक्ष्यों का अभिनव प्रयोग करते हुए सगर ने पुराणों और लोक कथाओं के हवाले से जाटवों की क्षत्रिय स्थिति को मज़बूत किया। उनका पहला साक्ष्य उनके व्यक्तिगत अनुभव पर आधारित है, जिसने उन्हें इस पुस्तक में संशोधन करने के लिए बाध्य किया। वे कहते हैं कि जब उन्होंने मतदान-सूची में अपने नाम के साथ यादव उपनाम दर्ज कराने का प्रयास किया, तो दो हिन्दू वकीलों ने उसका विरोध किया। उन्होंने उनकी आपत्ति के विरुद्ध आगरा कमिशनरी कोर्ट में वाद दायर कर दिया। किन्तु कमिश्नर आर.एल.एच. क्लार्क ने जाटवों के इस सामाजिक दर्जे को स्वीकार कर लिया। सगर गर्व के साथ क्लार्क को उद्धरित करते हैं, 'सुन्दर लाल यादव ने एक किताब (जाटव-जीवन) लिखी है, जिसमें स्पष्ट रूप से प्रस्तुत किया गया है कि सभी जाटव वास्तव में यादव हैं।'[20]

सगर ने 1888 में लिखे गए स्वामी आत्माराम के ग्रंथ 'ज्ञानसमुद्र' का सन्दर्भ दिया है, जिसमें उल्लेख मिलता है कि जाटवों की उत्पत्ति क्षत्रिय वर्ण और शिव गोत्र में हुई है। वे जे.एस. नेसफील्ड की पुस्तक 'ब्रीफ व्यू ऑफ़ दि कास्ट सिस्टम ऑफ़ दि नार्थ-वेस्टर्न प्रोविंसेस एंड अवध' (1883) का सन्दर्भ देते हैं, जिसमें बताया गया था कि जाटव 'उस यदु जनजाति समुदाय की व्यावसायिक शाखा के वंशज

हो सकते हैं, जिससे कृष्ण आए थे,' एडविन टी. एटकिंसन गजेटियर (1881) के खंड 4 का हवाला देते हैं, जिसमें अहरवारों की तुलना में जाटवों को श्रेष्ठ बताया गया है, और छोटे लाल क्षत्रिय की पुस्तक 'ब्राह्मण-निर्णय' का उद्धरण देते हैं, जो जाटवों का क्षत्रिय के रूप में उल्लेख करती है।[21] पौराणिक और लोककथाओं के स्रोतों से सगर परशुराम और उसके द्वारा की गई क्षत्रियों के विनाश की प्रतिज्ञा की कहानी का ज़िक्र करते हैं। लेखक के अनुसार, जाटवों के पुरखों ने परशुराम से युद्ध किया था। किन्तु क्षत्रिय हार गए, और जाटव अत्याचार से बचने के लिए जंगलों में छिपकर, पृथ्वी से लुप्त हो गए, जहाँ वे अपनी क्षत्रिय पहचान छिपाने के लिए दस्तकार बन गए, और इस प्रक्रिया में उनकी 'शुद्ध' स्थिति खो गई। उसी समय से जाटवों के साथ हिन्दुओं का भेदभाव आरम्भ हुआ।[22] वे 'महाभारत' और 'मनुस्मृति' के आधार पर जाटव-वंश को राजा यदु और कृष्ण के वंश से जोड़ते हुए तर्क देते हैं कि सागर, पिपल, कर्दम, मौर्य, रवि, निम, कार्निक और हरित जैसे सारे उपनाम यदुवंश से जुड़े हुए हैं।[23]

इन इतिहासों को हिन्दू 'पुराण-इतिहासों' की परम्पराओं के आधार पर लिखा गया था। रोमिला थापर ने, एक विचारशील चर्चा में 'पौराणिक इतिहास-परम्परा' को 'अन्तर्भूत इतिहास' के रूप में वर्णित किया है। ग़ैर-क्षत्रिय राजवंशों का क्षत्रिय होने का दावा पौराणिक इतिहास-परम्परा में निहित था, और उसी आधार पर उन्होंने अपनी सामाजिक और राजनीतिक वैधता को प्रमाणित करने का दावा किया था। थापर ने लिखा है कि पहली सहस्राब्दी के मध्य से नये शासक राजवंश अक्सर रामायण और महाभारत में वर्णित राजपरिवारों के साथ अपनी वंशावलियों को जोड़ने के लिए पौराणिक इतिहास-परम्परा का उपयोग करके क्षत्रिय होने का दावा करने की औपचारिकता निभाते थे।[24] ऐसी राजवंशावलियाँ सामाजिक और सांस्कृतिक औचित्य के शक्तिशाली स्रोत और पूर्व-औपनिवेशिक भारतीय राजतंत्र की अनूठी विशेषता थीं।

बीसवीं शताब्दी के उत्तरार्द्ध में, उत्तरी भारत में शहरी मध्यवर्गीय हिन्दू साहित्यकार हिन्दू अतीत की औपनिवेशिक व्याख्याओं का खंडन पौराणिक इतिहास-परम्परा के आधार पर ही करते थे। वसुधा डालमिया का मत है कि उन्होंने प्राच्यवादियों के तथ्यों और तर्कों का खंडन करने के लिए पुराणों और लोककथाओं के ही विविध स्रोतों का सहारा लिया था। डालमिया ने भारतेन्दु हरिश्चन्द्र का उल्लेख किया है, 'जिन्होंने साहित्यकार और शौकिया इतिहासकार के रूप में, हिन्दी में कुछ अलग तरह का इतिहास लिखने में अपना हाथ आजमाया।' यह उदाहरण इस बात को दर्शाता है कि पौराणिक स्रोत हिन्दी में इतिहास-लेखन का एक अनिवार्य अंग थे।[25] भारतेन्दु हरिश्चन्द्र की 'खत्रियों की उत्पत्ति' और चमारों के इतिहास की तुलना से दोनों की लेखन-पद्धतियों में आश्चर्यजनक समानताएँ सामने आती हैं।

हरिश्चन्द्र ने यह पुस्तिका पंजाब के खत्रियों को, जिन्हें शूद्रों के रूप में वर्गीकृत किया गया था, क्षत्रिय मूल का साबित करने के समर्थन में लिखी थी।

भारतेन्दु हरिश्चन्द्र ने नई मानवविज्ञानी प्रवृत्ति से प्रेरित होकर लोकप्रिय लोककथाओं, पौराणिक स्रोतों और प्राच्यवादी विवरणों के हवालों से यह दावा किया कि भले ही पंजाबी खत्री व्यावसायिक रूप से क्षत्रिय नहीं थे, पर फिर भी वे क्षत्रिय थे।[26] औपनिवेशिक किताबों से उद्धरण देते हुए हरिश्चन्द्र ने तर्क दिया कि पंजाब आर्यों का मूल स्थान है, और खत्री उन्हीं के वंशज थे, जिनका मूल घर भी वही था। चूँकि पंजाबी 'क्ष' अक्षर का उच्चारण नहीं कर सकते थे, इसलिए 'क्षत्रिय' खत्रीय रूप में बोला और लिखा जाने लगा। हरिश्चन्द्र ने अनेक लोकप्रिय कथाओं का उद्धरण देकर अपने दावे को मज़बूत किया है। जब परशुराम ने क्षत्रियों का उन्मूलन करने के लिए युद्ध आरम्भ किया, तो पंजाबी क्षत्रिय अपनी जान बचाने के लिए भूमिगत हो गए थे। तब उन्होंने खत्री बनकर वैश्य और शूद्र की प्रथाएँ और व्यवसाय अपना लिए थे। हरिश्चन्द्र ने इस मूल कहानी के समर्थन में प्राचीन 'सारसंग्रह पुराण' से बहुत से उद्धरण दिये हैं। उन्होंने यह भी तर्क दिया कि शूद्र आचरण अपनाने के बाद, वे शूद्र मूल के सम्राट चन्द्रगुप्त के हाथों उत्पीड़न से बच गए थे।[27] हरिश्चन्द्र ने 'खत्रियों की उत्पत्ति' के अतिरिक्त एक इतिहास अपनी जाति का भी 'अग्रवालों की उत्पत्ति' नाम से लिखा। इसमें भी उन्होंने पौराणिक पद्धति का ही उपयोग यह दावा करने के लिए किया कि अग्रवालों ने वैदिक धर्म छोड़कर अपना क्षत्रिय दर्जा खो दिया था।

हरिश्चन्द्र के खत्रियों और अग्रवालों के इतिहासों और तीन दशक बाद चमार इतिहासकारों द्वारा लिखे गए इतिहासों में आश्चर्यजनक समानताएँ हैं। रघुवंशी ने महाभारत की कहानियों के आधार पर चमारों के सूर्यवंशी अतीत का दावा करने के लिए एक नये 'चँवर पुराण' की खोज का उपयोग किया। इसमें मुख्य रूपक एक प्रतिभाशाली पुत्र का जन्म, जिसके बारे में भविष्यवाणी की गई है कि वह राजवंश के लिए वरदान और अभिशाप दोनों होगा; रानी के पुत्र की रक्षा के लिए एक दासी द्वारा अपने पुत्र का बलिदान; चामुंडा राय का पश्चात्ताप; भगवान विष्णु का शाप, जो वंश की वर्तमान स्थिति के कारण की व्याख्या करता है; और कलयुग में उनके क्षत्रिय वर्ण को पुनः प्राप्त करने का संकेत मुख्य रूपक हैं। चमार-कहानियाँ उन्हीं प्रचलित रूपकों का उपयोग करती हैं, जो हिन्दी के धार्मिक और धर्मनिरपेक्ष साहित्य में कई कहानियों में दोहराई गई हैं। जाटवों और जैसवारों, दोनों ने ही अपनी कहानियों में यह दावा किया था कि उन्होंने अपना क्षत्रिय दर्जा उत्पीड़न या दंड के कारण खोया था। पश्चिमी उत्तर प्रदेश के जटिया या जाटव चमारों ने अपनी वर्तमान अशुद्ध (अछूत) स्थिति को समझाने के लिए परशुराम की कहानी का उद्धरण दिया।[28] भारतेन्दु हरिश्चन्द्र की तरह, सगर ने भी शब्द के अपभ्रंश अर्थात विकृत रूप पर ध्यान दिया। केवल हरिश्चन्द्र ही नहीं, बल्कि अन्य लेखकों और वकीलों की

पूरी पीढ़ी ही पौराणिक ग्रंथों और लोक प्रचलित दन्तकथाओं के सन्दर्भ में लेखन कर रही थी। चमारों ने भी अपने अतीत के बारे में औपनिवेशिक और हिन्दुओं की ग़लत धारणाओं का खंडन करने के लिए, अंग्रेज़ी सरकार को अपनी क्षत्रिय स्थिति के बारे में आश्वस्त करने के तात्कालिक राजनीतिक उद्देश्य के साथ, वैकल्पिक व्याख्या प्रस्तुत करने के लिए पौराणिक वृत्तान्तों का ही उपयोग किया।

औपनिवेशिक काल में पौराणिक स्रोतों को प्रमाण की एक नई शक्ति प्राप्त हो गई थी, जिससे भारतीय समाज में उनका महत्त्व बढ़ गया था। औपनिवेशिक अधिकारियों और मानवविज्ञानियों ने भी दलितों की अस्पृश्यता और निम्न जातियों की शूद्र स्थिति को स्पष्ट करने और उनको दस वर्षीय जनगणना में वर्गीकृत करने के लिए पौराणिक स्रोतों पर ही भरोसा किया था।

उत्तर प्रदेश में पहली बार, 1865 की जनगणना में विभिन्न ज़िलों के चमारों की उत्पत्ति के ब्यौरों का दस्तावेज़ीकरण किया गया था। मुरादाबाद, फ़र्रुख़ाबाद और बरेली में चमार जाति की उत्पत्ति 'अहीर पिता और कुर्मी माता के संसर्ग' से बताते हुए कहा गया कि दोनों को बहिष्कृत कर दिया गया, कुर्मी को चोरी के कारण, और अहीर को गाय की हत्या के कारण निकाला गया। एक औपनिवेशिक व्याख्या में कहा गया कि 'उन्होंने मृत मवेशियों की खाल निकालने और उनको बेचने का पेशा अपना लिया, जो अभी भी उनके वंशजों द्वारा किया जाता है।' मथुरा में 'वराह पुराण' के आधार पर दावा किया गया कि चमार एक मल्लाह पुरुष और चंडाल स्त्री की सन्तान थे। उत्पत्ति के तीन विवरण आगरा से आए—पहला, चमार 'मल्लाह और चंडाल स्त्री की सन्तान थे,' दूसरा, 'शूद्र पिता और निषाद माँ की सन्तान थे,' और तीसरा, भंगी स्त्री और ब्राह्मण की सन्तान थे।'[29] हेनरी इलियट ने भी उल्लेख किया कि 'वराह पुराण' के आधार पर, 'कहा जाता है,' चमार एक मल्लाह पुरुष और चंडाल स्त्री के वंशज थे।[30] कई हिन्दू धर्म-ग्रंथों में दी गई चमारों की उत्पत्ति की ऐसी (मूर्खतापूर्ण) कहानियाँ औपनिवेशिक प्रशासकों की नज़रों में प्रमाण बन गईं। बाद में, औपनिवेशिक मानवविज्ञानियों ने भी, हेनरी इलियट, हरबर्ट रिस्ले, एम.ए. शेरिंग और विलियम क्रुक जैसे अधिकारियों की तरह, चमारों के इतिहास की प्रामाणिक व्याख्या के रूप में इन्हीं कहानियों को उद्धरित किया। ब्रिग्स ने तर्क दिया कि 'चमार' शब्द की उत्पत्ति ऋग्वेद में मिलती है, और वहीं से यह शब्द सभी मुख्य ब्राह्मणी ग्रंथों में आया।[31] इतिहास-लेखन की इस पद्धति को देखते हुए, इसमें कोई आश्चर्य नहीं कि चमार और अन्य दलित इतिहासकारों ने भी अपने इतिहासों को एक अलग रोशनी में लिखने के लिए उसी तरह की बहुत सी परम्पराओं, रूपकों और रणनीतियों को अपनाया।

औपनिवेशिक मानवविज्ञान की वास्तविक क्षमता उसके निष्पक्ष समाजशास्त्रीय ज्ञान की शक्ति में निहित है। मैं यहाँ एक प्रसिद्ध मानवविज्ञानी, कुमार सिंह को उद्धरित

करना चाहता हूँ, जिसने 1990 के दशक में 'भारत के लोग' परियोजना के रूप में एक श्रृंखला का संकलन किया था। उन्होंने चमारों के इतिहास के बारे में लिखा—

> उनके समुदाय का नाम 'चमार' संस्कृत शब्द 'चर्मकार' से निकला है, जिसका अर्थ है चमड़े का काम। रिस्ले (1891) लिखता है कि, पुराणों के अनुसार, चमारों की उत्पत्ति मल्लाह और चंडाल स्त्री के संसर्ग से हुई। लेकिन विद्वान उनकी पहचान मनु के धर्मशास्त्र (मनुस्मृति) के दसवें अध्याय (के श्लोक 36) में 'कारावर' नाम की चमड़े का काम करनेवाली (चमार) जाति के रूप में करते हैं। इस जाति का पिता निषाद (ब्राह्मण पिता और शूद्र माता की सन्तान) और माता वैदेह (वैश्य पिता और ब्राह्मण माता की सन्तान) थी।[32]

वस्तुतः दुराग्रह की बुनियाद पर बनाया गया यह ढाँचा चमारों के अतीत की व्याख्या उनकी अशुद्ध और वर्ण-संकर उत्पत्ति के आधार पर करता है। किसी नये ऐतिहासिक साक्ष्य को खोजने और प्रस्तुत करने के बजाय, उन्होंने चमार-इतिहास की उत्तर-औपनिवेशिक पुस्तकों में, अपने ब्रिटिश पूर्वजों द्वारा दी गई कहानियों का ही हवाला दिया, जिन्हें प्रभुत्ववादी सवर्ण हिन्दू इतिहासकारों द्वारा गढ़ा गया था।

क्षत्रिय होने के दावे का विस्तार

1920 के दशक के चमार-इतिहासों में ऊपर उल्लिखित विषय का उत्तर प्रदेश के चमारों में व्यापक सामाजिक आधार था। पुलिस की साप्ताहिक रिपोर्टों में 1922 और 1928 के बीच चमारों के विरोध-प्रदर्शनों और सभाओं के साक्ष्य दिये गए हैं।[33] दुर्भाग्य से, उनमें 1922 से पहले की अवधि का कोई साक्ष्य मौजूद नहीं है। यह भी उल्लेखनीय है कि चमारों का जो प्रतिरोध पुलिस की साप्ताहिक रिपोर्टों में विस्तार से दर्ज हुआ था, उसका राष्ट्रीय प्रेस ने कोई संज्ञान नहीं लिया था। उत्तर प्रदेश में हिन्दी-भाषी अख़बारों, जैसे 'प्रताप', 'अभ्युदय' और 'आज' ने उनकी ख़बरें देना तब शुरू किया, जब हिन्दू-सुधार संगठनों ने दलितों के बीच अपना प्रचार-अभियान आरम्भ किया। चमार आन्दोलन उत्तर भारत में बीसवीं शताब्दी के दलित-संघर्ष का पहला चरण है। इस चरण की मुख्य विशेषता यह थी कि उसमें चमारों ने क्षत्रिय होने के अपने दावे के रूप में शुद्ध हिन्दू रीति-रिवाज़ों को अपनाया था, जैसे शाकाहारी बनना, और गोमांस तथा चमड़े के कार्य का परित्याग करना। सुन्दर लाल सगर ने पश्चिमी उत्तर प्रदेश में 1929 में चल रहे चमारों के आन्दोलन का उल्लेख करते हुए आशा की थी कि वे अपनी वर्तमान स्थिति को बदलने में सफल हो जाएँगे।[34]

यद्यपि चमारों के संघर्ष राज्य के अनेक भागों में हुए थे, परन्तु पुलिस की रिपोर्टें बताती हैं कि सबसे संगठित और व्यापक आन्दोलन पश्चिमी उत्तर प्रदेश में ही हुए थे। पहली बार ये संघर्ष 1922 में मेरठ, मुरादाबाद, बुलन्दशहर, बदायूँ, बिजनौर, बरेली, पीलीभीत, आगरा, और अलीगढ़ ज़िलों में देखे गए थे। 1923-24 तक चमारों के आन्दोलन मध्य उत्तर प्रदेश के ज़िलों, सहारनपुर, एटा, इटावा, मैनपुरी, मथुरा, देहरादून, लखनऊ, उन्नाव, खीरी, सुल्तानपुर और प्रतापगढ़ में, तथा पूर्वी उत्तर प्रदेश में बनारस, जौनपुर, बस्ती, और गोरखपुर ज़िलों में भी शुरू हो गए थे।[35] पुलिस की रिपोर्टों में पश्चिमी उत्तर प्रदेश की सभाओं और गतिविधियों का वर्णन 'आन्दोलन' के रूप में किया गया है। उनमें लिखा है : 'मुरादाबाद में हमने एक आम विद्रोह के बारे में सुना है, बुलन्दशहर में हमें बताया गया है कि शायद ही कोई बड़ा गाँव हो, जहाँ लोग चमारों से परेशान न हों, और मेरठ में यह देखा गया है कि चमार-आन्दोलन लगातार परेशानी पैदा कर रहा है।'[36] इस क्षेत्र में आन्दोलन की उल्लेखनीय बात यह थी कि सभाओं के दौरान विभिन्न सुधार कार्यक्रमों के लिए, ख़ासकर चमार बच्चों की पढ़ाई के लिए चन्दा एकत्र किया गया था। इन सभाओं में 1922 और 1923 में मुरादाबाद में 200/- से 1000/- रुपये और रामपुर में 1,500/- रुपये तक की धनराशि एकत्र हुई थी।[37] इन सभाओं में अच्छी संख्या में लोग भाग लेते थे, जिनकी उपस्थिति औसतन पाँच से छह सौ तक और कभी-कभी एक से दो हज़ार तक होती थी। पुलिस-रिपोर्ट में एक मामला ऐसा भी दर्ज है, जिसमें 1924 में बिजनौर की एक सभा में सात हज़ार चमार एकत्र हुए थे।[38] इस तरह की चमार सभाएँ और पंचायतें उत्तर प्रदेश के पूर्वी और पश्चिमी दोनों क्षेत्रों में होती थीं।[39] मुरादाबाद, बुलन्दशहर, मेरठ, बिजनौर, सहारनपुर, जौनपुर और बस्ती ज़िलों में 'सभाओं' का गठन करने के लिए भी ऐसी बैठकें अक्सर होती थीं।[40] यादवेन्दु कहते हैं कि एटा, बरेली, मथुरा, मैनपुरी, इटावा और आगरा में जाटव महासभा की शाखाएँ क़ायम की गई थीं।[41]

इन सभाओं में पारित प्रस्तावों से इस तथ्य का ख़ुलासा होता है कि चमार ब्रिटिश सरकार के प्रति अपनी वफ़ादारी दिखाने के इच्छुक थे। इसलिए उन्होंने कांग्रेस द्वारा शुरू किये गए असहयोग आन्दोलन (1920-22) से अपनी गतिविधियों की दूरी बनाकर रखी थी। मेरठ में लालकटी तहसील में एक हज़ार चमारों की सभा में असहयोग आन्दोलन के विरुद्ध प्रस्ताव पारित किया गया था और ब्रिटिश सरकार के प्रति सत्यनिष्ठा की शपथ ली गई थी। इसी तरह के प्रस्ताव मेरठ में अन्य स्थानों पर हुई सभाओं में पारित किये गए थे।[42] मुरादाबाद की डिडौली तहसील में चमारों ने अपने मंच से कांग्रेसियों और ख़िलाफ़तवादियों को बोलने से मना कर दिया था, और कांग्रेस के ख़िलाफ़ तो प्रस्ताव तक पारित किया था।[43] अप्रैल, 1922 में, जाटव महासभा ने बाबू खेमचन्द की अध्यक्षता में, अपने वार्षिक सम्मेलन में ब्रिटिश

सरकार के साथ अपना सहयोग करने का प्रस्ताव पारित किया था।[44] बिजनौर की सभा में, जिसमें सात हज़ार चमारों ने भाग लिया था, कांग्रेस की स्वराज की माँग का विरोध किया गया था।[45] इसी तरह बदायूँ, बुलन्दशहर, देहरादून और कुमाऊँ में भी कांग्रेस की स्वराज-माँग के विरुद्ध प्रस्ताव पास किये गए थे।[46] कांग्रेस के प्रति चमारों की खुली शत्रुता को देखकर, उत्तर प्रदेश कांग्रेस कमेटी को अपनी ज़िला इकाइयों को चमारों के साथ समतावादी सम्बन्ध बनाने के लिए कहना पड़ा था।[47] किन्तु पूर्वी उत्तर प्रदेश के गोरखपुर ज़िले में कांग्रेस के कार्यकर्ताओं ने 'दलित जातियों तक राष्ट्रवाद का सन्देश पहुँचाने में महत्त्वपूर्ण भूमिका निभाई, जिसने उनकी पंचायतों के प्रभाव और कार्य को व्यापक बनाने में सहायता की।' बाबू गुरु प्रसाद नाम के एक कांग्रेसी ने विभिन्न सुधार कार्यों को आरम्भ करने के लिए फ़रवरी, 1921 में 'गोरखपुर ज़िले के बांसगाँव में एक पंचायत का आयोजन किया, जिसमें 500 चमारों ने भाग लिया था।'[48]

इन विरोध-सभाओं में भी चमार अपने क्षत्रिय होने का दावा करते थे, और अपने 'शुद्ध' और 'स्वच्छ' धार्मिक आचरण पर ज़ोर देते थे। वे सवर्ण हिन्दुओं की बहुत सी प्रथाओं को अपनाकर अपने 'अछूत' कलंक को मिटाने का प्रयास कर रहे थे। चमार सभाएँ सबसे ज़्यादा वकालत मांस और शराब छोड़ने के लिए करती थीं। प्रेमचन्द अपने उपन्यास 'कर्मभूमि' में चमार-अस्पृश्यता की पहचान के तीन कारण बताते हैं—दारू-शराब, मुर्दा मांस, और चमड़ा। इसका मुख्य नायक अमरकान्त एक सवर्ण हिन्दू और कांग्रेस का कार्यकर्ता है। वह हरिद्वार के किसी रैदासी गाँव में आकर रहने लगता है, और चमारों को समझाता है कि वे पहले ये दो चीज़ें (शराब और मांस) छोड़कर ही हिन्दुओं जैसा शुद्ध दर्जा प्राप्त कर सकते हैं।[49] पूर्वी उत्तर प्रदेश में चमार, धोबी और भंगी, दलित जातियों की पंचायतों ने भी 'न केवल शराब-गाँजा, बल्कि मांस-मच्छी' भी छोड़ने के प्रस्ताव पारित किये थे। शाहिद अमीन ने प्रेमचन्द के उपन्यास में इस तरह के 'खानपान के निषेध का वर्णन 'आत्म-शुद्धि' के गांधीवादी विचार के विस्तार' के रूप में किया है।[50] फिर भी उत्तर प्रदेश के अन्य भागों में, विशेष रूप से पश्चिमी ज़िलों में, चमार-सभाओं ने बिना किसी बाहरी दख़ल के, समाज-सुधार के कार्यक्रम और क्षत्रिय होने की आकांक्षा को स्वीकार कर लिया था। इन विषयों पर मुरादाबाद और मेरठ ज़िलों की सभाओं में व्यापक बहसें हुई थीं, जिनकी नियमित रिपोर्ट की गई थी। मुरादाबाद में चन्दौसी, संभल, रेहड़ा, डिलारी और गजरौला तहसीलों में चमारों ने शाकाहारी सवर्ण हिन्दू होने का दावा करते हुए अपनी जाटों के समान स्थिति पर ज़ोर दिया था।[51] मेरठ ज़िला विशेष रूप से इस आन्दोलन की ताक़त के लिए विख्यात था।[52] नवम्बर, 1922 में मवाना क़स्बे में हुई सभा में ज़िले के विभिन्न भागों से चार हज़ार चमारों ने भाग लिया था, जिसमें क्षत्रिय होने का दावा करने और शुद्ध जीवन-शैली

अपनाने के सम्बन्ध में अनेकों प्रस्ताव पारित किये गए थे।[53] इसी तरह, क्षत्रिय होने का दावा मई, 1924 में चमारों ने मैनपुरी की सभा में किया था।[54]

राज्य के सभी 24 ज़िलों में आयोजित सभाओं में पारित प्रस्तावों में चमारों द्वारा अपने शाकाहारी और शुद्ध जीवन-शैली अपनाने का बार-बार उल्लेख किया गया था। कुछ सभाओं में शुद्ध जीवन-शैली के नियम को कड़ाई से अपनाने के लिए जुर्माना लगाने का भी प्रावधान किया गया था।[55] बाबा रामचन्द्र ने प्रतापगढ़ और आसपास के ज़िलों में चमारों की कुछ सभाओं में भाग लिया था।[56] पूर्वी उत्तर प्रदेश में गोरखपुर, ख़ासतौर से उसकी 'हाता' और 'पडरौना' तहसीलें सुधार और प्रतिरोध के बड़े केन्द्र थे।[57] जुलाई, 1926 में बनारस के विभिन्न क्षेत्रों में चमारों ने चमड़े के अशुद्ध और गन्दे पेशों को छोड़ने तथा मृत जानवरों को उठाने, खाल निकालने और शोधन करने की प्रथाओं को त्यागने के प्रस्ताव पारित किये थे।[58] कुछ और रोचक विवरणों में ये भी शामिल हैं : चमारों द्वारा मुरादाबाद में जूतों की मरम्मत और सिलाई का काम करने से इनकार करना, बुलन्दशहर के 'सियाना' क़स्बे में मृत मवेशियों की खाल निकालने से मना करना, और बदायूँ के 'राजपुरा' क़स्बे में मोची का काम छोड़ना। सहारनपुर शहर में चमारों ने खालों के अपने सालाना ठेके मेहतरों को बेच दिये थे।[59]

चमार बच्चों की शिक्षा के लिए नगरपालिका द्वारा स्कूलों का खोला जाना और चमारों द्वारा भी अपने स्वतंत्र निजी स्कूलों की स्थापना करना, चमार सुधार कार्यक्रम का एक महत्त्वपूर्ण हिस्सा थे। जब प्रेमचन्द के उपन्यास 'कर्मभूमि' का नायक, अमरकान्त, रैदासी गाँव में रहने का निश्चय करता है, तो चमार उससे अपने बच्चों के लिए स्कूल खोलने और अंग्रेज़ी पढ़ाने की माँग करते हैं।[60] इसी तरह की माँग चमार पहले मेरठ और मुरादाबाद की सभाओं में कर चुके थे।[61] दो हज़ार चमारों की एक सभा अक्टूबर, 1923 में देहरादून में हुई थी, जिसमें नगरपालिका के स्कूलों में चमार लड़कों को पढ़ने के अधिकार पर ज़ोर दिया गया था।[62] मैनपुरी में 1924 में चमारों ने यह निश्चय किया कि उनकी जाति का सुधार और उत्थान उनके बच्चों की शिक्षा के बिना नहीं हो सकता।[63] इटावा में चमारों ने हिन्दू त्यौहारों पर पैसा बर्बाद करने के बजाय, अपने बच्चों के लिए स्कूल खोलने का निश्चय किया।[64] सुन्दर लाल सगर और रामनारायण यादवेन्दु, दोनों ने इस बात पर ज़ोर दिया कि चमार बच्चों की शिक्षा ही चमार समुदाय की स्थिति में सुधार का बेहतर तरीक़ा है।[65] यहाँ तक कि यादवेन्दु ने हिन्दी की मासिक पत्रिका 'चाँद' के सितम्बर, 1933 के अंक में एक पत्र छपवाकर दो जाटव छात्रों की उच्च शिक्षा में प्रवेश लेने में आर्थिक सहायता करने के लिए धन की माँग की थी, और भारतीय राष्ट्रवादियों से अपील की थी कि वे अगर वास्तव में 'अछूतोद्धार' में रुचि रखते हैं, तो इस तरह के मामलों में सहयोग देने की पहल करें।[66]

सुधार के इन मुद्दों के केन्द्र में व्यक्तिगत गरिमा का प्रश्न था। गरिमा को पुनः प्राप्त करने के लिए 'बेगारी' की अपमानजनक प्रथा के ख़िलाफ़ चुनौती खड़ी करना था। चमारों ने बेगारी के जितने भी रूप थे, सभी का विरोध किया, यहाँ तक कि उन्होंने ज़मींदारों द्वारा की जानेवाली अवैध टैक्स वसूली के विरुद्ध भी आवाज़ उठाई। हिन्दू समाज की नज़रों में बेगारी चमारों की सामूहिक पहचान बन गई थी; सभी चमारों से बिना किसी भुगतान के, निःशुल्क सेवा करने की अपेक्षा की जाती थी, चाहे उनकी आर्थिक स्थिति कैसी भी हो, वे समृद्ध मौरूसी, या ग़ैर-मौरूसी किसान हों, या ग़रीब खेतिहर मज़दूर हों। बीसवीं शताब्दी के शुरू के दशकों तक बेगारी में अवैध कर वसूली, हरी (बिना मज़दूरी दिये खेत जोतना) और नज़राना शामिल थे, जिनका उपयोग ज़मींदारों द्वारा अवैध रूप से लगान बढ़ाने के लिए किया जाता था।[67] ज़मींदारों की सेवा के अलावा, दौरे पर आने वाले सरकारी अधिकारियों की सेवा भी बेगारी के अन्तर्गत थी, जिनमें उनके घोड़ों के लिए घास, ईंधन के लिए जलाऊ लकड़ियाँ, पुआल, मुर्ग़ा, अंडे और मांस की व्यवस्था के साथ-साथ, तम्बू गाड़ने से लेकर खाना बनाने तक कई तरह के काम शामिल थे।[68] प्रेमचन्द का 1922 का उपन्यास 'प्रेमाश्रम' चमारों के जीवन में बेगारी के अर्थ को दर्शाता है, वह बताता है कि कैसे ज़मींदारों के कारिन्दों द्वारा आसपास के गाँवों से चमारों को पकड़कर लाया जाता था, और उन्हें कलेक्टर के शिविर में बिना भोजन और बिना वेतन के लम्बे समय तक बेगार करने के लिए क़ैद कर लिया जाता था।[69]

1920 के दशक में बेगारी और ज़बर्दस्ती वसूली के विरुद्ध प्रतिरोध चमार और दलित आन्दोलन की मुख्य विशेषता थी। अवध में चमारों ने 1921-22 के किसान सभा आन्दोलन में इसीलिए भाग लिया था क्योंकि उनकी लड़ाई बेदख़ली और बेगारी के ख़िलाफ़ थी। बेगारी का विरोध किसान आन्दोलन ख़त्म होने के बाद भी जारी रहा था। ये विरोध पश्चिमी उत्तर प्रदेश के उन ज़िलों में, जिनमें मेरठ, मुरादाबाद, बुलन्दशहर, अलीगढ़, सहारनपुर, आगरा, बिजनौर, मथुरा, बरेली, एटा, कानपुर, और इटावा शामिल थे, अधिक देखे गए, जहाँ चमारों के पास ज़मीन के मौरूसी और ग़ैर-मौरूसी मालिकाना अधिकार सबसे अधिक थे। मेरठ, मुरादाबाद और बुलन्दशहर की पुलिस रिपोर्टों में चमार आन्दोलन की तुलना अवध के 'एक आन्दोलन' से की गई थी, क्योंकि दोनों ने बेगारी और अवैध वसूली (टैक्स) के मुद्दे उठाए थे।[70] 1928 में हिन्दी साप्ताहिक पत्र 'प्रताप' में कानपुर की एक दो दिवसीय 'रैदास-सभा' की रिपोर्ट छपी थी, जिसमें चमारों द्वारा बेगारी और इसी तरह की अन्य अपमानजनक प्रथाओं के उन्मूलन की माँग की गई थी।[71] इस क्षेत्र में पुलिस द्वारा बेगारी में शवों को उठवाना और अन्य गन्दे काम करवाना भी शामिल था।[72] हालाँकि, पूर्वी उत्तर प्रदेश के आजमगढ़, जौनपुर, इलाहाबाद, बनारस, ग़ाज़ीपुर, और गोरखपुर जैसे ज़िलों में, शाकाहारी और शुद्ध जीवन-शैली

को बढ़ावा देने की तुलना में बेगारी का विरोध कम था।[73] यह अन्तर पूर्वी उत्तर प्रदेश में ज़मींदारों की ताक़त की वजह से था, जो सुधार आन्दोलनों के पक्षधर थे।

अन्य निम्न जातियों के सुधार आन्दोलनों में स्त्री-सुधार एक महत्त्वपूर्ण विषय था। किन्तु चमार आन्दोलन इस विषय पर एकमत नहीं था। पश्चिमी उत्तर प्रदेश में चमार बार-बार इस बात पर ज़ोर देते थे कि उनकी स्त्रियों को अपने घरों में रहना चाहिए और पर्दा करना चाहिए। वास्तव में, इस तरह के प्रस्ताव, मुरादाबाद, मेरठ, बुलन्दशहर, मथुरा, सहारनपुर, आगरा, देहरादून, और बिजनौर के शहरी और ग्रामीण क्षेत्रों में चमार-सभाओं में पारित भी किये गए थे।[74] हालाँकि, देहरादून और सहारनपुर में यह प्रस्ताव रखा गया था कि 'स्त्रियों को घरों में धोती (साड़ी) पहननी चाहिए, और घरों में रहना चाहिए तथा घास बेचने के लिए बाज़ार नहीं जाना चाहिए।'[75] महिलाओं को उत्पादन के कार्यों से हटाकर, और परिवार की आय में उनके योगदान को समाप्त करके, चमार पुरुष उन्हें घर तक सीमित कर रहे थे, और उन्हें सार्वजनिक क्षेत्रों से हटाकर, सवर्ण हिन्दुओं की आदर्श पितृसत्ता के नये स्वरूप को अपना रहे थे। ये प्रस्ताव पूर्वी उत्तर प्रदेश में चमारों द्वारा निर्धारित उस स्थिति के बिलकुल विपरीत थे, जिसमें उन्होंने 'दासी' और खेत-मज़दूर' के रूप में अपने कार्य के लिए बेहतर भुगतान की माँग करके महिलाओं की भूमिका को मज़बूत किया था। उदाहरण के लिए, पूर्वी उत्तर प्रदेश के बस्ती ज़िले के रुधाली क्षेत्र में चमारों ने 'दासी' के रूप में अपनी स्त्रियों के काम के लिए भुगतान करने की माँग की थी[76], जो बेगारी के विरुद्ध उनकी लड़ाई का एक महत्त्वपूर्ण आयाम था।

पूर्व और पश्चिम का विभाजन अन्य सुधारों में भी स्पष्ट था, जो सुधार पश्चिमी उत्तर प्रदेश के चमारों में लोकप्रिय थे, वे पूर्वी उत्तर प्रदेश के चमारों में नहीं थे। पश्चिम में कई चमार समूह हिन्दू समाज में अपनी उच्च और शुद्ध सामाजिक स्थिति दिखाने के प्रयास के रूप में मुसलमानों के साथ अपने सम्बन्धों पर पुनर्विचार कर रहे थे। वे मुसलमानों के साथ सारे सम्बन्ध ख़त्म करना नहीं चाहते थे, परन्तु सवर्ण हिन्दुओं की प्रथाओं को अपनाते हुए उन्होंने मुसलमानों से खाना (पका या कच्चा) लेने और उनके साथ खाना खाने पर रोक लगा दी थी। मुसलमानों के साथ सामाजिक व्यवहार पर ये प्रतिबन्ध बहुत पहले से ही पश्चिमी उत्तर प्रदेश में चमार-सुधारों का एक महत्त्वपूर्ण तत्त्व थे। इस तरह के प्रस्ताव 1922 और 1926 के बीच पश्चिमी उत्तर प्रदेश के बुलन्दशहर, मुरादाबाद, देहरादून, सहारनपुर, मेरठ और मथुरा में आयोजित सभाओं और सम्मेलनों में भी पारित किये जा चुके थे।[77]

इस अवधि में चमार-प्रतिरोध की उल्लेखनीय विशेषता यह थी कि किसी भी विषय पर निर्णय लेने से पहले उस पर ख़ूब विचार-विमर्श किया जाता था। मेरठ शहर में जून 1923 में जटिया चमारों की एक सभा में एक विषय पर असहमति व्यक्त की गई थी। मेरठ शहर के चमार प्रतिनिधि अधिकांश सुधार कार्यक्रमों से सहमत थे,

परन्तु वे चर्मशोधन और जूता-निर्माण का व्यवसाय छोड़ने के ख़िलाफ़ थे। यह विरोध इस बात का संकेत था कि उन्होंने इन व्यवसायों में शहरों में समृद्धि हासिल की थी। इन शहरी चमारों ने ग्रामीण इलाक़ों में चमारों के साथ हुई शादियों को तोड़ने और हाल में शादी करके लाई गई दुल्हनों को वापस गाँव भेजने की धमकी दी थी।[78] लखनऊ के चमारों ने कानपुर के चमारों के उस फ़ैसले का भी विरोध किया, जिसमें उन्होंने अपने समुदाय के उन लोगों का बहिष्कार कर दिया था, जो 'जानवरों की खाल निकालने और कमाने' का काम जारी रखे हुए थे।[79] 1923 की एक सभा में, जो सहारनपुर ज़िले की रामपुर तहसील में हुई थी, और जिसके आयोजन में आर्य समाज ने भी प्रमुख भूमिका निभाई थी, नौ हज़ार चमारों ने भाग लिया था; उसमें सुधार-कार्यक्रम के लिए 1,500 रुपये का चन्दा एकत्र हुआ था। इस सभा में दो गुट हो गए थे, एक गुट आर्य समाज के नेतृत्व में उस धन से मन्दिर का निर्माण कराना चाहता था, जबकि दूसरा गुट उस धन का उपयोग समान रूप से स्कूल निर्माण के लिए करना चाहता था। इस दूसरे गुट की चमारों का हिन्दूकरण करने में बहुत कम रुचि थी। अन्ततः मन्दिर-निर्माण के फ़ैसले के विरोध में बहुत से चमारों ने सभा का बहिष्कार कर दिया।[80]

आर्य समाज की भूमिका : एक पुनर्मूल्यांकन

विलियम पिंच ने लिखा है कि बीसवीं शताब्दी के 'जाति-सुधारों' ने शुद्ध जीवन-शैली का पक्ष लेकर वैष्णवी धार्मिकता का दावा किया था, जिसका अर्थ था गोमांस और शराब से दूर रहना, स्त्रियों को घरों तक सीमित रखना, और जुआ तथा बहुविवाह जैसी प्रथाओं का त्याग करना, जो सामाजिक बुराई के रूप में तेज़ी से फैल रही थीं। ऐसी धार्मिकता की एक महत्त्वपूर्ण विशेषता 'विष्णु के अवतार के रूप में प्रसिद्ध राम या कृष्ण की वंशावली के साथ सम्बन्ध स्थापित करना था।' क्षत्रिय पहचान के आधार पर इस सुधार को न केवल कुर्मी और अहीर जैसी 'प्रमुख शूद्र जातियों की किसान जातियों' ने अपनाया, अपितु कलवार, तंबोली, कहार, तांती और माली जैसे उन समुदायों ने भी अपनाया, जो अक्सर अपने पारम्परिक व्यवसायों को कृषि से जोड़ते थे।[81] हम इस सूची में चमारों को भी जोड़ सकते हैं। किन्तु हिन्दुओं और ब्रिटिश (सरकार) ने सिर्फ़ शूद्रों का क्षत्रिय होने का दावा स्वीकार किया, और 'अछूत' चमार जाति के क्षत्रिय-दावे को ख़ारिज कर दिया। क्षत्रिय होने का ऐसा ही दावा 1890 में महाराष्ट्र के महार अधिवक्ताओं ने सेना में भर्ती के लिए अर्हता प्राप्त करने के लिए ब्रिटिश सरकार को याचिका देकर किया था। आंबेडकर से पूर्व, एक प्रमुख महार नेता, शिवराम जानबा कांबले ने 'सोमवंशीय मित्र' नामक एक महार अख़बार का प्रकाशन और सम्पादन किया था, जो महारों के क्षत्रिय-मूल का होने का दावा करता था।[82]

आर्य समाज ने 1920 के दशक में चमारों के दावों का उत्तर हिन्दू समाज की उन दो असमानताओं की प्रतिक्रिया में दिया, जो उत्तर प्रदेश के चमारों द्वारा (1) मन्दिर प्रवेश और (2) सार्वजनिक कुओं से पानी लेने के सम्बन्ध में उठाई गई थीं।[83] हिन्दू महासभा ने भी 1923 के बनारस सम्मेलन में अछूतों के लिए स्कूलों, मन्दिरों और सार्वजनिक कुओं तक पहुँच बनाने की पेशकश करके इस मुद्दे को उठाया था, पर उसने उनकी शुद्धि का विरोध किया था। जॉर्डेंस ने कहा कि आर्य समाज ने चमारों में वैदिक आचार-विचार और संस्कारों को बढ़ावा देने के लिए, और सवर्ण हिन्दुओं के साथ अन्तरभोज के माध्यम से सामाजिक व्यवहार को खोलने के लिए हिन्दू महासभा पर चमारों की शुद्धि की माँग के लिए समझौता करने का दबाव बनाया था। किन्तु हिन्दू महासभा द्वारा दलितों की शुद्धि का आधिकारिक विरोध करने के बावजूद, उसने अपनी स्थानीय शाखाओं तथा अन्य हिन्दू संगठनों को अपने स्तर से निर्णय लेने की अनुमति दे दी थी। इस प्रकार, उत्तर प्रदेश में हिन्दू महासभा ने आर्य समाज से प्रतिस्पर्धा करने के मामले में भी अपने दृष्टिकोण को क़ायम रखा था।[84] चमार आर्य समाज के एजेंडे के पक्ष में थे और आर्य समाज के साथ उनका सम्बन्ध उन सनातनी हिन्दुओं के विरोध से और भी मज़बूत हो गया था, जो आर्य समाज को ठीक चमार-सुधारकों की तरह परिवर्तनवादी के रूप में देखते थे। आर्य समाज में 1923 में छोटे स्तर पर शुरू हुआ शुद्धि आन्दोलन 1925 में शिखर पर पहुँच गया था, पर उसके बाद, 'आदि-हिन्दू' आन्दोलन के उदय के बाद यह समाप्त हो गया। उत्तर प्रदेश में 'प्रताप' और 'अभ्युदय' जैसे मुख्य धारा के हिन्दू अख़बारों ने, जैसाकि पुलिस की साप्ताहिक रिपोर्टों से पता चलता है, मार्च 1924 में आर्य समाज की शुद्धि आन्दोलन से सम्बन्धित गतिविधियों को प्रकाशित किया था।[85] हिन्दू महासभा में अछूतों के मुखर समर्थक, स्वामी श्रद्धानन्द ने 1924 में उनके बीच 'शुद्धि' की गतिविधियाँ आरम्भ की थीं।[86] इन संगठनों की ये गतिविधियाँ मुख्य रूप से पश्चिमी उत्तर प्रदेश में, तथा पूरब में गोरखपुर और बनारस ज़िलों के कुछ क्षेत्रों तक सीमित थीं, जहाँ धनी चमार काश्तकार उनका लक्ष्य थे।[87] आर्य समाज ने बड़ी संख्या में पश्चिमी उत्तर प्रदेश के विभिन्न भागों में 'रैदास सभाओं' और 'अछूतोद्धार सभाओं' की स्थापना की थी।[88]

स्वच्छ जीवन-शैली के दावे का समर्थन करने और बेगारी का विरोध करने के प्रयासों के आधार पर चमार अपनी सवर्ण हिन्दुओं के बराबर की स्थिति का दावा कर रहे थे। नन्दिनी गुप्तू 1920 के दशक में आगरा और उसके आसपास के ग्रामीण क्षेत्रों में जाटव-प्रतिरोध का वर्णन 'संस्कृतीकरण के माध्यम से अपनी उच्च स्थिति और प्रतिष्ठा का दावा करने के प्रयास के रूप में करती हैं।[89] लेकिन (हिन्दू समाज के) वर्चस्ववादी ढाँचे के ख़िलाफ़ चमारों के इस संघर्ष को उनकी समान स्तर की माँग में बेहतर ढंग से समझा जा सकता है। हाल के वर्षों में कई विद्वानों ने

एम.एन. श्रीनिवास के 'संस्कृतीकरण' मॉडल की कई तरह से आलोचना करके इसकी निस्सारता और प्रभावहीनता के बारे में हमें बताया है। डेविड हार्डीमैन ने तर्क देते हुए यह व्यावहारिक बात कही कि गुजरात में आदिवासियों के प्रतिरोध ने प्रमुख हिन्दू वर्गों के मूल्यों और तौर-तरीक़ों को अपनाकर उन्हें 'वर्चस्व की शक्ति' से वंचित करने की कोशिश की थी। उन्होंने कहा कि इस तरह के मूल्यों को अपनाने के कार्यक्रमों की एक बड़ी ताक़त ऐसे मूल्यों को पूरी तरह अस्वीकार करने के कार्यक्रमों के विरोध के रूप में यह थी कि उसने आदिवासियों और प्रमुख वर्गों के कुछ प्रगतिशील सदस्यों के बीच संवाद का एक 'मंच' प्रदान किया था।[90] उत्तर प्रदेश में आर्य समाज ने इसी मंच के निर्माण की सुविधा चमार-संघर्ष के नायकों को दी। चमारों के दृष्टिकोण से आर्य समाज ने निश्चित रूप से एक अहम भूमिका निभाई थी, क्योंकि इसने हिन्दुओं की अस्पृश्यता की प्रथा का विरोध किया था, और उनके लिए मन्दिर तथा सार्वजनिक कुएँ खुलवाने के लिए प्रयास किये थे।

'प्रताप' अख़बार और 'चाँद' पत्रिका ने अपने स्वतंत्र और समाज-सुधार के एजेंडे के कारण, अस्पृश्यता के मुद्दे पर हिन्दू कट्टरपंथ को चुनौती देने के आर्य समाज के निर्णय का स्वागत किया था। बीसवीं शताब्दी के पूर्वार्द्ध में उत्तर प्रदेश के कानपुर और इलाहाबाद से हिन्दी में प्रकाशित 'प्रताप' और 'चाँद' पत्र-पत्रिकाएँ, उत्तर भारत में अत्यन्त प्रभावशाली थे। उत्तर भारतीय साहित्यकारों और पत्र-पत्रिकाओं ने आर्य समाज और हिन्दू महासभा के 'शुद्धि' और 'संगठन' निर्माण के प्रयासों की सराहना की, क्योंकि उनका मानना था कि यही दोनों संगठन हिन्दू धर्म और हिन्दू समाज में रूढ़िवादी विचारों को बदल सकते थे।[91] उत्तर भारत के हिन्दी साहित्यकार मानते थे कि चमार और अन्य दलित जातियाँ हिन्दू थीं, जिन्हें हिन्दू समाज में उचित स्थान देकर मुसलमानों, ईसाइयों और अंग्रेज़ों से बचाया जा सकता है। 1925 में गणेश शंकर विद्यार्थी ने हिन्दू महासभा के कलकत्ता अधिवेशन में 'अछूत' समस्या को उठाने और सनातनियों की आलोचना करने के लिए—जो इस तरह के एजेंडे का विरोध करते थे—प्रशंसा करते हुए लिखा था कि, 'हिन्दू महासभा ने 'दलित' हिन्दुओं को भी मनुष्यों की श्रेणी में रखने का साहस किया था।' 'हिन्दुओं की अदूरदर्शिता' शीर्षक अपने लम्बे सम्पादकीय में, विद्यार्थी ने मारवाड़ी समाज और उन अन्य संगठनों की आलोचना की, जो सनातन धर्म के नाम पर हिन्दू महासभा द्वारा हिन्दू समुदाय के हित में किये जा रहे कार्यों में बाधाएँ पैदा कर रहे थे। उन्होंने पाठकों को स्मरण कराया कि 'दो हज़ार हिन्दू प्रति सप्ताह ईसाई हो रहे हैं, और मुसलमान भी वे धड़ाधड़ हो रहे हैं।'[92] 'दलित हिन्दुओं' के रूप में उनका वर्णन करना दर्शाता है कि विद्यार्थी को उन सभी 'अछूतों' की धार्मिक पहचान के बारे में कोई सन्देह नहीं था; वे केवल हिन्दू ही हो सकते थे। इस विचार को 'चाँद' ने भी साझा करते हुए अपने विशेष 'अछूत' अंक में तर्क दिया था कि मुसलमान और

ईसाई सामूहिक रूप से चमारों का धर्मान्तरण करा रहे थे, जबकि अस्पृश्यता की प्रथा हिन्दू समाज को संकट में डाल रही थी।[93] एक अन्य 'सम्पादकीय विचार' में 'चाँद' ने दावा किया कि 'उत्तर भारत में हमारी लड़ाई मुसलमानों के साथ है, और दक्षिण में यह ईसाईयों के साथ है।'[94]

एक और सम्पादकीय में, विद्यार्थी ने बदायूँ के उझियानी क़स्बे में लगभग पाँच हज़ार चमारों द्वारा बेगारी और अस्पृश्यता के विरोधस्वरूप, इस्लाम धर्म ग्रहण करने के निर्णय पर चर्चा की है। उन्होंने इस घटना का वर्णन 'धर्म के सौदे' के रूप में किया है, और एक चमार के शब्दों को उद्धरित किया है, 'हम मानते हैं कि हिन्दू धर्म इस्लाम से अच्छा है, किन्तु इससे क्या, हमें तो यह देखना है कि हमें उससे कितना लाभ होता है और यदि उससे हमें लाभ नहीं होता, और दूसरे धर्म के अंगीकार करने से हमें अधिक लाभ होता है, तो हम क्यों न दूसरे धर्म को अंगीकार करें?'[95] चमारों की परेशानियों को लाभ और हानि के क्षुद्र खेल के रूप में चित्रित करके, विद्यार्थी सुधारवादी हिन्दुओं से उन सनातनियों के ख़िलाफ़, जो हिन्दू समाज को नष्ट करने पर तुले हुए थे, चमारों के संघर्ष में शामिल होने का आग्रह कर रहे थे। उनके लिए चमारों के संघर्ष का समर्थन करना अपने-आप में एक अन्त के बजाय, दूसरे लक्ष्य का साधन था। 'चाँद' ने दावा किया कि चमारों की स्थिति एक नैतिक और आर्थिक मुद्दा है, जो केवल हिन्दू समाज के सभी वर्गों को जागरूक करके ही हल हो सकती है।[96] विद्यार्थी ने हिन्दू महासभा को इस बात के लिए बधाई दी कि उसने 1926 के अपने दिल्ली अधिवेशन में अछूतोद्धार शुरू करने के लिए प्रस्ताव पारित किया था। हालाँकि, उनका कहना था कि ये प्रयास पर्याप्त नहीं हैं, पर उन्हें इस बात की ख़ुशी थी कि सनातनियों के विरोध के बावजूद, कम-से-कम शुरुआत तो हुई।[97]

दो स्वतंत्र विचारों के पत्र-पत्रिका के रूप में प्रसिद्ध 'प्रताप' और 'चाँद' के सम्पादकीय लेखों में इस तरह के उदार विचारों की अभिव्यक्ति, आर्य समाज और चमारों के बीच सम्बन्धों पर भारतीय इतिहास-लेखन में आम सहमति के बिलकुल विपरीत है।[98] यह एक व्यापक विश्वास है कि आर्य समाज ने दलितों के गाँवों और बस्तियों में प्रवेश उनका साम्प्रदायीकरण और हिन्दूकरण करने के मक़सद से किया था। वर्ष 2000 में किये गए अपने अध्ययन में, विजय प्रसाद ज़ोर देकर कहते हैं कि कांग्रेस ने दलितों के लिए कोई सुधार कार्यक्रम तैयार नहीं किया था, बल्कि उसने '1917 से 1993 तक हिन्दू उग्रवादियों के पक्ष में' एजेंडा तैयार किया था, जिसमें 'शुद्धि' और 'संगठन' पर ज़ोर दिया गया था। एक अभिजात ढाँचे में की गई प्रसाद की चर्चा, आर्य समाज के साथ चमारों के संवाद और प्रतिक्रिया के लिए दलितों की स्वतंत्रता और क्षमता को स्वीकार नहीं करती है।[99] गुप्तू का 2001 का अध्ययन बताता है कि बीसवीं शताब्दी के आरम्भ तक 'अछूत नेता' और

'अछूत समुदाय' दोनों आर्य समाज के जाति-उत्थान की पहल का तेज़ी से निशाना बन रहे थे। वह उल्लेख करती हैं कि आर्य समाज की मुख्य चिन्ता शुद्धि और सामाजिक उत्थान के माध्यम से अछूतों को एक 'अखिल हिन्दू समुदाय' के दायरे में लाना था। वह लिखती हैं कि कैसे स्वामी अछूतानन्द और बाबू रामचरण ने 1920 के दशक के शुरू में ही आर्य समाज को अस्वीकार कर दिया था।[100] इस अभिजात दृष्टिकोण से, आर्य समाज के निशाने पर अधिकतर चमार ही थे, जिसमें चमारों और अन्य दलित जातियों की कोई कोशिश या भूमिका नहीं थी। गुप्तू ने इस बात की चर्चा कभी नहीं की कि शुरू में चमार आन्दोलन के इन दो दिग्गज नेताओं को किस चीज़ ने आर्य समाज में जाने के लिए प्रेरित किया था। यह मानने के बजाय कि दलितों ने आर्य समाज में जाकर निष्क्रिय भूमिका निभाई, हमें 1920 और 1930 के दशकों के दलित एजेंडों और उनके भीतर आए बदलावों के कारणों को समझना होगा, तभी हमें इस प्रश्न का सही जवाब मिल सकता है कि किस चीज़ ने दलितों को पहली बार में ही आर्य समाज के साथ सम्बन्ध जोड़ने के लिए प्रोत्साहित किया? यह मानने के बजाय कि दलितों ने आर्य समाज के सुधार कार्यक्रमों में निष्क्रिय भूमिका निभाई, हम आर्य समाज को भी, कुछ समय के लिए, दलितों के अपने एजेंडों के भीतर एक महत्त्वपूर्ण भूमिका निभाते हुए देख सकते हैं।

हार्डीमैन के अनुसार, चमारों के शुद्ध क्षत्रिय होने के दावे के तर्क ने जो स्थिति पैदा की, वह चमारों तथा आर्य समाज जैसे हिन्दू संगठनों के बीच मिलन और संवाद का आधार बनी। सिर्फ़ स्वामी अछूतानन्द और बाबू रामचरण ही नहीं, बल्कि दलित विचारकों और कार्यकर्ताओं की पूरी पीढ़ी बीसवीं सदी के प्रथम दो दशकों में आर्य समाज की सदस्य थी। उत्तर प्रदेश के आगरा जैसे शहरी क्षेत्रों में जाटव महासभा और आर्य समाज के बीच बहुत अच्छे सम्बन्ध थे।[101] जाटव समाज की पहली और दूसरी पीढ़ी के कार्यकर्ता आर्य समाज द्वारा संचालित स्कूलों में ही पढ़कर शिक्षित हुए थे। इससे पूर्व के चमार एडवोकेट, पंडित सुन्दर लाल सगर और रामनारायण यादवेन्दु भी आर्य समाज के स्कूलों में ही शिक्षित हुए थे, और दोनों के ही परिवार आर्य समाज के सदस्य थे।[102] आगरा शहर में प्रमुख जाटवों द्वारा 'नगर जाटव समिति' नाम से पहला जाटव संगठन 1888 में स्थापित किया गया था, जिसने आर्य समाज की शाकाहार और वैदिक शिक्षा की जीवन-शैली अपनाने पर ज़ोर दिया था। इसके बाद, आगरा में ही, 1917 में 'जाटव महासभा' की स्थापना हुई, और 1924 तक उसकी शाखाएँ एटा, बरेली, मथुरा, इटावा और आगरा के आसपास के छोटे क़स्बों में गठित हो चुकी थीं।[103] अलीगढ़ शहर में जाटव महासभा की स्थापना पारस राम ने आगरा जाटव महासभा के नेताओं के सहयोग से की थी।[104] स्वामी अछूतानन्द, जिनकी शिक्षा सैनिक स्कूल में हुई थी, 1905 में आर्य समाज में शामिल हुए थे, और उसमें उन्होंने 1918 तक काम किया था।

उन्होंने मैनपुरी ज़िले में न सिर्फ़ आर्य समाजी स्कूल खोला था, बल्कि उसमें पढ़ाया भी था। वे आर्य समाज के शुद्धि-कार्यक्रम के सक्रिय सदस्य थे।[105] लाजपत राय के अनुसार, आर्य समाज ने उत्तर प्रदेश के सभी पश्चिमी ज़िलों में चमारों के लिए स्कूल खोले थे।[106] 'प्रताप' अख़बार की रिपोर्ट के अनुसार, मार्च 1925 में उत्तर प्रदेश के विभिन्न भागों में लगभग 37 स्कूल खोले जा चुके थे, जिनमें मेरठ में, अलगू राम शास्त्री द्वारा स्थापित, 'कुमार आश्रम' की सर्वाधिक प्रसिद्धि थी।[107] आर्य समाज के ये स्कूल चमारों के लिए विशेष आकर्षण थे, क्योंकि वे इससे अपने उच्च वर्ण के दावे को मज़बूत करने में समर्थ हो सकते थे।[108]

पंजाब में आर्य समाज ने एक ऐसा 'संगठनात्मक आदर्श' और 'मातृसुलभ वातावरण' प्रदान किया, जिसमें आगे चलकर 'आदधर्म' उभरा और उसे आगे बढ़ने का अवसर मिला।' आदधर्म के बहुत से सदस्य पंजाब में आर्य समाज से सहानुभूति रखते थे, क्योंकि उसने दलित समुदायों में ज्ञानोदय और समतावादी विचार लाने के लिए काफ़ी काम किया था।[109] वास्तव में, पंजाब के दलितों को इन्हीं समतावादी गतिविधियों के कारण, आर्य समाज हमेशा आकर्षित करता था।[110] बीसवीं सदी के प्रथम दो दशकों में स्कूलों और दलित संगठनों की स्थापना करके, आर्य समाज ने पंजाब में प्रसिद्धि प्राप्त कर ली थी। उदाहरण के लिए, होशियारपुर में 'दयानन्द दलित उद्धार', लाहौर में 'अछूत उद्धार' और 'जातिपाँति तोड़क मंडल' की स्थापना आर्य समाज के दलित सदस्यों ने ही की थी। दलित नेताओं की पहली पीढ़ी की शिक्षा आर्य समाज के शैक्षणिक संस्थानों में, संस्थानों की ही आर्थिक सहायता से हुई थी।[111] पश्चिमी उत्तर प्रदेश के चमारों और दलितों के बीच भी आर्य समाज ने इसी तरह के मुद्दे उठाए थे, और शैक्षिक संस्थाएँ क़ायम की थीं। ऐसा ही संघर्ष महाराष्ट्र में महार भी, डॉ. आंबेडकर के नेतृत्व में, सार्वजनिक कुओं का उपयोग करने और हिन्दू मन्दिरों में प्रवेश के लिए कर रहे थे।[112]

आर्य समाज और हिन्दू महासभा ने सार्वजनिक कुओं तक चमारों की पहुँच बनाने के लिए उनकी शुद्धि का उपयोग किया, और शुद्धि के साथ ही हिन्दुओं की चिन्ताओं का भी ध्यान रखा। शुद्धि ने चमारों को सवर्ण हिन्दुओं के लिए स्वीकार्य बना दिया।[113] शुद्धीकरण की प्रक्रिया में चमारों को मांस और शराब का सेवन न करने का संकल्प दिलाकर, सन्ध्या-भजन-गायन और प्रार्थना जैसे हिन्दू रिवाज़ों को अपनाने के लिए प्रोत्साहित करके उन्हें उनकी 'अशुद्ध' स्थिति से मुक्त कर दिया जाता था। आर्य समाज ने अपनी इसी रणनीति को अपने वार्षिक 'अछूतोद्धार' सम्मेलन में रखा था, जो 1925 में कानपुर में तथा अन्य कई शहरों, जैसे अलीगढ़, झाँसी और आगरा आदि में हुए थे।[114] सम्मेलन के मुख्य वक्ता के रूप में, लाजपत राय ने चमारों से 'अच्छा' हिन्दू बनने के लिए विवाह और अन्तिम संस्कार जैसे हिन्दू रीति-रिवाज़ों को अपनाने के लिए कहा था।[115]

आर्य समाज द्वारा चमारों का शुद्धीकरण एक विशेष संस्कार-विधि के साथ किया जाता था। उसके बाद कुएँ का उपयोग करने और मन्दिर में प्रवेश करने के अधिकार की घोषणा करने के लिए चमारों को जुलूस के रूप में किसी सार्वजनिक कुएँ और किसी हिन्दू मन्दिर पर ले जाया जाता। इसी तरह के शुद्धि-समारोह उत्तर प्रदेश के अधिकांश ज़िलों में, उत्तर में पीलीभीत और देहरादून से लेकर झाँसी तक, पूरब में मेरठ, और पश्चिम में मैनपुरी तक हुए।[116] पहली बार मेरठ में, मार्च, 1923 में, (चमारों द्वारा) मन्दिर में प्रवेश और गढ़मुक्तेश्वर के मेले के दौरान यमुना नदी में स्नान करने के अधिकार की माँग की गई थी।[117] बनारस में चमारों ने विश्वनाथ मन्दिर में प्रवेश करने और दशाश्वमेघ घाट पर स्नान करने की माँग की थी।[118] इलाहाबाद में प्रयाग में अलोपी देवी, और महावीर के मन्दिरों में प्रवेश के लिए चमारों का नेतृत्व पुरुषोत्तम दास टंडन और मालवीय ने किया। पर बाद में दोनों मन्दिर पुरोहितों द्वारा शुद्ध किये गए।[119] आर्य समाज ने चमारों को काल्पनिक हिन्दू समाज में शामिल करने के लिए होली और दशहरा जैसे हिन्दू त्यौहारों का भी उपयोग किया। इस तरह के कार्यक्रम मेरठ शहर, बुलन्दशहर, आगरा, मुरादाबाद, पीलीभीत, बिजनौर और मथुरा में आयोजित किये गए, जहाँ हिन्दुओं से इन त्यौहारों में चमारों को गले लगाने का आग्रह किया गया था।[120]

अस्पृश्यता के कलंक से स्वयं को मुक्त करने का धर्मान्तरण ही एक तरीक़ा था। इस सम्भावना से डरकर कि चमार समान व्यवहार प्राप्त करने के लिए इस्लाम या ईसाई धर्म अपना सकते हैं, भयभीत हिन्दू संगठनों ने तुरन्त चमारों की माँग स्वीकार कर ली थी। 1923 में बुलन्दशहर में धर्मान्तरण की धमकी ने चमारों के लिए शहर के हिन्दू मुहल्ले में एक सार्वजनिक कुएँ को खोल दिया गया था, जो उससे पहले प्रतिबन्धित था।[121] आगरा, कानपुर और मेरठ में धर्मान्तरण की धमकी का इस्तेमाल दशहरा और होली जैसे उन हिन्दू त्यौहारों में शामिल होने का अधिकार माँगने के लिए किया गया था, जिनमें चमारों की उपस्थिति बहिष्कृत थी।[122] 1924 में आगरा शहर में हिन्दुओं ने लगभग दो हज़ार चमारों को शहर के सबसे महत्त्वपूर्ण 'मनकामेश्वर मन्दिर' में प्रवेश करने और पूजा में भाग लेने की अनुमति दी थी।[123] बरेली में सितम्बर, 1926 में, चमारों ने पोस्टर लगाए, जिनमें लिखा था : 'हिन्दू धर्म में सारे जातीय भेदभाव समाप्त करो, वरना हम मुसलमान बन जाएँगे।'[124] इसी तरह की धमकी सितम्बर, 1926 के पिछले सप्ताह में, आगरा, खीरी, इलाहाबाद और बनारस में आर्य समाज द्वारा आरम्भ की गई 'अछूतोद्धार' की गतिविधियों से पूर्व दी गई थी। चमारों ने एक बार फिर कहा कि अगर हिन्दुओं ने उन्हें समान स्तर नहीं दिया, तो वे मुसलमान या ईसाई बन जाएँगे।[125] गोरखपुर की पडरौना तहसील में लगभग 750 चमारों ने ईसाई धर्म अपना लिया था, उसी तरह मेरठ, बुलन्दशहर, इटावा और मुरादाबाद में भी कुछ दलित ईसाई बन गए थे।[126] पूर्वी उत्तर प्रदेश में हजारी नाम के एक चमार ने कई

विकल्प आज़माए, पहले वह एक शुद्ध हिन्दू बना, फिर 'गांधी टोपी' पहनकर कांग्रेसी बना, उसके बाद मुसलमान बना, और अन्त में ईसाई बन गया।[127]

जैसे ही चमारों ने इस्लाम धर्म ग्रहण करने या उसकी धमकी देने की शुरुआत की, कुछ मुस्लिम समूह तुरन्त चमारों को इस्लाम में धर्मान्तरित करने के लिए सक्रिय हो गए। सहारनपुर में देवबन्द में, मुरादाबाद, बिजनौर, बुलन्दशहर, और देहरादून में मुस्लिम संगठनों ने गाँवों में चमारों के बीच इस्लाम का प्रचार करना आरम्भ कर दिया।[128] सहारनपुर ज़िले के देवबन्द स्कूल के 'जमीयत-उल-उलमा-ए-हिन्द' ने 'तबलीग' (शुद्धि) और 'तंज़ीम' (एकता) के लिए अपने बड़े कार्यक्रम के रूप में, अपने स्वयंसेवकों को सूबे के पश्चिमी ज़िलों के गाँवों में भेजा।[129] आगरा और मेरठ शहरों में जमीयत ने 'बराबरी के धर्म, इस्लाम में चमारों का स्वागत' वाले पर्चे बँटवाए।[130] सामूहिक धर्म-परिवर्तन की सबसे बड़ी रिपोर्ट बदायूँ ज़िले की थी, जहाँ मई, 1925 में पाँच हज़ार चमारों ने इस्लाम धर्म ग्रहण किया था। गणेश शंकर विद्यार्थी ने लिखा कि ये चमार हिन्दुओं के हाथों अपने अपमान से क्रोधित थे।[131]

लाला लाजपत राय ने भविष्यवाणी की कि आर्य समाज के दोनों कार्यक्रमों, 'शुद्धि' और 'अछूतोद्धार' को एक साथ रूढ़िवादी हिन्दुओं के घरों में लागू करना बहुत कठिन होगा।[132] वास्तव में, उत्तर प्रदेश में शायद ही कोई ऐसा ज़िला हो, जहाँ चमारों के लिए सार्वजनिक कुओं को खोलने के लिए आर्य समाज के प्रयासों का विरोध न हुआ हो। कुछ मामलों में, जहाँ चमारों को ऐसे कुओं पर चढ़ाया गया, वहाँ बाद में उन कुओं को सार्वजनिक रूप से शुद्ध किया गया। रूढ़िवादी हिन्दू अक्सर चमारों को अपने त्यौहारों और समारोहों में भाग लेने, कुओं पर चढ़ने और मन्दिरों में प्रवेश करने से रोकते थे। हिन्दू समाज के इन रूढ़िवादी वर्गों ने चमारों और आर्य समाज द्वारा किये जा रहे प्रयासों का विरोध करना आरम्भ कर दिया था।[133] कानपुर और मेरठ सहित कुछ शहरों में मन्दिरों में चमारों के प्रवेश को रोकने के लिए 'लाठीधारी स्वयंसेवकों' को तैनात किया गया था। प्रेमचन्द ने अपने 1924 के उपन्यास 'कर्मभूमि' में इस तरह की 'सुरक्षा' की घटना का विशद वर्णन किया है, जो बनारस शहर में हुई थी।[134] आर्य समाज के समर्थन और भागीदारी ने पश्चिमी उत्तर प्रदेश के रूढ़िवादी हिन्दुओं, जाट, गूर्जर और चौहान जैसे किसान समुदायों को कठोर बना दिया था।[135] आर्य समाज द्वारा किये गए चमारों के शुद्धीकरण ने उनके बारे में सनातनी हिन्दुओं के दृष्टिकोण को नहीं बदला। उन्होंने चमारों को 'अछूत' ही माना, और इसलिए हिन्दू स्थलों पर उनके जाने को स्वीकार नहीं किया।[136] दिलचस्प यह है कि सार्वजनिक कुओं का उपयोग करने के चमारों के प्रयास के विरोध में हिन्दुओं के साथ मुसलमान भी शामिल हो गए थे। इस तरह के संयुक्त विरोध की घटनाएँ मुरादाबाद, बरेली, शाहजहाँपुर और सहारनपुर के शहरों में हुई थीं।[137]

लाला लाजपत राय, मदनमोहन मालवीय और सम्पूर्णानन्द जैसे हिन्दू नेताओं ने यह कहकर सनातनी हिन्दुओं को मनाने का प्रयास किया कि 'अगर सवर्ण हिन्दुओं ने अपना दृष्टिकोण नहीं बदला, तो चमार हिन्दू धर्म छोड़कर मुसलमान या ईसाई बन सकते हैं।'[138] आर्य समाज ने चमारों और हिन्दुओं के बीच मेल-मिलाप के लिए सभाएँ भी आयोजित की थीं, जिनमें एक सभा 1923 में मेरठ शहर में हुई थी।[139] उसने उत्तर प्रदेश के कुछ बड़े शहरों में 22 मार्च से 28 मार्च, 1928 तक 'अछूतोद्धार सप्ताह' भी मनाया था, जिसमें हिन्दुओं से चमारों को मन्दिरों में प्रवेश करने और सार्वजनिक कुओं से पानी भरने की अनुमति देकर उनके साथ समान व्यवहार करने की अपील की गई थी।[140]

चमारों को उनकी हिन्दू पहचान बताकर, उन्हें हिन्दू समुदाय में शामिल करना ही आर्य समाज और हिन्दू महासभा का मुख्य उद्‌देश्य था।[141] बिजनौर ज़िले के नजीबाबाद क़स्बे में शुद्धि का अर्थ मुस्लिम प्रथाओं और रीति-रिवाज़ों को ख़ारिज करना था, और एक अन्य अवसर पर इस शब्द का उपयोग उन्हें मुस्लिम दुकानों से ख़रीदारी करने से रोकने के लिए किया गया था।[142] जौनपुर ज़िले की बल्लाशपुर तहसील में चमारों से गऊओं की रक्षा करने को कहा गया, और बदलापुर गाँव में उन्हें साफ़-सुथरे व्यवसाय अपनाने, खादी का कपड़ा बुनने, और शाकाहारी बनने के लिए कहा गया।[143] हमीरपुर ज़िले में हिन्दू महासभा ने चमारों के गाँवों (चमरोटी या चमारटोला) में मुहर्रम के धार्मिक इस्लामी माह के दौरान, मुसलमानों के साथ सहयोग न करने का अभियान चलाया।[144] 'शुद्धि' का उद्‌देश्य, एक कांग्रेसी नेता के शब्दों में, जो उसने मैनपुरी में चमारों की एक सभा में कहा था, 'हिन्दुओं को यह दिखाकर सन्तुष्ट करना था कि उन्होंने वास्तव में अपनी जीवन-शैली बदल ली थी।'[145] हालाँकि, गोरखपुर की बांसगाँव तहसील और जौनपुर की सिंगरामऊ तहसील के 'मोची' चमारों ने यह निर्णय ले लिया था कि वे चमड़े के लिए मुसलमानों के हलाली मवेशियों के बजाय, मुर्दार मवेशियों का उपयोग करेंगे, परन्तु उन्होंने अपना व्यवसाय बदलने से इनकार कर दिया था। इसी तरह, प्रेमचन्द के उपन्यास 'कर्मभूमि' में भी रैदासी गाँव के चमार गोमांस और सुरापान छोड़ने के लिए तैयार हो जाते हैं, पर चमड़े का काम छोड़ने के लिए नहीं।[146]

आर्य समाज एकमात्र हिन्दू संगठन था, जिसने बीसवीं शताब्दी के दूसरे दशक में चमारों की समस्याओं और चिन्ताओं को संस्थागत और सक्रिय रूप से अपने मंचों से उठाया था। आर्य समाज ने जो पहल की, उसने हिन्दू महासभा के स्थानीय सदस्यों को भी उसके कार्यक्रमों में भाग लेने के लिए प्रेरित किया था। अपने क्षत्रिय होने का दावा करके, और स्वच्छ हिन्दू रीति-रिवाज़ अपनाकर, चमारों ने अपना एक एजेंडा रखा था, जिसे उन्होंने प्रस्थान-बिन्दु बनाया था। इसी के अन्तर्गत वे आर्य समाज जैसे हिन्दू समाज के उन वर्गों में शामिल हो सकते थे, जो उनकी चिन्ताओं के प्रति संवेदनशील थे।

दूसरा चरण : आदि-हिन्दू आन्दोलन का उभार

चमार आन्दोलन का पहला चरण 1922 से 1928 तक चला, उसके बाद उसके दूसरे चरण का आरम्भ हुआ, जो क्रान्तिकारी विचारधारा का था। इस बदलाव का उल्लेख गणेश शंकर विद्यार्थी ने 27 अप्रैल, 1925 के अपने सम्पादकीय में किया है। उन्होंने लिखा, दूसरा चरण स्वामी अछूतानन्द के नेतृत्व में उत्तर प्रदेश के अछूतों के बीच 'उत्तर भारत में एक नये आदि-हिन्दू आन्दोलन के जन्म के साथ शुरू हुआ है।' विद्यार्थी ने दिल्ली, कानपुर, और विशेष रूप से पश्चिमी उत्तर प्रदेश के आगरा-इटावा क्षेत्र में आदि-हिन्दू आन्दोलन की लोकप्रियता को रेखांकित किया।[147] चमार लेखकों, मंगल जाटव और राजपाल सिंह ने स्वामी अछूतानन्द की अपनी जीवनियों में लिखा है कि आदि-हिन्दू आन्दोलन की पहली सभा दिसम्बर, 1923 में इटावा में हुई थी।[148] 1926 में पुलिस ने अपनी रिपोर्टों में इटावा, इलाहाबाद और कानपुर की सभाओं का उल्लेख किया है, जिनमें अछूतानन्द ने घोषणा की थी कि 'अछूत' भारत के मूल निवासी और शासक थे।[149] इन शुरुआती संकेतों के बावजूद, 1927 की सभा को स्वामी अछूतानन्द द्वारा आयोजित 'अखिल भारतीय आदि-हिन्दू सभा' के आन्दोलन की बुनियाद के रूप में लिया जा सकता है, क्योंकि इसी सभा में आन्दोलन के कार्यक्रम की औपचारिक घोषणा की गई थी। इस आन्दोलन ने 1928 में पश्चिमी और मध्य उत्तर प्रदेश में अपनी एक मज़बूत स्थिति बना ली थी।

एक दशक बाद, 1937 में, लखनऊ में चन्द्रिका प्रसाद 'जिज्ञासु' ने 'भारत के आदि निवासियों की सभ्यता' पुस्तक प्रकाशित की। यद्यपि, जिज्ञासु स्वामी अछूतानन्द के करीबी साथी थे, पर वे दलित नहीं थे। भदन्त बोधानन्द महास्थविर ने भी 1930 में अपनी पुस्तक 'मूल भारतवासी और आर्य' में इसी तरह का दावा किया था। हम इस बारे में केवल इसलिए जानते हैं, क्योंकि महास्थविर ने जिज्ञासु की पुस्तक के परिचय में अपनी स्वयं की कृति का उल्लेख किया है। जिज्ञासु ने केवल चमारों या दलितों को नहीं, बल्कि 'अस्सी प्रतिशत भारतीय कृषक, मज़दूर, शिल्पकार, आदि दबी-पिछड़ी निम्न जातियों, जनजातीय लोगों और अछूतों' को सम्बोधित किया है। स्वामी अछूतानन्द का आन्दोलन एक चमार बुद्धिजीवी और कार्यकर्ता द्वारा स्थापित बहुजन राजनीति की पहली अवधारणा है। लेकिन उनकी बहुजन दृष्टि के बावजूद, जो मुद्दे उन्होंने उठाए, वे मुख्य रूप से दलितों से सम्बन्धित थे। जिज्ञासु ने अपनी पुस्तक का आरम्भ दलितों के लिए इस अपील से किया है—

आदि निवासी बन्धु! लीजिए, यह निज गौरवमय इतिहास;
आर्य जाति ने छल-कौशल से जिसे कर दिया था सब नाश।
पढ़िए इसे मिटाकर मन की सब दुर्बलता, भ्रम, तम, त्रास;
हृदय-कमल यह खिला करेगा, नवजीवन का दिव्य प्रकाश।[150]

जिज्ञासु के इस आह्वान में 1920 के दशक के दलित बुद्धिजीवियों के ब्राह्मणवादी स्रोतों से लिखे गए 'अछूत' इतिहास के पुनर्लेखन का प्रयास दिखाई देता है। उन्होंने आर्यों और हिन्दुओं द्वारा मिटाए गए दलित इतिहास की खोज को दलित-इतिहास-लेखन के नये एजेंडे के रूप में देखा था। किन्तु इस दूसरे चरण में, दलित बुद्धिजीवियों और लेखकों ने एकमत से 80 प्रतिशत आबादी के सम्बन्ध में ब्राह्मण-पंडितों के इस विचार को ख़ारिज कर दिया कि 'वे अनुलोम-प्रतिलोम क्रम से वर्ण-संकर या दोगली सन्तान हैं।' जिज्ञासु के अनुसार, विजेता आर्यों ने 'अपने विरोधी दैत्य, दानव, असुर आदि के गौरवपूर्ण साहित्य व इतिहास को नष्ट करके उनके चरित्रों को अपने ग्रंथों में काला और ऊटपटाँग चित्रण करने में कोई कसर न रखी।'[151] इसी के कारण, दलित और शूद्र जातियों का मूल इतिहास लिखने के लिए कोई ऐतिहासिक साक्ष्य शेष नहीं रहा।

जिज्ञासु ने कहा कि वेदों और ब्राह्मणी ग्रंथों में अनार्यों पर आर्य राजाओं के विजय-गीतों को पढ़कर, किसी भी समझदार पाठक को स्वाभाविक रूप से, उनमें उल्लिखित असुरों, दासों, दैत्यों और दानवों के बारे में जानकर कुतूहल ज़रूर होगा। वैदिक साहित्य में यह भी उल्लेख किया गया है कि ये लोग नगरों और क़िलों में रहते थे। नगरों और क़िलों में रहने वाले ये कौन लोग थे, जो तीनों लोकों में विख्यात थे। जिज्ञासु के अनुसार, वे शिव महादेव के उपासक थे, और सतयुग में भारत भूमि के राजा थे। उनके राज्य में धर्म अपने सत्य रूप में विद्यमान था, सत्य की महिमा थी, और मनुष्यों की आयु एक लाख वर्ष की होती थी। फिर इन सत्यनिष्ठ, दैत्य-दानव आदि की सन्तानें क्या हो गईं? 'हमें उन लोगों के लिखे ग्रंथ नहीं मिलते, जिससे हमें उनके इतिहास के बारे में पता चल सके। हमें उनके इतिहास के कुछ प्रमाण वैदिक, पौराणिक और ब्राह्मणी साहित्य से मिले हैं।'[152]

वैदिक और ब्राह्मणी साहित्य में आदि-हिन्दू सभ्यता की उच्चता और महिमा के बहुत से प्रमाण मिलते हैं। उदाहरण के लिए, जिज्ञासु नेहरू की 'विश्व इतिहास की झलक' और सर जॉन मार्शल की पुस्तकों के हवाले से दावा करते हैं कि हड़प्पा और मोहनजोदड़ो की सभ्यताएँ पूर्ववैदिक हैं और उनका सम्बन्ध आदि-हिन्दुओं के पूर्वजों से है। आर्यों की विजय की प्रशंसा में लिखे गए ऋग्वैदिक मंत्रों से हमें दासों और असुरों की वीरता और उनके क़िलों तथा नगरों को ध्वस्त करने के बारे में पता चलता है। उन्होंने इलाहाबाद और बनारस विश्वविद्यालयों में पढ़ाए जानेवाले समकालीन इतिहासों से भी उद्धरण देकर दावा किया कि सिंधु सभ्यता आर्यों से पहले की थी, और उसका सम्बन्ध उन मूल निवासियों से था, जो आदि-हिन्दू थे।[153] साथ ही उन्होंने 'अमरकोश' जैसे पौराणिक स्रोतों से भी इस दावे को पुष्ट किया कि दैत्य-दानव और असुर आदि भारत के आदिनिवासी थे, जो देवताओं अर्थात आर्यों के हमलों के विरोधी थे। इस साक्ष्य के आधार पर उन्होंने दावा किया

कि असुर, दैत्य, दानव आदि सतयुग में भारत के राजा थे, जो महान समृद्धि का काल था। उनके अनुसार उन राजाओं के नाम ये थे : राजा विक्रम, विद्धवर्त्स, वैरोचन, मुचकुंद, भैरव, नंदक, अंधक, हिरण्याक्ष, हिरण्यकशिपु, प्रह्लाद और बलि। राजा बालि इन सबमें महान था, और उसकी ताक़त को आर्य-ग्रंथों में भी स्वीकार किया गया है। आर्य उससे डरते थे, क्योंकि उसने एक निष्पक्ष और समतावादी राज्य स्थापित किया था। हालाँकि बलि का राज्य वैदिक काल में था, पर वह आर्यों द्वारा पराजित होकर इसलिए मारा गया, क्योंकि उसने वैदिक धर्म को स्वीकार करने से मना कर दिया था।[154]

जिज्ञासु ने भारतीय समाज की नस्लीय उत्पत्ति के औपनिवेशिक (पश्चिमी) मानवविज्ञानी सिद्धान्तों के आधार पर, जिन्हें भारतीय विद्वान भी मानते थे, तर्क दिया कि भारत में द्रविड़ और ग़ैर-आर्य सामाजिक समूह अलग-अलग जातीय समूह थे, और आर्यों से भिन्न थे। उन्होंने ग्रियर्सन के भारतीय भाषायी सर्वेक्षण का हवाला देते हुए कहा कि उनकी खोज ने बिना किसी सन्देह के यह सिद्ध कर दिया कि प्राकृत और पालि भाषाएँ संस्कृत से प्राचीन हैं, जो आदि-हिन्दुओं द्वारा बोली जाती थीं। उनके अनुसार, भारत की अधिकांश समकालीन क्षेत्रीय भाषाएँ, जिनमें हिन्दी भी शामिल है, प्राकृत से निकली हैं।[155]

दिलचस्प बात यह है कि जिज्ञासु ने अपने दावे के समर्थन में तर्क का सहारा लिया। उन्होंने अपने तर्क को आगे बढ़ाते हुए, सवर्ण हिन्दू और ब्रिटिश इतिहासकारों के समकालीन लेखन के आधार पर 'चँवर पुराण' को छोड़ दिया। उन्होंने अपने दावे को मज़बूत करने के लिए फुटनोट में सन्दर्भ दिये हैं, जो उनकी पुस्तक को बेहतर शोधपूर्ण बनाते हैं। सबसे महत्त्वपूर्ण उनके वे स्रोत हैं, जिनके आधार पर उन्होंने दावा किया कि दास, दस्यु और असुर उनके पूर्वज थे। जिज्ञासु ने इस दावे के सन्दर्भ में कि दलित ग़ैर-आर्यों के वंशज हैं, साक्ष्यों के अभाव के लिए इस तर्क का सहारा लिया कि आर्यों ने सारे साक्ष्य नष्ट कर दिये थे। यह स्पष्ट है कि उनके तर्क समय की राजनीति को दर्शाते हैं। जिज्ञासु सिर्फ़ एक इतिहास नहीं लिख रहे थे, बल्कि एक राजनीतिक रूपरेखा भी तैयार कर रहे थे। उसी के आधार पर समकालीन दलितों ने अनुभव किया कि वे सदियों से पीड़ित, शोषित, शासित और प्रवंचित हैं। आख़िरकार, यदि हिन्दू यह दावा कर सकते थे कि वे आर्यों के वंशज हैं, तो जिज्ञासु और आदि-हिन्दू आन्दोलन दासों, असुरों और दैत्यों को अपना पूर्वज बताने का इसी तरह का दावा क्यों नहीं कर सकते? वास्तव में सभी इतिहासों में, आर्य और अनार्य, दोनों वंशों के दावे वर्तमान राजनीति के सम्बन्ध में किये गए थे।

आदि-हिन्दू का इतिहास शून्य में प्रकट नहीं हुआ था, बल्कि उसका एक राजनीतिक आधार था। 1937 में जब जिज्ञासु की पुस्तक प्रकाशित हुई, तो उसकी कहानी में एक राजनीतिक दृष्टिकोण था, जिसे उत्तर प्रदेश में चमारों और दलितों से

व्यापक रूप से साझा किया गया। मंगल जाटव के अनुसार आदि-हिन्दू आन्दोलन, स्वामी अछूतानन्द द्वारा दिसम्बर, 1923 में इटावा में शुरू हुआ था, जिसमें 20 हज़ार दलितों ने भाग लिया था, और जिसकी अध्यक्षता एक खदान-ठेकेदार राम दयाल जाटव ने की थी। उसी ने उसके लिए धन उपलब्ध कराया था।[156] इस सभा में, अछूतानन्द ने घोषणा की थी कि 'वर्तमान अछूत भारत के आदि निवासी थे, और ये हिन्दू और मुसलमान कल के नवाब थे।'[157] उन्होंने सरकार से दलितों को सेना और पुलिस में नौकरी देने तथा पंचायतों का सदस्य बनाने की माँग की। साथ ही उन्होंने दलितों से ग्रामीण इलाक़ों में जारी 'बेगारी' की प्रथा का भी विरोध करने के लिए कहा।[158] एक अन्य सभा में, जो कानपुर में हुई थी, अछूतानन्द ने घोषणा की कि 'शुद्धि' आन्दोलन दलितों की ग़ुलामी को बनाए रखने के लिए आरम्भ किया गया था।[159] इलाहाबाद में उन्होंने सभी दलितों को सवर्ण हिन्दुओं के प्रभुत्व को चुनौती देने के लिए, निम्न जातियों के साथ उनके संघर्ष में शामिल होने और संगठित होने का आग्रह किया।[160] उन्होंने ज़ोर देकर कहा कि दलितों को न हिन्दुओं की ज़रूरत है, न उनके वेदों की और न राम-कृष्ण जैसे उनके देवताओं की। दलितों की अपनी परम्परा है, जो रैदास और कबीर जैसे सन्तों पर आधारित है।[161] उन्होंने दलितों को बताया कि बहुत से हिन्दू मांस खाते हैं, पर दलितों से छोड़ने को कहा जाता है, 'क्यों छोड़ें हम?' उन्होंने दावा किया कि दलितों का उत्पीड़न धार्मिक है, और दलित-संघर्ष भी हिन्दू धर्म के ख़िलाफ़ है।[162]

स्वामी अछूतानन्द ने प्रतिनिधि-संस्थाओं में, सिखों की तरह, दलितों के लिए भी पृथक प्रतिनिधित्व की माँग की। असल में, सिखों को एक उदाहरण और आदर्श के रूप में लिया जाने लगा था, क्योंकि उन्होंने सफलतापूर्वक हिन्दुओं के दावे से स्वयं को अलग कर लिया था।[163] अप्रैल, 1926 में इलाहाबाद की सभा में उन्होंने दलितों के लिए विधान परिषदों और स्थानीय निकायों में, जैसे नगरपालिकाओं, नगर और ज़िला परिषदों में उचित प्रतिनिधित्व दिये जाने का प्रस्ताव रखा।[164] दो महीने बाद, कानपुर की सभा में उन्होंने एक और क़दम उठाया और ज़ोर देकर कहा कि अंग्रेज़ी राज हिन्दुओं की ग़ुलामी से अछूतों की मुक्ति का राज है। इस तरह की बात पहले भी कई चमार समूहों द्वारा अपने प्रतिरोध में कही जा चुकी है। उन्होंने श्रोताओं को अपनी बात समझाते हुए कहा कि 'हम सच में अंग्रेज़ सरकार के ऋणी हैं, जिसने हमारे लिए शिक्षा के दरवाज़े खोले, जो (हिन्दुओं द्वारा) जान-बूझकर स्वार्थी उद्देश्यों से हमारे ख़िलाफ़ बन्द कर दिये गए थे।' अछूतानन्द के अनुसार, कांग्रेस के 'स्वराज' का अर्थ था दलितों की निरन्तर ग़ुलामी।[165]

नवम्बर, 1927 तक 'अखिल भारतीय आदि-हिन्दू महासभा' का गठन हो गया था, और उसके वार्षिक सम्मेलन होने लगे थे। पहला सम्मेलन स्वामी अछूतानन्द ने नवम्बर 1927 में फ़र्रुख़ाबाद में किया था, जिसकी अध्यक्षता एक चमार ने की थी।

एक महीने बाद, 27-28 दिसम्बर, 1927 को एक बड़ा अखिल भारतीय आदि-हिन्दू सम्मेलन मेयो हॉल, इलाहाबाद में हुआ था।[166] इस समय तक, दलित राजनीति में दूसरे चरण की विशेषता में तीन चीज़ें जुड़ गई थीं : पहली, यह दावा कि अछूत भारत के आदि निवासी थे; दूसरी, हिन्दू धर्म के भीतर सुधारों को अस्वीकार करना; और तीसरी, अंग्रेज़ सरकार से दलितों के लिए पृथक अधिकारों की माँग। अक्टूबर, 1928 में गांधी के नाम एक खुले पत्र में आदि-हिन्दू महासभा ने परिषदों और निर्वाचित निकायों में पृथक प्रतिनिधित्व की माँग की थी। 1927 की 'नेहरू रिपोर्ट' को उसने अलोकतांत्रिक बताते हुए उसकी यह कहकर आलोचना की थी कि उसकी साम्प्रदायिक रूपरेखा में भारत के अल्पसंख्यकों के लिए पृथक संवैधानिक प्रावधानों का प्रस्ताव नहीं है।[167] 1929 तक आदि-हिन्दू महासभा की गतिविधियाँ फतेहपुर, एटा, कानपुर, इटावा, आगरा, मेरठ, देहरादून, बनारस, सहारनपुर और बस्ती ज़िलों तक फैल गई थीं।[168] उधर चमारों के संगठन भी अपनी कृषि-सम्बन्धी समस्याओं को, जिनमें बेगारी और ज़मींदारों द्वारा थोपे गए टैक्स शामिल थे, उठाना जारी रखे हुए थे।

चमार समूहों और संगठनों में आर्य समाज की गतिविधियों, विशेष रूप से उसके 'शुद्धि' कार्यक्रम से मोहभंग होने लगा था, और वे उसकी आलोचना करने लगे थे। मई, 1924 में, कानपुर की 'रैदास कुरील सुधार सभा' के सदस्य, सीताराम प्रधान ने दावा किया कि दलितों को मन्दिरों में प्रवेश कराने के हिन्दुओं के प्रयास, वास्तव में दलितों को अपमानित करने के लिए उनके सामान्य प्रयास का हिस्सा थे, जिसमें वे दलितों को अपने मन्दिरों में आने के लिए मनाते थे, और फिर दलितों के वहाँ पहुँचने पर मन्दिर के दरवाज़े बन्द कर देते थे।[169] मई, 1924 में गोरखपुर ज़िले में चमारों की एक विशाल सभा में वक्ताओं ने अपने और हिन्दू समाज के बीच अपने मतभेदों पर चर्चा की, और हिन्दू धर्म के भीतर सुधारों की सीमाओं के बारे में विस्तार से बताया। इससे भी अधिक महत्त्वपूर्ण बात यह थी कि सभा में बौद्ध साहित्य बाँटा गया था।[170] 1927 की आगरा सभा में, जिसमें दो हज़ार चमारों ने भाग लिया था, जाटव महासभा ने घोषणा की कि सिखों की तरह, चमार और अछूत जातियाँ भी हिन्दुओं से अलग समुदाय है।[171] मई, 1927 में इटावा में पच्चीस चमारों के एक समूह ने, जिसमें खटीक और धानुक भी शामिल थे, यह घोषणा करते हुए कि वे हिन्दू नहीं, बल्कि आदि-हिन्दू हैं, दलितों से रामलीला और अन्य हिन्दू तीज-त्यौहारों का बहिष्कार करने का आग्रह किया था।[172] इसी के परिणामस्वरूप जब आर्य समाज ने मार्च, 1928 में वार्षिक अछूतोद्धार सप्ताह मनाया, तो चमारों की ओर से बहुत ख़राब प्रतिक्रिया मिली थी।[173] इस सबसे पता चलता है कि चमारों को हिन्दू धर्म के दायरे में रखने वाला सुधार असहज कर रहा था।

गणेश शंकर विद्यार्थी ने 1925 में आदि-हिन्दू आन्दोलन का स्वागत किया था, किन्तु 1 अप्रैल, 1928 के 'प्रताप' में उसके नेताओं की यह कहकर आलोचना की कि वे भारत में अंग्रेज़ राज्य की साम्राज्यवादी शक्तियों का साथ देकर हिन्दू समाज में व्यर्थ का विभाजन पैदा कर रहे हैं।[174] उन्होंने घोषणा की कि 'हमें अपने करोड़ों अछूत भाइयों पर विश्वास है कि वे ऐसे नेताओं (अछूतानन्द जैसे) के बहकावे में नहीं आएँगे, और न ही वे हिन्दू समाज से अलग हो सकते हैं।' एक बार जब हिन्दू समाज ने दलितों के लिए अपने दरवाज़े खोल दिये, तो 'नफ़रत की आग भड़काने वाले ऐसे नेता बुरे सपने की तरह ग़ायब हो जाएँगे।'[175] इसी तरह हिन्दी अख़बार 'अभ्युदय' ने आदि-हिन्दू आन्दोलन की सभाओं में पुलिस के सिपाहियों और सरकारी अधिकारियों की उपस्थिति का उल्लेख करते हुए अंग्रेज़ सरकार की विभाजनकारी भूमिका पर सवाल उठाया।[176] हिन्दी मासिक 'चाँद' ने मई, 1928 के अंक में लिखा कि आदि-हिन्दू आन्दोलन के नेताओं ने साइमन कमीशन का स्वागत करके सारे भारतीयों का अपमान किया है, और अंग्रेज़ सरकार से अनुग्रह तथा नौकरियों के लिए भिखारियों की तरह विनती करके उनकी कृपा प्राप्त की है। उसने अन्त में लिखा कि दलितों ने अपनी स्वाधीनता को अंग्रेज़ों को बेच दिया है।[177]

चमारों और दलितों द्वारा लिखे गए इतिहास और उनके राजनीतिक संगठनों की रणनीतियों का गहन विश्लेषण करने से पता चलता है कि बीसवीं शताब्दी के पहले दशकों में उनकी राजनीति दो चरणों में चली थी। पहले चरण में 1910 के दशक के चमार-इतिहास और राजनीति से लेकर 1920 के दशक के मध्य तक शुद्ध क्षत्रिय दावे के साथ सवर्ण हिन्दुओं के समान दर्जे की माँग की गई थी। इस चरण में चमारों की मुख्य समस्या यह थी कि उनकी 'अशुद्ध' उत्पत्ति और 'गन्दे' पेशों ने उनकी 'अछूत' श्रेणी बना दी थी, और अंग्रेज़ों ने भी उन्हें इसी अछूत रूप में पहचाना और स्वीकार किया था। चमारों ने अपनी जाति के इतिहास लिखकर और अपनी जाति को राजनीतिक रूप से संगठित करके, अपने अतीत और वर्तमान दोनों स्थितियों के लिए अंग्रेज़ और हिन्दू इतिहासकारों को चुनौती दी। दूसरा चरण 1927 में शुरू हुआ, जिसमें समावेशी अछूत पहचान में परिवर्तन करते हुए सभी अछूतों को 'आदि-हिन्दू' के रूप में परिभाषित करने की माँग की गई। भारत के मूल निवासी के रूप में दलितों की पहचान स्थापित करनेवाले इतिहास लिखने, और उत्तर प्रदेश में सभी अछूत जातियों को एकजुट करने के लिए राजनीतिक संघर्ष करनेवाले चमार आदि-हिन्दू आन्दोलन में भी सबसे आगे थे। इस दूसरे चरण में हस्तक्षेप की एक नई राजनीति की भी शुरुआत हुई, जिसमें राज्य के समक्ष सामाजिक और राजनीतिक परिवर्तन का अछूत एजेंडा रखा गया था। चमार-राजनीति और आन्दोलन का गठन मुख्य रूप से उपनिवेशवाद के ख़िलाफ़ लामबन्द होने के बजाय, अपनी 'अछूत'

पहचान की वर्चस्ववादी हिन्दू और औपनिवेशिक मान्यताओं का मुक़ाबला करने के लिए किया गया था। संयुक्त रूप से, दोनों चरण चमारों और अन्य दलितों को 'अस्पृश्यता' के कलंक से मुक्त करने के लिए उनके संघर्ष की शुरुआत के प्रतीक थे। इन संघर्षों के बारे में मैंने अगले और अन्तिम अध्याय में चर्चा की है।

सन्दर्भ

1. ऑर्सिनी, *दि हिन्दू पब्लिक स्फेयर*, पृ. 175-242; डालमिया, *वर्नाकुलर हिस्ट्रीज़ इन लेट नाइंटींथ सेंचुरी बनारस*।
2. पी. चटर्जी, *दि नेशन एंड इट्स फ्रागमेंट्स*, पृ. 95-115
3. यादवेन्दु, *यदुवंश का इतिहास*, पृ. 157
4. दिल्ली में दलित मित्रों और इलाहाबाद में दलित कार्यकर्ताओं से मेरी सबसे चुनौतीपूर्ण बातचीत। इनमें से कुछ प्रश्न हमारी चर्चाओं का हिस्सा थे। यह बातचीत विशेष रूप से दलितों और हिन्दू शिक्षा जगत् के वर्तमान और अतीत के बारे में हुई थी।
5. गुप्ता, *दि पॉलिटिक्स ऑफ़ दि अर्बन पुअर*, पृ. 97-100
6. ब्रिग्स, *दि चमार्स*, पृ. 20
7. गुहा, *डोमिनेंस विदआउट हेजेमनी*, पृ. 155
8. रघुवंशी, *श्री चँवर पुराण*, पृ. i
9. वही, पृ. ii-iii
10. वही, पृ. 1, जैसवार महासभा, *सूर्यवंश क्षत्रिय जैसवार सभा*, पृ. 9
11. रघुवंशी, *श्री चँवर पुराण*, पृ. 2-4; जैसवार महासभा, *सूर्यवंश क्षत्रिय जैसवार सभा*, पृ. 2-6
12. रघुवंशी, *श्री चँवर पुराण*, पृ. 5
13. वही, पृ. 6-12; जैसवार महासभा, *सूर्यवंश क्षत्रिय जैसवार सभा*, पृ. 1
14. रघुवंशी, *श्री चँवर पुराण*, पृ. 14-22; जैसवार महासभा, *सूर्यवंश क्षत्रिय जैसवार सभा*, पृ. 2-6
15. रघुवंशी, *श्री चँवर पुराण*, पृ. 23-40; जैसवार महासभा, *सूर्यवंश क्षत्रिय जैसवार सभा*, पृ. 6-9
16. रघुवंशी, *श्री चँवर पुराण*, पृ. 41-42
17. वही, पृ. 40-47; जैसवार महासभा, *सूर्यवंश क्षत्रिय जैसवार सभा*, पृ. 9
18. जैसवार महासभा, *सूर्यवंश क्षत्रिय जैसवार सभा*, पृ. 9-10
19. सगर, *यादव जीवन*, 11, 20-40
20. वही, पृ. 22, क्लार्क का वक्तव्य हिन्दी पुस्तक में अंग्रेज़ी में उद्धरित किया गया है।
21. वही, पृ. 21, 31
22. वही, पृ. 34-38
23. वही, पृ. 22-23
24. थापर, *सोसाइटी एंड हिस्टोरिकल कॉन्शसनेस*, पृ. 134-38

25. डालमिया, *वर्नाकुलर हिस्ट्रीज़ इन लेट नाइनटींथ सेंचुरी बनारस*, पृ. 60
26. वही, पृ. 78
27. हरिश्चन्द्र, *खत्रियों की उत्पत्ति*, पृ. 247-50, 251-53
28. सगर, *यादव जीवन*, पृ. 34-35
29. *उत्तर-पश्चिम प्रान्तों की जनगणना*, 1865, परिशिष्ट बी, पृ. 43, 64, 71
30. इलियट, *मेमोरीज़ ऑन दि हिस्ट्री, फोकलोर एंड डिस्ट्रीब्यूशन ऑफ़ दि रेसेस*, वॉल्यूम 1, पृ. 69; क्रूक, *दि ट्राइब्स एंड कास्ट्स ऑफ़ दि नॉर्थ-वेस्टर्न प्रोविंसेस एंड अवध*, वॉल्यूम 1, पृ. 169
31. ब्रिग्स, *दि चमार्स*, पृ. 15; के. सिंह, *दि शेड्यूल्ड कास्ट्स*, पृ. 301
32. के. सिंह, *दि शेड्यूल्ड कास्ट्स*, पृ. 301; लिंच, *दि पॉलिटिक्स ऑफ़ अनटचेबिलिटी*, पृ. 28-29
33. मैंने 1922 से 1928 तक साप्ताहिक पुलिस रिपोर्टों का, जिन्हें आधिकारिक तौर पर ख़ुफ़िया पुलिस सार, अपराध अनुसन्धान विभाग, लखनऊ, उत्तर प्रदेश के नाम से जाना जाता है, विस्तृत अध्ययन किया है।
34. सगर, *यादव जीवन*, पृ. 40-41
35. ख़ुफ़िया पुलिस की साप्ताहिक रिपोर्टें, 24 मार्च, 31 मार्च, 6 अक्टूबर, 1923; 23 फ़रवरी, 3 मई, 17 मई, 24 मई, 14 जून, 6 सितम्बर, 1924
36. वही, 18 मार्च, 8 अप्रैल, 22 अप्रैल, 1922
37. वही, 4 फ़रवरी, 4 नवम्बर, 1922; 12 जनवरी, 9 जून, 1923
38. वही, 14 जनवरी, 28 जनवरी, 6 मई, 13 मई, 17 जून, 4 नवम्बर, 1922; 23 फ़रवरी, 24 मई, 7 जून, 14 जून, 30 अगस्त, 4 अक्टूबर, 1924
39. वही, 4 फ़रवरी, 1922; 9 जून 1923
40. वही, 4 फ़रवरी, 22 जुलाई, 4 नवम्बर 1922; 5 मई, 9 जून, 28 जून 1923; 20 नवम्बर, 1926; 6 अगस्त, 24 दिसम्बर, 1927
41. यादवेन्दु, *यदुवंश का इतिहास*, पृ. 140
42. ख़ुफ़िया पुलिस की साप्ताहिक रिपोर्ट, 14 जनवरी, 28 जनवरी 1922; ये 1922 अपराध अनुसन्धान विभाग की साप्ताहिक रिपोर्टों से पहले की हैं।
43. वही, 4 फ़रवरी, 1922
44. वही, 6 मई, 1922
45. वही, 17 जून, 1922
46. वही, 17 जून, 22 जुलाई, 11 नवम्बर, 1922; 24 मार्च, 1923; 29 अगस्त, 10 अक्टूबर, 1925
47. वही, 22 अप्रैल, 1922
48. अमीन, *अग्रेरियन बेस ऑफ़ नेशनलिस्ट ऐजीटेशंस इन इंडिया*, पृ. 106-107
49. प्रेमचन्द, *कर्मभूमि*, पृ. 168-171
50. अमीन, उपर्युक्त, पृ. 106-107
51. ख़ुफ़िया पुलिस की साप्ताहिक रिपोर्टें, 4 फ़रवरी, 25 मार्च, 1 अप्रैल, 8 अप्रैल, 22 अप्रैल, 29 अप्रैल, 6 मई, 13 मई, 20 मई, 17 जून, 22 जुलाई, 29 जुलाई, 5 अगस्त, 1922

52. वही, 28 जनवरी, 1 अप्रैल, 4 नवम्बर 1922, 20 जनवरी, 1923
53. वही, 4 नवम्बर, 1922
54. वही, 24 मई, 1924
55. वही, 4 नवम्बर, 1922
56. वही, 24 दिसम्बर, 1927, 7 जनवरी, 1928
57. वही, 19 दिसम्बर, 1923; 3 मई, 10 मई, 1924; 7 नवम्बर, 1925; 27 मार्च, 1927
58. वही, 7 अगस्त, 1926
59. वही, 6 मई, 20 मई, 17 जून, 1922; 9 जून, 1923
60. प्रेमचन्द, *कर्मभूमि*, पृ. 152-53
61. ख़ुफ़िया पुलिस की साप्ताहिक रिपोर्ट्स, 28 जनवरी, 20 मई, 1921; 4 फ़रवरी, 25 मार्च, 1 अप्रैल, 22 अप्रैल, 29 अप्रैल, 6 मई, 13 मई, 17 जुलाई, 22 जुलाई, 29 जुलाई, 5 अगस्त, 4 नवम्बर, 1922; 22 जनवरी, 1923
62. वही, 27 अक्टूबर, 1923
63. वही, 2 मई, 1924
64. वही, 6 मार्च, 1926; 13 अक्टूबर, 1928
65. सगर, *यादव जीवन*, पृ. 54; यादवेन्दु, *यदुवंश का इतिहास*, पृ. 126
66. *चाँद*, हिन्दी मासिक, इलाहाबाद, 1933
67. डी.एम. स्टीवर्ट, *सेसेज इन अवध*, 1922, रेवेन्यू (ए) प्रोसीडिंग्स, मई, 1925, उ.प्र. राज्य अभिलेखागार, लखनऊ, पृ. 23-147; वी.एन. मेहता, *अवध किसान सभा*, फ़ाइल संख्या 753, बॉक्स संख्या 6/1920, राजस्व विभाग, उ.प्र. राज्य अभिलेखागार, लखनऊ।
68. *रसद एंड बेगारी रिपोर्ट एजीटेशन इन यू.पी., 1920*, फ़ाइल संख्या 694, बॉक्स संख्या 153/1920, जनरल एडमिनिस्ट्रेशन विभाग, उ.प्र. राज्य अभिलेखागार, लखनऊ।
69. प्रेमचन्द, *प्रेमाश्रम*, पृ. 155-65
70. ख़ुफ़िया पुलिस की साप्ताहिक रिपोर्ट्स, 18 मार्च, 1922
71. *प्रताप*, 27 अप्रैल, 1928
72. ख़ुफ़िया पुलिस की साप्ताहिक रिपोर्ट्स, 4 फ़रवरी, 17 जून, 22 जुलाई, 1922; 19 अप्रैल, 12 जुलाई, 30 अगस्त, 1924; 16 मई, 23 मई, 6 जून, 1925, 7 अप्रैल, 1928
73. वही, 11 फ़रवरी, 23 फ़रवरी, 3 मई, 10 मई, 24 मई, 1924; 4 जून, 7 नवम्बर, 5 दिसम्बर, 19 दिसम्बर, 1925; 27 मार्च, 19 जून, 1 अक्टूबर, 24 दिसम्बर, 1927; 7 जनवरी, 1928
74. वही, 1 अप्रैल, 13 मई, 30 सितम्बर, 4 नवम्बर, 1922; 24 मार्च, 14 अप्रैल, 9 जून, 29 सितम्बर, 1923; 15 मई, 1926
75. वही, 30 सितम्बर, 1922
76. वही, 20 मई, 1922
77. वही, 1 अप्रैल, 22 अप्रैल, 13 मई, 30 सितम्बर, 4 नवम्बर, 1922; 24 मार्च, 18 अगस्त, 1923; 18 अक्टूबर, 1924; 9 अक्टूबर, 1926
78. वही, 9 जून, 1923
79. वही, 6 अक्टूबर, 1923

80. वही, 9 जून, 1923
81. पिंच, *पीजेंट्स एंड मोंक्स इन ब्रिटिश इंडिया*, पृ. 82, 93
82. गोपाल बाबू वलंगकर की 1890 की याचिका का उल्लेख और चर्चा जेलियट ने *डॉ. आंबेडकर एंड दि महार मूवमेंट* पुस्तक में की है, पृ. 57-59, 71-72
83. ख़ुफ़िया पुलिस की साप्ताहिक रिपोर्ट, 3 नवम्बर, 10 नवम्बर, 1923
84. जॉर्डेंस, *स्वामी श्रद्धानन्द*, पृ. 142-43, 154, थर्सबाय, *हिन्दू-मुस्लिम रिलेशंस इन ब्रिटिश इंडिया*, पृ. 167
85. *प्रताप*, 3 मार्च, 1924, *अभ्युदय*, 17 मार्च, 1924, ख़ुफ़िया पुलिस की साप्ताहिक रिपोर्ट्स, 1 मार्च, 1924
86. जॉर्डेंस, *स्वामी श्रद्धानन्द*, पृ. 142-51; थर्सबाय, *हिन्दू-मुस्लिम रिलेशंस इन ब्रिटिश इंडिया*, पृ. 166-69
87. बलदेव चौबे, *दि वर्क ऑफ़ अछूतोद्धार इन दि यूनाइटेड प्रोविंसेस*, 25 मार्च, 1928
88. *अभ्युदय*, 17 मई, 21 जून, 1924
89. गुप्ता, *दि पॉलिटिक्स ऑफ़ दि अर्बन पुअर*, पृ. 144, 151; लिंच, *दि पॉलिटिक्स ऑफ़ अनटचेबिलिटी*, पृ. 67-85
90. हार्डीमैन, *दि कमिंग ऑफ़ दि देवी*, पृ. 156-65, विशेष रूप से पृ. 163-64
91. ऑर्सिनी, *दि हिन्दू पब्लिक स्फेयर*, पृ. 224-39, 267-74, 351-53; मई, 1930 में चाँद ने (अपने सम्पादकीय में) *अछूतोद्धार* में आर्य समाज की ऐतिहासिक भूमिका को स्वीकार किया था।
92. *प्रताप*, 20 अप्रैल, 1925; यह 'दलित' शब्द के प्रयोग का पहला प्रमाण है। सनातन धर्म के बारे में विद्यार्थी की इस टिप्पणी को मार्च, 1927 में चाँद ने भी दोहराया था।
93. *चाँद*, मई, 1927
94. *चाँद*, मई, 1930
95. *प्रताप*, 1 जून, 1925
96. *चाँद*, फ़रवरी, 1930
97. *प्रताप*, 21 मार्च, 1926
98. गुप्ता, *दि पॉलिटिक्स ऑफ़ दि अर्बन पुअर*, पृ. 155-57; प्रसाद, *अनटचेबिल फ्रीडम*, पृ. 66-75; ऑर्सिनी, *दि हिन्दू पब्लिक स्फेयर*, पृ. 203-205; चारु गुप्ता, *हिन्दू वूमैन, मुस्लिम मैन*, पृ. 133-34
99. प्रसाद, *अनटचेबिल फ्रीडम*, पृ. 66-67
100. गुप्ता, *दि पॉलिटिक्स ऑफ़ दि अर्बन पुअर*, पृ. 155-56
101. लिंच, *दि पॉलिटिक्स ऑफ़ अनटचेबिलिटी*, पृ. 67-70
102. सगर, *यादव जीवन*, पृ. 2-3; यादवेन्दु, *यदुवंश का इतिहास*, पृ. 6
103. यादवेन्दु, *यदुवंश का इतिहास*, पृ. 140
104. डंकन, *लेविल्स, दि कम्युनिकेशन ऑफ़ प्रोग्राम्स एंड सेक्शनल स्ट्रेटजीस*, पृ. 265-66
105. जाटव, *श्री 108 स्वामी अछूतानन्द जी का जीवन परिचय*, पृ. 11-15; राज सिंह, *स्वामी अछूतानन्द हरिहर*, पृ. 13-16
106. राय, *दि आर्य समाज*, पृ. 232

107. *प्रताप*, 25 मार्च 1928; *अभ्युदय*, 1 फ़रवरी, 1930
108. लिंच, *दि पॉलिटिक्स ऑफ़ अनटचेबिलिटी*, पृ. 68
109. जुएर्गेन्समेयर, *रिलीजन एज सोशल विजन*, पृ. 39, 67
110. वही, पृ. 64
111. वही, पृ. 37-39; गुप्ता, *दि पॉलिटिक्स ऑफ़ दि अर्बन पुअर*, पृ. 155
112. जेलियट, *डॉ. आंबेडकर एंड महार मूवमेंट*, पृ. 102-117
113. *प्रताप*, 10 अप्रैल 1927
114. *प्रताप*, 27 जुलाई, 1925; 8 फ़रवरी, 1926; *अभ्युदय*, 21 जून, 1924
115. *अभ्युदय*, 13 फ़रवरी, 8 मई, 19 जून, 1926
116. ख़ुफ़िया पुलिस की साप्ताहिक रिपोर्टें, 20 जनवरी, 14 अप्रैल, 5 मई, 26 मई, 2 जून, 9 जून, 16 जून, 26 जून, 30 जून, 20 अक्टूबर, 27 अक्टूबर, 1923; 9 फ़रवरी, 1 मार्च, 5 अप्रैल, 19 अप्रैल, 3 मई, 10 मई, 17 मई, 26 अगस्त, 9 सितम्बर, 13 सितम्बर, 1924; 23 मई, 1 अगस्त, 15 अगस्त, 17 अक्टूबर, 19 दिसम्बर, 1925; 13 फ़रवरी, 15 मई, 29 मई, 26 जून, 24 जुलाई, 9 अक्टूबर, 16 नवम्बर, 1926; 23 अप्रैल, 1 अक्टूबर, 1927; 21 जुलाई, 18 अगस्त, 13 अक्टूबर, 1928; ये अभिलेख आर्य समाज की चरम गतिविधियों का संकेत देते हैं और 1926 के बाद उसमें आई कमी का।
117. वही, 14 अप्रैल, 5 मई, 1923; *प्रताप*, 3 मार्च, 1924
118. *चाँद*, मार्च, 1927
119. *प्रताप*, 24 मार्च, 11 अगस्त, 1924; *अभ्युदय*, 16 अगस्त, 1924; 31 मार्च, 1928
120. ख़ुफ़िया पुलिस की साप्ताहिक रिपोर्टें, 10 मार्च, 3 नवम्बर, 1923; 5 अप्रैल, 18 अक्टूबर, 25 अक्टूबर, 1924; 2 अप्रैल, 8 अक्टूबर, 1927
121. वही, 7 जून, 1923
122. वही, 3 नवम्बर, 1923; 23 फ़रवरी, 1924
123. वही, 23 फ़रवरी, 1924
124. वही, 9 अक्टूबर, 1926
125. वही, 21 अप्रैल, 1928
126. वही, 17 मार्च, 1923; 2 फ़रवरी, 1924; 10 जनवरी, 1925; 26 सितम्बर, 27 मार्च, 1926
127. हजारी, *आई वाज एन आउटकास्ट*; इसकी भूमिका के अनुसार यह पुस्तक उसने 1935 में लिखी थी।
128. ख़ुफ़िया पुलिस की रिपोर्ट, 14 अप्रैल, 5 मई, 26 मई, 24 नवम्बर, 1923; 7 जून, 1924
129. थर्सबाय, *हिन्दू-मुस्लिम रिलेशंस इन ब्रिटिश इंडिया*, पृ. 154
130. ख़ुफ़िया पुलिस की रिपोर्ट, 1 मार्च, 10 अक्टूबर, 1925
131. वही, 16 मई, 23 मई, 6 जून, 1925; *प्रताप*, 18 मई, 1 मई, 1925
132. राय, *दि आर्य समाज*, पृ. 231
133. ख़ुफ़िया पुलिस की रिपोर्ट, 10 मार्च, 3 नवम्बर, 1923; 5 अप्रैल, 18 अक्टूबर, 25 अक्टूबर, 1924; 2 अप्रैल, 8 अक्टूबर, 1927

134. वही, 4 अक्टूबर, 1924; प्रेमचन्द, *कर्मभूमि*, पृ. 193-206
135. वही, 21 अप्रैल, 1923; *प्रताप*, 9 जनवरी, 1927
136. वही, 5 मई, 1923
137. वही, 5 मई, 20 अक्टूबर, 1923; 15 अगस्त, 1925
138. वही, 20 सितम्बर, 1924; *प्रताप*, 27 जुलाई, 1925; 8 फ़रवरी, 1926; *अभ्युदय*, 3 मार्च, 1928
139. वही, 10 मार्च, 1923
140. वही, 31 मार्च, 7 अप्रैल, 1928
141. वही, 17 अक्टूबर, 19 दिसम्बर, 1925; 13 फ़रवरी, 26 जून, 1926; ये रिपोर्टें मेरठ, सहारनपुर, मुज़फ़्फ़रनगर, मुरादाबाद और गोरखपुर ज़िलों की हैं।
142. वही, 16 जून, 1923
143. वही, 13 सितम्बर, 1924; 4 जून, 1 अक्टूबर, 1927
144. वही, 1 अगस्त, 1925
145. वही, 31 मार्च, 1923
146. *अभ्युदय*, 2 अगस्त, 1924; 4 फ़रवरी, 1926; प्रेमचन्द, *कर्मभूमि*, पृ. 169-72
147. *प्रताप*, 27 अप्रैल, 1925
148. मंगल जाटव, *श्री 108 स्वामी अछूतानन्द जी का जीवन परिचय*, पृ. 14; राजपाल सिंह, *स्वामी अछूतानन्द हरिहर*, पृ. 41
149. ख़ुफ़िया पुलिस की रिपोर्ट, 23 अप्रैल, 10 जुलाई, 1926
150. जिज्ञासु, *भारत के आदि निवासियों की सभ्यता*, पृ. 9
151. वही, पृ. 10-11
152. वही, पृ. 9
153. वही, पृ. 45-46, 74-75, 65-69
154. वही, 11-13
155. वही, 26-35
156. जाटव, *श्री 108 स्वामी अछूतानन्द जी का जीवन परिचय*, पृ. 14; राजपाल सिंह, *स्वामी अछूतानन्द हरिहर*, पृ. 41
157. जाटव, वही, पृ. 14
158. ख़ुफ़िया पुलिस की रिपोर्ट, 23 अप्रैल, 1926
159. *अभ्युदय*, 24 अप्रैल, 1926
160. ख़ुफ़िया पुलिस की रिपोर्ट, 23 अप्रैल, 1926
161. *अभ्युदय*, 24 अप्रैल, 1926
162. वही, 14 अप्रैल, 1928
163. वही, 24 अप्रैल, 1926
164. ख़ुफ़िया पुलिस की रिपोर्ट, 10 जुलाई, 1926
165. *दि लीडर*, 14 अप्रैल, 1926
166. *प्रताप*, 8 जनवरी, 1928; *आज*, 1 जनवरी, 1928; चाँद, फ़रवरी, 1928; *अभ्युदय*, 14 अप्रैल, 1928

167. *प्रताप*, 13 अक्टूबर, 1928
168. ख़ुफ़िया पुलिस की रिपोर्ट्स, 7 अप्रैल, 28 अप्रैल, 5 मई, 23 जून, 13 अक्टूबर, 8 दिसम्बर, 1928; 19 जनवरी, 8 जून, 22 जून, 31 अगस्त, 5 अक्टूबर, 26 अक्टूबर, 1929
169. *प्रताप*, 24 नवम्बर, 1924
170. ख़ुफ़िया पुलिस की रिपोर्ट, 17 मई, 1924
171. वही, 23 अप्रैल 1927; 21 अप्रैल, 1928
172. वही, 4 जून, 1927
173. वही, 31 मार्च, 7 अप्रैल, 1928
174. लाला लाजपत राय, 'अछूत भाइयो! सरकारी जाल में मत फँसो।' *प्रताप*, 1 अप्रैल, 1928
175. *प्रताप*, 8 जनवरी, 1928
176. *अभ्युदय*, 14 अप्रैल, 1928
177. चाँद, फ़रवरी, 1928

आदि-हिन्दू महासभा के 1937 के कैलेंडर का चित्रण, कैलेंडर के बीच में स्वामी अछूतानन्द तथा उनके बाईं ओर आंबेडकर हैं।

फ़ोटो सौजन्य : मोहन सिंह मंगल सिंह जाटव (अनुमति से उपयोग किया गया)।

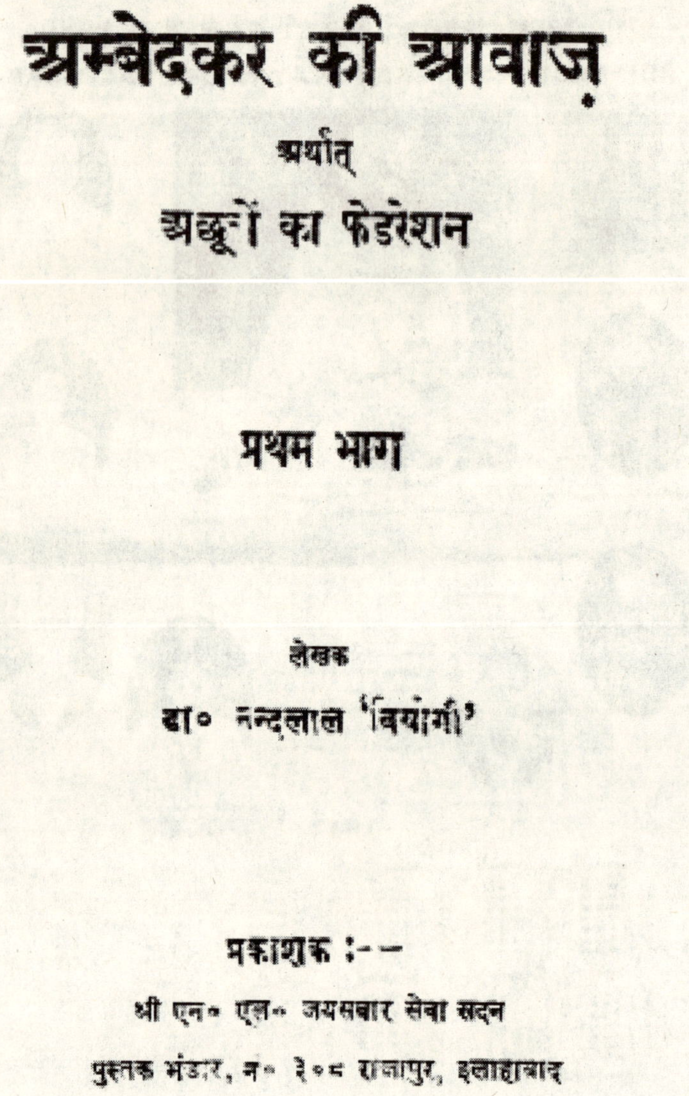

अम्बेदकर की आवाज़

अर्थात्

अछूतों का फेडरेशन

प्रथम भाग

लेखक

डा० नन्दलाल 'वियोगी'

प्रकाशक :--

श्री एन० एल० जयसवार सेवा सदन

पुस्तक भंडार, नं० २०८ राजापुर, इलाहाबाद

नन्दलाल वियोगी की पुस्तक 'अम्बेदकर की आवाज़ अर्थात् अछूतों का फ़ेडरेशन' का मुखपृष्ठ (इलाहाबाद, 1949)।

कानपुर के गुरु प्रसाद स्वामी अछूतानन्द के करीबी सहयोगी थे (अदिनांकित, सी. 1928-32)।
फ़ोटो सौजन्य : मोहन सिंह मंगल सिंह जाटव (अनुमति से उपयोग किया गया)।

कुमाऊँ ज़िले के मुंशी हरीप्रसाद टम्टा ने कुमाऊँ शिल्पकार सभा की स्थापना की। वे स्वामी अछूतानन्द के करीबी मित्र और सहयोगी थे (अदिनांकित, सी. 1928-32)।
फ़ोटो सौजन्य : मोहन सिंह मंगल सिंह जाटव (अनुमति से उपयोग किया गया)।

मैनपुरी ज़िले के रामचरण जाटव स्वामी अछूतानन्द के करीबी सहयोगी थे (अदिनांकित, सी. 1928-32)।
फ़ोटो सौजन्य : मोहन सिंह मंगल सिंह जाटव (अनुमति से उपयोग किया गया)।

कानपुर शहर के शिवनारायण दास स्वामी अछूतानन्द के करीबी सहयोगी थे (अदिनांकित, सी. 1928-32)।
फ़ोटो सौजन्य : मोहन सिंह मंगल सिंह जाटव (अनुमति से उपयोग किया गया)।

सेठ दुर्गादास जी (कबीरपंथ) शाहजहाँपुर के एक प्रमुख दानकर्ता और स्वामी अछूतानन्द के करीबी सहयोगी थे (अदिनांकित, सी. 1928-32)।
फ़ोटो सौजन्य : मोहन सिंह मंगल सिंह जाटव (अनुमति से उपयोग किया गया)।

अध्याय-5

चमार से दलित : अछूत पहचान और राजनीति (1927-1956)

पिछले माह के अन्तिम सप्ताह में इलाहाबाद में एक अखिल भारतीय आदि-हिन्दू नाम से सम्मेलन हुआ, जिसमें अधिकतर रैदास समाज (चमार) के लोगों ने भाग लिया था। डोम, मेहतर, लाल बेगी, और अन्य जातियों की भागीदारी सम्मेलन में नहीं थी।

—प्रताप, 8 जनवरी, 1928

अंग्रेज़ सरकार हमारी सदियों पुरानी दासता की मुक्तिदाता होने का दावा कर रही है, लेकिन हमारी वर्तमान ख़राब स्थितियों में तब तक सुधार नहीं हो सकता, जब तक कि हम अपने निर्वाचित प्रतिनिधियों के माध्यम से विभिन्न विधायिकाओं और स्थानीय निकायों में आवाज़ नहीं उठाते। इसलिए हमारे लिए मुक्ति का केवल पृथक निर्वाचन क्षेत्र ही एकमात्र तरीक़ा है, जिसके माध्यम से हम अपनी राजनीतिक, सामाजिक और नैतिक मुक्ति प्राप्त कर सकते हैं।

—उत्तर प्रदेश आदि-हिन्दू महासभा के सदस्यों द्वारा 30 नवम्बर, 1928 को भारत के वैधानिक आयोग के माननीय अध्यक्ष एवं सदस्यों के समक्ष दिया गया स्मृति सम्बोधन। (फ़ाइल संख्या 566/1928, बॉक्स संख्या 503, सामान्य प्रशासनिक विभाग (1901-47), उ.प्र. राज्य अभिलेखागार, लखनऊ)

1920 के दशक में राष्ट्रवाद का उदय भारत के उपनिवेशवाद-विरोधी आन्दोलन की एक ख़ास विशेषता थी। नये सामाजिक वर्गों और समूहों के भाग लेने से भारतीय राष्ट्रवाद की एक समृद्ध और ठोस अवधारणा तैयार हो रही थी।[1] पिछले दो दशकों में विद्वान इतिहासकारों के एक बड़े वर्ग ने राष्ट्रवादी गतिविधियों, विशेष रूप से किसानों और मज़दूर वर्ग के संघर्षों तथा भारतीय राष्ट्रवाद को आकार देने में मदद करनेवाले कई दृष्टिकोणों के समृद्ध इतिहास का दस्तावेज़ीकरण किया है। भारतीय राष्ट्रवाद की समझ के इस मौजूदा इतिहास के बावजूद, भारतीय राष्ट्रवाद

के इतिहास-लेखन में दलितों के एजेंडों और संघर्षों पर अभी भी बहुत कम चर्चा हुई है। दलितों से सम्बन्धित भारतीय इतिहास-लेखन का सार सुमित सरकार ने इन शब्दों में दिया है—

> दूरगामी परिणामों की दृष्टि से देखें तो गांधीवादियों द्वारा किये जानेवाले हरिजन-कल्याण के कार्यों ने ग्रामीण समाज के निम्नतम और सबसे उत्पीड़ित वर्गों तक राष्ट्रवाद का सन्देश पहुँचाने का कार्य किया, और इससे देश के अधिकांश भागों के हरिजनों में कांग्रेस के प्रति पारम्परिक निष्ठा की भावना विकसित हुई, जो आज़ादी के बाद भी कांग्रेस पार्टी के लिए काफ़ी सहायक साबित होने वाली थी।[2]

इस कथन के आधार पर दो धारणाएँ बनती हैं। पहली, 1920 और 1930 के दशकों में उत्तर भारत में ख़ासकर चमारों और दलितों का कोई आन्दोलन नहीं हुआ था; और दूसरी, दलितों में राजनीतिक चेतना कांग्रेस के राजनेताओं ने पैदा की थी, जिसका आज़ादी के बाद कांग्रेस को चुनावी लाभ मिला था। ये धारणाएँ काफ़ी प्रेरक रही हैं। क्रिस्टोफ़ जाफ्रलो ने निम्न जातियों के राजनीतिक विकास पर 2003 में लिखी अपनी पुस्तक में तर्क दिया कि 'उत्तर भारतीय समाज अपनी चातुर्वर्ण (ब्राह्मण, क्षत्रिय, वैश्य और शूद्र) और अछूत-आधारित व्यवस्था के सबसे निकट है, इसलिए उनका दावा है कि उच्च जातियों की ताक़तवर संख्या ने रूढ़िवादी विचारधारा के विकास और कांग्रेस पर निर्भरवादी राजनीति की स्थापना के लिए स्थानीय सत्ता की ज़मीन तैयार करने में भूमिका निभाई।' उत्तर भारत में दलित वर्गों के बीच कांग्रेस ही एकमात्र राजनीतिक ताक़त थी, क्योंकि 1960 के दशक तक, 'चमार जैसी अछूत जातियाँ न केवल संस्कृतीकरण (हिन्दूकरण) की, बल्कि भक्ति की भी क़ैदी बन गई थीं।'[3]

अधिकांश दलित इतिहास महाराष्ट्र पर केन्द्रित हैं, विशेष कर 1920 के दशक में मन्दिर और पानी के आन्दोलनों और संवैधानिक नीतियों में डॉ. आंबेडकर के संघर्ष पर। आमतौर से इन्हीं घटनाओं को भारत में दलित आन्दोलन के आरम्भ के रूप में देखा जाता है।[4] उदाहरण के लिए, सुसान बेली की 1999 की महत्त्वपूर्ण जातीय अध्ययन की कृति 'संवैधानिक व्यवस्था' को भारत में आन्दोलनों के उद्‌भव को समझने की कुंजी के रूप में देखा गया।[5] आंबेडकर और संवैधानिक इतिहास पर प्रकाश डालते हुए, अधिकांश इतिहासकार पूर्व-औपनिवेशिक भारत में दलितों की पृथक निर्वाचन की माँग को ही दलितों के संघर्ष और संगठन के प्रतिनिधि आन्दोलन के रूप में देखते हैं। मेंडलसोन और विकजियानी का भारत में दलित-संघर्ष और राजनीति का 1998 का सर्वेक्षण 1920 और 1960 के कालखंड के महार और आंबेडकर की गतिविधियों पर विस्तार से प्रकाश डालता है।[6]

गेल ओमवेट के अनुसार, यदि आंबेडकर की अनुपस्थिति में भारत में दलित आन्दोलन की कल्पना करना असम्भव है, तो उतना ही कठिन यह कल्पना भी है कि समाजशास्त्रीय रूप से आंबेडकर बम्बई प्रेसीडेंसी के मराठी भाषी क्षेत्रों की बजाय किसी अन्य क्षेत्र से आए थे।[7] औपनिवेशिक काल के दौरान उत्तर प्रदेश में दलितों का कोई संघर्ष नहीं हुआ; यह कहना है मेंडलसोन और विकजियानी का कि '1930 के दशक में गांधी के आन्दोलन तक हिन्दी क्षेत्र की विशाल अछूत आबादी में किसी भी हद तक कोई बड़ी लहर नहीं आई थी।'[8] इसी धारणा से प्रेरित होकर राजनीति-विज्ञानी, सुधा पई ने महाराष्ट्र की तुलना में उत्तर प्रदेश में दलित चेतना के देर से विकसित होने का सिद्धान्त प्रतिपादित किया।[9] ऐसी धारणाएँ इस विश्वास से पैदा हुई हैं कि उत्तर प्रदेश में कोई स्वायत्त (स्वयं से उत्पन्न) दलित-संघर्ष नहीं था; बल्कि कांग्रेस के 'अछूतोद्धार' कार्यक्रम ने ही दलितों में राजनीतिक सक्रियता पैदा की थी।

औपनिवेशिक उत्तर प्रदेश में आदि-हिन्दू आन्दोलन या उसके कार्यक्रमों पर चर्चा करनेवाला एक भी लेख नहीं है। अधिकांश अध्ययन शहरी दलितों पर केन्द्रित हैं, जैसे ओवेन लिंच का आगरा के जाटवों पर, और अभी हाल में उत्तर प्रदेश के शहरी क्षेत्रों में 'अछूत' दावे पर नन्दिनी गुप्तू का एक अध्याय।[10] 1920 के ब्रिग्स के अध्ययन को छोड़कर, चमारों के बारे में बहुत कम मानवविज्ञानी अध्ययन और 1960 के दशक में लिखे गए बर्नार्ड कोहन के कुछ लेख मिलते हैं।[11] वास्तव में, हमें आदि-हिन्दू आन्दोलन का सही ऐतिहासिक विवरण दलित लेखकों, चन्द्रिका प्रसाद 'जिज्ञासु', शंकरानन्द शास्त्री, नन्दलाल वियोगी, डी.सी. डींकर, मोहनदास नैमिशराय, मंगल जाटव, और राजपाल सिंह के लेखन में ही मिलता है। इन लेखकों ने अपने समाज के लिए अपने संघर्ष की स्मृतियों को जीवित रखा है।[12] अब तक, ग़ैर-दलित इतिहासकारों ने इन विषयों में कोई रुचि नहीं दिखाई है, और न उन्होंने उनके साथ जुड़ने का कोई व्यावहारिक प्रयास किया है; इसलिए दलितों के संघर्ष का विकास पूरी तरह अज्ञानता से ढका हुआ है। इस अध्याय में दलित लेखकों की हिन्दी पुस्तकों के उद्धरण लेकर और उनको अभिलेखागार में उपलब्ध स्रोतों से जोड़कर उत्तर प्रदेश में चमार और दलित-संघर्ष के इतिहास को पुनः स्थापित करने का प्रयास किया गया है। इन उद्धरणों का उद्देश्य इस नये आन्दोलन में चमारों की भूमिका की ओर ध्यान आकर्षित करना और उत्तर प्रदेश के अछूतों के लिए उनके सकारात्मक संघर्ष को दिखाना है, और यह भी कि आंबेडकर इस तरह के विचारों को रखने वाले अकेले व्यक्ति नहीं थे, उन जैसे आम सहमति के विचार दलित वर्गों के व्यापक दायरे के बीच पहले से ही थे।

अध्याय 4 में चमारों के उस संघर्ष पर चर्चा की गई थी, जो उत्तर प्रदेश में अपनी पहचान के लिए दो चरणों में सामने आया था। दोनों चरणों में चमार समुदाय

को संगठित करने की चिन्ता थी। 1922 से 1928 तक का पहला चरण, इतिहास-लेखन के रूप में और शुद्ध क्षत्रिय होने का दावा करके हिन्दू समाज में समानता की माँग करने का था। दूसरा चरण 'अछूत' की अधिक समावेशी परिभाषा और हिन्दू धर्म को ख़ारिज करने के रूप में था। इसे 'आदि-हिन्दू महासभा' नाम से एक संगठन का स्वरूप मिला, जिसकी स्थापना 1933 में हुई थी, बाद में 1940 में उसका विलय 'शेड्यूल्ड कास्ट फ़ेडरेशन' (अनुसूचित जाति संघ) में हुआ, और 1956 में उसे 'भारतीय रिपब्लिकन पार्टी' में बदल दिया गया। इन संगठनों ने 1927 और 1956 के बीच जो 'अछूत एजेंडा' स्थापित किया, उसका उद्देश्य अछूतों की पहचान को एक नया अर्थ देकर उन्हें सशक्त बनाना था। आदि-हिन्दू महासभा के नेताओं ने आशा की थी कि वे अपनी अछूत पहचान पर ज़ोर देकर, एक नई दलित राजनीति का निर्माण कर सकते हैं, जिसमें डोम, मेहतर, पासी, लाल बेगी, धानुक, कोरी और चमार, सभी दलित जातियों को एक साथ लाया जा सकता है। इससे पहले की अपनी एक पुस्तक में मैंने तर्क दिया था कि 1940 के दशक में उत्तर प्रदेश के दलितों ने जाटव, चमार, आदधर्मी, पासी आदि दलित समाज के विभिन्न वर्गों को एकजुट करने के लिए एक समावेशी अछूत पहचान की घोषणा की थी, और इसी नई पहचान के आधार पर 'अनुसूचित जाति फ़ेडरेशन' का गठन हुआ था, जिससे एक सकारात्मक संघर्ष का एक नया एजेंडा सामने आया था।[13] किन्तु इस कथन को इस पुस्तक में संशोधित करने की आवश्यकता है, क्योंकि अब ऐसे साक्ष्य सामने आ गए हैं, जो यह साबित करते हैं कि इस तरह के दावे पहली बार 1927 में किये गए थे, न कि 1942 में।

उत्तर प्रदेश में स्वतंत्र दलित आन्दोलन के आरम्भ का समय दिसम्बर, 1927 है। अछूतों को संगठित करने के लिए आदि-हिन्दू महासभा ने परिवर्तनवादी विचारों के साथ दलित आन्दोलन का मुख्य एजेंडा तैयार किया, जिसमें विधायिका, सरकार और शैक्षणिक संस्थानों में पृथक निर्वाचन की माँग के साथ-साथ सकारात्मक कार्य-नीतियाँ शामिल थीं। आदि-हिन्दू महासभा के नेता, स्वामी अछूतानन्द, माणिक चन्द्र और चन्द्रिका प्रसाद 'जिज्ञासु' ने 1930 और 1940 के दशकों में दलित-संघर्ष को गतिशील बनाने और मज़बूत करने का काम किया, जिसने अछूत पहचान को एक निश्चित स्वरूप देने में योगदान दिया। इस अध्याय के दूसरे और तीसरे भाग में आदि-हिन्दू नेताओं द्वारा अपने एजेंडे को लोकप्रिय बनाने और कांग्रेस को चुनौती देने के लिए उत्तर प्रदेश के विभिन्न ज़िलों में संगठित रूप से किये गए विरोध-प्रदर्शनों पर चर्चा की गई है। इस अछूत पहचान और 1928 के आदि-हिन्दू एजेंडे के प्रति प्रतिबद्धता ने दलित राजनीति को बीसवीं सदी में लम्बे समय तक स्थिरता दी। किन्तु, भारतीय रिपब्लिकन पार्टी के गठन ने अछूत-आधारित दलित राजनीति को वर्ग-आधारित राजनीति में बदल दिया।

चमारों के अछूत एजेंडे का सूत्रीकरण

समकालीन समीक्षकों ने यह दावा करते हुए कि सभी दलित अछूत थे, अछूतों की नई पहचान 'आदि-हिन्दू' के निर्माण में चमारों की भूमिका को अग्रणी माना। मुख्यधारा के हिन्दी अख़बारों ने ख़ासतौर से आदि-हिन्दू महासभा की इस विशेषता पर ध्यान देते हुए तर्क दिया कि यह अछूतों का नहीं, बल्कि चमारों का आन्दोलन था। इस अध्याय में दिये गए पहले उद्धरण में, हिन्दी साप्ताहिक 'प्रताप' के सम्पादक गणेश शंकर विद्यार्थी आदि-हिन्दू महासभा में प्रमुख भागीदार के रूप में चमारों की पहचान करते हैं। हिन्दी मासिक 'चाँद' का मानना था कि '(आदि-हिन्दू) सभा की कार्यवाहियों में मेहतर और डोम जातियों के सदस्यों की उपस्थिति बिलकुल नहीं थी, जबकि 'अभ्युदय' ने पासी जाति के लोगों की अनुपस्थिति का उल्लेख किया।[14] इन पत्र-पत्रिकाओं ने एक महत्त्वपूर्ण तथ्य की ओर ध्यान आकर्षित किया था। उत्तर प्रदेश की दलित-आबादी में चमारों की संख्या लगभग 60 प्रतिशत थी और वे सभी दलित जातियों में सबसे अधिक समृद्ध और शिक्षित थे। एक महत्त्वपूर्ण समकालीन अधिकारी, ई.ए.एच. ब्लंट ने, जिसे प्रदेश का व्यापक अनुभव था, 1930 में उत्तर प्रदेश सरकार को एक ज्ञापन दिया था, जिसमें उसने प्रदेश में शहरी चमारों को उनके समुदाय से सम्बन्धित कुल मतदान समूह के प्रतिशत से बाहर करनेवाले किसी भी क़दम का विरोध किया था। उत्तर प्रदेश सरकार ने कुल चमार मतदाताओं की पहचान करने के लिए अपनी शुरुआती कार्यवाही में शहरी चमारों को यह मानकर बाहर कर दिया था कि 'वे अपने पारम्परिक व्यवसाय छोड़ चुके है।' उसने तर्क दिया कि इस तरह का उपाय न केवल दो मिलियन (लगभग बीस लाख) शहरी चमारों को मतदाता-समूह से बाहर कर देगा, बल्कि उस वर्ग को भी निकाल देगा, जिसने उत्तर प्रदेश में दलित समुदाय को नेतृत्व प्रदान किया था। हालाँकि, ऐसा विभाजन कभी नहीं हुआ, पर ब्लंट की चिन्ता उत्तर प्रदेश में दलित राजनीतिक आन्दोलन को आकार देने में चमारों की शक्ति का संकेत देती है।[15]

आदि-हिन्दू आन्दोलन अछूतों की एक नई पहचान गढ़कर, चमार-राजनीति की प्रकृति में परिवर्तन का प्रतीक बन गया था। उसका पहला सम्मेलन, जो 27-28 दिसम्बर, 1927 को इलाहाबाद में हुआ था, आन्दोलन के इतिहास में एक महत्त्वपूर्ण घटना थी, जिसकी समकालीन अख़बारों ने विस्तार से चर्चा की थी। इस सम्मेलन में रखा गया आन्दोलन का एजेंडा ही नहीं, बल्कि उसका स्वर और आक्रोश भी ध्यान देने योग्य था।[16] यह आन्दोलन इलाहाबाद में ढाई हज़ार दलितों के जुलूस के साथ, स्वामी अछूतानन्द और जी.ए. गवई के नेतृत्व में आरम्भ हुआ था, जो मोटरकार में चल रहे थे, और जिसमें बग्घी और ताँगे शामिल थे। जुलूस में प्रदर्शनकारी लोग हाथों में बैनर और झंडे लिए हुए थे, और साथ में भजन-

मंडली आदि-हिन्दू महिमा के भजन गाती हुई चल रही थी। इस सम्मेलन में पंजाब, बिहार, दिल्ली, मध्य प्रदेश, पूना, हैदराबाद और बंगाल से भी 350 प्रतिनिधियों ने भाग लिया था, जो 'आदि-हिन्दू वंश की जय' और 'अंग्रेज़ सरकार की जय' के नारे लगाते हुए, हिन्दुओं के प्रभुत्व से दलितों को मुक्त कराने के लिए अंग्रेज़ों को धन्यवाद दे रहे थे। एक नारा बार-बार यह भी लगाया जा रहा था कि 'अब हम हिन्दुओं से डरने वाले नहीं।'

इस आन्देलन की तीन महत्त्वपूर्ण धाराएँ थीं। एक, उसने यह दावा करके इतिहास को बदला कि अछूत उन दासों, असुरों और दैत्यों के वंशज हैं, जिनका उल्लेख हिन्दू धर्म-ग्रंथ में किया गया है, और इस प्रकार वे भारत के आदि-निवासी हैं। आन्दोलन के सदस्यों ने इस बात के लिए अंग्रेज़ सरकार का आभार व्यक्त किया कि उसने अछूतों के लिए स्कूल के दरवाज़े खोले, और इस प्रकार उनको इस सत्य से अवगत कराया कि वे 'मूल-निवासी, अर्थात आदिम जन हैं, जो पहले से ही भारत में रहते आए हैं।' इन आधारों पर उन्होंने यह दावा किया कि अछूत भारत के वास्तविक शासक थे, क्योंकि वे राजवंशी वंश से आते हैं। आदि-हिन्दू सम्मेलन के प्रतिनिधियों ने अंग्रेज़ सरकार का विशेष आभार इस बात के लिए व्यक्त किया कि उसने मनु के क़ानून को ख़ारिज करके एक आधुनिक न्याय-व्यवस्था स्थापित की। शिक्षा तक पहुँच को आन्दोलन का मुख्य उद्देश्य घोषित किया गया। 1928 की अखिल भारतीय आदि-हिन्दू सम्मेलन की रिपोर्ट में इस बात को स्पष्ट रूप से कहा गया है कि 'हिन्दू धर्म दुनिया का अकेला धर्म है, जिसमें मनुष्यों को जानवरों से भी बदतर माना जाता है।'

दो, सम्मेलन ने यह घोषणा की कि सभी अछूत, हिन्दू समाज से अलग हैं। हिन्दुओं से कहा गया कि अगर वे अछूतों को अपने समाज का अंग बनाना चाहते हैं, तो पहले उन्हें अपने बराबर समझना होगा, जिसे मानने से वे लगातार इनकार करते रहे हैं। गांधी के प्रयासों के बावजूद, 'इस देश में एक भी ऐसा गाँव नहीं है, जहाँ हम सार्वजनिक कुओं से पानी ले सकते हैं।' आन्दोलन ने दावा किया कि जब तक सवर्ण हिन्दू 'धार्मिक और सामाजिक मामलों में हमारे साथ समान व्यवहार नहीं करते, तब तक भारत को स्वराज देने का मतलब हमारी ग़ुलामी के बन्धनों को और मज़बूत करना होगा।' आदि-हिन्दू महासभा ने अंग्रेज़ों के साथ अपनी संधि की रणनीति का औचित्य यह तर्क देकर साबित किया कि 'यह ताक़तवर और कमज़ोर के बीच की लड़ाई है, इसलिए कमज़ोरों को ताक़तवर के साथ सफलतापूर्वक लड़ने के लिए दूसरों की सहायता लेनी पड़ती है।' सम्मेलन में कहा गया कि यह 'हमारे सच्चे नेता' स्वामी अछूतानन्द के नेतृत्व में सभी अछूत जातियों, 'चमार, पासी, ढोर, माँग, मेहतर, परिया, पंचम, डोम, धोबी, धरकड़ इत्यादि का आन्दोलन है। उसने सामाजिक अन्याय के ख़िलाफ़ अपने संघर्ष को अछूत राष्ट्रवाद, सामाजिक उत्थान

को अपना धर्म और आत्म-सम्मान को अपना 'होम रूल' बताया और अपने श्रोताओं को सलाह दी कि वे हिन्दुओं को नज़रअन्दाज़ करें, जो उनको गद्दार कहते हैं।

तीन, सम्मेलन ने पृथक निर्वाचन के माध्यम से वैधानिक संस्थाओं में अछूतों के लिए पर्याप्त संरक्षण दिये जाने की माँग की, एक ऐसी माँग जो आने वाले समय में आन्दोलन के संघर्ष की आधारशिला बनने वाली थी। चूँकि अछूतों को पर्याप्त प्रतिनिधित्व प्राप्त नहीं हुआ था, इसलिए आदि-हिन्दू महासभा ने 'केन्द्रीय और प्रान्तीय विधान मंडलों में आनुपातिक प्रतिनिधित्व' देने के साथ-साथ शैक्षिक सुविधाएँ और सरकारी नौकरियों में आरक्षण दिये जाने की भी माँग की। इस अपर्याप्त प्रतिनिधित्व के कारणों के बारे में स्पष्ट रूप से कहा गया था कि 'जो हिन्दू हमारे नाममात्र के प्रतिनिधियों के रूप में वहाँ बैठते हैं, वे हमारे हितों के संरक्षक कभी हो ही नहीं सकते, क्योंकि यही वे लोग हैं, जो हमारा उत्पीड़न करते हैं, लेकिन अब हम अपना और उत्पीड़न बर्दाश्त नहीं कर सकते।' कांग्रेस के हिन्दू नेतृत्व में अछूतों का कोई विश्वास नहीं है। इस बात को अच्छी तरह जानकर कि 'अंग्रेज़ सरकार भारत को राजनीतिक अधिकार देने पर विचार कर रही है,' आन्दोलन के नेताओं ने वैधानिक (साइमन) आयोग की जाँच का स्वागत किया, जिसने एक 'उत्तरदायी सरकार के सिद्धान्त' के विस्तार की सम्भावना तलाशने के लिए 1928-29 में भारत का दौरा किया। उन्होंने 'साइमन आयोग के यूरोपीय सदस्यों में पूर्ण विश्वास व्यक्त किया, और कहा कि यदि भारतीयों, अर्थात हिन्दुओं को उसमें नियुक्त किया जाता, तो वे आदि-हिन्दुओं की पूर्णतया उपेक्षा करते।'[17]

सम्मेलन में दस प्रस्ताव पारित किये गए थे। उन प्रस्तावों में अंग्रेज़ी साम्राज्य के प्रति सत्यनिष्ठा और साइमन कमीशन में विश्वास की पुष्टि की गई थी, और सभी अछूतों को एक ही पहचान के रूप में 'आदि-हिन्दू' कहने, निर्वाचित संस्थाओं में आदि-हिन्दुओं को आनुपातिक प्रतिनिधित्व, 'सरकारी नौकरियों में उचित भागीदारी,' अछूतों के लिए 'पर्याप्त संख्या में छात्रवृत्तियाँ,' और उनके बच्चों के लिए निःशुल्क शिक्षा देने की माँग के साथ-साथ मनुस्मृति पर प्रतिबन्ध लगाने और 'आपराधिक जनजाति क़ानून' निरस्त करने की भी माँग की गई थी।[18] सम्मेलन ने अपने प्रस्तावों के लिए लोकप्रिय जन-समर्थन के साक्ष्य जुटाने के लिए एक समिति गठित की, जिसमें आंबेडकर और एम.सी. राजा (मद्रास प्रेसीडेंसी के दलित नेता) को शामिल किया गया था। इस समिति ने जुटाए गए उन साक्ष्यों को मई 1928 में साइमन कमीशन को प्रस्तुत किया था।[19]

आदि-हिन्दू महासभा के नेता अपने आन्दोलन के उद्देश्यों को 'उन दलित वर्गों तक ही सीमित रखने के इच्छुक थे, जिन्हें 'अछूत' कहा जाता था।' आदि-हिन्दू आन्दोलन को पिछड़ी जातियों के आन्दोलनों से अलग करने के प्रयासों का यह हमारे पास पहला साक्ष्य है। साइमन कमीशन को दिये गए अपने प्रत्यावेदन में,

आदि-हिन्दू नेताओं ने अपने-आप को बाबू रामचरण और उनकी नीतियों से पूरी तरह अलग रखा था।[20] बाबू रामचरण मल्लाह जाति से थे, और एक अलग राजनीतिक संगठन, 'आदि-हिन्दू सभा' के नेता थे, जो शूद्रों और अछूतों द्वारा संयुक्त संघर्ष करने का समर्थन करते थे।[21] उन्होंने यह तर्क देते हुए कि आदि-हिन्दू में शूद्र और पंचम, सछूत और अछूत दोनों शामिल हैं, ब्रिटिश सरकार से अपरिभाषित 'दलित वर्ग' के स्थान पर 'हिन्दू पिछड़ा वर्ग' शब्द अपनाने की माँग की।[22] ब्रिटिश सरकार द्वारा उन्हें 1932 में लन्दन की गोलमेज सभा में भी आमंत्रित किया गया था।

फिर भी अभी तक यही माना जाता है कि आदि-हिन्दू आन्दोलन दलितों और शूद्रों का संयुक्त राजनीतिक आन्दोलन था।[23] हालाँकि रामचरण 1920 के अन्त में एक ही संयुक्त एजेंडा चाहते थे, परन्तु 1927 के अन्त में दलित नेताओं ने इसे अस्वीकार कर दिया था। दलित नेताओं ने उनके इस तर्क को भी ख़ारिज कर दिया था कि शूद्रों और अछूतों ने एक जैसे भेदभावों का सामना किया है। आदि-हिन्दू आन्दोलन के नेताओं ने दावा किया कि शूद्र प्रभुत्वशाली भूस्वामी समुदायों से आते हैं, जो आर्थिक और राजनीतिक रूप से शक्तिशाली हैं, और हिन्दू मन्दिरों तथा सार्वजनिक कुओं पर उनकी पहुँच है। उन्होंने कहा कि 'अछूतों के प्रति शूद्रों का व्यवहार अन्य तीन वर्णों से भी ज़्यादा ख़राब है।'[24] उनकी दृष्टि में रामचरण की राजनीति अछूतों के संघर्ष के लिए हानिकारक थी, और इसी कारण से उन्हें दिसम्बर, 1927 के इलाहाबाद सम्मेलन में भी आमंत्रित नहीं किया गया था। रामचरण और आदि-हिन्दू महासभा के नेताओं के बीच यह मतभेद ही अछूत राजनीति के विकास का एक महत्त्वपूर्ण कारक बना। यहाँ तक कि आगरा की जाटव महासभा के नेताओं ने भी, 1928 के अपने सम्मेलन में, 'पिछड़ा वर्ग' राजनीति से दूरी बनाने का प्रस्ताव पारित किया था।[25]

शूद्रों अर्थात पिछड़ी जातियों की गतिविधियाँ दलितों के लिए किसी भी तरह के सकारात्मक कार्य के विरुद्ध थीं। उदाहरण के लिए, मुरादाबाद के वकील जीवा राम ने साइमन कमीशन को दी गई अपनी याचिका में दावा किया था कि दलित हिन्दू समाज के अंग हैं और इसलिए उन्हें अंग्रेज़ सरकार से विशेषाधिकारों की आवश्यकता नहीं है, जो हिन्दुओं के साथ उनकी एकता को नष्ट कर सकता है। यथा—

> अधोहस्ताक्षरी (जीवा राम) यह सुझाव देना चाहता है कि दलित वर्गों के बारे में कोई हंगामा नहीं किया जाना चाहिए। वे भारतीय राष्ट्र या कम-से-कम हिन्दुओं के अभिन्न अंग हैं। उनके लिए किसी भी नियम या क़ानून के तहत कोई विशेष प्रावधान नहीं किये जाने चाहिए। यदि वे तलाश सकते हैं, तो अपना रास्ता स्वयं तलाश लेंगे। उनके लिए अन्य सभी दरवाज़े बन्द होने पर, विधानसभा, या स्थानीय परिषद, या

स्थानीय स्वशासी निकायों में एक सीट से उनकी स्थिति में सुधार होने की सम्भावना नहीं है, पर उच्च वर्गों के मन से सहानुभूति और भाईचारे की भावना अवश्य दूर हो जाएगी।[26]

इसी तरह, सुल्तानपुर के शूद्र, रामप्रसाद अहीर ने अपनी याचिका में तर्क दिया कि अंग्रेज़ सरकार, चमारों को साइस के रूप में नियुक्त करके और चमड़ा-उद्योगों में उनको नये अवसर देकर, उनकी स्थिति को सुधार चुकी है, इसलिए उन्हें अब विशेषाधिकारों की आवश्यकता नहीं है। दूसरी ओर उन्होंने कहा कि अहीर और कुर्मी जैसी निम्न जातियों की स्थिति में सुधार नहीं हुआ है, क्योंकि वे 'सछूत' हैं, इसलिए वे चमारों की तुलना में अधिक बेगारी करते हैं।[27]

हमारे ये साक्ष्य इस बात का प्रमाण हैं कि पिछड़े वर्गों की राजनीति और दलित वर्गों की राजनीति दो विपरीत मार्गों पर चल रही थी। यद्यपि, पिछड़े वर्ग के लोग अपने-आप को हिन्दू समाज का अभिन्न अंग मानते थे, परन्तु दलित वर्ग अपने को हिन्दू नहीं मानते थे।

आदि-हिन्दू महासभा का माँग-पत्र उन सभी माँग-पत्रों में अलग था, जो दलित संगठनों द्वारा साइमन कमीशन को भेजे गए थे। इन माँग-पत्रों और याचिकाओं में दलित एजेंडे के विभिन्न विषयों पर प्रकाश डाला गया था, जो उस समय के ज्वलन्त मुद्दे थे।[28] आश्चर्य की बात यह है कि लगभग सभी दलित संगठनों ने, साइमन कमीशन को दी गई अपनी याचिकाओं में एक अलग 'अछूत' की पहचान का दावा किया था, जो उस समय की दलित राजनीति का उल्लेखनीय दावा था।

आदि-हिन्दू आन्दोलन के कई अन्य सिद्धान्त भी उत्तर प्रदेश के दूसरे दलित संगठनों ने साझा किये थे। देहरादून के 'आदधर्मियों' का कहना था कि पिछले पाँच हज़ार वर्षों में जो ऐतिहासिक अन्याय उनके समुदाय के साथ हुए हैं, उनको अब अंग्रेज़ सरकार की मदद से ठीक किया जा सकता है। उन्होंने स्वयं को कृषक बताते हुए ज़मीन और मकानों के मालिकाना हक़ की माँग की, जो उन्हें हिन्दुओं और अंग्रेज़ों दोनों ने नहीं दिये थे। उन्होंने माँग की कि दलितों को हिन्दुओं से अलग समुदाय के रूप में मान्यता दी जाए।[29]

समकालीन दलित राजनीति के एक प्रमुख खिलाड़ी, मुंशी हरीप्रसाद टम्टा के नेतृत्व वाली, अल्मोड़ा की 'कुमाऊँ शिल्पकार सभा' ने कुमाऊँ के डोम समुदाय के प्रतिनिधित्व का दावा किया था। इस सभा ने अंग्रेज़ों को उनकी वफ़ादारी की याद दिलाई, और उनकी तुलना 'पासी और चमारों' से करते हुए कहा कि सवर्ण हिन्दुओं ने उनकी स्थिति को ग़ुलामों जैसा बना दिया है। उसने माँग की कि आगरा प्रान्त में बेदख़ली को रोकने वाले बारह साला शासन को कुमाऊँ क्षेत्र तक बढ़ाया जाए।[30] आगरा के बाबू खेमचन्द, (सदस्य, विधान परिषद) ने भी अपने नेतृत्व वाली,

'जाटव महासभा' की ओर से साइमन कमीशन को दी गई अपनी याचिका में, आदि-हिन्दू महासभा द्वारा उठाए गए कुछ विषयों को दोहराया गया था, पर कुछ के साथ मतभेद भी व्यक्त किया गया था। सबसे पहले, खेमचन्द ने सभी अछूतों की ओर से दावा करने के बजाय, यह कहा कि 'जाटव महासभा' जाटव समुदाय का प्रतिनिधित्व करती है, जिसे आमतौर से चमारों के रूप में जाना जाता है, और जो दलित वर्गों में संख्या-बल में सबसे महत्त्वपूर्ण हैं।[31] दूसरे, खेमचन्द ने हिन्दुओं द्वारा भेदभाव किये जाने के कारण, हिन्दुओं से दलित वर्गों की पृथकता पर ज़ोर दिया, पर उन्होंने आदि-हिन्दू महासभा की तरह पृथक निर्वाचन की माँग नहीं की। इसके बजाय, उन्होंने जाटवों के लिए सरकारी नौकरियों में आरक्षण और शिक्षा के विशेष अवसर प्रदान किये जाने की माँग की। यादवेन्दु के अनुसार, खेमचन्द की बड़ी उपलब्धि यह थी कि उन्होंने नगरपालिका और ज़िला परिषदों में दलितों को नामित करने के लिए उत्तर प्रदेश सरकार पर दबाव बनाया था।[32]

एक अन्य दलित संगठन, गढ़वाल की 'डोम सुधार सभा' ने साइमन कमीशन को दिये गए अपने प्रत्यावेदन में तर्क दिया कि यदि मुसलमान, तीन हज़ार जनसंख्या के साथ, गढ़वाल की ज़िला परिषद में पृथक प्रतिनिधित्व के हक़दार हैं, तो डोमों को, जिनकी संख्या पाँच लाख है, पृथक प्रतिनिधित्व से वंचित क्यों रखा गया?[33] डोम सुधार सभा ने डोम समुदाय के लिए ज़िला परिषद, नगरपालिका और विधायी निकायों में प्रतिनिधित्व, सरकारी नौकरियों में आरक्षण एवं शिक्षा के लिए अनुदान देने की माँग की। उसी समय, कानपुर के मोचियों ने अपना विरोध-प्रदर्शन 'बराबरी की लड़ाई' के रूप में किया। उन्होंने कहा कि 'हम हर क़िस्म की चमड़े की चीज़ें बनाते हैं,' पर नगरपालिकाओं ने 'हमें शहर की सीमा से बाहर करने का प्रस्ताव पास कर दिया है।' उन्होंने सरकार को हिन्दुओं के अत्याचार से अवगत कराते हुए, जिन्होंने स्थानीय निकायों में उनकी सीटें हड़प ली थीं, सरकार से उन सीटों को सुरक्षित किये जाने की माँग की। उनका दावा था कि 'हम वास्तव में ब्रिटिश सरकार के प्रति वफ़ादार रहे हैं।' मोचियों ने यह भी माँग की कि 'जनगणना में उनकी जाति को चमार के नाम से दर्ज नहीं किया जाना चाहिए।' इसके विपरीत, उन्होंने इस बात पर ज़ोर दिया कि उनकी जाति को 'अहरवार, कुरील, धुसिया, जटिया आदि के रूप में, जो उनकी वास्तविक पहचान है, दर्ज किया जाना चाहिए, न कि चमार के रूप में।'[34]

कांग्रेस सहित मुख्यधारा की लगभग सभी राजनीतिक पार्टियों ने साइमन कमीशन का विरोध और बहिष्कार किया था, जिसके कारण वह अपने उद्देश्य में असफल हो गया। भारत के वायसराय, लॉर्ड इरविन ने स्पष्ट रूप से माना कि 'साइमन कमीशन' केन्द्र सरकार में भारतीयों की उत्तरदायी भागीदारी को आगे बढ़ाने में विफल रहा, और उसने 'डोमिनियन स्टेटस' (स्वायत्त स्थिति) पर चुप्पी बनाए रखी।

वायसराय ने यह निष्कर्ष निकाला कि कमीशन भारत की राजनीतिक वास्तविकताओं के सम्पर्क में नहीं था।[35] लेकिन दलित संगठनों ने उसकी जाँच में पूरी गम्भीरता और शुद्ध मन से भाग लिया था। एलेनोर जेलियट के अनुसार, अछूत संगठन अपनी शिकायतें दर्ज कराने के लिए पूर्ण शक्ति से आए थे, और उन्होंने ब्रिटिश सरकार से सम्पूर्ण प्रान्तों में अछूत जातियों के संवैधानिक आधार पर सकारात्मक कार्यक्रम शुरू करने तथा पृथक निर्वाचन क्षेत्र क़ायम करने की माँग की थी।[36] उसी समय, मुहम्मद अली जिन्ना के नेतृत्व में मुस्लिम लीग भी प्रत्येक प्रान्त में संख्या के अनुसार आरक्षित सीटों के साथ संयुक्त निर्वाचन के आधार पर कांग्रेस के साथ तालमेल कर रही थी।[37] यह विडम्बना है कि इस समय दलित संगठनों के नेता, जिन्ना और मुस्लिम लीग की तुलना में कांग्रेस और हिन्दुओं से अलग रास्ता बनाने की आवश्यकता के बारे में ज़्यादा आश्वस्त थे। हालाँकि, 1929 तक जिन्ना अपना अलग रास्ता स्वीकार करने के लिए तैयार नहीं थे, क्योंकि इसे उन्होंने अपनी न्यूनतम आवश्यकताओं को स्वीकार करने के लिए कांग्रेस की विफलता और हिन्दुओं का अधिकार बताया था।[38] एक महत्त्वपूर्ण नेता के रूप में, स्वामी अछूतानन्द ने आदि-हिन्दू आन्दोलन के निर्माण में प्रमुख भूमिका निभाई, उन्होंने अपने पाँच मुख्य साथियों के साथ, शहरों और गाँवों में जाकर चमारों के मुहल्लों में भाषण दिये और पर्चे बाँटे।[39] 'आदि-हिन्दू' पत्र के संस्थापक-सम्पादक के रूप में, उन्होंने अपने विचारों को छापकर प्रचारित किया।[40] वास्तव में, अछूत सामान्यत: इस बात को जानते थे कि अधिकांश प्रेस सवर्ण हिन्दुओं के हैं, और वे अपने ख़ुद के अख़बार प्रकाशित करते हैं, इसलिए अपनी बात लोगों तक पहुँचाने के लिए उनको अपना प्रेस स्थापित करना होगा। इसी उद्देश्य से चमारों ने कानपुर में अपना अख़बार निकालने के लिए चन्दा एकत्र किया।[41]

अछूतानन्द ने साइमन कमीशन के भारत आने से पहले ही अछूतों को इस तर्क के साथ लामबन्द करना शुरू कर दिया था कि अछूतों को कांग्रेस के बहिष्कार में शामिल नहीं होना चाहिए, बल्कि कमीशन के आने का उपयोग उन्हें अंग्रेज़ सरकार को अपनी माँगों से अवगत कराने के लिए एक अवसर के रूप में करना चाहिए। साइमन कमीशन को गठन करने का निर्णय 8 नवम्बर, 1927 को लिया गया था, और इसको ध्यान में रखकर अछूतानन्द ने तुरन्त फ़र्रुख़ाबाद, इलाहाबाद, इटावा, मैनपुरी और फतेहगढ़ में सभाएँ आयोजित करना शुरू कर दी थीं। यहाँ तक कि वह साइमन कमीशन के पक्ष में सभा करने के लिए पूर्वी उत्तर प्रदेश के बस्ती ज़िले में भी गए, और जाटवों के गढ़ आगरा में भी उन्होंने एक विशाल जनसभा में भाषण दिया।[42]

इलाहाबाद में आदि-हिन्दू सभा ने साइमन कमीशन के समक्ष अपना प्रतिनिधित्व प्रस्तुत करने के मद में होने वाले ख़र्चों को पूरा करने के लिए लोगों से चन्दा देने

का भी आग्रह किया था।[43] आगरा में जाटव और आदि-हिन्दू महासभा ने 9 मार्च, 1928 को साइमन कमीशन का, विशेष ट्रेन से आगरा पहुँचने पर, भारी स्वागत किया।[44] इसी तरह लखनऊ में भी, 27 और 28 नवम्बर, 1928 को आदि-हिन्दू महासभा ने, मुस्लिम लीग के साथ मिलकर, मंच लगाकर साइमन कमीशन का भव्य स्वागत किया, जबकि उसी दिन नेहरू के नेतृत्व में कांग्रेस ने उसके ख़िलाफ़ विरोध-प्रदर्शन किया था।[45] कांग्रेस और कई हिन्दू संगठनों ने मेरठ, इलाहाबाद, बनारस और लखनऊ में आदि-हिन्दू सभा के प्रचार के विरोध में सभाएँ करके दलितों को साइमन कमीशन और अछूतानन्द की राजनीति का विरोध करने को कहा था।[46]

अछूत अस्मिता और राजनीति

साइमन कमीशन की विफलता के बाद, ब्रिटिश सरकार ने संवैधानिक बातचीत का रास्ता अपनाया, और विभिन्न पार्टियों व समुदायों के भारतीय नेताओं को वार्ता के लिए लन्दन बुलाया, जिसे गोजमेज सम्मेलन के नाम से जाना जाता है। इस समय तक सिर्फ़ आंबेडकर और अधिकांश दलित संगठन ही नहीं, बल्कि जिन्ना भी कांग्रेस से अलग हो गए थे। 1928 की नेहरू रिपोर्ट ने हिन्दू महासभा को कई रियायतें देकर पंजाब और बंगाल में, जहाँ वे बहुसंख्या में थे, केवल मुसलमानों के लिए संयुक्त निर्वाचन के साथ आरक्षित सीटें स्वीकार करके, इन दोनों अल्पसंख्यकों को अलग-थलग करने में महत्त्वपूर्ण भूमिका निभाई थी, जबकि दलितों के लिए ऐसी कोई व्यवस्था नहीं की थी।[47] जेलियट ने तर्क दिया कि 1928 तक न तो आंबेडकर और न ही एम.सी. राजा पृथक निर्वाचन क्षेत्र के पक्ष में थे, पर नेहरू रिपोर्ट ने उनकी स्थिति को बदल दिया था, जो अलोकतांत्रिक थी।[48] आदि-हिन्दू आन्दोलन के नेताओं ने भी सितम्बर 1929 में इटावा के दो दिवसीय सम्मेलन में नेहरू रिपोर्ट की आलोचना की थी, जिसमें उन्होंने मुसलमानों की तरह ही समान स्थिति और अधिकारों की माँग की थी।[49]

सितम्बर, 1931 और जनवरी, 1932 के बीच दो गोलमेज सम्मेलनों में हुई चर्चाओं में यह प्रश्न सामने आया कि दलितों का सच्चा प्रतिनिधित्व कौन करता है गांधी या आंबेडकर? ब्रिटिश सरकार को दलित संगठनों की ओर से ऐसे बहुत से प्रत्यावेदन प्राप्त हुए थे, जिनमें दलितों के लिए सरकारी नौकरियों और शिक्षा में आनुपातिक प्रतिनिधित्व देने और सकारात्मक कार्यवाही करने की माँग की गई थी। ये ही मुद्दे आंबेडकर द्वारा गोलमेज सम्मेलन में फिर से उठाए गए थे। गोलमेज सम्मेलन के दौरान ही, अछूतानन्द ने कानपुर में आंबेडकर के समर्थन में पाँच हज़ार दलितों का प्रदर्शन करके दिखाया कि दलितों का विशाल बहुमत गांधी के विरुद्ध था।[50] 1931 में लखनऊ में, चन्द्रिका प्रसाद 'जिज्ञासु' के नेतृत्व में,

आदि-हिन्दू नेताओं ने ढाई हज़ार अछूतों की सभा को सम्बोधित करते हुए अछूतों के लिए प्रतिनिधि संस्थाओं और नौकरियों में आरक्षण दिये जाने की माँग की।[51] इसी तरह की जनसभाएँ बरेली, बनारस, इलाहाबाद, फ़र्रुख़ाबाद, कानपुर और इटावा में भी हुईं। इन ज़िलों में आदि-हिन्दू आन्दोलन के पर्चे बाँटे गए, जिनमें अछूतों के लिए पृथक अधिकारों की माँग और गांधी की आलोचना की गई थी।[52] अल्मोड़ा की 'कुमाऊँ शिल्पकार सभा' और 'जाटव महासभा' ने ब्रिटिश सरकार को लन्दन में, जहाँ गोलमेज सम्मेलन हो रहा था, टेलीग्राम भिजवाए, जिनमें गांधी की निन्दा, और आंबेडकर के नेतृत्व का समर्थन किया गया था।[53] इटावा में गोलमेज सम्मेलन के विरोध में, (असल में गांधी की भूमिका के विरोध में) लगातार अभियान चलाया जा रहा था, जिसमें अछूतानन्द ने महत्त्वपूर्ण भूमिका निभाई थी। इस अभियान में जनसभाएँ आयोजित की जा रही थीं, जुलूस निकाले जा रहे थे, और पर्चे बाँटे जा रहे थे।[54] भारत के अन्य भागों में भी प्रमुख दलित संगठन आंबेडकर का समर्थन कर रहे थे। पंजाब के शक्तिशाली 'आद-धर्म' आन्दोलन और बंगाल के 'नामशूद्र' आन्दोलन के नेताओं ने भी गोलमेज सम्मेलन को तार भेजकर आंबेडकर के नेतृत्व में विश्वास कर उन्हें सभी दलितों का एकमात्र प्रतिनिधि मानने का दावा किया था।[55]

इस काल की उल्लेखनीय विशेषता आदि-हिन्दू महासभा के लिए चमारों का मज़बूत समर्थन था। चमार, उन बाल्मीकि (भंगी) सहित अन्य दलित जातियों के बिलकुल विपरीत थे, जिन्होंने कांग्रेस का समर्थन किया था। हालाँकि, इलाहाबाद और कानपुर में चमारों ने कांग्रेस की सभाओं में भाग लिया था, परन्तु जब सभा में आंबेडकर की आलोचना में प्रस्ताव रखा गया, तो वहाँ उपस्थित सभी चमार प्रस्ताव के विरोध में सभा का बहिष्कार करके चले गए थे।[56] सहारनपुर ज़िले के बिहारीगढ़ गाँव में, उसके आसपास के गाँवों की चमार 'पंचायत' ने दो दिन का सम्मेलन आयोजित किया था, जिसमें पृथक निर्वाचन के समर्थन और कांग्रेस के बहिष्कार के पक्ष में प्रस्ताव पारित किये गए थे।[57] समय की बदलती परिस्थिति का संकेत देते हुए एटा की सभा में चमारों ने सर्वसम्मति से कांग्रेस से किसी भी तरह की सहायता लेने से इनकार कर दिया था। यहाँ तक कि पुलिस की रिपोर्टें भी चमारों को उनके चल रहे राजनीतिक संघर्ष में मिलने वाले आत्मविश्वास पर टिप्पणी कर रही थीं।[58] फ़र्रुख़ाबाद, जौनपुर और इटावा में, चमारों ने अपनी जाति की सभाएँ आयोजित कीं, जिनमें उन्होंने गोलमेज सम्मेलन में दलितों के पक्ष में सकारात्मक निर्णय लेने की माँग की और दलितों की हिन्दू समाज से अलग पहचान बनाने पर ज़ोर दिया।[59] इस विरोध के कारण, मेरठ और मथुरा में कांग्रेस को अपने हरिजन सम्मेलन रद्द करने पड़ गए थे, क्योंकि उनमें दलित शामिल नहीं हो सके थे। जैसा कि 1932 की पुलिस रिपोर्ट में उल्लेख किया गया था, यह स्पष्ट हो गया था कि कांग्रेस को लोकप्रिय स्तर पर अपने सर्वश्रेष्ठ प्रयासों के बावजूद, दलित वर्गों से बहुत कम समर्थन मिल रहा था।[60]

गोलमेज सम्मेलन में सारी बातचीत विधानसभाओं में अल्पसंख्यकों के प्रतिनिधित्व के स्वरूप पर एक गतिरोध में समाप्त हुई।[61] प्रधानमंत्री रामसे मैक्डोनाल्ड ने भारत में अल्पसंख्यकों के अधिकारों पर गतिरोध तोड़ने के लिए 16 अगस्त, 1932 को अपने निर्णय (कम्युनल अवार्ड) की घोषणा की। इस निर्णय में भारत के अछूतों को पृथक निर्वाचन का अधिकार दिया गया, जिसके तहत वे उन निर्वाचन-क्षेत्रों में, जहाँ वे अपनी जनसंख्या के एक बड़े हिस्से का दावा करते थे, अपना प्रतिनिधित्व चुन सकते थे। गांधी ने इस निर्णय का विरोध करने का निश्चय किया और 20 सितम्बर, 1932 को उसके विरुद्ध आमरण-अनशन शुरू कर दिया।[62] गांधी के अनशन का नाटक हिन्दू और दलित प्रतिनिधियों के बीच समझौता कराने में सफल हुआ। यद्यपि आंबेडकर को गांधी के दबाव के आगे झुकना पड़ा, किन्तु यह महत्त्वपूर्ण है कि उन्हें दलितों के प्रतिनिधि के रूप में स्वीकार कर लिया गया। गांधी के नेतृत्व में सवर्ण हिन्दुओं के प्रतिनिधियों और आंबेडकर के नेतृत्व में दलित प्रतिनिधियों ने 24 सितम्बर, 1932 को पूना समझौते पर हस्ताक्षर किये। समझौते के तहत आंबेडकर ने प्राथमिक और द्वितीय चुनाव-प्रणाली के पक्ष में पृथक निर्वाचन की माँग छोड़ दी, जो प्राथमिक चुनावों में दलितों के लिए पृथक निर्वाचन की अनुमति देती थी, परन्तु आम चुनावों में बिना पृथक निर्वाचन क्षेत्रों के संयुक्त निर्वाचन क्षेत्र को क़ायम रखा।[63] जवाहरलाल नेहरू जैसे प्रमुख कांग्रेसी नेता सिर्फ़ 'निर्वाचन के प्रश्न को अपने अन्तिम बलिदान के रूप में मुद्दा' बनाने के लिए गांधी के आलोचक थे।[64] इसमें सन्देह नहीं कि अस्पृश्यता को समाप्त करने के लिए गांधी व्यक्तिगत रूप से प्रतिबद्ध थे। गांधी का कहना था—

> मैं भारत में आज़ादी की लड़ाई जीतने के ख़ातिर भी अछूतों के आवश्यक हितों का सौदा नहीं करूँगा। मैं स्वयं को अछूतों के विशाल जनसमूह का प्रतिनिधित्व करने का दावा करता हूँ, ताकि सारी दुनिया को बता सकूँ कि आज हिन्दू सुधारकों का एक समूह है, जो अस्पृश्यता के इस कलंक को मिटाने के लिए प्रतिबद्ध है।[65]

फिर भी, इस बयान के बावजूद, शायद ही गांधी ने दलित संगठनों के सुधार एजेंडे को स्वीकार किया हो।

गांधी के उपवास पर भारतीयों के एक वर्ग में तत्काल प्रतिक्रिया हुई, जिसके परिणामस्वरूप, कांग्रेस और आर्य समाज तथा हिन्दू महासभा सहित विभिन्न हिन्दू संगठनों ने फिर से अछूतोद्धार के लिए मिलकर काम करना शुरू कर दिया, जिसका नया नाम अब गांधी द्वारा अछूतों को 'हरिजन' (भगवान के बच्चे) कहने के बाद 'हरिजन-उद्धार' हो गया था। हिन्दू संगठनों का अछूतोद्धार कार्यक्रम केवल प्रदेश के पश्चिमी भागों तक सीमित था, किन्तु कांग्रेस की भागीदारी ने हरिजन-उत्थान के

प्रयासों को व्यापक बना दिया था।[66] कांग्रेस ने दलितों को हिन्दू समाज में समान दर्जा देने और भारतीय राष्ट्रवाद में एकीकृत करने के साधन के रूप में मन्दिरों में प्रवेश, सार्वजनिक कुओं तक पहुँच और सामुदायिक भोज पर ज़ोर देकर अछूतोद्धार के प्रचलित स्वरूप को अपनाया।[67] फिर भी उत्तर प्रदेश के सभी बड़े शहरों और क़स्बों में सनातनी हिन्दुओं ने दलितों को कुछ भी छूट दिये जाने का विरोध किया। एक प्रमुख कांग्रेसी नेता, पंडित मालवीय ने जनवरी, 1933 में अस्पृश्यता के धार्मिक पहलू के समाधान के लिए अखिल भारतीय सनातन धर्म महासभा का एक सत्र बुलाया। यह सत्र दलितों के मन्दिर-प्रवेश पर इस शर्त पर सहमत हुआ कि उन्हें मन्दिर के गर्भगृह के भीतर प्रवेश नहीं दिया जाएगा।[68] अस्पृश्यता के विरुद्ध गांधी के कार्य से कम-से-कम एक बात दलितों के समक्ष स्पष्ट हो गई थी कि हिन्दू समाज का सनातनी रूढ़िवादी वर्ग उनकी समानता की माँग को कभी स्वीकार नहीं करेगा। इस तरह की घटनाओं ने बहुत से दलितों का भ्रम दूर कर दिया था, जिनमें आंबेडकर भी शामिल थे, जिन्होंने यह घोषणा की थी कि वह हिन्दू के रूप में पैदा हुए हैं, पर एक हिन्दू के रूप में मरेंगे नहीं।[69]

समकालीन हिन्दी मासिक पत्रिका 'चाँद' ने कांग्रेस के हरिजन-उद्धार कार्यक्रम में विचलन पर उल्लेखनीय टिप्पणी की थी। 'चाँद' के सम्पादक ने लिखा कि जमनालाल बजाज और मदन मोहन मालवीय आदि कांग्रेस के नेताओं ने अछूतों के लिए अलग मन्दिर और अलग कुएँ बनवाने की पहल की है, और रामेश्वरदास बिड़ला ने इन परियोजनाओं के लिए दस हज़ार रुपये का दान दिया है। सम्पादकीय टिप्पणी कहती है कि इस तरह के उपाय केवल अछूतों को पुनः हिन्दुओं से अलग कर देंगे, और उन्हें हिन्दू समाज का अंग बनने से रोक देंगे।[70] यह देखते हुए कि हरिजन-उद्धार कार्यक्रम एक राजनीतिक नाटक था, जो हिन्दुओं के संख्याबल को बनाए रखने की चिन्ता से प्रेरित था, 'चाँद' के सम्पादक ने इस तरह के उपक्रमों की एक अन्य प्रमुख और महत्त्वपूर्ण धारणा को सामने रखा। उसने हिन्दू धर्म सुधार के मुद्दे पर विफल होने के लिए कांग्रेस को दोषी ठहराया। लेकिन (हरिजन-उद्धार) कार्यक्रम के नेता हिन्दू समाज और दलितों के बीच धार्मिक और सांस्कृतिक बाधाओं का समाधान निकालने की कठोर असम्भावना जता रहे थे। वे दलितों के लिए अलग कुएँ और मन्दिर बनवाकर सांस्कृतिक समस्या का राजनीतिक समाधान प्रस्तुत कर रहे थे; ऐसा समाधान, जिसे हिन्दुओं का सनातनी (रूढ़िवादी) बहुमत आसानी से स्वीकार कर सकता था।

गांधी के हरिजन-उद्धार के दौरे के लिए हिन्दू समाज में लोकप्रिय समर्थन का अभाव था, जिसे समकालीन पत्र-पत्रिकाओं ने ख़ूब प्रकाशित किया था। जब तक गांधी का दौरा समाप्त हुआ, तब तक, हरिजन-उद्धार के कार्यक्रम और गतिविधियाँ भी उत्तर प्रदेश के अधिकांश भाग से समाप्त हो गई थीं।

इसका एक संकेत, जो अक्सर उद्धरित किया जाता है, यह है कि पूरा देश घूमने के बाद गांधी केवल आठ लाख रुपये का चन्दा ही एकत्र कर पाए थे। इसकी तुलना में 'तिलक स्वराज फंड' की अपील पर, दस लाख रुपये एकत्र हुए थे, वह भी बिना किसी दौरे के।[71] दलित लेखक शंकरानन्द शास्त्री ने 1946 में लिखा कि कस्तूरबा गांधी के नाम पर लाखों रुपये एकत्र हुए, जबकि दलितों के नाम पर कुछ ही लाख रुपये जमा हुए, क्योंकि ब्राह्मण-बनियों के दिलों में उनके उत्थान के लिए चाह नहीं थी। शास्त्री ने 'दलितों के नाम पर भीख माँगने के लिए' गांधी को आड़े हाथों लेते हुए लिखा कि उसने 'दलितों की ग़रीबी और कमज़ोरी का उपहास उड़ाकर उनके समाज की कार्य-संस्कृति का अपमान किया था।' उन्होंने दावा किया कि भीख माँगना दलित-संस्कृति का अंग नहीं है, दलित मेहनत करके खाना पसन्द करता है; वह ब्राह्मण की तरह नहीं है, जो कभी काम नहीं करता, और भीख माँगकर तथा देवताओं की चोरी करके खाता है।[72]

1933-34 में आदि-हिन्दू महासभा ने अन्य दलित संगठनों के साथ मिलकर पूना पैक्ट के ख़िलाफ़ व्यापक विरोध-सभाएँ कीं।[73] आदि-हिन्दू नेताओं ने, जिनमें श्यामलाल, माणिक चन्द और चन्द्रिका प्रसाद 'जिज्ञासु' प्रमुख रूप से शामिल थे, आजमगढ़, जालौन, हरदोई, कानपुर, लखनऊ, एटा, मुज़फ़्फ़रनगर, आगरा, मैनपुरी और जौनपुर में उसके विरोध में लगातार सभाएँ आयोजित कीं।[74] उन्होंने पूना पैक्ट पर केन्द्रित आदि-हिन्दू महासभा का वार्षिक सम्मेलन भी मई, 1933 में जौनपुर में आयोजित किया, जिसमें एक हज़ार अछूतों ने भाग लिया था, और उसकी अध्यक्षता नामशूद्र नेता बी.सी. मंडल ने की थी।[75] 1933-34 में छिटपुट विरोध-प्रदर्शनों के बाद, 1937-38 में कांग्रेस-मंत्रिमंडल के ख़िलाफ़ आदि-हिन्दू नेताओं के नेतृत्व में और भी संगठित आन्दोलन हुआ। किन्तु 1946 और 1947 में शेड्यूल्ड कास्ट फ़ेडरेशन द्वारा शुरू किया गया विरोध-प्रदर्शन सम्भवतः उत्तर प्रदेश में दलितो का सबसे लोकप्रिय आन्दोलन था, जिसमें 'पूना पैक्ट' पर नन्दलाल वियोगी और शंकरानन्द शास्त्री ने आक्रामक भाषण दिये।

दलित संगठनों ने कांग्रेस की सभाओं की प्रतिक्रिया में अपने प्रतिरोध की नई रणनीति बनाई। सितम्बर 1932 के अन्तिम सप्ताह में आगरा में जब कांग्रेस की जनसभा हुई, तो उसमें चमार शामिल नहीं हुए। आगरा की जाटव महासभा ने पृथक निर्वाचन के समर्थन और पूना पैक्ट के विरोध में अपनी अलग सभा आयोजित की।[76] यह रणनीति उन सभी क्षेत्रों में देखी गई, जहाँ आदि-हिन्दू महासभा सक्रिय थी।[77] इसी तरह के समानान्तर विरोध-प्रदर्शन अलीगढ़, एटा, फ़र्रुख़ाबाद, फतेहपुर, ग़ाज़ीपुर, बनारस, गोरखपुर, हरदोई, खीरी, कुमाऊँ, लखनऊ, इलाहाबाद, जालौन, मेरठ और मुज़फ़्फ़रनगर ज़िलों में हुए। कानपुर में आदि-हिन्दू नेता और कानपुर नगरपालिका परिषद के सदस्य, करोड़ीमल खटीक ने पूना पैक्ट के विरोध में पाँच

सौ दलितों की जनसभा आयोजित की।[78] सीतापुर में एक गाँव के चमारों ने कांग्रेस में शामिल होने वाले चमारों पर जुर्माना लगाने और कांग्रेस की सदस्यता न छोड़ने वाले चमारों को समाज से बहिष्कृत करने का फ़ैसला किया था।[79] जौनपुर में चमार नेता अपने समाज के लोगों को सलाह दे रहे थे कि वे कांग्रेस में शामिल न हों, जो उन दिनों दलितों की भर्ती के लिए अभियान चला रही थी।[80]

पूना पैक्ट के असन्तोष ने आदि-हिन्दू महासभा के कार्यकर्ताओं को 1937 में कांग्रेस-मंत्रिमंडल के गठन के ख़िलाफ़ एक व्यापक आन्दोलन शुरू करने के लिए प्रेरित किया। 3 अप्रैल को आगरा की जाटव महासभा के एक महत्त्वपूर्ण नेता, माणिक चन्द ने लगभग ढाई हज़ार अछूतों के एक विशाल आदि-हिन्दू प्रदर्शन का नेतृत्व किया, और उत्तर प्रदेश के कांग्रेस पार्टी के प्रधानमंत्री को ग्यारह सूत्री माँग-पत्र सौंपा। इसके बाद अगले दिन एक और बड़ा प्रदर्शन हुआ, जिसमें चार हज़ार अछूतों ने भाग लिया।[81] ये माँगें इस तरह थीं : विधायी संस्थाओं में आनुपातिक प्रतिनिधित्व, दलितों के लिए सरकारी नौकरियों में आरक्षण, कांग्रेस-मंत्रिमंडल में उचित प्रतिनिधित्व, ज़मीन पर स्थायी मालिकाना हक़ देने के लिए टेनेंसी (काश्तकारी) अधिनियम में परिवर्तन, खेतिहर मज़दूरों (जिनमें मृत पशुओं को उठाना और खाल निकालना भी शामिल है) को नियत पगार, सार्वजनिक कुओं के उपयोग का अधिकार, बेगारी का उन्मूलन, किसी भी धर्म को स्वीकार करने का अधिकार, और 'हरिजन' शब्द के प्रयोग पर पाबन्दी।[82] शास्त्री ने दावा किया कि कांग्रेस मंत्रिमंडल ने 1937 से 1939 तक शासन किया, पर उसने अछूतों के लाभ के लिए एक भी क़दम नहीं उठाया।[83] आदि-हिन्दू कार्यकर्ताओं ने, आजमगढ़ के पुलिस क्षेत्र सिधारी में, कांग्रेस सरकार द्वारा उनके समाज के हित में कोई भी कार्य न करने के विरोध में पाँच हज़ार चमारों का प्रदर्शन आयोजित किया। ऐसा ही प्रदर्शन बस्ती, आजमगढ़, इलाहाबाद, जौनपुर, देहरादून, एटा, बिजनौर, अलीगढ़, कानपुर, शाहजहाँपुर, मेरठ, मथुरा, फतेहपुर, जालौन, फ़र्रुख़ाबाद, मुज़फ़्फ़रनगर, मैनपुरी, कानपुर और बरेली में आयोजित हुए, जिनमें एक हज़ार से पाँच हज़ार अछूतों ने भाग लिया। आगरा के माणिक चन्द ने इन प्रदर्शनों में भाग लेकर और बिजनौर, अलीगढ़, इलाहाबाद, लखनऊ, एटा और मेरठ में प्रदर्शनों के आयोजनों में सहायता करके महत्त्वपूर्ण भूमिका निभाई थी।[84] यही नहीं, बिजनौर में जाटों ने सार्वजनिक कुओं के उपयोग के अधिकार की माँग को लेकर आठ महीने लम्बा आन्दोलन चलाया था, उसका नेतृत्व भी माणिक चन्द ने ही किया था।[85]

यह दिलचस्प है कि आदि-हिन्दू आन्दोलन ने 1937-38 में कांग्रेस-मंत्रिमंडल के ख़िलाफ़ अपने विरोध-प्रदर्शन में मुस्लिम लीग के साथ गठबन्धन किया था। 1937 में उत्तर प्रदेश में कांग्रेस-मंत्रिमंडल के गठन के बाद, कांग्रेस और मुस्लिम

लीग के सम्बन्ध समाप्त हो गए थे। 1938 में मुस्लिम लीग ने 'पीरपुर रिपोर्ट' प्रकाशित की, जिसमें कांग्रेस-मंत्रिमंडलों के कुशासन का वर्णन था। उसी समय उसने उत्तर प्रदेश में बड़े पैमाने पर भर्ती अभियान शुरू किया।[86] माणिक चन्द ने पहले 1938 की गर्मियों में अलीगढ़ के विरोध-प्रदर्शन में मुस्लिम लीग और आदि-हिन्दू महासभा के बीच गठबन्धन की आवश्यकता का उल्लेख किया, उसके बाद उन्होंने चमारों से आग्रह किया कि वे मुसलमानों से खाना न लें।[87] आदि-हिन्दू नेताओं ने कांग्रेस-मंत्रिमंडल के ख़िलाफ़ लखनऊ में मुस्लिम लीग के दो दिवसीय विरोध-प्रदर्शन में सहायता करने का निश्चय किया।[88] बरेली के दलित नेता, धर्म प्रकाश ने भी इसी तरह के अलीगढ़-गठबन्धन की वकालत की।[89] आदि-हिन्दू महासभा के नेताओं ने बिजनौर, पीलीभीत, मैनपुरी, इटावा, और एटा में सभाएँ करके कांग्रेस के ख़िलाफ़ दोनों संगठनों के संघर्षों की समानता पर ज़ोर दिया।[90] 1940 में मुस्लिम लीग ने एक स्वतंत्र मुस्लिम राज्य (पाकिस्तान) बनाने की अपनी माँग की घोषणा की; अगस्त 1941 में दलितों ने भी बदायूँ की एक सभा में भारत के एक हिस्से में अलग 'अछूतिस्तान' बनाने की माँग की, और उसे हासिल करने के लिए मुस्लिम लीग की मदद माँगी।[91]

उत्तर प्रदेश में कांग्रेस-मंत्रिमंडल के ख़िलाफ़ चमार संगठनों और आदि-हिन्दू महासभा के इस व्यापक विरोध-प्रदर्शन को न केवल समकालीन लेखकों ने, बल्कि बाद के इतिहासकारों ने भी उपेक्षित किया।[92] उदाहरण के लिए, 1940 के दशक में प्रकाशित गोपीनाथ श्रीवास्तव की कृति 'व्हेन कांग्रेस रूल्ड' कांग्रेस-मंत्रिमंडल के ख़िलाफ़ आदि-हिन्दू महासभा के विरोध के बारे में कोई उल्लेख नहीं करती है, परन्तु मुस्लिम लीग के विरोध का उल्लेख करती है। भारत सरकार द्वारा लगभग 3,600 पृष्ठों में तीन भागों में प्रकाशित, वर्ष 1938 का सन्दर्भ ग्रंथ '1999 टूवड्र्स फ्रीडम' केवल दो अख़बारों की रिपोर्टों का उल्लेख करता है, और कांग्रेस मंत्रिमंडल के ख़िलाफ़ आदि-हिन्दू महासभा के सम्पूर्ण एजेंडे और दलित-प्रतिरोध पर चर्चा किये बिना ही उसे एक साम्प्रदायिक आन्दोलन के रूप में वर्णित करता है, जबकि मुस्लिम लीग के आन्दोलन के बारे में उल्लेखनीय जानकारी उपलब्ध कराता है। मुस्लिम लीग के साथ दलितों के गठबन्धन के कारण उनके सम्पूर्ण संघर्ष को भारतीय राष्ट्र के इतिहास में साम्प्रदायिक रूप में वर्गीकृत किया गया।[93] भारतीय इतिहास में चमारों और दलितों जैसे हाशिये के लोगों के संगठित संघर्षों की अनुपस्थिति में उनके बारे में विस्तृत जानकारी देने वाली पुलिस-रिपोर्टों की भूमिका महत्त्वपूर्ण हो जाती है, क्योंकि, राज्य के पुलिस अधिकारी और कर्मचारी सरकार को कांग्रेस के नेतृत्व वाले राष्ट्रीय आन्दोलन में दरारों की रिपोर्ट देने के लिए उत्साहित थे।

चमारों और उनके संगठनों ने अछूत पहचान के साथ लोगों को संगठित करने और आदि-हिन्दू महासभा के एजेंडे को फैलाने में महत्त्वपूर्ण भूमिका निभाई।

वे शुरू से ही कांग्रेस के लक्ष्यों के साथ अपने राजनीतिक लक्ष्यों को अलग रखने के इच्छुक थे। अगले दो भागों में मैंने अछूत पहचान के विचार के प्रति चमार जाति के संगठनों के निरन्तर समर्थन पर विस्तार से लिखा है।

अछूत पहचान का संस्थागत रूप : अनुसूचित जाति (शेड्यूल्ड कास्ट) फ़ेडरेशन का उदय

1949 में इलाहाबाद में नन्दलाल वियोगी की एक किताब प्रकाशित हुई, जिसका नाम था : 'अम्बेदकर की आवाज़ अर्थात् अछूतों का फ़ेडरेशन।' अनुसूचित जाति (शेड्यूल्ड कास्ट) फ़ेडरेशन का उदय 1940 के दशक में एक पार्टी के रूप में हुआ, जिसने सभी अछूतों को एक राजनीतिक मंच दिया। वियोगी की पुस्तक के शीर्षक ने अछूत पहचान और राजनीति को नई आवाज़ देकर एक नया स्वरूप देने में आंबेडकर और अनुसूचित जाति फ़ेडरेशन के महत्त्व को घोषित किया। इस शीर्षक ने जाटवों, रैदासियों, पासियों, धानुकों और चमारों के विभिन्न अछूत सामाजिक संगठनों को एक राजनीतिक पार्टी में एक साथ लाने में फ़ेडरेशन की भूमिका को भी रेखांकित किया। 1940 के दशक में आदि-हिन्दू आन्दोलन और दलित सांस्कृतिक विरासत पर प्रकाशित नन्दलाल वियोगी की 'अम्बेदकर की आवाज़' और शास्त्री की 'पूना पैक्ट बनाम गांधी' दोनों ही पुस्तकें, दलित साहित्य में एक नई लहर थीं, जो क्रमशः जागृति प्रेस, इलाहाबाद और बहुजन कल्याण प्रकाशन, लखनऊ से छपी थीं। इन पुस्तकों में उस समय के विद्रोही दलित-स्वर को दर्शाया गया था। अनुसूचित जाति फ़ेडरेशन की अपील के अलावा, जो मुख्य मुद्दा उत्तर प्रदेश के दलितों को एक साथ लाया, वह पूना पैक्ट के विरुद्ध व्यापक ग़ुस्सा था, जैसाकि शास्त्री की पुस्तक 'पूना पैक्ट बनाम गांधी' के शीर्षक से संकेत मिलता है।

वियोगी और शास्त्री ने अछूतों को बताया कि पूना पैक्ट के बारे में जानना आपका कर्तव्य है।[94] उन्होंने कहा कि यह समझौता (पूना पैक्ट) ब्राह्मण-बनिया की साज़िश से हुआ था। उन्होंने इसे 'आपराधिक, घातक और विनाशकारी' बताया, और कहा कि यह दलितों को 'गांधी की वह ज़हरीली सौगात' है, जो दलितों की ग़ुलामी को नये रूप में पेश करता है।[95] कांग्रेस और गांधी के राजनीतिक नेतृत्व पर टिप्पणी करते हुए नन्दलाल वियोगी ने लिखा कि 'प्रत्येक रूढ़िवादी हिन्दू राजनीति में प्रवेश करके क्रान्तिकारी होने का दावा करता है, और इस नियम के अपवाद गांधी भी नहीं हैं।'[96] कांग्रेस और स्वराज में उनकी आस्था का अभाव उनकी अंग्रेज़ सरकार के लाभों की सराहना से मेल खाती थी। शास्त्री के अनुसार, स्वतंत्रता के लिए अछूतों का संघर्ष पूना पैक्ट को निरस्त करने की माँग के साथ शुरू हुआ था।[97]

पूना पैक्ट को लेकर दलितों में जो आक्रोश और विरोध था, उसे 1937 और 1945-46 के चुनावों में दलितों के बुरे अनुभवों ने और बढ़ा दिया था, क्योंकि इन चुनावों में पूना पैक्ट के प्रावधानों ने ग़ैर-कांग्रेसी दलित प्रत्याशियों के लिए चुनाव जीतना असम्भव बना दिया था। इसके साथ ही, जो कैबिनेट मिशन भारतीयों को सत्ता के हस्तान्तरण पर चर्चा करने के लिए भारत आया था, उसने 1946 के चुनावों में अनुसूचित जाति फ़ेडरेशन के ख़राब प्रदर्शन के कारण उसके दलित-प्रतिनिधित्व के दावे को ख़ारिज कर दिया था। यहाँ तक कि उसकी आनुपातिक प्रतिनिधित्व तथा संवैधानिक संरक्षण की माँग को भी अस्वीकार कर दिया था। फ़ेडरेशन का गठन आंशिक रूप से ब्रिटिश सरकार के लिए दलितों का एजेंडा तैयार करने के उद्देश्य से किया गया था, जिसने भारतीयों को सत्ता हस्तान्तरित करने पर संवैधानिक वार्ता के लिए एक नये चरण की शुरुआत की थी; इसकी शुरुआत 1942 में क्रिप्स-प्रस्तावों और 1946 में कैबिनेट मिशन से हुई थी।[98] इन वार्ताओं में आदि-हिन्दू आन्दोलन के मुख्य मुद्दों को विचार के लिए रखा गया था, जिनमें आनुपातिक प्रतिनिधित्व और एक अलग पहचान का दावा शामिल था।

अछूतों की दृष्टि में पूना पैक्ट वैधानिक संस्थाओं के लिए योग्य दलित प्रतिनिधियों के चुनाव में एक बड़ी बाधा थी। वियोगी ने तर्क दिया कि यदि कांग्रेस का यह दावा है कि केवल भारतीय ही संविधान के निर्माण में भारतीयों का प्रतिनिधित्व कर सकते हैं, तो इस तरह अछूतों का प्रतिनिधित्व भी केवल अछूत ही कर सकते हैं। वियोगी ने ज़ोर देकर कहा कि केवल पृथक निर्वाचन के माध्यम से ही अछूत कांग्रेस के प्रत्याशियों को सफलतापूर्वक चुनौती दे सकते हैं, और अपने स्वयं के प्रतिनिधि चुन सकते हैं। पृथक निर्वाचन हिन्दुओं को अछूतों के लिए आरक्षित सीटों को हड़पने से रोकेगा। उन्होंने कहा, कहा जाता है कि पूना पैक्ट दलितों को अपने प्रतिनिधियों को विधानसभा में भेजने के लिए सक्षम बनाता है, पर सच यह है कि यह कांग्रेस और हिन्दुओं को ही अपनी पसन्द के दलित प्रतिनिधियों को नामित और निर्वाचित करने का अधिकार देकर सक्षम बनाता है। वियोगी और शास्त्री, दोनों ने ही पूना पैक्ट के बाद, दलित प्रतिनिधियों के चुनाव लड़ने के कांग्रेस और गांधी के नैतिक अधिकार पर सवाल उठाया।[99]

1940 के दशक तक, अछूतों के सभी वर्ग, यहाँ तक कि कांग्रेसी दलित भी आनुपातिक प्रतिनिधित्व की माँग करने लगे थे, और अपनी एक अलग पहचान की आवश्यकता को अनुभव कर रहे थे। जून, 1946 में मेरठ के कुमार आश्रम में 'जनपदीय हरिजन सम्मेलन' हुआ, जिसमें विधायिका और संविधान सभाओं में आनुपातिक प्रतिनिधित्व की माँग के लिए प्रस्ताव पास किया गया। कुमार आश्रम ज़िले में हरिजन-उद्धार का केन्द्र था। एक महीने बाद ऐसा ही प्रस्ताव सहारनपुर ज़िले की 'हरिजन उद्धार सभा' ने भी पास किया। दोनों प्रस्ताव कांग्रेस के अध्यक्ष

को सम्बोधित थे, जिनमें दलितों के अधिकारों की रक्षा में विफलता के लिए कांग्रेस की आलोचना की गई थी।[100] कांग्रेस के दो प्रमुख दलित नेता जयपाल सिंह और गिरधारी लाल ने भी इन दोनों सम्मेलनों में भाग लिया था। जयपाल सिंह 1946 के चुनावों में फ़ैज़ाबाद (पूर्व) की सुरक्षित सीट से निर्वाचित हुए थे, और गिरधारी लाल सहारनपुर (पश्चिम) क्षेत्र से चुने गए थे।[101] यहाँ तक कि एक समय कांग्रेस के सर्वाधिक लोकप्रिय दलित नेता जगजीवन राम भी गांधी के बजाय अनुसूचित जाति फ़ेडरेशन के विचार से अधिक सहमत थे। जुलाई, 1946 में लखनऊ की एक प्रेस-कॉन्फ्रेंस में जगजीवन राम ने भी माँग की थी कि 'अनुसूचित जातियों को प्रान्त में उनकी संख्या के अनुपात में विधानसभा में प्रतिनिधित्व दिया जाना चाहिए।'[102]

अनुसूचित जाति फ़ेडरेशन ने पूना पैक्ट के विरुद्ध एक ठोस अभियान शुरू करके दलितों को एक संस्थागत मंच प्रदान किया था। जब जुलाई, 1942 में नागपुर में फ़ेडरेशन का गठन हुआ, तो उसको समर्थन देने के लिए भारत के अन्य भागों के दलित नेताओं के साथ-साथ उत्तर प्रदेश से आदि-हिन्दू नेता भी मौजूद थे। उत्तर प्रदेश में फ़ेडरेशन को आदि-हिन्दू महासभा का एक योग्य उत्तराधिकारी माना गया, और शीघ्र ही वह अनुसूचित जाति फ़ेडरेशन में बदल गया। वियोगी के अनुसार, फ़ेडरेशन अब उसी तरह का अछूत संगठन बन गया था, जैसे पंजाब में 'आद-धर्म मंडल', बंगाल में नामशूद्रों की 'डिप्रेस्ड क्लासेस लीग', और मध्य प्रान्त में 'डिप्रेस्ड क्लासेस एसोसिएशन' अछूत संगठन थे।[103] किन्तु यह बात यहाँ रेखांकित करने योग्य है कि कुमाऊँ के दलित संगठन 'शिल्पकार महासभा' को छोड़कर, जो एकमात्र अपवाद था, सभी दलित संगठन, जो फ़ेडरेशन से जुड़े थे, चमारों के थे, जैसे, आगरा में जाटव महासभा, इलाहाबाद में रैदास महासभा, और कानपुर में कुरील महासभा एवं चमार महासभा।[104] अनुसूचित जाति फ़ेडरेशन की शाखाएँ आगरा, अलीगढ़, इलाहाबाद, एटा, इटावा, लखनऊ, कानपुर, मेरठ, और कुमाऊँ में स्थापित हुईं, और जल्दी ही इन शाखाओं ने अपनी गतिविधियों से लोकप्रियता हासिल कर ली थी।[105]

शीघ्र ही अनुसूचित जाति फ़ेडरेशन ने चुनावों में प्रवेश किया। उदाहरण के लिए, करन सिंह 1936 के प्राथमिक चुनाव में कांग्रेस के प्रत्याशी थे, लेकिन 1945 के प्राथमिक चुनाव में उन्होंने फ़ेडरेशन के प्रत्याशी के रूप में चुनाव लड़ा। इसी तरह, इलाहाबाद के आर.एस. श्यामलाल 1945 में फ़ेडरेशन के प्रत्याशी थे, जबकि 1936 के चुनावों में वह स्वतंत्र खड़े हुए थे।[106] फ़ेडरेशन को इतना समर्थन मिला कि 1945 में प्राथमिक चुनाव में उसके सभी नौ उम्मीदवार जीत गए, जबकि उत्तर प्रदेश में आगरा, इलाहाबाद, कानपुर और लखनऊ की चार शहरी सीटों पर कांग्रेस के केवल चार उम्मीवाद जीते। प्राथमिक चुनाव में दलितों ने दलित उम्मीदवारों को ही वोट दिया था। किन्तु 1946 के आम चुनावों में फ़ेडरेशन

के सभी उम्मीदवार कांग्रेस के दलित उम्मीदवारों से हार गए, क्योंकि इस चरण में सवर्ण हिन्दुओं और दलितों दोनों के वोट मिलाकर निर्णायक बने थे। सवर्ण हिन्दुओं ने फ़ेडरेशन के उम्मीदवारों की हार सुनिश्चित करने के लिए कांग्रेस के दलित उम्मीदवारों को वोट दिये थे।[107]

उत्तर प्रदेश में फ़ेडरेशन ने 1946 और 1947 में पूना पैक्ट, कांग्रेस और कैबिनेट मिशन अवार्ड के विरुद्ध, जिसने उनकी आनुपातिक प्रतिनिधित्व और पृथक निर्वाचन की माँग ख़ारिज कर दी थी, सत्याग्रह करने का निश्चय किया; इस सत्याग्रह में बेगारी का उन्मूलन, दलितों को भूमि का वितरण, निःशुल्क शिक्षा, छात्रवृत्ति, और सरकारी नौकरियों में आरक्षण की माँग भी शामिल थी।[108] इस सत्याग्रह और संघर्ष के पहले चरण का आरम्भ उत्तर प्रदेश के 23 ज़िलों में हुआ, जिनमें से मेरठ, बरेली, मुज़फ़्फ़रनगर, अलीगढ़, एटा, इटावा, खीरी, कानपुर, आजमगढ़ और गोरखपुर में जून से नवम्बर, 1946 तक लम्बे समय तक आन्दोलन चला।[109] फ़ेडरेशन ने जुलाई-अगस्त, 1946 और मार्च-मई, 1947 में दो सत्याग्रह लखनऊ में किये। पहले सत्याग्रह का समय विधानसभा के कार्य-दिवसों में 16 जुलाई से 16 अगस्त तक निर्धारित किया गया। दलित सत्याग्रही प्रतिदिन विधानसभा के सामने उसकी लोकतांत्रिक निष्ठा पर सवाल उठाने के लिए प्रदर्शन करते थे, क्योंकि उसमें दलितों का आनुपातिक प्रतिनिधित्व नहीं था। वे हाथों में तख्तियाँ लेकर नारे लगाते थे : 'पूना पैक्ट वापस लो।'[110] विरोध-प्रदर्शनों की यह श्रृंखला लगभग चार सौ दलितों की गिरफ़्तारी के साथ समाप्त हुई, जिनमें फ़ेडरेशन के प्रमुख नेता, जैसे बिहारी लाल जैसवार, प्यारे लाल तालिब, और शंकरानन्द शास्त्री के साथ-साथ उत्तर प्रदेश अनुसूचित जाति फ़ेडरेशन के अध्यक्ष तिलक चन्द कुरील भी शामिल थे। ऐसे ही प्रदर्शन राज्य के अन्य जिलों, एटा, इटावा, कानपुर, फ़र्रुख़ाबाद, फ़ैज़ाबाद, अलीगढ़, आगरा, फतेहपुर, गोरखपुर और आजमगढ़ में हुए।[111]

पहली बार एक व्यापक अछूत-आधारित एकता का निर्माण करके पूना पैक्ट ने दलित आन्दोलन में मुख्य भूमिका निभाई। दलित वर्गों में पूना पैक्ट को कांग्रेस के अलोकतांत्रिक चरित्र के एक उदाहरण के रूप में देखा गया। कई स्थानों पर फ़ेडरेशन के कार्यकर्ताओं ने उसके पुतले जलाए और 'अन्तिम क्रियाकर्म' के आयोजन किये, जिनमें पूना पैक्ट की प्रतियों के साथ-साथ खादी और गांधी-टोपी जैसे कांग्रेसी प्रतीकों को भी जलाया गया था।[112] इन विरोध-प्रदर्शनों और जनसभाओं में दलितों की उपस्थिति सौ से पाँच हज़ार के बीच थी, सबसे अधिक संख्या में लोग आजमगढ़ और गोरखपुर में एकत्र हुए थे, जहाँ तिलक चन्द कुरील ने भाषण दिये थे।[113] इसी तरह के प्रदर्शन माणिक चन्द और उनके भाई फकीर चन्द ने, जो आगरा में जाटव महासभा और फ़ेडरेशन के नेता थे, आगरा, फ़िरोज़ाबाद और सहारनपुर में आयोजित किये थे।[114]

कांग्रेस सरकार और संविधान सभा के अलोकतांत्रिक चरित्र के विरुद्ध फ़ेडरेशन के आन्दोलन का दूसरा चरण मार्च से अप्रैल 1947 तक चला। सत्याग्रह शुरू करने का निर्णय फ़ेडरेशन के वार्षिक सम्मेलन में, जो आगरा के निकट फ़िरोज़ाबाद क़स्बे में 1-2 मार्च 1947 को हुआ, लिया गया था, जिसमें 25 हज़ार दलितों ने भाग लिया था।[115] एक बार पुनः आन्दोलन शुरू करने की योजना विधानसभा सत्र के दौरान बनाई गई, जो 25 मार्च से शुरू होकर 29 मार्च तक लगातार चला।[116] उत्तर प्रदेश में फ़ेडरेशन के सभी प्रमुख नेता, सत्याग्रही के रूप में लखनऊ में गिरफ़्तार कर लिए गए, जिनमें माणिक चन्द, गोपी चन्द पिपल, तिलक चन्द कुरील, और स्वामी क्षमानन्द, जो इस विरोध के मुख्य आयोजक थे, शामिल थे।[117] पहले चरण की अपेक्षा दूसरे चरण के सत्याग्रह में दलितों की भागीदारी अधिक थी।[118] एक रिपोर्ट के अनुसार, फ़ेडरेशन के लगभग 1,407 कार्यकर्ता गिरफ़्तार किये गए थे, जिनमें 12 महिलाएँ थीं। सत्याग्रह के लिए प्रदेश के सभी भागों से कार्यकर्ता आए थे।[119]

फ़ेडरेशन के इस सत्याग्रही आन्दोलन ने अछूतों को बेगारी के ख़िलाफ़ संगठित होने का भी एक अवसर दिया था। इन विरोध-प्रदर्शनों की नई और उल्लेखनीय विशेषता यह थी कि दलितों ने पहली बार लखनऊ में पुलिस और कांग्रेस सरकार के ख़िलाफ़ शिकायतें दर्ज करना शुरू किया था। पुलिस के पास शिकायतें दर्ज कराकर, चमारों ने अपनी मज़दूरी तय करने के लिए ज़मींदारों के अधिकार को चुनौती दी थी। 10 जनवरी, 1946 को पुलिस को लिखे एक पत्र में बुलन्दशहर के अम्बिका गाँव के चमारों ने जबरन बेगारी कराने के लिए स्थानीय ज़मींदारों के विरुद्ध शिकायत दर्ज कराई थी।[120] ग़ाज़ीपुर ज़िले के गोरखा गाँव के चमारों ने ज़मींदारों और स्थानीय पुलिस के अत्याचारों के ख़िलाफ़ शिकायत दर्ज कराई थी।[121] आजमगढ़ ज़िले में कियालोवाड़ा गाँव में झुनिया नाम की एक चमार स्त्री ने गाँव के ज़मींदारों के ख़िलाफ़ पुलिस थाने में जाकर रिपोर्ट दर्ज कराई, जिसमें उसने ज़मींदारों पर जबरन बेगारी लेने, और मज़दूरी माँगने पर गुर्गों द्वारा बेरहमी से पीटने का आरोप लगाया था।[122]

विधानसभा में गजाधर प्रसाद और जगपाल सिंह आदि कुछ दलित प्रतिनिधियों ने, जो बेगार-विरोधी आन्दोलन में सक्रिय थे, 1946 की पहली तिमाही में ऐसी शिकायतों को सरकार के समक्ष रखा। उत्तर प्रदेश विधानसभा की कार्यवाहियाँ हमें बताती हैं कि चमारों द्वारा ऐसी शिकायतें बाराबंकी, बाँदा और सीतापुर में भी दर्ज कराई गई थीं, जहाँ बेगारी के ख़िलाफ़ एक लम्बा आन्दोलन शुरू किया गया था।[123] उत्तर प्रदेश में बेगारी से सम्बन्धित हिंसा में 1 अप्रैल से 30 सितम्बर, 1946 के बीच सौ चमार मारे गए थे।[124] किन्तु कांग्रेस सरकार ने इन मौतों की आधिकारिक जाँच कराने से यह कहकर इनकार कर दिया कि इससे बहुमूल्य संसाधनों की बर्बादी होगी। हालाँकि, आन्दोलन के आक्रोश और तेवर के दबाव

में उत्तर प्रदेश सरकार को बेगारी और दुर्व्यवहार के मामलों में 5 जून, 1947 को जाँच बैठाने के लिए बाध्य होना पड़ा।[125] इस जाँच के आधार पर हम कह सकते हैं कि अवध और उत्तर प्रदेश के पूर्वी क्षेत्र के कम-से-कम 15 ज़िलों—आजमगढ़, गोरखपुर, देवरिया, मिर्जापुर, इलाहाबाद, फतेहपुर, बाँदा, रायबरेली, सीतापुर, कानपुर, बाराबंकी, प्रतापगढ़, खीरी, इटावा और एटा में बेगारी के ख़िलाफ़ चार से अधिक शिकायतें दर्ज की गई थीं।[126]

विधानसभा के एक कांग्रेसी सदस्य, हर प्रसाद ने 1947 में कांग्रेस सरकार से पूछा कि क्या उसने 'हरिजन चमारों की सभाओं में संगठनात्मक कार्य करने के लिए मुस्लिम लीगियों और आंबेडकरवादियों को विशेष रूप से अधिकृत किया है?'[127] उसका प्रश्न बताता है कि आन्दोलन का यह पहलू, जिसका उल्लेख पूर्व में किया जा चुका है कि 1937 में कांग्रेस के ख़िलाफ़ आदि-हिन्दू महासभा और मुस्लिम लीग दोनों के संयुक्त विरोध-प्रदर्शन चल रहे थे, 1946-47 में फिर से जारी था। अनुसूचित जाति फ़ेडरेशन जहाँ मुस्लिम लीग के साथ गठबन्धन करके भारतीय समाज के एक अन्य वंचित वर्ग, मुसलमानों के साथ सामाजिक न्याय के लिए अपनी चिन्ता को साझा कर रहा था, वहीं वह अपने सम्भावित सहयोगियों के साथ अपने सम्बन्धों को भी मज़बूत कर रहा था। फ़ेडरेशन के कार्यकर्ताओं ने, मुसलमानों और दलितों के संघर्षों की समानता पर ज़ोर देने के लिए, आगरा, इलाहाबाद और गोरखपुर में मुस्लिम लीग की सभाओं में भाग लेना शुरू कर दिया था।[128] इसी तरह मुस्लिम लीग के नेताओं ने कानपुर और फ़र्रुख़ाबाद में फ़ेडरेशन के प्रदर्शनों में भाग लिया था।[129] कानपुर, फ़र्रुख़ाबाद, खीरी, लखनऊ और मैनपुरी में फ़ेडरेशन की सभाओं में जिन्ना को, मुस्लिम लीग के समर्थन से संविधान सभा के लिए आंबेडकर को जिताने के लिए बधाई दी गई थी, जबकि कांग्रेस ने आंबेडकर का विरोध किया था।[130] इन दो अल्पसंख्यक वर्गों का गठबन्धन उत्तर प्रदेश की राजनीति को लोकतांत्रिक स्वरूप देने में लगातार महत्त्वपूर्ण भूमिका निभा रहा था।

भारतीय रिपब्लिकन पार्टी का उदय : जाति अथवा वर्ग

आंबेडकर ने 13 अक्टूबर, 1956 को भारतीय रिपब्लिकन पार्टी के गठन की घोषणा की, और उसके अगले दिन, नागपुर (महाराष्ट्र) में एक जन-समारोह में तीन लाख महारों ने धर्मान्तरण कर बौद्ध धर्म अपनाया। जिज्ञासु के अनुसार, आंबेडकर ने अनुसूचित जाति फ़ेडरेशन को, जिसके वे अध्यक्ष थे, दिल्ली में 30 नवम्बर, 1956 को उसकी अन्तिम बैठक में भंग कर दिया।[131] हालाँकि रिपब्लिकन पार्टी की औपचारिक स्थापना के लिए वे जीवित नहीं रहे, पर उनके अनुयायी कार्यकर्ताओं ने 3 अक्टूबर, 1957 को उसका गठन किया। अधिकांश विद्वानों का मानना है कि

फ़ेडरेशन के नेताओं ने रिपब्लिकन पार्टी की वर्ग-राजनीति के पक्ष में भारतीय समाज के अन्य समावेशी वर्गों और समुदायों के साथ गठबन्धन के व्यापक लक्ष्य से जुड़ने के लिए अछूत पहचान की अपनी पुरानी रणनीति को भी त्याग दिया था। हाल के वर्षों में, कुछ विद्वानों और समीक्षकों ने इस क़दम को दलित आन्दोलन के उद्देश्यों के विपरीत बताया है। मेंडलसोन और विकजियानी के 1998 के अध्ययन का एक प्रमुख दृष्टिकोण यह था कि रिपब्लिकन पार्टी जाति के आधार पर नहीं, बल्कि वर्ग के आधार पर प्रतिनिधित्व करती है।[132] आंबेडकर के जीवनी लेखक, धनंजय कीर ने इस तर्क पर ज़ोर दिया कि आंबेडकर नई पार्टी की स्थापना करके, उस बाधा को दूर करना चाहते थे, जो फ़ेडरेशन ने 'उनके और अन्य वर्गों के बीच' पैदा की थी।[133] समाजवादी राजनीतिक नेता, राममनोहर लोहिया ने श्रमिकों, किसानों, निम्न जातियों, मुसलमानों और दलितों को एक पार्टी में शामिल करने के लिए आंबेडकर की जाति से वर्ग की ओर आने की राजनीतिक भावना का स्वागत किया था।[134]

किन्तु इस परिवर्तन की एक वैकल्पिक व्याख्या दलित-चिन्तन के करीब है। रिपब्लिकन पार्टी में शामिल होकर चमार उत्तर प्रदेश में अन्य सामाजिक वर्गों और समुदायों के साथ गठबन्धन करके, अपनी अछूत पहचान को छोड़े बिना, राजनीतिक प्रक्रिया में हस्तक्षेप करने का प्रयास कर रहे थे। उनके हालिया संघर्ष बताते हैं कि वे अपने अधिकारों के लिए न केवल लड़ना जानते हैं, बल्कि व्यापक राजनीतिक शक्ति हासिल करने की अपनी क्षमता के प्रति आश्वस्त भी हैं।

दलितों के दृष्टिकोण से, भारतीय स्वतंत्रता अनेक विरोधाभासों के साथ आई। संविधान सभा ने सर्वसम्मति से अस्पृश्यता-निवारण बिल पारित किया और उसे एक आपराधिक कृत्य घोषित किया। उसने दलितों को सुविधाएँ देने की योजना भी बना ली थी। ऐसा करके, स्वतंत्र भारत के नेता पहली बार आदि-हिन्दू आन्दोलन की उन माँगों को पूरा कर रहे थे, जो उन्होंने जनवरी, 1928 में की थीं। आंबेडकर संविधान सभा के लिए बंगाल से मुस्लिम लीग के प्रत्याशी के रूप में चुने गए थे, परन्तु पाकिस्तान के निर्माण के बाद वह सीट उन्हें छोड़नी पड़ी थी। फिर जुलाई, 1947 में कांग्रेस ने आंबेडकर को बम्बई विधान परिषद से संविधान सभा के लिए नामजद किया था, जिसने नेहरू के नये मंत्रिमंडल में विधि-मंत्री के रूप में उनकी नियुक्ति का रास्ता साफ़ किया था।[135] कांग्रेस-सरकार में शामिल होने के आंबेडकर के निर्णय ने उत्तर प्रदेश में अनुसूचित जाति फ़ेडरेशन के कुछ नेताओं को, जिनमें माणिक चन्द, प्यारे लाल तालिब, आर.एस. श्यामलाल और नन्दलाल जैसवार शामिल थे, उनका अनुसरण करने और कांग्रेस में शामिल होने के लिए प्रेरित किया।[136] माणिक चन्द और प्यारे लाल तालिब 1952 के चुनावों में क्रमशः उत्तर प्रदेश और राजस्थान राज्यों से भारतीय संसद के लिए चुने गए।[137]

फ़ेडरेशन ने 24 और 25 अप्रैल, 1948 को लखनऊ में अपना वार्षिक सम्मेलन आयोजित किया। उसने दलित-संघर्ष के प्रति अपनी प्रतिबद्धता को पुनः दोहराया, और सरकारी नौकरियों तथा विधानसभाओं में समुचित प्रतिनिधित्व देने, सार्वजनिक स्थानों पर अस्पृश्यता ख़त्म करने और बेगारी दूर करने की माँग की।[138] इसी सम्मेलन में आंबेडकर ने अपने राजनीतिक जीवन का सबसे महत्त्वपूर्ण भाषण दिया, जो एक ऐसा भाषण, जिस पर उन पर लिखने वाले अधिकांश विद्वानों का ध्यान नहीं गया। यह भाषण इसलिए महत्त्वपूर्ण था, क्योंकि इसमें उन्होंने लोगों की जिज्ञासा को शान्त किया था कि दशकों तक कांग्रेस का विरोध करने के बाद, वे कांग्रेस के मंत्रिमंडल में क्यों शामिल हुए थे? उन्होंने अपने श्रोताओं को याद दिलाया कि जब अंग्रेज़ सत्ता में थे, तो दलितों ने उनसे अपने अधिकारों की माँग के लिए बात की थी। फिर उन्होंने यह भी स्पष्ट किया कि आज़ादी के बाद दलितों को अपने अधिकारों के लिए हिन्दुओं और कांग्रेस से भी बातचीत करनी पड़ी थी। आंबेडकर ने स्पष्ट किया कि उन्होंने कांग्रेस-मंत्रिमंडल में शामिल होकर अछूतों के हित के लिए कांग्रेस की सत्ता को साझा किया है।[139] उन्होंने यह भी स्पष्ट किया कि वे कांग्रेस पार्टी में शामिल नहीं हुए हैं। भाषण के केन्द्र में उनका प्रस्ताव था—

> अब समय आ गया है कि अनुसूचित जातियाँ एक झंडा, एक नारा, एक नेता, एक पार्टी और एक कार्यक्रम के साथ संगठित हों। उन्हें (अनुसूचित जातियाँ) अपनी अलग पहचान को बनाकर रखना चाहिए, और अपने-आप को एक प्रभावशाली राजनीतिक ताक़त बनाने का प्रयास करना चाहिए, जिससे वे राजनीतिक सौदेबाज़ी करने की स्थिति में आ सकें।[140]

उन्होंने पिछले कुछ दशकों में उत्तर प्रदेश में सफलतापूर्वक चलाए गए दलित-आन्दोलनों में दलितों की महत्त्वपूर्ण भूमिका को रेखांकित किया। इस भाषण में, आंबेडकर अछूत-हितों के प्रति अपनी अटूट प्रतिबद्धता को स्पष्ट कर रहे थे, जिसके माध्यम से उत्तर प्रदेश में दलित अपना प्रभावी सामाजिक और राजनीतिक एजेंडा तैयार करने में समर्थ हुए थे।

उत्तर प्रदेश में आदि-हिन्दू आन्दोलन की सबसे अधिक स्थायी विरासत एक अलग अछूत पहचान की अवधारणा थी, जो न केवल राजनीतिक थी, बल्कि सामाजिक और सांस्कृतिक भी थी, और जिसका न केवल दलित समाज के बारे में, बल्कि हिन्दू समाज के बारे में भी सोचने का एक अलग तरीक़ा था। उत्तर प्रदेश के दलितों ने अपना एक सुचिन्तित एजेंडा और सोचने का तरीक़ा तैयार किया था। 1920 के दशक से, जब से उनका संघर्ष आरम्भ हुआ, 1950 के दशक तक दलित अपने आन्दोलन की ताक़त से अवगत हो गए थे। शास्त्री ने लिखा है कि वास्तव में 1946-47 में दलितों द्वारा चलाए गए सत्याग्रहों और आन्दोलनों के

कारण ही कांग्रेस अपनी सरकार में आंबेडकर को शामिल करने के लिए बाध्य हुई थी।[141] वे उन लोगों से असहमत थे, जो यह दावा करते थे, जैसाकि आज भी कुछ लोग करते हैं, कि कांग्रेस ने आंबेडकर को सरकार में शामिल करके दलितों को 'उपहार' दिया था।[142] उनके आन्दोलन के इतिहास और उसके साथ जुड़ी उनकी सोच को जानकर ही चन्द्रिका प्रसाद 'जिज्ञासु' और लाखों अन्य दलित बुद्धिजीवी कांग्रेस का वर्णन एक हिन्दू पार्टी के रूप में कर सके थे।

1940 के दशक में अनुसूचित जाति फ़ेडरेशन में अलग-अलग दलित संगठनों के एक साथ आने से उन्हें अछूत राजनीति का एक साझा दृष्टिकोण और अपने अधिकारों के प्रति जो प्रतिबद्धता मिली, वह आज भी दलितों के जीवन को निर्धारित करती है। इस विचार को कि—दलितों का हित अछूत पहचान के साथ साझा संघर्ष में है—1920 के दशक में जिन विभिन्न दलित संगठनों और समुदायों ने नहीं समझा था, 1940 के दशक में उसे उन्हीं समूहों के बीच स्वीकार कर लिया गया था। उदाहरण के लिए, 1937 में आंबेडकर द्वारा गठित स्वतंत्र मज़दूर पार्टी (इंडिपेंडेंट लेबर पार्टी) उत्तर प्रदेश में दलितों को मज़दूर-चेतना से जोड़ने में सफल नहीं हुई थी, जबकि उसका उद्देश्य मज़दूर वर्गों का ही कल्याण करना था।[143] कुछ साल बाद जब आंबेडकर ने अनुसूचित जाति फ़ेडरेशन (शेड्यूल्ड कास्ट फ़ेडरेशन) की स्थापना की, तो वह तुरन्त ही अनेक दलित जातियों और क्षेत्रों में लोकप्रिय हो गया था। लगभग सभी चमार जातियों की महासभाओं (जैसे—आगरा की जाटव महासभा, कानपुर की कुरील और चमार महासभाएँ एवं इलाहाबाद की आदि-हिन्दू रैदास महासभा), और अल्मोड़ा की 'कुमाऊँ शिल्पकार' सभा जैसे संगठनों ने अपने-अपने क्षेत्रों में फ़ेडरेशन स्थापित करने में सहायता की। इसने अछूत पहचान के विचार को एक संस्थागत स्वरूप प्रदान किया।

उन लोगों ने भी, जो अनुसूचित जाति फ़ेडरेशन से बाहर थे, अपनी प्रतिबद्धता अछूत पहचान के साथ मज़बूत की। 1945 की एक प्रेस-वार्ता में, कांग्रेस के सबसे प्रभावशाली दलित नेता जगजीवन राम ने लॉर्ड वेवेल द्वारा साल-भर पहले कांग्रेस को सवर्ण हिन्दू पार्टी बताए जाने का बचाव किया था। जगजीवन राम ने वेवेल द्वारा की गई गांधी की आलोचना पर आश्चर्य व्यक्त किया और उसे परस्पर-विरोधी तथा असंगत बताया, क्योंकि पूना पैक्ट में यह स्वीकार किया गया था कि दलित और हिन्दू दो अलग-अलग समुदाय हैं। उन्होंने दावा किया कि यद्यपि वे कांग्रेस के सदस्य हैं, परन्तु उनकी पहली प्राथमिकता दलितों के हित के लिए है।[144] इससे पहले उन्होंने कभी भी अपने-आप को इस तरह व्यक्त नहीं किया था। इसी तरह 1946 में मेरठ और सहारनपुर में दो 'हरिजन' संगठनों द्वारा दो समान याचिकाओं में कांग्रेस से दलितों के अधिकारों को हिन्दुओं से अलग मानने का आग्रह किया गया था। एक प्रमुख दलित कांग्रेसी नेता, जयपाल सिंह भी पश्चिमी उत्तर प्रदेश में हरिजनों की गतिविधियों में सक्रिय रहते थे।[145]

दलितों के लिए अधिकारों का जो एजेंडा आदि-हिन्दू महासभा ने 1928 में तैयार किया था, उसे सफलता 1940 के दशक में मिली। किन्तु अब यह अकेले आदि-हिन्दू महासभा का एजेंडा नहीं रह गया था, बल्कि अब यह जगजीवन राम जैसे कांग्रेस से जुड़े व्यक्तियों और संगठनों सहित विभिन्न दलित संगठनों का एजेंडा बन चुका था। यह एजेंडा उत्तर प्रदेश में 1928 से 1947 तक उनके आन्दोलनों और संघर्षों के माध्यम से तैयार किया गया था, और उसके बारे में उनकी यह स्पष्ट धारणा थी, कि उसी एजेंडे ने आंबेडकर को 1947 में कांग्रेस के मंत्रिमंडल में शामिल होने के लिए राज़ी किया था। रिपब्लिकन पार्टी ने भी अछूत पहचान की राजनीति का प्रतिनिधित्व करना नहीं छोड़ा था, और न ही उसने वर्ग-राजनीति का प्रतिनिधित्व करना छोड़ा था, जैसाकि मेंडलसोन और विकजियानी जैसे कई विद्वानों का मत है। 'जाति से वर्ग' की राजनीति पर ज़ोर देने के लिए, रिपब्लिकन पार्टी का गठन करके, हम उस दलित दृष्टिकोण को भूल जाते हैं, जो अछूत पहचान की धुरी और शक्ति को खोए बिना राजनीतिक गठबन्धन बनाने पर केन्द्रित था।

रिपब्लिकन पार्टी का गठन स्वाधीन भारत की नई वास्तविकताओं, जैसे नागरिकता, वयस्क मताधिकार, लाभकारी कार्य और चुनावों के साथ तालमेल बैठाने का एक प्रयास था। आरम्भिक अनिश्चितताओं के बाद, अनुसूचित जाति फ़ेडरेशन के पीछे के सिद्धान्त अब अपर्याप्त हो गए थे। इसका गठन वास्तव में अन्य हितों से जुड़ी अछूतों की पार्टी के रूप में उस ताक़त को पाने के लिए हुआ था, जिसे आंबेडकर 'सौदेबाज़ी की ताक़त' कहते थे। उत्तर प्रदेश में उसके अध्यक्ष, तिलक चन्द कुरील ने जून, 1948 में अछूतों को सलाह दी थी कि वे आने वाले चुनावों में कांग्रेस को हराने के लिए सोशलिस्ट उम्मीदवारों को वोट दें।[146] हम कुरील के वक्तव्य को फ़ेडरेशन के नेताओं में एक व्यापक सोच के संकेत के रूप में ले सकते हैं, जो अपने लक्ष्य प्राप्त करने के लिए अधिक विवेकपूर्ण रणनीतियाँ बना रहे थे। किन्तु क्षमानन्द और अशरफी लाल पासी जैसे अन्य नेता उत्तर प्रदेश में सोशलिस्टों के साथ गठबन्धन करने की वकालत कर रहे थे।[147]

1957 में रिपब्लिकन पार्टी के गठन के उद्देश्यों की व्याख्या करते हुए, चन्द्रिका प्रसाद 'जिज्ञासु' ने दावा किया कि उसके सिद्धान्त 'न्याय, समानता, स्वतंत्रता और भ्रातृत्व' पर आधारित हैं, जो आंबेडकर द्वारा बनाए गए संविधान में निहित हैं। वह चाहती है कि प्रत्येक भारतीय को इन सिद्धान्तों का लाभ मिले। इन सिद्धान्तों के माध्यम से, आंबेडकर हिन्दुओं, मुसलमानों, सिक्खों, जैनों, बौद्धों और दलितों को पार्टी के प्रति आकर्षित करना चाहते थे। जिज्ञासु के अनुसार, 'यदि भारत की 80 प्रतिशत दबी, पिछड़ी, शोषित-प्रवंचित जनता' एक हो जाए,

तो वह राजनीतिक सत्ता पर क़ब्ज़ा कर सकती है।[148] रिपब्लिकन पार्टी और बौद्ध धर्म में धर्मान्तरण, ये दलितों के लिए आंबेडकर की दो अन्तिम विरासत थीं, जो सम्पूर्ण भारत में उनके संघर्ष को स्वरूप देने और प्रेरित करने का काम करती रहीं।

1960 के दशक की शुरुआत में जाटव राजनीति पर ओवेन लिंच के मानवशास्त्रीय अध्ययन में कोई भी सजग पाठक देख सकता है कि जाटव-राजनीति का सम्बन्ध, कांग्रेस या जनसंघ के बावजूद, अछूतों के लिए लाभकारी राजनीति से ज़्यादा था। कांग्रेस पार्टी के जाटव नेताओं ने, कांग्रेस में शामिल होने के अपने उद्देश्यों को स्पष्ट करते हुए आंबेडकर के ही शब्दों में कहा, 'हम (जाटव) जनता का समर्थन प्राप्त करना चाहते हैं, ताकि हम अपनी माँगों को कांग्रेस के समक्ष मज़बूती से रख सकें, क्योंकि अब वही हमारी मदद कर सकती है। यदि (जाटव और दलित) हमारे साथ हैं, तो कांग्रेस अवश्य हमारी माँगों को पूरा करेगी।'[149] जाटव कांग्रेस के सदस्य इसलिए बने थे, क्योंकि उनका मानना था कि अपनी आवाज़ सुनाने और राज्य द्वारा अपना एजेंडा लागू करवाने का यही सबसे अच्छा तरीक़ा था। 1970 के दशक में लखनऊ के चमारों पर किया गया आर.एस. खरे का अध्ययन उनके विशिष्ट वैचारिक संसार को स्पष्ट करता है। खरे बताते हैं कि दलित एजेंडे ने चमारों की अपनी अलग, परिवर्तनवादी दलित पहचान बनाई है, जो उनको समाज के प्रभुत्वशाली वर्गों से निपटने में सक्षम बनाता है।[150]

उत्तर प्रदेश में रिपब्लिकन पार्टी के कार्यकर्ताओं और नेताओं की गतिशीलता अछूत राजनीति के सांस्कृतिक और राजनीतिक आधार पर थी, जिसे समाज के अन्य वर्गों से समर्थन मिलने की उम्मीद थी। 1964 में रिपब्लिकन पार्टी द्वारा जारी किया गया माँग-पत्र दलित-चिन्ताओं से सम्बन्धित था, जिसमें सरकारी नौकरियों, राज्य-संचालित स्कूलों और विश्वविद्यालयों में दलितों और आदिम जातियों के लिए आरक्षण को बेहतर ढंग से लागू करने, और इस आरक्षण को दलितों से धर्मान्तरित बौद्धों तक बढ़ाने, एवं अस्पृश्यता की प्रथा के ख़िलाफ़ वैधानिक प्रावधानों को कड़ा करने की माँग की गई थी। उसमें ग्रामीण ग़रीबों की चिन्ता करते हुए खेती की ज़मीन वास्तविक किसानों को देने, पंचायत की और बंजर भूमि को भूमिहीनों में बाँटने और 1948 के न्यूनतम मज़दूरी अधिनियम को लागू करने की भी माँग की गई थी।[151] रिपब्लिकन पार्टी ने अपनी माँगों को लेकर, 1 अक्टूबर, 1964 को दिल्ली में भारतीय संसद भवन के सामने अपनी एक विशाल ऐतिहासिक रैली करके अपने आन्दोलन की शुरुआत की थी। इस रैली में दो माँगें रखी गई थीं—भूमिहीनों के लिए भूमि का वितरण, और दलितों से बौद्ध बनने वालों के लिए भी आरक्षण की सुविधा।[152] 6 दिसम्बर, 1964 को, आंबेडकर के निधन की पुण्यतिथि पर, उसका प्रसिद्ध संघर्ष महाराष्ट्र, पंजाब और उत्तर प्रदेश राज्यों में फैल गया।[153]

उत्तर प्रदेश में भूमि के पुनर्वितरण का मुद्दा इस संघर्ष के केन्द्र में था। पार्टी कार्यकर्ताओं ने, विशेष रूप से राज्य के पश्चिमी भाग में, परती और बंजर भूमि पर क़ब्ज़ा करने और उस पर खेती करने का प्रयास किया। इस बात की व्यापक रिपोर्ट थी कि पश्चिमी उत्तर प्रदेश में प्रदर्शनकारी मुख्य रूप से भूमिहीन चमार मज़दूर थे, जिन्हें ग़ैर-दलित मज़दूरों और ग़रीब किसानों का थोड़ा भी समर्थन नहीं मिला था।[154] इयान डंकन ने, 1979 में अलीगढ़ में रिपब्लिकन पार्टी पर किये गए अपने मौलिक अध्ययन में तर्क दिया कि अलीगढ़ में रिपब्लिकन पार्टी के नेताओं ने अनुसूचित जातियों के सभी वर्गों के समर्थन का भले ही दावा किया था, पर वास्तव में उसका प्रचार मुख्य रूप से जाटवों तक केन्द्रित था।[155] इसके प्रचार-अभियानों में जो मुद्दे उठाए जाते थे, वे वर्चस्ववादी हिन्दुओं द्वारा स्थापित की गई आर्थिक असमानताओं से सम्बन्धित थे, और रिपब्लिकन पार्टी उन पर वर्ग के आधार पर नहीं, सिर्फ़ जाति के आधार पर लड़ रही थी। इसका ख़ुलासा उसके द्वारा जारी इस पर्चे से होता है—

> सुनो, जाटव और मुसलमान दोस्त हैं। दलित और पिछड़े भाइयों। यह स्पष्ट है कि कांग्रेस ने इन दस सालों में सिर्फ़ ब्राह्मणों का विकास किया है, और जाटवों के लिए इसने कुछ नहीं किया है। जीतने के बाद उन्होंने दिनदहाड़े कालाबाज़ारी, रिश्वतखोरी, डकैती, कंट्रोल, और टैक्सों में बढ़ोतरी की है, और देश को, ख़ासतौर से जाटवों को बर्बाद किया है।[156]

राजनीतिक आवश्यकता ने रिपब्लिकन पार्टी को पश्चिमी उत्तर प्रदेश में, ख़ासतौर से अलीगढ़ और आगरा क्षेत्र में मुसलमानों के साथ गठबन्धन करने के लिए प्रेरित किया। इन दोनों क्षेत्रों में, जैसाकि पहले कहा गया, मुसलमानों के साथ दलितों के गठबन्धन का पुराना इतिहास है, सबसे पहले यह गठबन्धन 1937-38 में हुआ था, और उसके बाद 1946-47 में। इसलिए उनके लिए उन अल्पसंख्यकों के साथ गठबन्धन में उतरना आसान था, जिन्होंने आज़ादी के बाद बार-बार साम्प्रदायिक दंगों का दंश झेला था। दलितों और मुसलमानों के बीच यह गठबन्धन रिपब्लिकन पार्टी के लिए चुनावी जीत में बदल गया था। लेकिन यह विडम्बना है कि यह जीत केवल उत्तर प्रदेश में मिली, जहाँ 1962 के आम चुनावों में पार्टी के तीन उम्मीदवार लोकसभा के लिए और आठ प्रदेश विधानसभा के लिए चुने गए थे। इनमें से एक लोकसभा सदस्य और तीन विधानसभा सदस्य मुस्लिम थे। किन्तु महाराष्ट्र से रिपब्लिकन पार्टी केवल विधानसभा के लिए ही तीन उम्मीदवार जिता सकी थी।[157]

उत्तर प्रदेश में रिपब्लिकन पार्टी के अत्यन्त महत्त्वपूर्ण नेता बी.पी. मौर्य ने आगरा में 1946-47 के दलित आन्दोलन में भाग लेते हुए मुसलमानों के साथ गठबन्धन करने में अहम भूमिका निभाई थी। अलीगढ़ ज़िले की ख़ैर तहसील के एक धनी

किसान परिवार से आए एक चमार (बी.पी. मौर्य) के नेतृत्व में कई लाख चमारों ने हिन्दू धर्म त्यागकर बौद्ध धर्म ग्रहण किया था।[158] अलीगढ़ में रिपब्लिकन पार्टी और उन मुस्लिम नेताओं के बीच, जो पहले कांग्रेस से जुड़े थे, गठबन्धन 1961 के साम्प्रदायिक दंगों के बाद हुआ था। रिपब्लिकन पार्टी के नारे समय के हिसाब से गढ़े गए थे, जिनमें पार्टी की विचारधारा उजागर होती थी। ये थे—'जाटव-मुस्लिम भाई-भाई, हिन्दू क़ौम कहाँ से आई' और 'ठाकुर, ब्राह्मण और लाला, कर दो इनका मुँह काला।' ये नारे बताते हैं कि हिन्दू-वर्चस्व के ख़िलाफ़ दलित अपनी लड़ाई अलग अछूत पहचान के साथ सिर्फ़ जाति के आधार पर लड़ रहे थे। समय के साथ, साझा दलित पहचान का विचार कम होने के बजाय, अधिक आकर्षक हो गया था।

दलितों के लिए जिस अछूत पहचान का विचार आदि-हिन्दू आन्दोलन ने 1920 के दशक में दिया, उसे विभिन्न दलित समुदायों में अपार लोकप्रियता मिली, जो 1940 के दशक में अनुसूचित जाति फ़ेडरेशन और 1950 के दशक में रिपब्लिकन पार्टी के उभार तक बराबर बनी रही। इस विचार ने ऐसे मंच का निर्माण किया, जिस पर दलितों का एक सफल राजनीतिक आन्दोलन सम्भव हुआ, और यही उनके संघर्ष की स्थायी विरासत रही। यह अछूत अस्मिता राष्ट्र और राष्ट्रवाद जैसी शक्तिशाली अस्मिताओं अथवा हिन्दुत्व की राजनीति या वर्ग-आधारित विचारधारा के आगे भी नहीं झुकी थी। 1920 के दशक में, जब पहली बार अछूत अस्मिता का विचार रखा गया था, तो उसे समान रूप से दलित पहचान की कई जीवन्त धारणाओं का सामना करना पड़ा था, जैसे—जाटव, रैदासी, कुरील, आदि-हिन्दुओं का क्षत्रिय होने का दावा, और आदिधर्मी, जो स्वयं को हिन्दू धर्म के बाहर एक छोटे समुदाय के रूप में देखते थे। उत्तर प्रदेश में, अनुसूचित जाति फ़ेडरेशन अपने क़िस्म का पहला संगठन था, जो समान एजेंडे के साथ एक संयुक्त अछूत पहचान की धारणा के अन्तर्गत अलग-अलग चमार और दलित संगठनों को लामबन्द करने में सक्षम हुआ था। भारतीय रिपब्लिकन पार्टी का निर्माण, जैसाकि ऊपर कहा गया, अछूत पहचान की राजनीति को छोड़े बिना, आज़ादी से मिले नये अवसरों पर बातचीत करने और दलित राजनीति के उद्देश्यों को फिर से निर्धारित करने में सहायता करने के लिए हुआ था। दलित अधिकारों की रक्षा के लिए लाभकारी नीतियों और संवैधानिक प्रावधानों का एजेंडा उत्तर प्रदेश में 1927 और 1956 के बीच इसी अछूत पहचान के आधार पर तैयार किया गया था। यह पहचान रिपब्लिकन पार्टी के गठन के साथ भी समाप्त नहीं हुई थी; बल्कि ग़ैर-अछूतों के साथ उनके गठबन्धन ने दलित एजेंडे के लिए उनकी राजनीतिक लामबन्दी को और भी सफल बना दिया था।

सन्दर्भ

1. सुमित सरकार, *मॉडर्न इंडिया,* चैप्टर 5; सरकार का सर्वेक्षण सबसे अच्छा माना जाता है। फिर भी देखें : ज्ञानेन्द्र पांडेय, *दि कंस्ट्रक्शन ऑफ़ कम्युनलिज़्म,* चैप्टर 7
2. सुमित सरकार, उपर्युक्त, पृ. 329
3. जाफ्रलो, *इंडिया'स साइलेंट रिवोल्यूशन,* पृ. 8, 185
4. कुछ प्रतिनिधि कृतियाँ हैं : मेंडलसोन और विकजियानी की *दि अनटचेबिल्स;* ओमवेट की, *कल्चरल रिवोल्ट इन ए कॉलोनियल सोसाइटी;* कीर की *डॉ. आंबेडकर।*
5. एस. बेली, *कास्ट, सोसाइटी एंड पॉलिटिक्स इन इंडिया,* पृ. 233, बेली की चर्चा के लिए देखिए, चैप्टर 6
6. मेंडलसोन और विकजियानी, *दि अनटचेबिल्स,* पृ. 88-92, 96-117
7. ओमवेट, *दलित्स एंड दि डेमोक्रेटिक रेवोल्यूशन,* पृ. 139; इसमें दो सन्दर्भ अछूतानन्द के बारे में हैं।
8. मेंडलसोन और विकजियानी, *दि अनटचेबिल्स,* पृ. 81
9. सुधा पई, *दलित एसर्शन एंड दि अनफिनिश्ड डेमोक्रेटिक रेवोल्यूशन,* पृ. 27-41
10. लिंच, *दि पॉलिटिक्स ऑफ़ अनटचेबिलिटी;* गुप्ता, *दि पॉलिटिक्स ऑफ़ दि अर्बन पुअर।*
11. ब्रिग्स, *दि चमार्स;* कोहन, *एन एन्थ्रोपोलॉजिस्ट अमंग दि हिस्टोरियंस।*
12. जिज्ञासु, *भारत के आदि निवासियों की सभ्यता, श्री 108 स्वामी अछूतानन्द 'हरिहर';* शंकरानन्द शास्त्री, *पूना पैक्ट बनाम गांधी;* नन्दलाल वियोगी, *अम्बेदकर की आवाज़;* मंगल जाटव, *अछूतानन्द जी का जीवन परिचय;* राजपाल सिंह, *स्वामी अछूतानन्द हरिहर;* डी.सी. डींकर, *स्वतंत्रता संग्राम में अछूतों का योगदान।*
13. रावत, *मेकिंग क्लेम्स फॉर पावर,* पृ. 586
14. *चाँद,* फ़रवरी, 1928; *अभ्युदय,* 3 मार्च, 1928, 14 अप्रैल, 1928; *प्रताप,* 8 अप्रैल, 1928, 13 अक्टूबर, 1929; *आज,* 1 जनवरी, 1928
15. ब्लंट की यह रिपोर्ट उत्तर प्रदेश सरकार के सेक्रेटरी, जे.एम. क्ले के उस पत्र में दी गई है, जो उसने 8 अप्रैल, 1932 को भारतीय मताधिकार आयोग के सेक्रेटरी को लिखा था। सीरीज़ 'क्यू', *इंडियन डेलीमिटेशन कमेटी,* वॉल्यूम 14, ओरियंटल एंड इंडिया ऑफ़िस कलेक्शन ब्रिटिश लाइब्रेरी। ब्लंट, प्रशासनिक सेवा के एक बेहद सम्मानित अधिकारी थे, जो संयुक्त प्रान्त में 1911 की जनगणना के आयुक्त थे। उनका एक निबन्ध उत्तर प्रदेश की जातिप्रथा पर प्रकाशित हुआ था, और वह 1916-17 की बस्ती बन्दोबस्त रिपोर्ट के भी लेखक थे। बाद में वह उत्तर प्रदेश सरकार के सेक्रेटरी नियुक्त हुए थे।
16. सम्मेलन का यह विवरण साइमन कमीशन को सौंपी गई *अखिल भारतीय आदि-हिन्दू सभा* की 7 जनवरी, 1928 की रिपोर्ट पर आधारित है। परिशिष्ट : ज्ञापन सूची, साक्ष्य, यूपी/427, *रिपोर्ट ऑन यूनाइटेड प्रोविंसेस,* 3 वॉल्यूम्स, भारतीय वैधानिक (साइमन) आयोग, ओरियंटल एंड इंडिया ऑफ़िस कलेक्शन ब्रिटिश लाइब्रेरी। उद्धरण इसी रिपोर्ट से लिए गए हैं।
17. *आदि-हिन्दू सम्मेलन की रिपोर्ट,* 7 जनवरी, 1928, प्रस्ताव संख्या 2, साक्ष्य, यूपी/427, ओरियंटल एंड इंडिया ऑफ़िस कलेक्शन ब्रिटिश लाइब्रेरी।

18. *आदि-हिन्दू सम्मेलन की रिपोर्ट,* 7 जनवरी, 1928, प्रस्ताव संख्या 2, साक्ष्य, यूपी/427, ओरियंटल एंड इंडिया ऑफ़िस कलेक्शन ब्रिटिश लाइब्रेरी। *चाँद,* फ़रवरी, 1928
19. *अखिल भारतीय आदि-हिन्दू महासभा,* कानपुर का माँग-पत्र, 25 मई, 1928; साक्ष्य, यूपी/427, ओरियंटल एंड इंडिया ऑफ़िस कलेक्शन ब्रिटिश लाइब्रेरी।
20. उ.प्र. आदि-हिन्दू महासभा का वैधानिक (साइमन) कमीशन को सम्बोधित ज्ञापन, 30 नवम्बर, 1928, फ़ाइल संख्या 566, बॉक्स संख्या 503/1928, उ.प्र. राज्य अभिलेखागार, लखनऊ।
21. बाबू रामचरण का 'आदि-हिन्दू' (आदिवासी) सभा विशेष लखनऊ अधिवेशन में दिया गया अध्यक्षीय भाषण, 29 जनवरी, 1928, और रामचरण, बी.ए., एल.एल.बी. अवध के मुख्य न्यायालय के अधिवक्ता औंर एम.एल.सी. का माँग-पत्र, (उत्तर प्रदेश) साक्ष्य, उ.प्र./118, ओरियंटल एंड इंडिया ऑफ़िस कलेक्शन ब्रिटिश लाइब्रेरी।
22. रामचरण द्वारा दिया गया अनुपूरक ज्ञापन, साक्ष्य, उ.प्र./118, ओरियंटल एंड इंडिया ऑफ़िस कलेक्शन ब्रिटिश लाइब्रेरी।
23. उदाहरण के लिए देखिए, गुप्तू की पुस्तक *दि पॉलिटिक्स ऑफ़ दि अर्बन पुअर,* पृ. 161-66
24. *उ.प्र. आदि-हिन्दू महासभा का स्मृति व्याख्यान,* 30 नवम्बर, 1928, उ.प्र. राज्य अभिलेखागार, लखनऊ।
25. अखिल भारतीय श्रीजाटव महासभा के अध्यक्ष बाबू खेमचन्द द्वारा प्रस्तुत ज्ञापन, 1928, साक्ष्य, उ.प्र./425, ओरियंटल एंड इंडिया ऑफ़िस कलेक्शन ब्रिटिश लाइब्रेरी।
26. वही।
27. याचिकाकर्ता, रामप्रसाद अहीर, सुल्तानपुर का ज्ञापन, 29 जनवरी, 1928, साक्ष्य, उ.प्र./355, ओरियंटल एंड इंडिया ऑफ़िस कलेक्शन ब्रिटिश लाइब्रेरी (ओआईओसी)।
28. मूरे, *एसकेप फ्रॉम एम्पायर,* पृ. 2; लगभग ये सभी माँग-पत्र और याचिकाएँ जॉन साइमन के निजी काग़ज़ात का हिस्सा हैं। एफ-77, साइमन कलेक्शन, ओआईओसी, संयुक्त प्रान्त के प्रत्यावेदनों को MSS Eur. में सूचीबद्ध किया गया है। एफ/77/138, एवं 77/141
29. य.प्र. आदधर्म, देहरादून (1928) का माँग-पत्र, साक्ष्य, यूपी/334, ओआईओसी।
30. कुमाऊँ शिल्पकार सभा, अल्मोड़ा के अध्यक्ष, मुंशी हरी प्रसाद टम्टा द्वारा दिया गया माँग-पत्र, यूपी, साक्ष्य, यूपी/429ए ओआईओसी
31. बाबू खेमचन्द द्वारा प्रस्तुत अखिल भारतीय श्रीजाटव महासभा का माँग-पत्र, यूपी, साक्ष्य, यूपी/429, ओआईओसी।
32. यादवेन्दु, *यदुवंश का इतिहास,* पृ. 138
33. डोम सुधार सभा, गढ़वाल, उ.प्र. के अध्यक्ष, अर्जुन देव का माँग-पत्र, 18 जुलाई 1928, साक्ष्य, यूपी/652, ओआईओसी।
34. कानपुर के मोची चमारों का माँग-पत्र, 1928, साक्ष्य, यूपी/652, ओआईओसी।
35. मूरे, *क्राइसिस ऑफ़ इंडियन यूनिटी,* पृ. 108
36. जेलियट, *डॉ. आंबेडकर एंड दि महार मूवमेंट,* पृ. 168
37. मूरे, उपर्युक्त, पृ. 34
38. सरकार, *मॉडर्न इंडिया,* पृ. 261-66

39. फ़ाइल संख्या 380, बॉक्स संख्या 119/1932, सामान्य प्रशासनिक विभाग, उ.प्र. राज्य अभिलेखागार, लखनऊ।
40. ख़ुफ़िया पुलिस की साप्ताहिक रिपोर्ट्स, 30 अक्टूबर, 1926; किन्तु मेरे तमाम प्रयासों के बावजूद इस पत्र की कोई प्रति मुझे नहीं मिल सकी।
41. वही, 17 दिसम्बर, 1927
42. वही, 19 नवम्बर, 26 नवम्बर, 10 दिसम्बर, 1927; 21 फ़रवरी, 25 फ़रवरी, 28 अप्रैल, 23 मई, 23 जून, 25 अगस्त, 1928
43. वही, 18 फ़रवरी, 1927
44. वही, 24 मार्च, 1928
45. उ.प्र. में आगरा, कानपुर और लखनऊ में साइमन कमीशन का दौरा, फ़ाइल संख्या 566, बॉक्स संख्या 503/1928, सामान्य प्रशासनिक विभाग, उ.प्र. राज्य अभिलेखागार, लखनऊ।
46. ख़ुफ़िया पुलिस की साप्ताहिक रिपोर्ट, 3 मार्च, 21 अप्रैल 1928; 19 जनवरी, 1929
47. सरकार, *मॉडर्न इंडिया*, पृ. 263-64
48. जेलियट, *डॉ. आंबेडकर एंड दि महार मूवमेंट*, पृ. 174-75
49. ख़ुफ़िया पुलिस की साप्ताहिक रिपोर्ट, 5 अक्टूबर, 1929; 23 मई, 1931
50. वही, 3 अक्टूबर, 1931
51. वही, जिज्ञासु स्वयं भी आदि-हिन्दू आन्दोलन पर कई पुस्तकों के लेखक थे।
52. वही, 12 दिसम्बर, 20 जून, 1931; 30 जनवरी, 19 मार्च, 18 जून, 8 अक्टूबर, 1932
53. वही, 19 दिसम्बर, 1931; जेलियट के अनुसार, आंबेडकर ने गोलमेज सम्मेलन में यह तर्क देने के लिए कि दलित गांधी का समर्थन नहीं करते थे, इस तार को मौजूद लोगों के बीच पढ़ा था। देखिए, उनकी पुस्तक, *डॉ. आंबेडकर एंड महार मूवमेंट*, पृ. 179
54. वही, 9 जनवरी, 26 मार्च, 1932
55. जुएर्गेन्समेयर, *रिलीजन एज सोशल विजन*, आदधर्म की कांग्रेस और गांधी की आलोचना पर देखिए चैप्टर 12, पृ. 127; बंद्योपाध्याय, *कास्ट, प्रोटेस्ट एंड आइडेंटिटी इन कॉलोनियन इंडिया*, पृ. 153-57
56. ख़ुफ़िया पुलिस की साप्ताहिक रिपोर्ट, 7 नवम्बर, 21 नवम्बर, 1931
57. वही, 2 जुलाई, 1932
58. वही, 25 जुलाई, 1931; 12 मार्च, 1932
59. वही, 24 सितम्बर, 22 अक्टूबर, 1932
60. वही, 9 जनवरी, 1932
61. अंग्रेज़ सरकार के दृष्टिकोण से गोलमेज सम्मेलन की चर्चा के लिए देखिए, मूरे की *क्राइसिस ऑफ़ इंडियन यूनिटी*, चैप्टर 2, 3, और 4; कांग्रेस के दृष्टिकोण के लिए देखिए, सरकार, *मॉडर्न इंडिया*, पृ. 261-66, 308-11, 318-20; एवं दलितों के दृष्टिकोण के लिए देखिए, जेलियट की *डॉ. आंबेडकर एंड महार मूवमेंट*, पृ. 167-82
62. मूरे, *क्राइसिस ऑफ़ इंडियन यूनिटी*, पृ. 265
63. पूना समझौता लागू करने के सम्बन्ध में देखिए, रावत की पुस्तक, *मेकिंग क्लेम फॉर पावर*, पृ. 604-12

64. नेहरू, *एन ऑटोबायोग्राफ़ी*, पृ. 370-71
65. प्यारे लाल, *दि एपिक फास्ट*, पृ. 99
66. ख़ुफ़िया पुलिस की साप्ताहिक रिपोर्ट्स, 1 अक्टूबर, 8 अक्टूबर, 15 अक्टूबर, 1932; ये तीनों साप्ताहिक रिपोर्टें गांधी के अनशन पर उत्तर प्रदेश के सभी भागों में हुई गतिविधियों की विस्तृत जानकारी देती हैं।
67. वही, 24 सितम्बर, 1 अक्टूबर, 8 अक्टूबर, 15 अक्टूबर, 1932
68. वही, 11 फ़रवरी, 1933
69. जेलियट, *डॉ. आंबेडकर एंड दि महार मूवमेंट*, पृ. 202
70. चाँद, जनवरी, 1930
71. चाँद, अगस्त, 1934
72. शंकरानन्द शास्त्री, *पूना पैक्ट बनाम गांधी*, पृ. 35-36
73. वही, पृ. 24-26
74. ख़ुफ़िया पुलिस की साप्ताहिक रिपोर्टें, 3 जून, 10 जून, 1 जुलाई, 7 अक्टूबर, 11 नवम्बर, 1933; 20 जनवरी, 27 जनवरी, 3 फ़रवरी, 1934; 19 जनवरी, 26 जनवरी, 9 फ़रवरी, 16 फ़रवरी, 23 फ़रवरी, 2 मार्च, 9 मार्च, 6 जुलाई, 3 अगस्त, 7 सितम्बर, 28 सितम्बर, 12 अक्टूबर, 1935; 6 जून, 1936
75. वही, 20 मई, 1933
76. वही, 1 अक्टूबर, 1932
77. वही, 1 अक्टूबर, 8 अक्टूबर, 15 अक्टूबर, 1932
78. वही, 8 अक्टूबर, 1932
79. वही
80. वही, 22 अक्टूबर, 1932
81. वही, 16 अप्रैल, 23 अप्रैल, 1938
82. वही, 23 अप्रैल, 21 मई, 4 जून, 18 जून, 25 जून, 9 जुलाई, 23 जुलाई, 6 अगस्त, 13 अगस्त, 20 अगस्त, 3 सितम्बर, 10 सितम्बर, 17 सितम्बर, 1 अक्टूबर, 15 अक्टूबर, 22 अक्टूबर, 29 अक्टूबर, 19 नवम्बर, 26 नवम्बर, 3 दिसम्बर, 10 दिसम्बर, 24 दिसम्बर, 1938; 4 फ़रवरी, 11 फ़रवरी, 29 अप्रैल, 13 मई, 27 मई, 3 जून, 10 जून, 17 जून, 22 जुलाई, 1939
83. शास्त्री, *पूना पैक्ट बनाम गांधी*, पृ. 25
84. ख़ुफ़िया पुलिस की साप्ताहिक रिपोर्ट्स, 16 अप्रैल, 6 अगस्त, 1 अक्टूबर, 8 अक्टूबर, 1938
85. वही, 23 जून, 6 जुलाई, 13 जुलाई, 20 जुलाई, 27 अगस्त, 3 सितम्बर, 10 सितम्बर, 17 सितम्बर, 1 अक्टूबर, 15 अक्टूबर, 22 अक्टूबर, 29 अक्टूबर, 19 नवम्बर, 26 नवम्बर, 3 दिसम्बर, 10 दिसम्बर, 24 दिसम्बर, 1938
86. सरकार, *मॉडर्न इंडिया*, पृ. 533-56
87. ख़ुफ़िया पुलिस की साप्ताहिक रिपोर्ट, 6 अगस्त, 1938
88. वही, 9 अप्रैल, 1938
89. वही, 27 अक्टूबर, 1934

90. वही, 24 सितम्बर, 22 अक्टूबर, 1938; 4 फ़रवरी, 1939

91. वही, 29 अगस्त, 1941

92. उदाहरण के लिए देखिए, जी. श्रीवास्तव की कृति *व्हेन कांग्रेस रूल्ड*, नेहरू की *एन आटोबायोग्राफ़ी* और केसवन मुकुल की *कांग्रेस एंड दि मुस्लिम्स ऑफ़ यूपी एंड बिहार*।

93. चटर्जी, *टूवर्ड्स फ्रीडम*, पृ. 174-75

94. शास्त्री, *पूना पैक्ट बनाम गांधी*, पृ. 9; वियोगी, *अम्बेदकर की आवाज़*, पृ. 11-12

95. शास्त्री, वही, पृ. 83-86, 99

96. वियोगी, *अम्बेदकर की आवाज़*, पृ. 33

97. शास्त्री, उपर्युक्त, पृ. 76

98. वही, पृ. 91-93

99. वियोगी, *अम्बेदकर की आवाज़*, पृ. 50, 62-65; शास्त्री, *पूना पैक्ट बनाम गांधी*, पृ. 15

100. उत्तर प्रदेश के अनुसूचित जातियों की प्रार्थना, फ़ाइल संख्या, 41/4/47-आर, रिफॉर्म ऑफ़िस, भारतीय राष्ट्रीय अभिलेखागार, नई दिल्ली।

101. फ़ाइल संख्या ED/1/KW-II/1946, अखिल भारतीय कांग्रेस कमेटी प्रपत्र, नेहरू मेमोरियल म्यूज़ियम एंड लाइब्रेरी, नई दिल्ली।

102. *दि पायनियर*, 25 जुलाई, 1946, शास्त्री, *पूना पैक्ट बनाम गांधी*, पृ. 50

103. वियोगी, *अम्बेदकर की आवाज़*, पृ. 11; जुएर्गेन्समेयर, *रिलीजन एज सोशल कनवर्जन*, पृ. 161-63; दूबे, *अनटचेबिल पास्ट्स*, पृ. 177-81; बंद्योपाध्याय, कास्ट, *प्रोटेस्ट एंड आइडेंटिटी इन कॉलोनियल इंडिया*, पृ. 202-208

104. फ़ाइल संख्या 164, बॉक्स संख्या 370/1946, हरिजन सहायक विभाग, उ.प्र. राज्य अभिलेखागार, लखनऊ।

105. देखिए, 1945 और 1946 की ख़ुफ़िया पुलिस की साप्ताहिक रिपोर्टें।

106. रीव्स एट अल, *ए हैंडबुक टू इलेक्शंस*, पृ. 318-19

107. दलित निर्वाचन क्षेत्रों की चुनाव-प्रणाली के लिए देखिए, रावत, *मेकिंग क्लेम्स फॉर पावर*, पृ. 604-12

108. नन्दलाल वियोगी, *अम्बेदकर की आवाज़*, पृ. 12

109. 1946 की ख़ुफ़िया पुलिस की रिपोर्टों पर आधारित।

110. यह विवरण *दि पायनियर* की इन रिपोर्टों पर आधारित है : 16 जुलाई, 16-30 अगस्त, 1946; ख़ुफ़िया पुलिस की साप्ताहिक रिपोर्ट, 5 जुलाई, 26 जुलाई, 2 अगस्त, 9 अगस्त, 16 अगस्त, 23 अगस्त, 6 सितम्बर, 1946

111. ख़ुफ़िया पुलिस की साप्ताहिक रिपोर्टें, 8 फ़रवरी, 21 जून, 27 जून, 5 जुलाई, 26 जुलाई, 2 अगस्त, 9 अगस्त, 16 अगस्त, 23 अगस्त, 6 सितम्बर, 1946

112. वही, 8 फ़रवरी, 26 जुलाई, 8 नवम्बर, 1946

113. वही, 26 अप्रैल, 26 जून, 26 जुलाई, 30 अगस्त, 6 सितम्बर, 20 सितम्बर, 27 सितम्बर, 1 नवम्बर, 1946

114. वही, 8 फ़रवरी, 29 मार्च, 26 जून, 5 जुलाई, 26 जुलाई, 9 अगस्त, 16 अगस्त, 23 अगस्त, 13 सितम्बर, 20 सितम्बर, 27 सितम्बर, 1947

115. *दि डॉन*, 6 मार्च, 1947; *दि पायनियर*, 9 मार्च, 1947

116. *दि पायनियर,* 26 मार्च, 30 मार्च, 1947
117. *दि डॉन,* 28 अप्रैल, 1947
118. *दि पायनियर,* 25 अप्रैल, 1947; संयुक्त प्रान्तों की पाक्षिक रिपोर्टें। फ़ाइल संख्या 18/4/1947, गृह विभाग (राजनीतिक), भारतीय राष्ट्रीय अभिलेखागार, नई दिल्ली।
119. *दि डॉन,* 28 अप्रैल, 1947
120. फ़ाइल संख्या पी-19/1945-46, उ.प्र. प्रान्तीय कांग्रेस कमेटी, अ.भा. कांग्रेस कमेटी प्रपत्र, नेहरू मेमोरियल म्यूज़ियम एंड लाइब्रेरी, नई दिल्ली।
121. *प्रोसीडिंग्स ऑफ़ दि उत्तर प्रदेश विधानसभा,* वॉल्यूम 26, (11 जनवरी, 1947), पृ. 629-31
122. वही, वॉल्यूम 38, (25 अप्रैल, 1947), पृ. 27-29
123. वही, वॉल्यूम 33, (24 मार्च 1947), पृ. 344-47, 558, 572-93; वॉल्यूम 27, (10 फ़रवरी, 1947), पृ. 2117-30
124. वही, वॉल्यूम 35, (8 अप्रैल, 1946), पृ. 538-41
125. फ़ाइल संख्या एफ-175/1946, बॉक्स संख्या 20, हरिजन सहायक विभाग, उ.प्र. राज्य अभिलेखागार, लखनऊ।
126. वही।
127. *उत्तर प्रदेश विधानसभा की कार्यवाही,* वॉल्यूम 31, (14 मार्च, 1947), पृ. 42-45
128. ख़ुफ़िया पुलिस की साप्ताहिक रिपोर्टें, 29 मार्च, 19 अप्रैल, 26 अप्रैल, 1946
129. वही, 30 अगस्त, 20 सितम्बर 1946
130. वही, 18 अक्टूबर, 25 अक्टूबर, 8 नवम्बर, 1946
131. जिज्ञासु, *भारतीय रिपब्लिकन पार्टी,* पृ. 3
132. मेंडलसोन और विकजियानी, *दि अनटचेबिल्स,* पृ. 212
133. धनंजय कीर, *डॉ. आंबेडकर,* पृ. 499-500
134. लोहिया, *दि कास्ट सिस्टम,* पृ. 33-36
135. *दि पायनियर,* 2 जुलाई 1947
136. वही, 10 मई 1947
137. क्षीरसागर, *दलित मूवमेंट इन इंडिया एंड इट्स लीडर्स,* पृ. 230-32, 253-58
138. *नेशनल हेराल्ड,* 26 अप्रैल, 1948
139. *दि लीडर,* 26 अप्रैल 1948; शास्त्री, *पूना पैक्ट बनाम गांधी,* पृ. 147-48
140. *नेशनल हेराल्ड,* 26 अप्रैल, 1948
141. शास्त्री, *पूना पैक्ट बनाम गांधी,* पृ. 147
142. पई, *दलित एसर्सन एंड दि अनफिनिश्ड डेमाक्रेटिक रेवोल्यूशन,* पृ. 74; जेलियट, *कांग्रेस एंड दि अनटचेबिल्स,* पृ. 193
143. जेलियट, *डॉ. आंबेडकर एंड दि महार मूवमेंट,* पृ. 246
144. एन. शर्मा, *जगजीवन राम,* पृ. 127-132; *हिन्दुस्तान टाइम्स,* 18 जून, 1945
145. उत्तर प्रदेश की अनुसूचित जातियों के प्रार्थना-पत्र, फ़ाइल संख्या 41/4//4/47-आर, रिफॉर्म ऑफ़िस, भारतीय राष्ट्रीय अभिलेखागार, नई दिल्ली।
146. ख़ुफ़िया पुलिस की साप्ताहिक रिपोर्ट, 18 जून, 1948

147. वही, 28 सितम्बर, 1948
148. जिज्ञासु, *भारतीय रिपब्लिकन पार्टी*, पृ. 2-3, 7; शास्त्री, *पूना पैक्ट बनाम गांधी*, पृ. 187-88
149. लिंच, *दि पॉलिटिक्स ऑफ़ अनटचेबिलिटी*, पृ. 113; सामान्यत: पृ. 93-120
150. खरे, *दि अनटचेबिल एज हिमसेल्फ*, इंट्रोडक्शन।
151. रिपब्लिकन पार्टी ऑफ़ इंडिया, *चार्टर ऑफ़ डिमांड्स*।
152. शास्त्री, *पूना पैक्ट बनाम गांधी*, पृ. 187-89
153. खोब्रागड़े, *रिपोर्ट ऑन दि जनरल सेक्रेटरी*, पृ. 2; पंजाब के लिए, जुर्गेन्समेयर, *रिलीजन एज सोशल विजन*, पृ. 165
154. *हिन्दुस्तान टाइम्स*, 13 जनवरी, 17 जनवरी, 1965
155. इयान डंकन, *लेविल्स, दि कम्युनिकेशन ऑफ़ प्रोग्राम्स एंड सेक्शनल स्ट्रेटजीस*, पृ. 287
156. देखिए, वही।
157. इलेक्शन कमीशन, *रिपोर्ट ऑन दि थर्ड जनरल इलेक्शंस*, वॉल्यूम 2, पृ. 6-7, 12,13, 80,81, 84, 85
158. डंकन, *लेविल्स, दि कम्युनिकेशन ऑफ़ प्रोग्राम्स एंड सेक्शनल स्ट्रेटजीस*, पृ. 271-73; मौरूसी किसानों के रूप में अलीगढ़ में चमारों के पास किराये पर ज़मीन थी। *फ़ाइनल सेटेलमेंट रिपोर्ट ऑफ़ दि अलीगढ़ डिस्ट्रिक्ट*, 1903, डब्ल्यू.जे.डी. बर्किट, पृ. 8

उपसंहार

हिन्दू-वर्चस्व पर विजय : एक नई अछूत पहचान का उदय

1960 के दशक तक उत्तर प्रदेश में दलित राजनीति की प्रकृति और चरित्र के साथ-साथ दलितों के जीवन और उनकी अस्मिताओं में भी परिवर्तन आया था। इस रोचक परिवर्तन का एक संकेत दलित राजनीतिक पार्टी, बहुजन समाज पार्टी (बसपा) की सफलता में देखा जा सकता है, जिसने 1990 के दशक में राज्य में राजनीतिक शक्ति प्राप्त कर ली थी। मई, 2007 में, बसपा ने उत्तर प्रदेश में किसी अन्य राजनीतिक पार्टी के साथ गठबन्धन किये बिना ही ऐतिहासिक चुनावी जीत हासिल की थी, जो ऐसी जीत हासिल करनेवाली भारत की अकेली दलित पार्टी है। इस विकास ने चमारों और सामान्यत: दलितों, दोनों के जीवन में अछूत पहचान की भूमिका की फिर से पुष्टि की। अन्य दलित जातियों के साथ चमार आज बसपा के कट्टर समर्थक हैं। 1960 के दशक तक दलित समुदायों की मुक्ति के लिए प्रतिबद्धता, दलितों की सामाजिक और आर्थिक प्रगति की चिन्ता, और हिन्दू समाज के वर्चस्ववाद के प्रतिरोध का संकल्प, ये सब चमार और दलित कार्यकर्ताओं तथा विचारकों के मन-मस्तिष्क और कार्यों में सुरक्षित थे, और जो आज भी बने हुए हैं। ये चिन्ताएँ, जो पहली बार उत्तर प्रदेश में 1927 के शुरू में दलितों द्वारा उठाई गई थीं, इससे पूर्व कभी भी मुख्यधारा के भारतीय इतिहास-लेखन में स्वीकार नहीं की गई थीं। इस पुस्तक ने चमारों और दलित समुदायों के जीवन को बदलने और उसे नया आकार देने तथा 1927 से उत्तर प्रदेश में अछूत आन्दोलन खड़ा करने में पहचान की इस महत्त्वपूर्ण भूमिका को रेखांकित किया है। इसने इन आन्दोलनों को शुरू करने में चमार संगठनों द्वारा निभाई गई निर्णायक भूमिका का भी दिग्दर्शन किया है।

कई संगठनों और जातीय महासभाओं के माध्यम से चमारों ने उत्तर प्रदेश में अपने जीवन में बदलाव लाने के लिए संघर्ष किये। उन्होंने शुरुआत में अपने जीवन की 'शुद्धता' पर ज़ोर देकर और सवर्ण हिन्दुओं के समान स्तर की माँग करके उनकी

'अछूत' पहचान के बारे में औपनिवेशिकों और हिन्दुओं द्वारा गढ़ी गई कहानियों का खंडन किया। अपनी जाति के नये इतिहास लिखकर, यू.बी.एस. रघुवंशी, पंडित सुन्दर लाल सगर और रामनारायण यादवेन्दु ने प्राचीन काल से चली आ रही अपनी शुद्ध सामाजिक स्थिति का समर्थन किया। उन्होंने ज़ोर देकर कहा कि वे ऐतिहासिक ग़लतियों से 'अछूत' हो गए थे, लेकिन अब वे अपनी मूल 'शुद्ध' क्षत्रिय पहचान को पुनः प्राप्त करने के लिए तैयार हैं। ये इतिहास उनकी जाति के अपने साथियों को प्रबुद्ध करने का माध्यम थे। वे न केवल शहरी क्षेत्रों में, बल्कि ग्रामीण इलाक़ों में भी, चमार संगठन सभाएँ आयोजित करके उनमें इन विचारों का प्रचार-प्रसार करते थे। उत्तर प्रदेश के पश्चिमी ज़िलों के ग्रामीण इलाक़ों में इस आन्दोलन ने सम्पन्न किसानों को आकर्षित किया, और यहाँ तक कि पूर्वी उत्तर प्रदेश में भी ग़रीब और छोटी जोत वाले किसानों ने 'शुद्ध' शाकाहारी जीवन-शैली अपनानी शुरू कर दी। क्षत्रिय होने के उनके दावे ने ही उन्हें आर्य समाज और हिन्दू महासभा जैसे हिन्दू संगठनों के साथ सम्बन्ध बनाने के लिए बाध्य किया, जिसने दोनों पक्षों को स्वभावतः अपनी चिन्ताओं को व्यक्त करने के लिए परस्पर संवाद की पेशकश की। चमार संगठनों ने अपने आन्दोलन को बनाए रखने के लिए सवर्ण हिन्दुओं की मांसाहार और नशा न करने की प्रथाओं को प्रोत्साहित किया और अपनाया, यहाँ तक कि वे हिन्दुओं के विशेष धार्मिक अनुष्ठान भी करने लगे थे। इसके साथ ही, चमार संगठनों ने शिक्षा के अधिकार की माँग भी की, और चमार किसानों पर सवर्ण हिन्दुओं द्वारा थोपी गई अस्पृश्यता, जबरन टैक्स, और बेगारी का भी विरोध किया। इन्हीं सब मुद्दों ने उनके सुधार-कार्यक्रम का मुख्य एजेंडा तैयार किया।

दिसम्बर, 1927 में आदि-हिन्दू महासभा के नेताओं ने 'अछूत' पहचान का विकल्प दिया, जिसमें सारे दलितों को शामिल किया गया। इस विशिष्ट अछूत पहचान को बढ़ावा देने वाले सभी चमार संगठन और विचारक इस दावे के भी कट्टर समर्थक थे कि अछूत इस देश के मूल निवासी थे, जो आज भी माना जाता है। किन्तु इस नई राजनीति का सबसे महत्त्वपूर्ण योगदान राजनीतिक संगठन के लिए एक मूल श्रेणी के रूप में 'अछूत' पहचान का निर्माण करना ही था। इस अछूत श्रेणी ने सोचने का एक नया तरीक़ा विकसित किया और नया एजेंडा तैयार करने में मदद की। इसी नये एजेंडे ने नये दलित-इतिहासों के निर्माण का काम किया, और उन प्रमुख मुद्दों का निर्धारण किया, जो पिछले आठ दशकों से दलित राजनीति को आकार दे रहे हैं। अछूत पहचान और राजनीति की इस स्पष्ट अवधारणा ने दलितों को एक अलग, किन्तु परिवर्तनवादी पहचान बनाए रखने में सक्षम बनाया, जो उन्हें हिन्दू समाज की वर्चस्ववादी व्यवस्था से लड़ने की ताक़त देती है। यह पहचान 1927 से लेकर आज तक अछूत राजनीति की सबसे स्थायी विरासत बनी हुई है, जिसने दलितों के राजनीतिक और सांस्कृतिक जीवन को एक मज़बूत आकार दिया है, और जो उनकी

स्थिति को 1927 से पूर्व की अवधि से अलग करता है। राष्ट्रवाद, समाजवाद और हिन्दुत्व की अधिक समावेशी राजनीति की चुनौतियों के बावजूद, अछूत राजनीति ने चमारों और दलितों दोनों के जीवन में अपनी प्रासंगिकता को दृढ़ता से क़ायम रखा है।

पिछले 150 सालों के चमार इतिहास और समाज को समझने में इन संघर्षों, ख़ासतौर से नई राजनीति के निर्माण में अछूत पहचान की भूमिका का केन्द्रीय महत्त्व है। विशेष बात यह है कि उनके संघर्ष हमें चमारों की व्यावसायिक पहचान पर आधारित औपनिवेशिक और हिन्दू कहानियों से गढ़े गए चमार-इतिहास और समाज पर सवाल उठाने के लिए जागरूक बनाते हैं। इस पुस्तक का व्यापक लक्ष्य एक नया दलित इतिहास लिखने के तरीक़े सुझाना भी है, जिसे भारतीय इतिहास-लेखन के उपनिवेशवाद-राष्ट्रवाद के विरोधाभासों के भीतर नहीं लिखा जा सकता। यह पुस्तक रूढ़ औपनिवेशिक धारणाओं की जाँच करके बताती है कि चमड़े का काम, चमारों का पारम्परिक व्यवसाय नहीं था, बल्कि उनकी पहचान और उनके इतिहास अलग-अलग हैं, जिन्हें एक में मिला दिया गया है; औपनिवेशिक और राष्ट्रवादी विमर्शों के परीक्षण से यह भी पता चला कि उन विमर्शों की जड़ें हिन्दू धर्म में थीं और उन्हें औपनिवेशिक नीतियों तथा चमारों की वास्तविक स्थितियों के बीच असंगत तरीक़े से फिट किया गया था; हमने इतिहास के सक्रिय विषयों के रूप में चमारों पर ध्यान केन्द्रित करके, उनके एजेंडों, अनुभवों और कार्यों को उजागर किया है, जिससे हमें उनके बारे में वर्चस्ववादी अनर्गल कहानियों का खंडन करने में सहायता मिलती है।

औपनिवेशिक और उत्तर-औपनिवेशिक लेखन में चमारों के बारे में एक समान धारणा यह है कि वे पुश्तैनी चर्मकार और भूमिहीन मज़दूर थे। मेरे इस अध्ययन का एक प्रमुख उद्देश्य चमारों पर हुए लगभग सभी अध्ययनों में इसी संकुचित और रूढ़ धारणा की हठधर्मिता को दिखाना है। यह रूढ़ धारणाएँ हिन्दू ब्राह्मणी ग्रंथों में मौजूद काल्पनिक कथाओं पर आधारित हैं, जिन्हें उन औपनिवेशिक वृत्तान्तों द्वारा बार-बार उद्धरित किया गया, जिन्होंने उन्नीसवीं सदी के चमारों के विविध व्यवसायों पर बहुत कम ध्यान दिया। बीसवीं सदी के मानवविज्ञानियों और इतिहासकारों ने भी उन्हीं औपनिवेशिक रूढ़ धारणाओं को पुन:प्रस्तुत किया है।

चमारों के दृष्टिकोण से, औपनिवेशिक और राष्ट्रवादी दोनों इतिहासकारों ने पेशेगत रूढ़ धारणाओं को मज़बूत करने के लिए उनके जीवन की एक ख़ास अवधारणा गढ़कर एक वर्चस्ववादी एजेंडा तैयार किया था। औपनिवेशिक इतिहासकारों की धारणाएँ न केवल मौजूदा ब्राह्मणी ग्रंथों से प्रेरित थीं, बल्कि उन्होंने उनको उसी रूप में रखने, स्थापित करने और ग्रंथों में दर्ज काल्पनिक श्रेणियों को मूलभूत श्रेणियों में बदलने में भी महत्त्वपूर्ण भूमिका निभाई, जिनके आधार पर उनकी एक सामाजिक और आर्थिक पहचान बना दी गई। मवेशियों की मौतों और मवेशियों को ज़हर देने के अपराधों की घटनाओं में भी औपनिवेशिक अधिकारियों ने अपनी जाँचों में पहली

बार चमारों की गतिविधियों को ही अपराधी माना। उन्होंने पूरे चमार समुदाय को 'संगठित और पेशेवर अपराधी' बनाने का काम उनकी (चमड़े की) व्यावसायिक पहचान के आधार पर किया। इसी आधार पर हिन्दू समाज के कुछ समुदायों ने भी चमारों के ख़िलाफ़ ऐसे आरोपों को आसानी से मान लिया था, जैसाकि 1890 के दशक में गोरक्षा जैसे सामाजिक और सांस्कृतिक आन्दोलनों में स्पष्ट रूप से देखा गया था। बिना किसी सबूत के बड़े पैमाने पर चमारों की गिरफ़्तारियाँ और उनका उत्पीड़न इसी आधार पर हुआ था, क्योंकि हिन्दू समाज के कुछ वर्गों ने व्यापक स्तर पर चमारों को अपराधी मानने की इस औपनिवेशिक 'डायन-खोज' (विच-हंट) को सच मान लिया था। इसमें चमड़े के व्यापार और कच्ची खालों के आयात में चमारों की भागीदारी को एक आपराधिक साज़िश के रूप में दर्शाया गया। यहाँ तक कि औपनिवेशिक सरकार ने भी कृषि के साथ चमारों के सम्बन्ध को उनकी जाति के आधार पर निर्धारित किया। उसने चमारों के इस दावे को अस्वीकार कर दिया कि वे पीढ़ियों से अपनी ज़मीन पर खेती करते आए थे, और नियमित लगान देते थे तथा ज़मीन पर उनका अपना अधिकार था। औपनिवेशिक राज्य ने चमारों को ग़ैर-मालिकाना हक़ वाले किसानों के रूप में वर्गीकृत करके, उन्हें ज़मीन के मालिकाना हक़ से वंचित करके, और क़ानून बनाकर उन्हें ज़मीन ख़रीदने और बेचने से रोककर, न केवल मौजूदा ज़मीन पर चमारों को अधिकार से वंचित किया, बल्कि उन्हें ज़मीन से बेदख़ल करने का भी काम किया था।

बीसवीं सदी के प्रथम दो दशकों में चमड़ा-उद्योग पर लिखे गए औपनिवेशिक निबन्ध उद्योग के लिए उपलब्ध मज़दूरों की सामाजिक उत्पत्ति से सम्बन्धित थे। उन निबन्धकारों ने इस धारणा को मानकर कि चमारों की पहचान स्वाभाविक रूप से चमड़े के काम से है, विश्वास व्यक्त किया कि चमड़े के भावी उद्योग में श्रमिकों के रूप में चमार महत्त्वपूर्ण भूमिका निभाएँगे। औपनिवेशिक और उत्तर-औपनिवेशिक काल में भारतीय राष्ट्रवादियों ने भी सवर्ण हिन्दू समाज में उनकी इसी स्थिति के कारण उनके रूढ़ विचार को अपनाया। उत्तर-औपनिवेशिक काल में कांग्रेस राज्य ने भी जान-बूझकर चमड़े के काम को ही चमारों और उनके व्यवसाय के बीच आधार बनाकर नीतियाँ बनाईं। राष्ट्रवादी और औपनिवेशिक दोनों के कार्यों ने तर्कसंगत और ग़ैर-तर्कसंगत रूप से चमड़े के काम से ही चमारों को जोड़ने का प्रचार-प्रसार किया।

एक नया दलित इतिहास : इतिहास में सक्रिय चमार

दलित इतिहास पर पुनर्विचार या पुनर्लेखन का कार्य चमारों और अन्य दलित जातियों के बारे में उन प्रमुख (ब्राह्मणवादी) रूढ़ धारणाओं की जाँच से होनी चाहिए,

जिसने उनकी पहचान को हिन्दू धर्मग्रंथों में वर्णित व्यवसायों से जोड़ दिया है। इस अध्ययन ने चमारों के बारे में इस तरह की धारणाओं पर यह तर्क देकर प्रश्न उठाया है कि उन्नीसवीं और बीसवीं शताब्दियों में वे कई तरह के व्यवसाय करते थे, जिनमें खेती उनका सबसे आम व्यवसाय था। जिस चमड़े के काम को उनका पारम्परिक व्यवसाय बताया गया, वह उनका मुख्य व्यवसाय कभी था ही नहीं, बल्कि इसके विपरीत वे मुख्य रूप से एक कृषक जाति थे।

औपनिवेशिक अधिकारियों ने जब पहली बार उत्तर प्रदेश में चमारों की विशाल आबादी की खोज की, जो एक विशाल हिन्दू समाज बनाते थे, तो वे हैरान रह गए। उनके लिए यह खोज उन्नीसवीं सदी की इस प्रारम्भिक औपनिवेशिक धारणा के बिलकुल विपरीत थी कि चमार एक छोटी कारीगर जाति थी। अतः इस विशाल आबादी के बारे में औपनिवेशिक समाजशास्त्रियों और प्रशासकों ने जो विवरण लिखा, उसमें उन्होंने अपनी अजीबोग़रीब व्याख्याओं से चमार समुदाय को रूढ़ धारणाओं के अनुरूप बनाने का प्रयास किया। लेकिन बड़े पैमाने पर नज़रअन्दाज़ की गई ज़िलों की बन्दोबस्त और जाँच रिपोर्टों ने, जो चमारों के कृषि-जीवन को प्रमाणित करती हैं, सारा पासा पलट दिया, क्योंकि वे औपनिवेशिकों की व्याख्याओं से मेल नहीं खातीं।

अपराधियों के रूप में चमारों के औपनिवेशिक विवरण को स्वीकार करने के बजाय, मैंने तर्क दिया है कि जो चमार चमड़े के व्यापार में शामिल थे, वे वास्तविक उद्यमी और ठेकेदार थे, जिन्होंने उन्नीसवीं और बीसवीं शताब्दी के दौरान कच्ची खालों और चमड़े के बढ़ते हुए निर्यात-व्यापार का लाभ उठाया था। इसके बावजूद, चमड़े के व्यापार से सम्बन्धित चमार, चाहे अंशकालिक हों, या पूर्णकालिक, क़स्बों में रहते थे, गाँवों में नहीं। कुछ औपनिवेशिक अधिकारियों और जजों ने भी इस दावे पर आपत्तियाँ उठाई थीं कि मवेशियों को ज़हर देने का कोई 'संगठित और पेशेवर अपराध' मौजूद था। उन्होंने घोषणा की कि इस तरह का आरोप चमारों की जाति और निम्न सामाजिक स्थिति पर आधारित था, न कि वास्तविक सुबूतों पर। ये आपत्तियाँ हमें चमारों को समझने के मौजूदा औपनिवेशिक विवरणों पर सवाल उठाने के लिए बाध्य करती हैं और हमें उनको इतिहास के नायकों के रूप में देखने में मदद करती हैं। अन्य उद्योगों के साक्ष्य इस तर्क को और भी पुष्ट करते हैं।

चमड़ा-उद्योग में चमारों ने उसी तरह काम किया, जैसे उन्होंने जूट और कपड़ा मिल में काम किया, इसलिए नहीं कि चमड़े के काम से उनका कोई स्वाभाविक और पारम्परिक जातीय जुड़ाव था, बल्कि इसलिए कि हिन्दू समाज के पूर्वग्रहों को देखते हुए, जो उन्हें अछूत मानता था, यह उनके लिए रोज़गार के उपलब्ध अवसरों के रूप में था। चमारों की अपेक्षा, चमड़ा व्यापार के केन्द्र में अगर कोई समुदाय था, तो वह मुस्लिम समुदाय था, जिसका इस व्यापार पर पूर्ण नियंत्रण था। लेकिन इसके

बावजूद किसी ने भी मुसलमानों का वर्णन पारम्परिक चर्मकारों के रूप में नहीं किया। वास्तव में आगरा में जो चमार (जाटव) अभिजात वर्ग उभरा, वह इस रूढ़ समझ के विपरीत काश्तकारी, पत्थर की खदानों और मज़दूरों की ठेकेदारी के काम से उभरा था। चमारों और दलितों का सामाजिक और सांस्कृतिक आन्दोलन हिन्दू धर्म के सामाजिक और सांस्कृतिक सुधारों का समर्थन करनेवाले संगठनों के साथ जुड़कर शुरू हुआ था। कृषि में मालिकाना और ग़ैर-मालिकाना क़ब्ज़े वाले किसानों के रूप में उनकी अपनी भारी भागीदारी के कारण ही, चमारों और अन्य निम्न जातियों के समुदायों ने अपने क्षत्रिय होने का दावा किया था। किन्तु, बाद में वे इस दावे से आगे बढ़ गए थे।

असल में, चमारों की अस्पृश्यता की रूढ़ धारणा के कारण ही भारत में दलितों का इतिहास नहीं लिखा गया। आधुनिक भारतीय इतिहास-लेखन के उपनिवेशवाद और राष्ट्रवाद के मुख्य द्वन्द्व ने ऐतिहासिक विषयों के रूप में चमारों और दलितों की भूमिका को स्वीकार न करने में एक बड़ा योगदान दिया। इन इतिहासों में मौजूद आख्यानों के विषय राष्ट्रवादी, क्रान्तिकारी और साम्प्रदायिकता-विरोधी संगठन हैं, जिनमें कुलीन कांग्रेस पार्टी से लेकर निम्नवर्गीय समूहों तक, सब सवर्ण हिन्दू समाज से सम्बन्धित हैं, और उनमें कोई भी चमार या दलित समुदाय से सम्बन्धित नहीं है। पिछले चालीस सालों में तमाम सामाजिक परिवर्तनों के बावजूद, चमारों के बारे में रूढ़ मान्यताएँ और धारणाएँ नहीं बदली हैं।

हमें स्वीकार करना होगा कि चमार ऐतिहासिक नायक हैं, जिन्होंने स्वयं अपने समाज और इतिहास से सम्बन्धित मुख्यधारा की धारणाओं पर सवाल उठाए हैं। दलितों के संघर्ष और आन्दोलन भारी संख्या में हुए हैं, पर वे औपनिवेशिक अभिलेखों में दफ़न होकर रह गए हैं, हालाँकि हिन्दी में लिखे गए दलित और चमार इतिहास इसे जीवित रखे हुए हैं।

बीसवीं शताब्दी के प्रथम दो दशकों में चमार संगठनों और कार्यकर्ताओं ने अपना संघर्ष हिन्दू समाज में अपने क्षत्रिय वर्ण का दावा करने के लिए अपने समाज के नये इतिहास लिखकर आरम्भ किया था। उन्होंने अपने दावे के समर्थन में न केवल मौजूद हिन्दू शास्त्रों से साक्ष्य निकाले, बल्कि एक कार्य-पद्धति भी तैयार की, जिसके आधार पर उन्होंने पुराण जैसी कहानियों का ही निर्माण किया। उन्होंने ब्राह्मणों की ही भाषा-शैली में अपने दावों का इतिहास लिखकर अपने बारे में गढ़ी गई कहानियों का विरोध करने का प्रयास किया। इसके साथ ही, चमार संगठनों ने अपनी जाति के लोगों को एकजुट करके हिन्दू समाज में सवर्ण-प्रभुत्व के ढाँचे को भी चुनौती देने का काम किया। चमार कार्यकर्ताओं और महासभाओं ने एक व्यापक 'अछूत' पहचान का दावा करने के लिए एक नया एजेंडा तैयार किया, और हिन्दू-वर्चस्व पर क़ाबू पाने के लिए मौजूदा राजनीतिक और सामाजिक प्रक्रिया में हस्तक्षेप करने के लिए एक सक्षम अछूत अर्थात दलित राजनीतिक समाज का भी गठन किया।

परिशिष्ट

सांख्यिकीय तालिका

1. 1881 उत्तर प्रदेश की प्रमुख जातियाँ

जाति	लोगों की संख्या	कुल हिन्दू आबादी में प्रतिशत
चमार	5,360,548	14.09
ब्राह्मण	4,655,204	12.23
अहीर	3,584,185	9.42
राजपूत	3,027,400	7.46
कुर्मी	2,075,026	5.45
काछी	1,941,663	5.10
कहार	1,209,350	3.18
बनिया	1,204,130	3.16
पासी	1,033,184	2.72
लोध	1,000,599	2.63
गड़रिया	860,220	2.26

स्रोत : भारत की जनगणना, 1881, पार्ट-1, रिपोर्ट, पृ. 136-38

2. पशु-जनगणना, 1890-91 से 1899-1900 तक

(इनमें गाय, बैल, भैंस एवं अन्य युवा पशुओं की गणना शामिल है)

वर्ष	गोरखपुर	आजमगढ़	गाज़ीपुर	जौनपुर	इलाहाबाद	बलिया
1890-91	1,243,304	815,636	400,550	482,649	713,994	294,207
1891-92	841,962	799,208	437,530	509,220	730,244	295,770
1892-93	(अनुपलब्ध)	800,743	421,935	513,739	747,657	304,765
1893-94	1,446,755	832,902	423,104	529,313	749,259	309,726
1894-95	1,372,841	780,394	383,919	526,728	722,765	308,876
1895-96	1,414,642	798,183	391,311	510,238	697,416	304,922
1896-97	1,377,798	723,284	373,501	501,329	662,941	295,254
1897-98	1,439,345	754,853	374,397	497,701	737,128	305,805
1898-99	1,645,137	827,553	446,295	650,532	873,948	402,373
1899-1900	1,645,137	827,553	446,295	650,532	873,948	402,373

स्रोत : ब्रिटिश भारत के कृषि सांख्यिकी की वार्षिक रिपोर्ट।

3. 1911 एवं 1961 में चमारों के व्यवसाय

(दोनों जनगणनाओं में प्रयुक्त शब्द अलग-अलग हैं, पर मोटे तौर पर समान हैं।)

वर्ष	चमारों की कुल जनसंख्या	मज़दूर (पुरुष एवं स्त्री)	सभी प्रकार के कृषक	खेतिहर श्रमिक	चरवाहे, पशु-पालक और दूध विक्रेता	अवर्गीकृत श्रमिक	औद्योगिक कामगार कारीगर तथा अन्य
1	2	3	4	5	6	7	8
1911	6,068,382	3,467,317 (57%)	1,373,184 (40%)	1,355,387 (40%)	107,922 (3%)	331,2441 (9.5%)	142,386 (4.1%)
1961	8,194154	3,577,216 (44%)	1,788,134 (50%)	1224,263 (34.2%)	11,638 (0.32%)	311,275 (8.7%)	190,356 (5.3%)

	चर्मकार	ठेकेदार
	9	10
1911	130,233 (4%)	1,800 (0.05%)
1961	21,441 (0.06%)	22,193 (0.06%)

स्रोत : भारत की जनगणना, 1911, खंड-15, भाग-2, तालिका, पृ. 757-62; भारत की जनगणना, 1961, खंड-15, भाग-5ए(1)

देखिए : अनुसूचित जातियों के लिए विशेष तालिका, पृ. 4-7

4. 1909 में मुरादाबाद ज़िले में अन्य जातियों के सापेक्ष चमार कृषकों की स्थिति

कृषकों की जाति	क्षेत्रफल (एकड़ में)	कुल वार्षिक लगान (रुपये)	किराये के फसली खेती (एकड़ में)	सीर और ख़ुदकाश्त भूमि (एकड़ में)	लगान-मुक्त भूमि (एकड़ में)	कुल खेती भूमि (एकड़ में)
जाट	69,046	281,268	56,036	12,528	178	137,788
शेख	68,955	313,733	27,571	17,895	365	114,786
चमार	67,695	324,571	39,246	131	453	107,525
अहर	54,554	188,024	9,522	5,097	83	70,066
चौहान	34,875	147,288	27,233	6,304	293	68,705
बग़वान	36,006	194,041	26,157	416	1,039	63,618
ठाकुर	37,848	164,419	3,307	20,122	231	61,508
ब्राह्मण	34,473	142,597	10,314	3,888	457	49,132
अहीर	9,196	39,099	10,845	1,107	50	21,158

स्रोत : मुरादाबाद ज़िले की अन्तिम ग्यारहवीं बन्दोबस्त रिपोर्ट, 1909, एच.जे. बोअस, पृ. 10-11

5. 1880 एवं 1930 में आगरा ज़िले में अन्य जातियों के सापेक्ष चमार कृषकों की स्थिति

कृषकों की जाति	1880 में खेती का क्षेत्रफल (एकड़ में)	1880 में कुल कृषि क्षेत्र का प्रतिशत	1880 में कुल वार्षिक लगान (रुपये में)*	1930 में कुल (एकड़ में)
ब्राह्मण	165,118	19.6	495,354	152,495
ठाकुर	182,403	21.6	547,209	158,370
जाट	120,485	14.2	361,455	92,940
चमार	60,286	7.1	241,144	65,020
अहीर	37,945	4.4	144,191	40,312
काछी	32,398	3.9	129,592	39,273
गूर्जर	24,432	3.0	73,296	21,367
लोध	23,486	2.8	93,944	16,325

* वार्षिक लगान की गणना औसत लगान से की गई थी, जो जाति और इलाक़े और प्रत्येक जाति के पास मौजूद कुल भूमि के अनुसार भिन्न-भिन्न होता था।

स्रोत : आगरा ज़िले की बन्दोबस्त रिपोर्ट, 1880, एच.एफ. इवांस, पृ. 29
आगरा ज़िले की अन्तिम बन्दोबस्त एवं रिकॉर्ड ऑपरेशन रिपोर्ट, 1930, आर.एफ. मुडी, पृ. 40

6. 1891 एवं 1919 में बुलन्द शहर ज़िले में अन्य जातियों के सापेक्ष चमार कृषकों की स्थिति

कृषकों की जाति	1891 में कुल कृषि भूमि (एकड़ में)	1891 में जोतों की संख्या	1919 में कुल कृषि भूमि (एकड़ में)
ठाकुर	137,611	12,922	100,000+
ब्राह्मण	118,375	11,159	100,000+
जाट	113,050	10,779	100,000+
गूर्जर	87,375	8,442	54,000
चमार	81,179	7,722	65,000
लोध	70,352	6,857	71,000
अहीर	15,875	1,527	अनुपलब्ध
काछी	1,325	127	अनुपलब्ध

स्रोत : बुलन्दशहर ज़िले की भू-राजस्व की अन्तिम बन्दोबस्त रिपोर्ट, 1891, बी.टी. स्टॉकर, पृ. 20-21; बुलन्दशहर ज़िले की अन्तिम बन्दोबस्त रिपोर्ट, 1919, ई.ए. फेलप्स, पृ. 10

7. 1893 एवं 1947 में झाँसी ज़िले में अन्य जातियों के सापेक्ष चमार कृषकों की स्थिति

कृषकों की जाति	1893 : कृषि भूमि जो जोती गई (एकड़ में)			1893 : खाता*	1893 : जोतों की संख्या	1893 : प्रति जोत (एकड़)	1947 में खेती भूमि (एकड़ में)	1947 में कुल क्षेत्रफल का प्रतिशत
	कुल	मालिकों द्वारा	पट्टीदारों द्वारा					
ब्राह्मण	69,960	20,801	40,159	15,080	5,563	12.6	160,164	14.8
लोध	56,150	22,283	33,867	11,897	4,921	11.4	176,556	16.8
ठाकुर	45,357	28,871	16,484	6,232	3,287	13.8	138,716	12.8
अहीर	52,925	25,653	27,272	8,935	4,888	10.8	132,769	12.2
काछी	30,738	1,280	29,458	11,181	4,637	6.6	106,168	9.8
कुर्मी	35,764	20,166	15,598	4,750	2,501	14.3	75,695	7.0
चमार	17,314	23	17,291	5,952	2,177	8.0	67,206	6.2

* किसी गाँव में भूमि की अविभाजित इकाई; बुन्देलखंड क्षेत्र के लिए एक विशिष्ट स्वामित्व का रूप।

स्रोत : झाँसी ज़िले की अन्तिम बन्दोबस्त रिपोर्ट, 1891, डब्ल्यू.एच.आई. इम्पे, पृ. 61
झाँसी ज़िले की अन्तिम बन्दोबस्त रिपोर्ट, 1947, एच.टी. लेने, पृ. 9

8. 1903 एवं 1942 में बरेली ज़िले में अन्य जातियों के सापेक्ष चमारों की स्थिति

कृषकों की जाति	1903 कुल कृषि क्षेत्र*	1903 में जोतों की संख्या	1903 में जोत का औसत क्षेत्र (एकड़ में)	1903 में खेती के तहत कुल रकबे के प्रतिशत के रूप में जोत	1942 में कुल कृषि क्षेत्र (एकड़ में)	1942 में कुल कृषि क्षेत्र का प्रतिशत
कुर्मी	169,835	57,377	2.96	23.51	174,461	21.2
किसान	61,498	25,578	2.23	8.49	61,656	7.5
अहीर	58,350	19,450	3.0	8.03	54,152	6.5
ब्राह्मण	53,580	24,921	2.15	7.39	53,974	6.6
ठाकुर	40,942	17,879	2.29	5.64	59,796	7.2
चमार	49,506	24,753	2.0	6.81	49,553	6.6
मुराव	43,734	27,680	1.58	6.01	45,707	5.5

* यह गणना कुल रकबे के प्रतिशत तथा जोतों की संख्या से की गई थी।

स्रोत : बरेली ज़िले की अन्तिम बन्दोबस्त रिपोर्ट, 1903, एस.एच. फ्रेमेंटल, पृ. 4
बरेली ज़िले की अन्तिम बन्दोबस्त रिपोर्ट, 1942, आई. डब्ल्यू. लॉयड, पृ. 5

9. 1891 में गोरखपुर ज़िले में अन्य जातियों के सापेक्ष चमार कृषकों की स्थिति

कृषकों की जाति	कुल कृषि भूमि (एकड़ में)	पट्टेधारकों की संख्या
ब्राह्मण	350,028.58	146,530
कुर्मी	221,614.45	80,490
अहीर	203,806.31	101,157
क्षत्रिय (राजपूत)	179,331.12	56,536
कोयरी	119,250.70	53,453
चमार	117,501.31	72,857
कहार	64,471.92	38,809
बनिया	42,949.69	56,536
कायस्थ	42,770.92	14,199

स्रोत : गोरखपुर ज़िले की अन्तिम बन्दोबस्त रिपोर्ट, 1891, ए. डब्ल्यू. क्रुकशांक, पृष्ठ 42ए-45, (परिशिष्ट 8)

10. 1921 में सहारनपुर ज़िले में अन्य जातियों के सापेक्ष चमार कृषकों की स्थिति

कृषकों की जाति	पिछली बन्दोबस्ती में मालिकों द्वारा की गई खेती का क्षेत्रफल (एकड़ में)	1921 की बन्दोबस्ती में भूमालिक		बन्दोबस्त के बीच कुल कृषि क्षेत्र में परिवर्तन का प्रतिशत	1921 में कृषकों द्वारा नक़द में किराये पर ली गई भूमि		1921 में नक़द, सीर, ख़ुदकाश्त और अन्य अधिकार के तहत कुल कृषि क्षेत्र
		कृषि क्षेत्र (एकड़ में)	खेती के तहत कृषि क्षेत्र का प्रतिशत		क्षेत्रफल (एकड़)	किराया (रुपये)	
गूजर	232,852	205,387	17.0	-11.1	74,517	491,813	155,896
राजपूत	190,920	189,188	16.2	0	34,546	216,657	96,295
माली (सैनी)	10,064	8,101	0.7	-22.2	60,728	435,515	80,822
गरा	33,247	34,877	3.0	+7.1	52,517	386,775	79,988
चमार	13,332	15,209	1.3	+18.2	31,457	263,260	41,465
जाट	34,652	31,508	2.7	-10.0	14,824	107,585	32,481
ब्राह्मण	34,185	37,076	3.2	+10.3	13,492	93,882	26,848
अहीर	7,157	7,752	0.7	+16.7	4,792	32,176	9,638

स्रोत : सहारनपुर ज़िले की अन्तिम बन्दोबस्त रिपोर्ट, 1921, डी.एल. ड्रेकमैन पृ. 47-48

यह विवरण यहाँ उसी रूप में प्रस्तुत किया गया है, जैसा वह रिपोर्ट में दिया गया है, हालाँकि रकबा संकेतित प्रतिशत से मेल नहीं खाता है।

11. 1880-81 से 1900-1901 के दौरान उत्तर प्रदेश से कलकत्ता के बन्दरगाह और कलकत्ता से अन्य जगहों पर होनेवाला खाल तथा चमड़े का निर्यात।

वर्ष	उत्तर प्रदेश से कुल निर्यात (मन में)	निर्यात मूल्य (रुपये)	उत्तर प्रदेश से कलकत्ता के लिए निर्यात (मन में)	उत्तर प्रदेश से कलकत्ता निर्यात का मूल्य (रुपये)	कलकत्ता से निर्यात (मन में)	कलकत्ता से निर्यात का मूल्य (रुपये)	कलकत्ता से निर्यात के सापेक्ष उत्तर प्रदेश से कलकत्ता निर्यात का प्रतिशत
1	2	3	4	5	6	7	8
1880-81	145,404	2,035,656	124,644	1,737,699	755,708	19,413,921	16.49
1881-82	136,883	2,053,240	101,640	1,524,600	686,347	18,306,747	14.81
1882-83	211,099	3,197,003	106,266	1,569,251	726,969	19,724,476	14.62
1883-84	193,676	2,855,618	96,729	1,378,388	816,492	22,663,002	11.85
1884-85	297,669	6,837,918	212,864	5,454,035	965,586	25,315,379	22.05
1885-86	290,713	6,971,336	196,221	5,442,035	965,586	26,841,721	20.33
1886-87	279,713	7,399,672	175,396	5,606,372	873,813	25,293,965	20.08
1887-88	268,285	7,349,335	156,890	5,687,339	700,192	20,768,574	22.42
1888-89	284,288	8,353,313	150,938	5,965,060	640,788	19,082,457	23.55
1889-90	225,794	6,000,606	98,927	3,592,744	606,854	18,421,934	16.31
1890-91	246,445	6,915,299	121,410	4,352,744	692,494	20,704,763	17.54
1891-92	270,818	8,195,995	152,072	5,701,604	725,313	22,572,638	20.97
1892-93	अनुपलब्ध	अनुपलब्ध	अनुपलब्ध	अनुपलब्ध	अनुपलब्ध	अनुपलब्ध	अनुपलब्ध
1893-94	248,819	6,045,109	112,893	3,399,718	730,522	24,360,735	15.45

वर्ष	उत्तर प्रदेश से कुल निर्यात (मन में)	निर्यात मूल्य (रुपये)	उत्तर प्रदेश से कलकत्ता के लिए निर्यात (मन में)	उत्तर प्रदेश से कलकत्ता निर्यात का मूल्य (रुपये)	कलकत्ता से निर्यात (मन में)	कलकत्ता से निर्यात का मूल्य (रुपये)	कलकत्ता से निर्यात के सापेक्ष उत्तर प्रदेश से कलकत्ता निर्यात का प्रतिशत
1	2	3	4	5	6	7	8
1894-95	462,509	13,423,071	246,375	9,206,513	812,900	27,206,868	30.31
1895-96	407,264	12,099,150	256,524	8,917,619	823,144	31,275,285	31.17
1896-97	326,326	9,962,254	198,406	7,206,354	734,827	28,560,259	27.01
1897-98	424,597	12,507,002	291,011	9,772,179	11,700,083	41,717,531	26.46
1898-99	312,416	7,968,982	199,077	5,659,299	986,846	38,258,162	20.19
1899-1900	735,804	15,242,661	635,250	13,182,720	11,522,578	57,698,821	41.73
1900-1901	511,001	9,763,225	364,503	6,784,059	1,471,808	55,561,596	24.77

स्रोत : उत्तर-पश्चिमी प्रान्तों और अवध के अन्तर्देशीय व्यापार की वार्षिक रिपोर्ट के वार्षिक खंड; कलकत्ता से निर्यात के लिए, बंगाल प्रेसीडेंसी के समुद्री व्यापार और नेविगेशन के वार्षिक विवरण के वार्षिक खंड।

ग्रन्थ-सूची

Archival Material

Official Manuscript Sources

Uttar Pradesh State Archives, Lucknow

Files and Proceedings of the Government of the North-Western Provinces of Agra and Oudh, United Provinces of Agra and Oudh, United Provinces: General Administration (GAD) (1860-1900 and 1900-1947), Police (1860-1910), Political (1860-1910), Judicial Civil (1860-1910), Judicial Criminal (1860-1910), Industries (1908-1932), Finance (A) (1860-1936), Revenue Department (1902-1939), Finance Departments (1860-1936), Industries (1907-1936), Mutiny and Pre-Mutiny Records of Revenue Proceedings, Revenue Block Series (various years), Board of Revenue Different Districts Series and Oudh General series, GAD Block, Financial and Commerce Department (Separate Revenue-A series) (1895-1905), Various Departments, Revenue and Scarcity Department (1860-1933), Agriculture Department, Irrigation Department, Municipal Department, Harijan Sahayak Department, Reforms Department (1932-1939), Legislative Department, Register of Intending Emigrants, Board of Revenue: Files of Oudh General and Districts, Files of NWP Different Districts, Revenue Department, Village statements.

Criminal Investigation Department, Lucknow

Weekly Police Abstracts of Intelligence of the Government of the Uttar Pradesh (1921-1948).

Uttar Pradesh State Regional Archives, Allahabad

Pre-Mutiny Records in the Collectorate of Gorakhpur: Letters issued and received (1833-1858).

Pre-Mutiny Records in the Collectorate of Benares: Letters issued and received (1831-1858), Educational correspondence (1843-1850), Letters issued and received (series 1-3, 1799-1855), miscellaneous files.

Pre-Mutiny Records in the Commissioner's Office of Benares (Duncan Records) (1788-1858): Residents Proceedings (May 1788-October 1793), Letters issued and received (1853-1856), Village statements, Judicial Despatch Register (I850-1857), Benares Revenue files, Jaunpur judicial files (1830-1857).

Pre-Mutiny Records in the Commissioner's Office of Gorakhpur: Azamgarh judicial files, Gorakhpur district files, miscellaneous files (1823-1856).

Pre-Mutiny Records in the Commissioner's Office of Agra: Customs correspondence of letters issued and received (1817-1848), Agra Judicial files (1848-1868), Miscellaneous files (1814-1841), Agra Revenue files (1840-1853).

Pre-Mutiny Records in the Commissioner's Office Allahabad: Custom and revenue correspondence of various districts in 1801-1857 and 1803-1840.

National Archives of India, Delhi

Files and Proceedings of the Government of India: Home Department, Home Judicial, Home Political, Home Public, Home Legislative, Commerce and Industry Department (1905-1920), Labour, Military, Fortnightly Reports on political situation in India (1917-1924 and 1944-1945).

Oriental And India Office Collection,
British Library, London

Proceedings and Consultations of Uttar Pradesh (1834-1943): Agra judicial proceedings, NWP judicial proceedings, Agra Sudder Board of Revenue (Custom) proceedings, NWP Sudder Board of Revenue (Custom) proceedings, NWP judicial proceedings, Public and Judicial Papers Series, Constitutional Reforms; Indian Statutory Commission proceedings (1927-1930), Q Series of Committees and Commissions, Acts and Codes, Military Department Records (1830-1880 and 1910-1922), Official Publication: Law Reports (annual volumes), Selection from the Records, Indian Departmental Series, Uttar Pradesh Department of Agricultural Bulletin, Bengal Industries Department Bulletin, Committees and Commissions.

Board of Revenue Library, Lucknow

Settlement Reports of the districts of Uttar Pradesh (1830-1945—complete series), Assessment Reports and Rent-Rate Reports of Parganas and *tahsils* of the districts of Uttar Pradesh, Annual Volumes of Trade Reports of Uttar Pradesh for various years, Annual Volumes of Foreign Trade of Uttar Pradesh for various years, Volumes of District Industrial Surveys of Uttar Pradesh, Annual Volumes of Foreign Trade of India for various years, Inquiries and Reports Relating to Land and Agriculture.

Uttar Pradesh State Secretariat Records Library, Lucknow: Proceedings and volumes of Gazetteers, Criminal Justice of Agra and Oudh, Land Records, Agriculture, Royal Commissions, Tribe and Caste, Customs, Revenue List, Annual Revenue administration reports.

Non-offcial Manuscript Sources

Nehru Memorial Museum and Library, New Delhi

All India Congress Committee Papers (AICC).
Peasant Movement (1929-1949).
Rajbhoj, P.N. Papers (1956-1962).
Ramchandra, Baba. Papers (1914-1950).
Uttar Pradesh Congress Committee Papers (Uttar Pradesh CC).
Vidyarthi, Ganesh Shankar. Papers (1919-1930).

Oriental And India Office Collection,
British Library, London

Buchanan-Hamilton, Francis. MS Eur. D.91-92, 88-90.
Campbell Collection. MSS Eur. E.349.
Dufferin Collection. MSS Eur. F.130.
Elliot, Henry. Collection. MSS Eur. J.671-83.
Hartog Collection. MSS Eur. E.221.
Lawrence, Henry. Collection. MSS Eur. F.85.
Risley Collection. MSS Eur. E.295, K.532-36, J.734-35.
Simon Collection. MSS Eur. F.77/138-45.

Printed Sources

Official

General

Agricultural Labour Enquiry: Report on Intensive Survey of A gricultural Labour, Vol. II—North India. Delhi: Manager of Publications Government of India, 1955.

Agricultural Statistics of British India. (1884-1900, title varies.) Allahabad: North-Western Provinces and Oudh Government Press, 1884-1900.

Annual Report of the foreign Trade of North- Western Provinces and Oudh. (1876-1921; title varies.) Allahabad: North-Western Provinces and Oudh Government Press, 1876-1900; Superintendent of Government Press, United Provinces, 1901-1921.

Annual Report of the Inland Trade of North-Western Provinces and Oudh. (1877-1921; title varies.) Allahabad: North-Western Provinces and Oudh Government Press, 1876-1900; Superintendent of Government Press, United Provinces, 1901-1921.

Annual Report of the Rail-Borne Traffic of the North-Western Provinces and Oudh, 1890. Allahabad: North-Western Provinces and Oudh Government Press, 1890.

Annual Statement of the Sea-Borne Trade and Navigation of the Bengal Presidency. (1880-1900; title varies.) Calcutta: Superintendent of Government Printing, 1880-1900.

Blunt, E. A. H. *The Caste System of Northern India: With Special Reference to the United Provinces of Agra and Oudh.* Allahabad: Superintendent of Government Press, United Provinces, 1931.

Cattle Plague Commission. *Report of the Commissioners Appointed to Inquire into the Origin, Nature, etc. of Indian Cattle Plagues.* Calcutta: Superintendent of Printing, Government of India, 1871.

Census of lndia, 1881, vol. 17, pt. 1, *Report, North-West Provinces and Oudh.* Allahabad: North-Western Provinces and Oudh Government Press, 1882.

Census of lndia, 1891, vol. 9, pt. 16, *Report, North-West Provinces and Oudh.* Allahabad: North-Western Provinces and Oudh Government Press, 1891.

Census of India, 1901, vol. 16, pt. 1, *Report, North-West Provinces and Oudh.* Allahabad: Superintendent of Government Press United Provinces, 1902.

Census of lndia, 1911, vol. 15, pt. 1, *Report,* and pt. 2, *Tables, United Provinces of Agra and Oudh.* Allahabad: Superintendent of Government Press United Provinces, 1912.

Census of India, 1921, vol. 16, pt. 1, *Report,* and pt. 2, *Tables, United Provinces of Agra and Oudh.* Allahabad: Superintendent of Government Press, 1923.

Census of India, 1931, vo1. 18, pt. 1, *Report,* and pt. 2, *Tables, United Provinces of Agra and Oudh.* Allahabad: Superintendent of Government Press, United Provinces, 1931.

Census of India, 1941, vol. 5, *United Provinces of Agra and Oudh.* Simla: Manager of Publication Government of India, 1942.

Census of India, 1961, vol. 15, pt. 5A(i), *Special Tables for Scheduled Castes.* 2 vols. Delhi: Manager of Publications Government of India, 1965.

Census of India, 2001, Series 1: India. Delhi: Controller of Publications, 2003. http://www.censusindia.gov.in/Census_Data_2001/index.html (accessed May 28, 2009).

Census of the North-Western Provinces, 1865, vol. 1, *General Report and Appendices A, B, C, D.* Allahabad: Superintendent of Government Press, North-Western Provinces, 1867.

Census of the North-Western Provinces, 1872, vol. 1, *General Report.* Allahabad: Superintendent of Government Press North-Western Provinces, 1873.

Chandra, Rowland N.L. *Monograph on Tanning and Working in Leather in the Province of Bengal.* Calcutta: Secretariat Press, 1904.

Chatterjee, A.C. *Notes on the Industries of the United Provinces.*Allahabad: Superintendent of Government Press, 1908.

Chatterton, A.C. *A Monograph on Tanning and Working in Leather in the Madras Presidency.* Madras: Government Central Press, 1904.

Chenevix-Trench, C.G. *A Monograph on Tanning and Working in Leather in the Central Proriorer.* .Nagpur: Secretariat Press, 1904.

A Collection of papers Connected with an Inquiry into the Conditions of the Lower Classes of the Population, Especially in Agricultural Tracts, in the North-Western Provinces and Oudh, Instituted in 1887-88. Allahabad: North-Western Provinces and Oudh Government Press, 1888.

Collection of Papers Relating to the Conditions of the Tenantry and the Working of Present Rent Law in Oudh. Allahabad: North-Western Provinces and Oudh Government Press, 1883.

Congress Labour Enquiry Committee. *Report of the Congress Labour Enquiry Committee.* In *Dr. Rajendra Prasad: Correspondence and Selected Documents,* vo1. 2, ed. Valmiki Choudhary. Delhi: Allied Publishers, 1984.

Crooke, William. *A Glossary of North Indian Peasant Life.* Edited by Shahid Amin. Delhi: Oxford University Press, 1989.

———*An Introduction to the Popular Religion and Folklore of North India.* Allahabad: North-Western Provinces and Oudh Government Press, 1893.

———*A Rural and Agricultural Glossary for the North-Western Provinces and Oudh.* Calcutta: Superintendent of Government Printing, 1888.

———*The Tribes and Castes of the North-Western Provinces dttd Oudh.* 4 vols. Calcutta: Superintendent of Government Printing, 1896.

Crooke, W., G.R. Dampier, and H.C.A. Conybeare. *A Note on the Tract of Country South of the River Son in the Mirzapur District, N.W. Provinces.* Allahabad: North-Western Provinces and Oudh Government Press, 1894.

Dewar, D. *A Handbook to the English Pre-Mutiny Records in the Government Record Rooms of the United Provinces of Agra and Oudh.* Allahabad: Superintendent of Government Press, United Provinces, 1919.

Directorate of Marketing and Inspection. *Report on the Marketing of Hides in India and Burma: Agricultural Marketing in India.* Delhi: Manager of Publications, Government of India, 1943.

Dutta, J.N. *The Bundelkhand Alienation of Land Act (No. 2 of 1903).* Allahabad: Superintendent of Government Press, United Provinces, 1929.

Election Commission. *Report on the Third General Elections in India, 1962.* Vol. 2. Delhi: Manager of Publications, Government of India, 1963.

Fremantle, S.H. *Report on the Supply of Labour in the United Provinces and Bengal.* Nanital: Superintendent of Government Press, United Provinces, 1906.

Further Papers Relating to Under-Proprietary Rights and Rights of Cultivators in Oudh. Calcutta: Foreign Department Press, 1867.

Hadi, Saiyid Muhammad. "A Note on Breeds of Cattle in the District of Bahraich (Oudh)." *Department of Land Records and Agriculture . Bulletins.* Allahabad: North-Western Provinces and Oudh Government Press, 1895.

Hides Cess Enquiry Committee. *Report of the Hides Cess Enquiry Committee, 21st October, 1929–18th February, 1930.* 2 vols. Calcutta: Superintendent of Printing, Government of India, 1930.

Holmes, J.D.E. "A Note on Some Interesting Results following the Internal Administration of Arsenic in Canker and Other Diseases of the Foot in Horses." Agricultural Research Institute Bulletins, Pusa. Calcutta: Superintendent of Printing, Government of India, 1912.

Indian Industrial Commission. *Minutes of Evidence.* vol. 4, *Bombay.* Calcutta: Superintendent of Printing, Government of India, 1919.

———*Report.* Calcutta: Superintendent of Printing, Government of India, 1918.

Industrial Committee on Tanneries and Leather Goods Manufactories, Ministry of Labour. *Summary of Proceedings of the Industrial Committee on Tanneries and Leather Goods Manufactories.* Delhi: Manager of Publications, Government of India, 1949.

Industries Re-organization Committee. *Report of the Industries Reorganization Committee,* 1934. Allahabad: Superintendent of Government Press, United Provinces, 1934.

Martin, J.R. *Monograph on Tanning and Working in Leather in the Bombay Presidency.* Bombay: Government Central Press, 1903.

Mathur, Jai Krishna. "The Pressure of Population: Its Effects on Rural Economy in Gorakhpur District." Department of Agriculture Bulletins. Allahabad: Superintendent of Government Press, United Provinces, 1931.

Mehta, V.N. *Agricultural Sayings of the United Provinces.* Allahabad: Superintendent of Government Press, United Provinces, 1926.

———Report on the Cesses in Partabgarh District. Allahabad: Superintendent of Government Press, United Provinces, 1922.

Misra, Babu Ram. "Economic Survey of a Village in Cawnpore District." Department of Agriculture Bulletins. Allahabad: Superintendent of Government Press, United Provinces, 1932.

Misra, Bholanath. "Over-Population in Jaunpur." Department of Agriculture Bulletins. Allahabad: Superintendent of Government Press, United Provinces, 1932.

Montgomery, Robert. *Statistical Report of the District of Cawnpore.* Calcutta: Bengal Military Orphan Press, 1849.

Moreland, William H. *The Revenue Administration of the United Provinces.* Allahabad: Superintendent of Government Press, United Provinces, 1911.

Mudie, R.F. *Cultivators' Debt in the Agra District.* Allahabad: Superintendent of Government Press, United Provinces, 1931.

Mukhtar, Ahmad. *Report on Labour Conditions in Tanneries and Leather Goods factories.* Simla: Manager of Publications, Government of India, 1946.

Nesfield, J.S. *Brief View of the Caste System of the North-Western Provinces and Oudh.* Allahabad: North-Western Provinces and Oudh Government Press, 1882.

Notes on Tenant-Right, On Right to Sub-settlement, and on Rights of Jagheerdars. Allahabad: Superintendent of Government Press, North-Western Provinces, 1869.

Papers Relating to the Industrial Conference. Nainital: Superintendent of Government Press, United Provinces, 1907.

Papers Relating to Under-Proprietary Rights and Rights of Cultivators in Oudh. Calcutta: Bengal Military Orphan Press, 1865.

Proceedings of the Uttar Pradesh Legislative Assembly. vols. 26-38 (January 11–April 25, 1947). Allahabad, 1948.

Review of the Trade of India. (1880-1921, title varies.) Simla: Manager of Publications Government of India, 1880-1921.

Royal Commission on Labour in India. *Evidence.* vol. 3, *Central Provinces and United Provinces.* London: Her Majesty's Stationary Office, 1931.

———*Evidence.* vol. 11, *Supplementary.* London: Her Majesty's Stationary Office, 1934.

———*Report.* London: Her Majesty's Stationary Office, 1931.

Russell, A.M. *Report on the Census of the Central Provinces, 1866.* Calcutta: Superintendent, Government Printing, 1867.

Selections from the North-West Provinces. vol. 3, second series, no. 14. Allahabad: North-Western Provinces Government Press, 1861-67.

Selections from the Records of the Government of India, 1881. Home Department nos. 1-196. Calcutta: Superintendent of Government Printing, 1853-84.

Selections from Vernacular Newspapers, Uttar Pradesh, 1894-1929. Allahabad: North-Western Provinces and Oudh Government Press, and Superintendent of Government Press, United Provinces, 1901-29.

Srivastava, L.N. *Leather Industry.* Department of Industries Bulletin, n.s. 19. Allahabad: Superintendent of Government Press, United Provinces, n.d. [after 1934].

Statistical Abstracts for British India. Annual volumes. Allahabad: North-Western Provinces and Oudh Government Press, 1880-90.

Sudder Board of Revenue. *Reports on the Revenue Settlement of the North-Western Provinces of the Bengal Presidency, under Regulation 9, 1833.* 2 vols. Benares: The Medical Hall Press, 1862-63.

Walton, H.G. *A Monograph on Tanning and Working in Leather in the United Provinces of Agra and Oudh.* Allahabad: Superintendent of Government Press, United Provinces, 1903.

Watt, George. *A Dictionary of the Economic Products of India.* Calcutta: Superintendent of Government Printing, 1896.

Wright, F.N. *Memorandum on Agriculture in the District of Cawnpore.* Allahabad: North-Western Provinces and Oudh Government Press, 1877.

Settlement, Rent-Rate And Assessment Reports of Uttar Pradesh

Agra

Rent-Rate Report for Pargana Farah, Zila Agra. Allahabad: North-Western Provinces and Oudh Government Press, 1877. W.H. Smith.

Report on the Settlement of the Agra District. Allahabad: North-Western Provinces and Oudh Government Press, 1880. H.F. Evans.

Rent-Rate Report of Pargana and Tehsil Bah, District Agra. Allahabad: Superintendent of Government Press, United Provinces, 1928. R.F. Mudie.

Rent-Rate Report of Pargana Kiraoli, Tahsil Kiraoli, District Agra. Allahabad: Superintendent of Government Press, United Provinces, 1929. Nand Lal.

Rent-Rate Report of Pargana Agra, District Agra. Allahabad: Superintendent of Government Press, United Provinces, 1928. R.F. Mudie.

Rent-Rate Report of Pargana and Tehsil Bah, District Agra. Allahabad: Superintendent of Government Press, United Provinces, 1928. R.F. Mudie.

Rent-Rate Report of Pargana Fatehabad, Tahsil Fatehabad, District Agra. Allahabad: Superintendent of Government Press, United Provinces, 1928. H. J. Frampton.

Rent-Rate Report of Pargana Etamadpur and Firozabad, District Agra. Allahabad: Superintendent of Government Press, United Provinces, 1928. R.F. Mudie.

Rent-Rate Report Pargana Kheragarh, District Agra. Allahabad: Superintendent of Government Press, United Provinces, 1929. R. F. Mudie.

Final Report on the Settlement and Record Operations in District Agra. Allahabad: Superintendent of Government Press, United Provinces, 1930. R.F. Mudie.

Aligarh

Final Report on the Revision of settlement in the District of Aligarh. Allahabad: North-Western Provinces and Oudh Government Press, 1882. T.E. Smith.

Final Settlement Report of the Aligarh District. Allahabad: Superintendent of Government Press, United Provinces, 1903. W.J.D. Burkitt.

Final Settlement Report of the Aligarh District. Allahabad: Superintendent of Government Press, United Provinces, 1943. S. Ahmad Ali.

Allahabad

Final Settlement Report of the Allahabad District. Allahabad: North-Western Provinces and Oudh Government Press, 1878. F.W. Porter.

Final Settlement Report of the Farrukhabad District. Allahabad: Superintendent of Government Press, United Provinces, 1902. H.J. Hoare.

Rent-Report of Pargana Kiwai, Tahsil Handia, District Allahabad. Allahabad: Superintendent of Government Press, United Provinces, 1915. D.L. Drake-Brockman.

Azamgarh

Report on the Settlement of the Ceded Portion of the District of Azamgarh. Agra: Secundra Orphan Press 1837. J. Thomason. In *Reports on the Revenue Settlement of the North-Western Provinces of the Bengal Presidency, under Regulation IX, 1833.* vol. 1. Benares: The Medical Hall Press, 1862.

Report on the Settlement Operations in thc District of Azamgarh. Allahabad: North-Western Provinces and Oudh Government Press, 1881. J.R. Reid.

Final Report on the Seventh Settlement of the Azamgarh District. Allahabad: Superintendent of Government Press, United Provinces, 1908. C.E. Crawford.

Bahraich

Report on the Revision of settlement of the Bahraich District, Oudh. Lucknow: North-Western Provinces and Oudh Government Press, 1873. E.G. Clark and H. Scotty Boys.

Final Report on the Settlement of the Bahraich District. Allahabad: Superintendent of Government Press, United Provinces, 1901. P. Harrison.

Rent-Rate Report of Pargana Fakharpur, Tahsil Qaisarganj, District Bahraich. Allahabad: Superintendent of Government Press, United Provinces, 1938. Y.D. Gundevia.

Ballia

Report on the Revision of Records in Ballia District. Allahabad: North-Western Provinces and Oudh Government Press, 1886. D.T. Roberts.

Banda

Final Settlement Report for Banda District Exclusive of the Karwi Sub-division. Allahabad: North-Western Provinces and Oudh Government Press, 1881. Alan Cadell.

Rent-Rate Report on Pargana Tarauhan, District Banda. Allahabad: North-Western Provinces and Oudh Government Press, 1881. A. B. Patterson.

Bareilly

Report on the Settlement of the Bareilly District. Allahabad: North-Western Provinces and Oudh Government Press, 1874. S.M. Moens.

Final Settlement Report of the District Bareilly. Allahabad: Superintendent of Government Press, United Provinces, 1903. S.H. Fremantle.

Final Settlement Report of the District Bareilly. Allahabad: Superintendent of Government Press, United Provinces, 1942. I.W. Lewys-Loyd.

Basti

Final Report of the Settlement of the Basti District. Allahabad: North-Western Provinces and Oudh Government Press, 1891. J. Hooper.

Rent-Rate Report of Tahsil Harraiya, District Basti. Allahabad: Superintendent of Government Press, United Provinces, 1918. G.M. Harper.

Rent-Rate Report of the Alluvial Mahals of Tahsil Harraiya, District Basti. Allahabad: Superintendent of Government Press, United Provinces, 1918. E.A.H. Blunt.

Rent-Rate Report of Pargana Maghar East, Mahuli West, Basti East, Tahsil and District Basti. Allahabad: Superintendent of Government Press, United Provinces, 1918. E.A.H. Blunt.

Rent-Rate Report of the Pargana Maghar East, Tahsil Khalilabad, District Basti. Allahabad: Superintendent of Government Press, United Provinces, 1918. E.A.H. Blunt.

Rent-Rate Reports, Alluvial Mahals, Pargana, Maghar West, Tahsil and District Basti. Allahabad: Superintendent of Government Press, United Provinces, 1918. E.A.H. Blunt.

Rent-Rate Report on Tahsil Bansi, District Basti. Allahabad: Superintendent of Government Press, United Provinces, 1918. A. G. Clow.

Rent-Rate Report on the Alluvial Mahals of Mahuli East, District Basti. Allahabad: Superintendent of Government Press, United Provinces, 1918. E.A.H. Blunt.

Rent-Rate Report Pargana of Mahuli East Tahsil Khalilabad, District Basti. Allahabad: Superintendent of Government Press, United Provinces, 1918. G.L. Vivian.

Rent-Rate Report of Pargana Nagar West, District Basti. Allahabad: Superintendent of Government Press, United Provinces, 1918. G.L. Vivian.

Final Settlement Report of the Basti District. Allahabad: Superintendent of Government Press, United Provinces, 1919. A.G. Clow.

Badaun

Final Settlement Report of the Budaun District. Allahabad: Superintendent of Government Press, United Provinces, 1919. A.W. Waugh.

Bulandshahr

Report of the Settlement of the Bulandshahr District. Allahabad: North-Western Provinces and Oudh Government Press, 1877. Robert G. Currie.

Assessment Report of Tehsil Khurja of the Bulandshahr District. Allahabad: North-Western Provinces and Oudh Government Press, 1889. B.T. Stoker.

Final Report on the Settlement of Land Revenue in the Bulandshahr District, North-Western Provinces. Allahabad: North-Western Provinces and Oudh Government Press, 1891. B.T. Stoker.

Rent-Rate Report of Tahsil and District Bulandshahr. Allahabad: Superintendent of Government Press, United Provinces, 1918. H.T. Lane.

Rent-Rate Report of Tahsil Anupshahr, District Bulandshahr. Allahabad: Superintendent of Government Press, United Provinces, 1918. E.A. Phelps.

Rent-Rate Report of Tahsil Bulandshahr and District Bulandshahr. Allahabad: Superintendent of Government Press, United Provinces, 1918. H.T. Lane.

Rent-Rate Report of Tahsil Sikandarabad, District Bulandshahr. Allahabad: Superintendent of Government Press, United Provinces, 1918. E.A. Phelps.

Final Report on the Settlement of Bulandshahr. Allahabad: Superintendent of Government Press, United Provinces, 1919. E.A. Phelps.

Etah

Final Settlement Report of the Etah District. Allahabad: North-Western Provinces and Oudh Government Press, 1974. S.O.B. Ridsale.

Final Settlement Report of the Etah district. Allahabad: Superintendent of Government Press, United Provinces, 1906. H.O.W. Robarts.

Final Settlement Report of Etah District. Allahabad: Superintendent of Government Press, United Provinces, 1944. M.M. Siddiqui.

Etawah

Report of the Settlement of the Etawah District. Allahabad: North-Western Provinces and Oudh Government Press, 1875. C.H.T. Crosthwaite and W. Neale

Final Settlement Report of the Etawah District. Allahabad: Superintendent of Government Press, United Provinces, 1915. E.S. Liddard.

Farrukhabad

Final Report of the Settlement of Farrukhabad District. Allahabad: North-Western Provinces and Oudh Government Press, 1875. H.F. Evans.

Assessment Report of Tahsil Kanauj, District Farrukhabad. Allahabad: Superintendent of Government Press, United Provinces, 1943. S.M. Srivastava.

Assessment Report of Tahsil Kumgunj, District Farrukhabad. Allahabad: Superintendent of Government Press, United Provinces, 1944. S.M. Srivastava.

Fatehpur

Report on the Final Settlement of Fatehpur District. Allahabad: North-Western Provinces and Oudh Government Press, 1878. A.B. Patterson.

Final Settlement Report of the Fatehpur District in the Uttar Pradesh. Allahabad: Superintendent of Government Press, United Provinces, 1915. C.L. Alexander.

Fyzabad

Report on the Settlement of the Land Revenue of Fyzabad District. Allahabad: North-Western Provinces and Oudh Government Press, 1880. A.F. Millett.

Final Settlement Report of Fyzabad District. Allahabad: Superintendent of Government Press, United Provinces, 1942. S.M.A. Zaidi.

Ghazipur

Report on the Revision of Records and Settlement, Ghazipur District. Allahabad: North-Western Provinces and Oudh Government Press, 1886. W. Irvine.

Rent-Rate Report of Tahsil Saidpur, District Ghazipur. Allahabad: Superintendent of Government Press, United Provinces, 1931. Jai Krit Singh.

Gonda

Report on the Settlement of Gonda District. Allahabad: North-Western Provinces and Oudh Government Press, 1878. W.C. Benett.

Final Settlement Report of the Gonda District. Allahabad: Superintendent of Government Press, United Provinces, 1903. H.C.R. Hailey.

Final Settlement of the Gonda District. Allahabad: Superintendent of Government Press, United Provinces, 1943. J.L. Sathe.

Gorakhpur

Report on the Settlement of the District of Gorakhpur. Agra: Secundra Orphan Press, 1837. E.A. Reade. In *Reports on the Revenue Settlement of the North-Western Provinces of the Bengal Presidency, under Regulation IX, 1833,* vol. 1. Benares: The Medical Hall Press, 1862.

Report on the Settlement of the Gorakhpur-Bustee District. 2 vols. Allahabad: North-Western Provinces and Oudh Government Press, 1871.

Assessment Report of Pargana Binayakpur and Tilpur, Tahsil Maharajganj, District Gorakhpur. Allahabad: North-Western Provinces and Oudh Government Press, 1888. A.W. Cruickshank.

Final Report on the Settlement of Gorakhpur District. Allahabad: North-Western Provinces and Oudh Government Press, 1891. A.W. Cruickshank.

Rent-Rate Report of the Northern Portion of Padrauna, District Gorakhpur. Allahabad: Superintendent of Government Press, United Provinces, 1917. K.N. Knox.

Final Report on the Revision of Settlement in the Gorakhpur District (Tahsil Padrauna, Hata and Deoria). Allahabad: Superintendent of Government Press, United Provinces, 1919. K.N. Knox.

Rent-Rate Report on the Southern Portion of Padrauna, Pargana Sidhua Jobna, Tahsil Padrauna, District Gorakhpur. Allahabad: Superintendent of Government Press, United Provinces, 1917. G.J.E. O'Byrne.

Final Settlement Report of the Western Portion of the Gorakhpur District. Allahabad: Superintendent of Government Press, United Provinces, 1919. D.M. Stewart.

Hamirpur

Report on the Settlement of the Zillah of Humeerpoor. Agra: Secundra Orphan Press, 1842. C. Allen. *In Reports on the Revenue Settlement of the North-Western Provinces of the Bengal Presidency, under Regulation IX, 1833.* vol. 1. Benares: The Medical Hall Press, 1863.

Report on the Settlement of the Hamirpur District. Allahabad: North-Western Provinces and Oudh Government Press, 1880. W.E. Neale.

Rent-Rate Report of Pargana Maudha of the Hamirpur District. Allahabad: North-Western Provinces and Oudh Government Press, 1876. Alan Cadell.

Final Report on the Revision of Settlement of the Hamirpur District. Allahabad: Superintendent of Government Press, United Provinces, 1908. W. Raw.

Hardoi

Report of the Regular Settlement of the Hardoi District. Allahabad: North-Western Provinces and Oudh Government Press, 1880. E.O. Bradford, A.H. Harrington, and W. Blennerhassett.

Rent-Rate Report of Tahsil Sandila, District Hardoi. Allahabad: Superintendent of Government Press, United Provinces, 1929. A. Hasan.

Rent-Rate Report af Pargana Barwan, Tehsil Hardoi, District Hardoi. Allahabad: Superintendent of Government Press, United Provinces, 1930. Brij Chand Sharma.

Jalaun

Final Settlement Report of the Jalaun District. Allahabad: Superintendent of Government Press, United Provinces, 1906. H.C.R. Hailey.

Jaunpur

Report on the Revision of Records and Settlement of Jaunpur. Allahabad: North-Western Provinces and Oudh Government Press, 1886. P.C. Wheeler.

Jhansi

Final Report on the Settlement of the Jhansi District. Allahabad: North-Western Provinces and Oudh Government Press, 1893. W.H.L. Impey.

Final Report on the Revision of settlement in the Lalitpur Sub-division, District Jhansi. Allahabad: North-Western Provinces and Oudh Government Press, 1899. H.J. Hoare.

Final Settlement Report on the Revision of the Jhansi District including Lalitpur Sub-division. Allahabad: Superintendent of Government Press, United Provinces, 1907. A.W. Pim.

Assessment Report of Tahsil Jhansi, District Jhansi. Allahabad: Superintendent of Government Press, United Provinces, 1942. J.B. Langford.

Assessment Report of Tahsil Moth, District Jhansi. Allahabad: Superintendent of Government Press, United Provinces, 1942. J.B. Langford.

Assessment Report of Tahsil Lalitpur, District Jhansi. Allahabad: Superintendent of Government Press, United Provinces, 1943. J.B. Langford.

Assessment Report of Tahsil Mahroni, District Jhansi. Allahabad: Superintendent of Government Press, United Provinces, 1943. H.T. Lane.

Assessment Report of Tahsil Mau, District Jhansi. Allahabad: Superintendent of Government Press, United Provinces, 1943. H.T. Lane.

Assessment Report of Tahsil Garotha, District Jhansi. Allahabad: Superintendent of Government Press, United Provinces, 1945. H.T. Lane.

Final Settlement Report of Jhansi District. Allahabad: Superintendent of Government Press, United Provinces, 1947. H.T. Lane.

Kanpur

Final Report of the Settlement of the Kanpur District. Allahabad: Superintendent of Government Press, United Provinces, 1878. F.N. Wright.

Kheri

Report of the Regular Settlement of Kheri District. Allahabad: North-Western Provinces and Oudh Government Press, 1879. T.R. Redfern.

Lucknow

Report of the Land Revenue Settlement, Lucknow District. Allahabad: North-Western Provinces and Oudh Government Press, 1873. H.H. Butts.

Mainpuri

Report on the Settlement of the Mainpuri District. Allahabad: North-Western Provinces and Oudh Government Press, 1875. D.M. Smeaton and M.A. McConaghey.

Final Settlement Report of Mainpuri District. Allahabad: Superintendent of Government Press, 1906. M.A. McConaghey.

Final Settlement Report of Mainpuri District. Allahabad: Superintendent of Government Press, United Provinces, 1944. Sheikh Zahurul Hasan.

Meerut

Report on the Settlement of Meerut District. Allahabad: North-Western Provinces and Oudh Government Press, 1874. W.A. Forbes and J.S. Porter.

Final Settlement Report of the Meerut District. Allahabad: Superintendent of Government Press, United Provinces, 1901. R.W. Gillan.

Moradabad

Rent-Rate Report of Pargana Thakurdwara, District Moradabad. Allahabad: North-Western Provinces and Oudh Government Press, 1878. D.M. Smeaton.

Rent-Rate Report of Pargana Kashipur, Tarai, District Moradabad. Allahabad: North-Western Provinces and Oudh Government Press, 1878. D.M. Smeaton.

Final Report on the Settlement, of the Moradabad District. Allahabad: North-Western Provinces and Oudh Government Press, 1881. E. Alexander.

Final Report on the Eleventh Settlement of the Moradabad. Allahabad: Superintendent of Government Press United Provinces, 1909. H.J. Boas.

Muttra

Report on the Settlement of the Muttra District. Allahabad: North-Western Provinces and Oudh Government Press, 1879. R.S. Whiteway.

Final Settlement Report of the Muttra District. Allahabad: Superintendent of Government Press, United Provinces, 1926. H.A. Lane.

Muzaffarnagar

Final Report of the Settlement of the Muzaffarnagar District. Allahabad: North-Western Provinces and Oudh Government Press, 1892. J.O. Miller.

Partabgarh

Report on the Revenue Settlement of Partabgarh District. Allahabad: North-Western Provinces and Oudh Government Press, 1877. W.A. Forbes.

Final Settlement Report of the Partabgarh District. Allahabad: North-Western Provinces and Oudh Government Press, 1896. J. Sanders.

Rae Bareli

Report on the Settlement Operation of Rae Bareli District. Allahabad: North-Western Provinces and Oudh Government Press, 1896. J.M. Macandrew.

Report on the Second Settlement of the Rae Bareli District, Oudh, 1897. Allahabad: North-Western Provinces and Oudh Government Press, 1898. S.H. Fremantle.

Rent-Rate Report Pargana Dalmau and Tahsil Dalmau, District Rae Bareli. Allahabad: Superintendent of Government Press, United Provinces, 1928. L. Owen.

Rent-Rate Report of Pargana Khiron and Sareni, Tahsil Dalmau, Rae Bareli District. Allahabad: Superintendent of Government Press, United Provinces, 1928. A.C. Turner.

Rent-Rate Report of Pargana and Tahsil Rae Bareli, District Rae Bareli. Allahabad: Superintendent of Government Press, United Provinces, 1928. A.C. Turner.

Final Report on the Third Regular Settlement of the Rae Bareli District. Allahabad: Superintendent of Government Press, United Provinces, 1929. A.C. Turner.

Saharanpur

Report on the settlement of the District of Seharunpore. Agra: Secundra Orphan Press, 1837. Edward Thornton. In *Reports on the Revenue Settlement of the North-Western Provinces of the Bengal Presidency, under Regulation IX, 1833,* vol. 1. Benares: The Medical Hall Press, 1862.

Final Report of the Settlement of the Saharanpur District. Allahabad: North-Western Provinces and Oudh Government Press, 1891. L.A.S. Porter.

Assessment Report of the Saharanpur Tahsil, District Saharanpur. Allahabad: North-Western Provinces and Oudh Government Press, 1890. L.A.S. Porter.

Assessment Report of the Roorkee Tahsil, District Saharanpur. Allahabad: North-Western Provinces and Oudh Government Press, 1890. L.A.S. Porter.

Rent-Rate Report of Pargana Faizabad, Tahsil and District Saharanpur. Allahabad: Superintendent of Government Press, United Provinces, 1919. D.L. Drake-Brockman.

Rent-Rate Report of Pargana Saharanpur, Tahsil and District Saharanpur. Allahabad: Superintendent of Government Press, United Provinces, 1919. D.L. Drake-Brockman.

The Final Report on the Settlement Operations of the Saharanpur District. Allahabad: Superintendent of Government Press, United Provinces, 1921. D.L. Drake-Brockman.

Rent-Rate Report on Pargana Bhagwanpur and Rurki, Tahsil Rurki, District Saharanpur. Allahabad: Superintendent of Government Press, United Provinces, 1919. Brij Chand Sharma.

Rent-Rate Report on Pargana Haraura, Tahsil and District Saharanpur.

Allahabad: Superintendent of Government Press, United Provinces, 1919. Brij Chand Sharma.

Shahjahanpur

Report on the Settlement of the Shahjehanpore District. Allahabad: North-Western Provinces and Oudh Government Press, 1874. Robert G. Currie.

Rent-Rate Report for Tahsil Shahjahanpur, District Shahjahanpur. Allahabad: Superintendent of Government Press, United Provinces, 1939. G.A. Haig.

Rent-Rate Report for Tahsil Jalalabad, District Shahjahanpur. Allahabad: Superintendent of Government Press, United Provinces, 1939. Sheikh Zahurul Hasan.

Sitapur

Final Report on the Settlement of District Sitapur. Allahabad: North-Western Provinces and Oudh Government Press, 1875. M.L. Farrar.

Sultanpur

Report on the Settlement af the Land Revenue of sultanpur District. Allahabad: North-Western Provinces and Oudh Government Press, 1873. A.F. Millett.

Final Report of the Settlement of the Sultanpur District. Allahabad: North-Western Provinces and Oudh Government Press, 1898. F.W. Browrigg.

Unnao

Report on the Revised Settlement of the Oonao District. Allahabad: North-Western Provinces and Oudh Government Press, 1867. W. Maconochie.

Final Report on the Settlement of Land Revenue in the Unao District. Allahabad: North-Western Provinces and Oudh Government Press, 1896. W.H. Moreland.

Rent-Rate Report of Pargana Safipur, Tahsil Safipur, District Unao. Allahabad: Superintendent of Government Press, United Provinces, 1928. S.M.A. Zaidi.

Rent-Rate Report of Pargana Mohan Auras, Tahsil Mohan, District Unao. Allahabad: Superintendent of Government Press, United Provinces, 1928. H.S.K. Maheshwari.

Rent-Rate Report of Parganas Bangarman and Fatehpur-Chaurasi, Tahsil Safipur, District Unnao. Allahabad: Superintendent of Government Press, United Provinces, 1929. S.M.A. Zaidi.

Gazetteers of Uttar Pradesh

Statistical, Descriptive and Historical Account of the North-Western Provinces of India. vols. 1-9, 13. Allahabad: North-Western Provinces and Oudh Government Press, 1874-83. Edwin T. Atkinson.

United Provinces District Gazetteers

Agra. Allahabad, 1905. H.R. Nevill.

Allahabad. Allahabad: Superintendent of Government Press, United Provinces, 1911. H.R. Nevill.

Azamgarh. Allahabad: Superintendent of Government Press, United Provinces, 1911. D.L. Drake-Brockman.

Banda. Allahabad: Superintendent of Government Press, United Provinces, 1909. D.L. Drake-Brockman.

Basti. Allahabad: Superintendent of Government Press, United Provinces, 1907. H.R. Nevill.

Benares. Allahabad: Superintendent of Government Press, United Provinces, 1909. H.R. Nevill.

Kanpur. Allahabad: Superintendent of Government Press, United Provinces, 1909. H.R. Nevill.

Etah. Allahabad: Superintendent of Government Press, United Provinces, 1911. E.R. Neave.

Etawah. Allahabad: Superintendent of Government Press, United Provinces, 1911. D.L. Drake-Brockman.

Farrukhabad. Allahabad: Superintendent of Government Press, United Provinces, 1911. E.R. Neave.

Fatehpur. Allahabad: Superintendent of Government Press, United Provinces, 1906. H.R. Nevill.

Fyzabad. Allahabad: Superintendent of Government Press, United Provinces, 1905. H.R. Nevill.

Ghazipur. Allahabad: Superintendent of Government Press, United Provinces, 1909. H.R. Nevill.

Gonda. Allahabad: Superintendent of Government Press, United Provinces, 1909. H.R. Nevill.

Hamirpur. Allahabad: Superintendent of Government Press, United Provinces, 1909. D.L. Drake-Brockman.

Hardoi. Nanital: Superintendent of Government Press, United Provinces, 1904. H.R. Nevill.

Jalaun. Allahabad: Superintendent of Government Press, United Provinces, 1909. D.L. Drake-Brockman.

Jaunpur. Allahabad: Superintendent of Government Press, United Provinces, 1908. H.R. Nevill.

Jhansi. Allahabad: Superintendent of Government Press, United Provinces, 1911. D.L. Drake-Brockman.

Kheri. Allahabad: Superintendent of Government Press, United Provinces, 1905. H.R. Nevill.

Lucknow. Allahabad: Superintendent of Government Press, United Provinces, 1904. H.R. Nevill.

Mainpuri. Allahabad: Superintendent of Government Press, United Provinces, 1910. E.R. Neave.

Meerut. Allahabad: Superintendent of Government Press, United Provinces, 1904. H.R. Nevill.

Mirzapur. Allahabad: Superintendent of Government Press, United Provinces, 1911. D.L. Brockman.

Moradabad. Allahabad: Superintendent of Government Press, United Provinces, 1911. H.R. Nevill.

Muttra. Allahabad: Superintendent of Government Press, United Provinces, 1911. D.L. Drake-Brockman.

Muzaffarnagar. Allahabad: Superintendent of Government Press, United Provinces, 1903. H.R. Nevill.

Partabgarh. Allahabad: Superintendent of Government Press, United Provinces, 1904. H.R. Nevill.

Pilibhit. Allahabad: Superintendent of Government Press, United Provinces, 1911. H.R. Nevill.

Rae Bareli. Allahabad: Superintendent of Government Press, United Provinces, 1905. H.R. Nevill.

Saharanpur. Allahabad: Superintendent of Government Press, United Provinces, 1909. H.R. Nevill.

Shahjahanpur. Allahabad: Superintendent of Government Press, United Provinces, 1910. H.R. Nevill.

Sitapur. Allahabad: Superintendent of Government Press, United Provinces, 1905. H.R. Nevill.

District Industrial Surveys of Uttar Pradesh

Report on the Industrial Survey of the Agra District of the United Provinces. Allahabad: Superintendent of Government Press, United Provinces, 1924. Mohammed Zia-Ur-Rub.

Report on the Industrial Survey of the Aligarh District of the United Provinces. Allahabad: Superintendent of Government Press, United Provinces, 1923. Maulvi Hamid Raza Jaffrey.

Report on the Industrial Survey of the Allahabad District of the United Provinces Allahabad: Superintendent of Government Press, United Provinces, 1923. Jagish Sahai Vatal.

Report on the Industrial Survey of the Azamgarh District of the United Provinces. Allahabad: Superintendent of Government Press, United Provinces, 1923. Mohammad Mushtaq.

Report on the Industrial Survey of the Bahraich District of the United Provinces. Allahabad: Superintendent of Government Press, United Provinces, 1923. H.N. Sapru.

Report on the Industrial Survey of the Ballia District of the United Provinces. Allahabad: Superintendent of Government Press, United Provinces, 1923. B.R. Bhatta.

Report on the Industrial Survey of the Banda District of the United Provinces. Allahabad: Superintendent of Government Press, United Provinces, 1923. G.N. Bhargava.

Report on the Industrial Survey of the Bara Banki District of the United Provinces. Allahabad: Superintendent of Government Press, United Provinces, 1923. H.N. Sapru.

Report an thc Industrial Survey of the Bareilly District of the United Provinces. Allahabad: Superintendent of Government Press, United Provinces, 1923. Raghunandan Saran.

Report on the Industrial Survey of the Basti District of the United Provinces. Allahabad: Superintendent of Government Press, United Provinces, 1923. Mohammad Mushtaq.

Report on the Industrial Survey of the Benares District of the United Provinces. Allahabad: Superintendent of Government Press, United Provinces, 1923. B.R. Bhatta.

Report on the Industrial Survey of the Bijnor District of the United Provinces. Allahabad: Superintendent of Government Press, United Provinces, 1923. Raghunandan Saran.

Report on the Industrial Survey of the Bulandshahr District of the United Provinces. Allahabad: Superintendent of Government Press, United Provinces, 1923. H.N. Sapru.

Report on the Industrial Survey of the Kanpur District of the United Provinces. Allahabad: Superintendent of Government Press, United Provinces, 1923. Jaghish Sahai Vatal.

Report on the Industrial Survey of the Dehradun District of the United Provinces. Allahabad: Superintendent of Government Press, United Provinces, 1923. Mohammed Zia-Ur-Rub.

Report on the Industrial Survey of the Etawah District of the United Provinces. Allahabad: Superintendent of Government Press, United Provinces, 1923. Jaghish Sahai Vatal.

Report on the Industrial Survey of the Farrukhabad District of the United Provinces. Allahabad: Superintendent of Government Press, United Provinces, 1923. Jaghish Sahai Vatal.

Report on the Industrial Survey of the Fatehpur District of the United Provinces. Allahabad: Superintendent of Government Press, United Provinces, 1923. Jaghish Sahai Vatal.

Report on the Industrial Survey of the Fyzabad District of the United Provinces. Allahabad: Superintendent of Government Press, United Provinces, 1923. H.N. Sapru.

Report on the Industrial Survey of the Ghazipur District of the United Provinces. Allahabad: Superintendent of Government Press, United Provinces, 1923. B.R. Bhatta.

Report on the Industrial Survey of the Garakhpur District of the United Provinces. Allahabad: Superintendent of Government Press, United Provinces, 1923. Mohammad Mushtaq.

Report on the Industrial Survey of the Hamirpur District of the United Provinces. Allahabad: Superintendent of Government Press, United Provinces, 1923. G.N. Bhargava.

Report on the Industrial Survey of the Hardoi District of the United Provinces. Allahabad: Superintendent of Government Press, United Provinces, 1923. B.K. Ghoshal.

Report on the Industrial Survey of the Jalaun District of the United Provinces. Allahabad: Superintendent of Government Press, United Provinces, 1924. G.N. Bhargava.

Report on the Industrial Survey of the Jaunpur District of the United Provinces. Allahabad: Superintendent of Government Press, United Provinces, 1923. B.R. Bhatta.

Report on the Industrial Survey of the Jhansi District of the United Provinces. Allahabad: Superintendent of Government Press, United Provinces, 1923. G.N. Bhargava.

Report on the Industrial Survey of the Kheri District of the United Provinces. Allahabad: Superintendent of Government Press, United Provinces, 1923. B.K. Ghoshal.

Report on the Industrial Survey of the Lucknow District of the United Provinces. Allahabad: Superintendent of Government Press, United Provinces, 1923. B.K. Ghoshal.

Report on the Industrial Survey of the Mainpuri District United Provinces. Allahabad: Superintendent of Government Press, United Provinces, 1923. Maulvi Hamid Raza Jaffrey.

Report on the Industrial Survey of the Meerut District of the United Provinces. Allahabad: Superintendent of Government Press, United Provinces, 1922. Mohammed Zia-Ur-Rub.

Report on the Industrial Survey of the Mirzapur District of the United Provinces. Allahabad : Superintendent of Government Press, United Provinces, 1923. B.R. Bhatta.

Report on the Industrial Survey of the Moradabad District of the United Provinces. Allahabad: Superintendent of Government Press, United Provinces, 1923. Raghunandan Saran.

Report on the Industrial Survey of the Muzaffarnagar District of the United Provinces. Allahabad: Superintendent of Government Press, United Provinces, 1923. Mohammed Zia-Ur-Rub.

Rcpart on the Industrial Survey of the Partabgarh District of the United Provinces. Allahabad: Superintendent of Government Press, United Provinces, 1923. H.N. Sapru.

Report on the Industrial Survey of the Pilibhit District of the United Provinces. Allahabad: Superintendent of Government Press, United Provinces, 1924. B.R. Bhatta.

Report on the Industrial Survey of the Rae Bareli District of the United Provinces. Allahabad: Superintendent of Government Press, United Provinces, 1923. B.K. Ghoshal.

Report on the Industrial Survey of the Saharanpur District of the United Provinces. Allahabad: Superintendent of Government Press, United Provinces, 1923. Mohammed Zia-Ur-Rub.

Report on the Industrial Survey of the Shahjahanpur District of the United Provinces. Allahabad: Superintendent of Government Press, United Provinces, 1923. Mohammad Mushtaq.

Report on the Industrial Survey of the Sultanpur District of the United Provinces. Allahabad: Superintendent of Government Press, United Provinces, 1923. H.N. Sapru.

Report on the Industrial Survey of the Unnao District of the United Provinces. Allahabad: Superintendent of Government Press, United Provinces, 1923. B.K. Ghoshal.

Non-official

Periodicals

आज (हिन्दी दैनिक, बनारस)

अभ्युदय (हिन्दी दैनिक, इलाहाबाद)

Calcutta Review (English, monthly, Calcutta)

चाँद (हिन्दी मासिक, इलाहाबाद)
Dawn (English daily, Lahore)
Frontline (English fortnightly, Madras)
Hindustan Times (English daily, Delhi)
Indian Notes and Queries (English monthly)
Leader (English daily, Allahabad)
National Herald (English daily, Lucknow)
North Indian Notes and Queries (English monthly, edited by William Crooke)
Pioneer (English daily, Lucknow)
प्रताप (हिन्दी साप्ताहिक, कानपुर)
Punjab Notes and Queries (English monthly)
Times of India (English daily, Lucknow)
वर्तमान (हिन्दी साप्ताहिक, कानपुर)

हिन्दी स्त्रोत

गौरी शंकर अहरवार, *चमार जाति की उत्पत्ति एवं उसकी प्रगति,* चन्द्रकान्त पब्लिशर, कानपुर, 1990

ऑल इंडिया कोली-राजपूत महासभा, *कोली-राजपूत जाति का संक्षिप्त परिचय अर्थात कोली-राजपूत जाति की ऐतिहासिक झलक,* ऑल इंडिया कोली-राजपूत महासभा, 1936

हरमोहन दयाल, *वर्ण-व्यवस्था और कुरील वंश,* राजमोहन पब्लिशर्स, लखनऊ।

भारतेन्दु हरिश्चन्द्र, (1) *अग्रवालों की उत्पत्ति,* 1871, *भारतेन्दु ग्रंथावली,* तीसरा भाग, सम्पादक : बृजरतन दास, पृ. 5-12, नागरी प्रचारिणी सभा, बनारस, 1954

—(2) *खत्रियों की उत्पत्ति,* 1873, वही, पृ. 247-60

जैसवार महासभा, *सूर्यवंश क्षत्रिय जैसवार सभा,* बम्बई मशीन प्रेस, लाहौर, 1926

मंगल सिंह जाटव, *श्री 108 स्वामी अछूतानन्द जी का जीवन परिचय,* सरस्वती प्रेस, ग्वालियर, 1997

चन्द्रिका प्रसाद 'जिज्ञासु', (1) *भारत के आदि निवासियों की सभ्यता,* 1937, बहुजन कल्याण प्रकाशन, लखनऊ, 1965

—*भारतीय रिपब्लिकन पार्टी ही क्यों आवश्यक है?,* प्रकाशक वटी, 1965, सातवाँ संस्करण, 1984

—*श्री 108 स्वामी अछूतानन्द जी 'हरिहर',* बहुजन कल्याण प्रकाशन, लखनऊ, 1968

कौशल्यानन्दन, *कढेरे कौन है? हमारी खोज,* बाबू अमृतलाल बिजोरहा पब्लिशर, जबलपुर, 1933

नौबतराय, *कहार जाति और वर्ण-व्यवस्था : उसकी पूर्व और वर्तमान दशा,* फकीरचन्द, आगरा, 1920

प्रेमचन्द, *गोदान,* 1936, हंस प्रकाशन, इलाहाबाद, 1993

—*कर्मभूमि,* 1932, राजकमल प्रकाशन, दिल्ली, 2002

—*पूस की रात, मानसरोवर,* खंड-1, पृ. 154-60, सरस्वती प्रेस, इलाहाबाद, 1975

—प्रेमाश्रम, 1922, वाणी प्रकाशन, दिल्ली, 2002

यू.बी.एस. रघुवंशी, *श्री चँवर पुराण,* कॉमर्शियल प्रेस, कानपुर, (ब्रिटिश लाइब्रेरी में उपलब्ध प्रति, अगस्त, 1917)

पंडित सुन्दर लाल सागर, *यादव जीवन,* श्री जाटव महासभा, आगरा, 1929

शंकरानन्द शास्त्री, *पूना पैक्ट बनाम गांधी,* 1946, बहुजन कल्याण प्रकाशन, लखनऊ, 1994 (संशोधित संस्करण 1965 में आया था, जिसमें 1956 तक की घटनाएँ दी गई हैं।)

राजपाल सिंह 'राज', *स्वामी अछूतानन्द 'हरिहर',* राजलक्ष्मी प्रकाशन, 2003

वीर जन्म शताब्दी समारोह, 1997 : स्मारिका, माणिकचन्द वीर संस्थान, आगरा, 1998

नन्दलाल वियोगी, *अम्बेदकर की आवाज़ अर्थात् अछूतों का फ़ेडरेशन,* जागृति प्रेस, इलाहाबाद, 1949

रामनारायण यादवेन्दु, *यदुवंश का इतिहास,* नवयुग साहित्य निकेतन, आगरा, 1942

English Sources

Amin, Shahid. "Agrarian Bases of Nationalist Agitations in India: An Historiographical Survey." In *The Indian National Congress: Centenary Hindsights,* ed. D.A. Low, pp. 98-128. Delhi: Oxford University Press, 1988.

——*Event, Metaphor, Memory: Chauri-Chaura, 1922-1992.* Delhi Oxford University Press, 1996.

——*Sugarcane and Sugar in* Gorakhpur: *An Inquiry into Peasant Production for Capitalist Enterprise in Colonial India.* Delhi: Oxford University Press, 1984.

Asthana, Krishna Sahai. "A Social and Economic Survey of Village Malhera, District Hardoi." In *Fields and Farmers in Oudh,* ed. RadhaKamal Mukerjee, pp. 1-132. Madras: Longmans, 1929.

Bandyopadhyay, Sekhar. *Caste, Protest and Identity in Colonial India: The Namasudras of Bengal, 1872-1947.* London: Curzon, 1997.

Bayly, C.A. *Indian Society and the Making of the British Empire.* New Cambridge History of India 2.1. Cambridge: Cambridge University Press. 1987.

——*Rulers, Townsmen and Bazaars. North Indian Society in the Age of British Expansion, 1770-1870.* Cambridge: Cambridge University Press, 1983.

Bayly, Susan. *Caste, Society and Politics in India from the Eighteenth Century to the Modern Age.* New Cambridge History of India 4.3. Cambridge: Cambridge University Press, 1999.

Bhargava, Meena. "Perception and Classification of the Rights of the Social Classes: Gorakhpur and the East India Company in the Late Eighteenth and Early Nineteenth Centuries." *Indian Economic and Social History Review 30,* No. 2 (1993): 214-37.

Bhattacharya, Neeladri. "Agricultural Labour and Production: Central and South-East Punjab, 1870-1940." In *Essays on the*

Commercialization of Indian Agriculture, ed. K.N. Raj et al., 105-62. Delhi: Oxford University Press, 1985.

Briggs, George W. *The Chamars.* Oxford University Press, 1920.

Buchanan, Francis. *An Account of the Districts of Bihar and Patna in 1811-1812.* 2 vols. Patna: The Bihar and Orissa Research Society, 1934.

Chakrabarty, Dipesh. *Habitations of Modernity. Essays in the Wake of subaltern Studies.* Delhi: Permanent Black, 2002.

——*Rethinking Working-Class History: Bengal, 1890-1940.* Delhi: Oxford University Press, 1996.

Chandavarkar, Rajnarayan. *The Origins of Industrial Capitalism in India: Business Strategies and the Working Classes in Bombay, 1900-1940.* Cambridge: Cambridge University Press, 1994.

Chatterjee, Partha. *The Nation and Its Fragments: Colonial and Post-colonial Histories.* Princeton, N.J.: Princeton University Press, 1993.

Chatterji, Basudev. *Towards Freedom: Documents on the Movement for Independence in India, 1938.* 3 parts. Delhi: Oxford University Press, 1999.

Chaudhuri, K.N., ed. *The Economic Development of India under the East India Company, 1914-58: A Selection of Contemporary Writings.* Cambridge: Cambridge University Press, 1971.

——"Foreign Trade and Balance of Payments (1754-1947)." In *The Cambridge Economic History of India, Volume 2:c. 1757-1970,* ed. Dharma Kumar, pp. 804-77. Cambridge: Cambridge University Press, 1983.

Chevers, Norman. *A Manual of Medical Jurisprudence for India, including the Outline of a History of the Crime against the Person in India.* Calcutta: Thacker, Spink, 1870.

Cohn, Bernard S. *An Anthropologist among the Historians and Other Essays.* Delhi: Oxford University Press, 1987.

——*Colonialism and Its Forms of Knowledge: The British in India.* Princeton, N.J.: Princeton University Press, 1996.

Colebrooke, H.T. *Remarks on the Husbandry and Internal Commerce of Bengal.* Calcutta: Printed by the author, 1804.

Commonwealth Institute. Committee for India. *Report on Hides and Skins.* London: J. Murray, 1920.

Crawfurd, John. *A Sketch of the Commercial Resources and Monetary and Mercantile System of British India, with Suggestions for Their Improvement, by Means of Banking Establishment.* London: Smith, Elder and Co., 1837. Reprinted in *The Economic Development of India under the East India Company, 1914-58: A Selection of Contemporary Writings,* ed. K.N. Chaudhuri, pp. 217-316. Cambridge: Cambridge University Press, 1971.

Dalmia, Vasudha. *The Natianalisation of Hindu Traditions: Bharatendu Harishchandra and Nineteenth-Century Banaras.* Delhi: Oxford University Press, 1997.

——"Vernacular Histories in Late Nineteenth-Century Banaras: Folklore, Puranas and the New Antiquarianism." *Indian Economic and Social History Review* 38, No. 1 (2001): 59-79.

Das Gupta, Ranjit. "Factory Labour in Eastern India: Sources of Supply, 1855-1946: Some Preliminary Findings." *Indian Eonomic and Social History Review* 13, no. 3 (1976): 277-329.

Dayal, Hari Har. "Agricultural Labourers: An Inquiry Into Their Condition in the Unao District." In *Fields and farmers in Oudh,* ed. RadhaKamal Mukerjee, pp. 225-298. Madras: Longmans, 1929.

Deliege, Robert. *The Untouchables of India.* New York: Berg, 1999.

Dirks, Nicholas. *Castes of Mind: Colonialism and the Making of Modern India.* Princeton, N.J.: Princeton University Press, 2001.

Dube, Saurabh. *Untouchable Pasts: Religion, Identity, and Power among a Central Indian Community, 1780-1950.* Albany: State University of New York Press, 1998.

Duncan, R. Ian. "Levels, the Communication of Programmes, and Sectional Strategies in Indian Politics, with Reference to the Bharatiya Kranti Dal and the Republican Party of India in U.P. State and Aligarh District (U.P.)." Ph.D. diss., University of Sussex, 1979.

Eden, Emily. *Up the Country: Letters Written to her Sister from Upper Provinces of India.* Oxford University Press, 1993.

Elliot, Henry Meirs. *Memoirs on the History, Folk-Lore, and Distribution of the Races of the North-Western Provinces of India.* 2 vols. ed. John Beames. London: Trubner, 1869.

Fallon, S.W. *A Dictionary of Hindustani Proverbs.* Banaras: The Medical Hall Press, 1886.

Fazl, Abul. *Ain-I-Akbari.* 2 vols. Trans. H. Blochmann. Calcutta: The Asiatic Society, 1873.

Freitag, Sandria B. "Crime in the Social Order of Colonial North India." *Modern Asian Studies 25,* No. 2 (1991): 227-61.

Gilmartin, David. "Cattle, Crime and Colonialism: Property as Negotiation in North India." *Indian Economic and Social History Review* 40, No. 1 (2003): 33-56.

Gooptu, Nandini. *The Politics of the Urban Poor in Early Twentieth- Century India.* Cambridge: Cambridge University Press, 2001.

Grover, B.R. "An Integrated Pattern of Commercial Life in the Rural Society of North India during the Seventeenth and Eighteenth Centuries." In *Money* and *the Market in India, 1100-1700,* ed. Sanjay Subrahmanyam, pp. 219-55. Delhi: Oxford University Press, 1994.

——"Nature of Land Rights in Mughal India." *Indian Economic and Social History Review* 1, No. 1 (1963): 1- 23.

Guha, Ranajit. *Dominance without Hegemony: History and Power in Colonial India.* Cambridge, Mass: Harvard University Press, 1997.

——*Elementary Aspects of Peasant Insurgency in Colonial India.* Delhi: Oxford University Press, 1983.

——"The Small Voice of History." In *Subaltern Studies,* vol. 9, ed. Shahid Amin and Dipesh Chakrabarty, pp. 1-12. Delhi: Oxford University Press, 1996.

——ed. *Subaltern Studies: Writings on South Asian History and Society.* vols. 1-6. Delhi: Oxford University Press, 1982-89.

Gupta, Charu. "Hindu Women, Muslim Men: Cleavages in Shared Spaces of Everyday Life, United Provinces, c. 1890-1930." *Indian Economic and Social History Review 37,* No. 2 (2000): 121-49.

Hardiman, David. *The Coming of the Devi: Adivasi Assertion in Western India.* Delhi: Oxford University Press, 1987.

Hazari. *I Was an Outcaste: The Autobiography of an Unknown Indian.* Delhi: Hindustan Times, 1951.

Hoey, William. *A Monograph on Trade and Manufactures in Northern India.* Lucknow: The American Methodist Mission Press, 1880.

Human Rights Watch. *Broken People: Caste Violence against India's "Untouchables."* New York: Human Rights Watch, 1999.

Ilaiah, Kancha. "Productive Labour, Consciousness and History: The Dalitbahujan Alternative." In *Subaltern Studies,* vol. 9, ed. Shahid Amin and Dipesh Chakrabarty, 165-200. Delhi: Oxford University Press, 1996.

Jaffrelot, Christophe. *India's Silent Revolution: The Rise of the Lower Castes in North India.* New York: Columbia University Press, 2003.

Jones, Gavin. "The Rise and Progress of Cawnpore." In *the Bombay Presidency, the United Provinces, the Punjab, Etc: Their History, People, Commerce, and Natural Resources,* by Somerset Playne, pp. 495-99. London: The Foreign and Colonial Compiling and Pub. Co., 1920.

Jones, K.W. *Socio-religious Reform Movements in British India.* New Cambridge History of India 3.1. Cambridge: Cambridge University Press, 1989.

Jordens, J.T.F. *Swami Shraddhananda: His Life and Causes.* Delhi: Oxford University Press, 1981.

Joshi, Chitra. *Lost Worlds. Indian Labour and Its forgotten Histories.* Delhi: Permanent Black, 2003.

Juergensmeyer, Mark. *Religion as Social Vision: The Movement against Untouchability in Twentieth-Century Punjab.* Berkeley: University of California Press, 1982.

Keer, Dhananjay. *Dr. Ambedkar: Life and Mission.* Bombay: Popular Prakashan, 1954.

Kesavan, Mukul. *Congress and the Muslims of UP and Bihar, 1937 to 1939.* Occasional Papers on History and Society, 2nd series, No. 27. New Delhi: Nehru Memorial Museum and Library, 1990.

Khare, R.S. *The Untouchable as Himself: Ideology, Identity and Pragmatism among the Lucknow Chamars.* Cambridge: Cambridge University Press, 1984.

Khobragade, B.D. *Report of the General Secretary of the Republican Party of India.* Delhi, 1966.

Knorringa, Peter. "Artisan Labour in the Agra Footwear Industry: Continued Informality and Changing Threats." *Contributions to Indian Sociology 33,* nos. 1-2 (1999): 303-28.

Kotani, Hiroyuki., ed. *Caste System, Untouchability and the Depressed.* Delhi: Manohar Publishers, 1999.

——"Conflict and Controversy over the Mahar Vatan in the Nineteenth-Twentieth Century Bombay Presidency." In *Caste System, Untouchability and the Depressed,* ed. Hiroyuki Kotani, pp. 103-135. Delhi: Manohar Publishers, 1999.

Kshirsagar, R.K. *Dalit Movement and Its Leaders (1857-1956).* Delhi: M.D. Publications, 1994.

Kumar, Dharma. ed. *The Cambridge Economic History of India, vol. 2: c.1757-1970.* Cambridge: Cambridge University Press, 1983.

Kumar, Kapil. *Peasants in Revolt: Tenants, Landlords, Congress and the Raj in Oudh, 1886-1922.* Delhi: Manohar Publishers, 1984.

Lal, Brij V. *Chalo Jhaji: A journey through Indenture in Fiji.* Canberra: The Australian National University, 2001.

Lohia, Rammanohar. *The Caste System.* Hyderabad: Navahind, 1964.

Lynch, Owen. *The Politics of Untouchability: Social Mobility and Social Change in a City of India.* New York: Columbia University Press, 1969.

Martin, Robert Montgomery. *The History, Antiquities, Topography, and Statistics of Eastern India: Comprising the Districts of Bihar, Shahabad, Bhagalpoor, Goruckpoor, Dinajpoor, Purniya, Rungpoor and Assam, in Relation to Their Geology, Mineralogy, Botany, Agriculture, Commerce, Manufactures, Fine Arts, Population, Religion, Educaiion, Statistics, Etc.* 3 vols. London: W.H. Allen, 1838.

Major, Andrew J. "State and Criminal Tribes in Colonial Punjab: Surveillance, Control and Reclamation of the 'Dangerous Classes.' " *Modern Asian Studies 33,* No. 3 (1999): 657-88.

Mayaram, Shail. "Criminality or Community? Alternative Constructions of the Mev Narrative of Darya Khan." *Contributions to Indian Sociology 25,* No. 1 (1991): 57-84.

Mayer, Peter. "Inventing Village Tradition: The Late Nineteenth Century Origins of the North Indian 'Jajmani System.' " *Modern Asian Studies* 27, No. 2 (1993): 357-95.

Mendelsohn, Oliver, and Marika Vicziany. *The Untouchables: Subordination, Poverty and the State in Modern India.* Cambridge: Cambridge University Press, 1998.

Misra, B.B. *The Central Administration of the East India Company, 1773-1834.* Manchester: Manchester University Press, 1959.

Moffatt, Michael. *An Untouchable Community in South India: Structure and Consensus.* Princeton, N.J.: Princeton University Press, 1979.

Moon, Vasant, ed. *Dr. Babasaheb Ambedkar: Writings and Speeches.* Vols. 1, 2, 7, 8 and 9, Bombay: Education Dept., Govt. of Maharashtra, 1979-91.

Moore, R. J. *Escape from Empire: The Attlee Government and the Indian Problem.* Oxford: Oxford University Press, 1983.

Moore, R.J. *The Crisis of Indian Unity, 1917-1940.* Delhi: Oxford University Press, 1974.

Molund, Stefan. *First We Are People: The Koris of Kanpur between Caste and Class.* Stockholm: University of Stockholm, 1988.

Naqvi, Hameeda Khatoon. *Urban Centres and Industries in Upper India, 1556-1803,* New York: Asia Publishing House, 1968.

Narayan, Badri and A. R. Misra, eds. *Multiple Marginalities: An Anthology of Identified Dalit Writing.* Delhi: Manohar Publishers, 2004.

Nehru, Jawaharlal. *An Autobiography.* London: John Lane, 1936.

Niehoff, Arthur. *Factory Workers in India.* Milwaukee: Milwaukee Public Museum, 1959.

Nigam, Sanjay. "Disciplining and Policing the 'Criminals by Birth': The Making of a Colonial Stereotype; The Criminal Tribes and Castes of North India." Parts 1 and 2. *Indian Economic and Social History Review* 27. No. 2 (1990): 131-64; 3 (1990): 257-87.

O'Hanlon, Rosalind. *Caste, Conflict and Ideology: Mahatama Jotirao Phule and Low Caste Protest in Nineteenth-Century Western India.* Cambridge: Cambridge University Press, 1985.

——"Maratha History as Polemic: Low Caste Ideology and Political Debate in Late Nineteenth Century Western India." *Modern Asian Studies* 17. No. 1 (1986): 1-33.

Omvedt, Gail. *Cultural Revolt in a Colonial Society: The Non-Brahman Movement in Western India, 1873 to 1930.* Bombay: Scientific Socialist Education Trust, 1973.

——*Dalits and the Democratic Revolution: Dr. Ambedkar and the Dalit Movement in Colonial India.* Delhi: Sage, 1994.

Orsini, Francesca. *The Hindi Public Sphere, 1920-1940. Language and Literature in the Age of Nationalism.* Delhi: Oxford University Press, 2002.

Pai, Sudha. *Dalit Assertion and the Unfinished Democratic Revolution: The Bahujan Samaj Party in Uttar Pradesh.* Delhi: Sage, 2002.

Pandey, Gyanendra. *The Ascendancy of the Congress in Uttar Pradesh, 1926-34: A Study in Imperfect Mobilization.* Delhi: Oxford University Press, 1978.

——*The Construction of Communalism in Colonial North India.* Delhi: Oxford University Press, 1990.

——"Peasant Revolt and Indian Nationalism: The Peasant Movement in Awadh, 1919-1921." In *Subaltern Studies,* vol. 1, ed. Ranajit Guha, 143-97 Delhi: Oxford University Press, 1982.

Pinch, William R. *Peasants and Monks in British India.* Delhi: Oxford University Press, 1996.

Playne, Somerset. *The Bombay Presidency, the United Provinces, the Punjab, Etc: Their History, People, Commerce, and Natural Resources.* London: The Foreign and Colonial Compiling and Pub. Co., 1920.

Prakash, Gyan. "Reproducing Inequality: Spirit Cults and Labour Relations in Colonial Eastern India." *Modern Asian Studies,* 20, No. 2 (1986): 209-30.

Prasad, Chandra Bhan. *Dalit Didi 1999-2003*: *Reflections on Apartheid in India.* Pondicherry: Navayana, 2004.

Prashad, Vijay. "Untouchable Freedom: A Critique of the Bourgeois-Landlord Indian State." In *Subaltern Studies,* vol. 10, ed. Gautam Bhadra, Gyan Prakash, and Susie Tharu, 170-200. Delhi: Oxford University Press, 1999.

——*Untouchable Freedom: A Social History of Dalit Community.* Delhi: Oxford University Press, 2000.

Prinsep, George A. *Remarks on the External Commerce and Exchanges of Bengal, with Appendix of Accounts and Estimates.* London: Kingsbury, Parbury and Allen,1823.

Pyarelal. *The Epic Fast.* Ahmadabad: Mohanlal Maganlal Bhatt, 1932.

Rai, Lajpat. *The Arya Samaj: An Account of Its Origin, Doctrines and Activities, with a Biographical Sketch of the Founder.* New York: Longmans, Green, 1915.

Raikes, Charles. *Notes on the North-Western Provinces of India.* London: W.H. Allen, 1852.

Rawat, Ramnarayan S. "Making Claims for Power: A New Agenda in Dalit Politics of Uttar Pradesh, 1946-48." *Modern Asian Studies* 37, No. 3 (2003): 585-612.

——"Partition Politics and *Achhut* Identity: A Study of Scheduled Castes

Federation and Dalit Politics in U.P. 1946-1948" In *The Partitions of Memory: The Afterlife of the Division of India,* ed. Suvir Kaul, pp. 111-39. Delhi: Permanent Black, 2001.

Raychaudhuri, Tapan, and Irfan Habib, eds. *The Cambridge Economic History of India,* volume 1, c. 1200-1750. Cambridge: Cambridge University Press, 1982.

Reeves, P.D., B.D. Graham, and J. M. Goodman, eds. *A Handbook to Elections in Uttar Pradesh, 1920-1991.* Delhi: Manohar Book Service, 1975.

Republican Party of India. *Chartes of Demands.* Delhi, 1964

Roy, Tirthankar. *Traditional Industry in the Economy of Colonial India.* Cambridge: Cambridge University Press, 1999.

Saksena, Girwar Sahai. "An Agricultural Survey of Bakhshi-ka-Talab, District Lucknow." In *fields and Farmers in Oudh,* ed. Madras RadhaKamal Mukerjee, pp. 133-227. Madras: Longmans, 1929.

Sarkar, Sumit. *Modern India,1885-1947.* Delhi: Macmillan, 1983.

Sharan, Awadhendra. "Culture and Dignity: The Question of Untouchability in Colonial Bihar (1830s to 1950s)." Ph.D. diss., University of Chicago, 1998.

Sharma, Nalin Vilochan *Jagjivan Ram: A Biography. Patna:* Sanjivan Press, n.d. [1953].

Sharma, S.K. *The Chamar Artisans: Industrialisation; Skills and Social Mobility.* Delhi: B.R. Publishers, 1986.

Siddiqi, Asiya. *Agrarion Change in a Northern Indian State: Uttar Pradesh, 1819-1833.* Oxford: Oxford University Press, 1973.

Siddiqi, Majid H. *Agrarian Unrest in Northern India: The United Provinces, 1918-1922.* Delhi: Vikas Publishers, 1978.

Singh, K. Suresh. *The Scheduled Castes.* National Series 2: People of India. Delhi: Oxford University Press, 1993.

Singh, Mohinder. *The Depressed Classes: Their Economic and Social Condition.* Bombay: Hind Kitabs, Ltd., 1947.

Singha, Radhika. *A Despotism of Law: Crime and justice in Early Colonial India.* Delhi: Oxford University Press, 1998.

Sleeman, W.A. *A Journey through the Kingdom of Oudh in 1849-1850.* 2 vols. London: Richard Bentley, 1858.

——*Rambles and Recollections of an Indian Official.* London: Oxford University Press, 1915.

Smith, Richard S. *Rule by Rccords: Land Registration* and *Village Custom in Early British Panjab.* Delhi: Oxford University Press, 1996.

Srinivas, M.N. *Caste in Modern India and Other Essays.* Bombay: Asia Publishing House, 1962.

Srivastava, Gopinath. *When Congress Ruled: A Close-Range Survey of the Congress Administration during the Twenty Eight Month (1937-39) in the United Provinces.* Lucknow: Upper India Pub. House, n.d. [1940s].

Stokes, Eric. *The Peasant and the Raj: Studies in Agrarian Society and Peasant Rebellion in Colonial India.* Cambridge: Cambridge University Press, 1978.

Tennant, William. *Indian Recreations: Consisting Chiefly of Strictures on the Domestic and Rural Economy of the Mahomedans and Hindoos.* 2 vols. London: Longman, Hurst, Rees, and Orme, 1804.

Thapar, Romila. 'Genealogical Patterns as Perceptions of the Past." In *Cultural Pasts: Essays in Early Indian History,* pp. 709-53. Delhi: Oxford University Press, 2000.

——"Society and Historical Consciousness: The *Itihasa-purana* Tradition." In *Cultural Pasts: Essays in Early Indian History,* pp. 123-54. Delhi: Oxford University Press, 2000.

Thursby, G.R. *Hindu-Muslim Relations in British India: A study of Controversy, Conflict, and Communal Movements in Northern India, 1923-1928.* Leiden: Brill, 1975.

Tozier, H.J. *British India and Its Trade.* London: Harper, 1902.

Trevelyan, Charles E. *Report upon the Inland Customs and Town Duties of the Bengal Presidency.* ed. Tarasankar Banerjee. Calcutta: Academic Publishers, 1976 [1835).

Whalley, Paul. *Handboak of the Elements of Place Names in the North-Western Provinces of India.* London, 1899.

Whitcombe, Elizabeth. *Agrarian Conditions in Northern India: The United Provinces under British Rule.* Berkeley: University of California Press, 1972.

Wiser, William, and Charlotte Wiser. *Behind Mud Walls* New York: R.R. Smith, 1930.

Wright, H.R.C. *East-Indian Economic Problems of the Age of Cornwallis and Raffles.* London: Luzac, 1961.

Yalland, Zoe. *Boxwallahs: The British in Cawnpore, 1857-1901.* Wilby: M. Russell, 1994.

——*Traders and Nabobs: The British in Cawnpore, 1765-1857.* Salisbury: M. Russell, 1987.

Yang, Anand A. ed. *Crime and Criminality in British India.* Tucson: University of Arizona Press, 1985.

——"Dangerous Castes and Tribes: The Criminal Tribes Act and the Magahiya Doms of North-east India." In *Crime and Criminality in British India.* ed. Anand A. Yang, pp. 108-27. Tucson: University of Arizona Press, 1985.

Zelliot, Eleanor. "Congress and the Untouchables, 1917-1950." In *Congress and Indian Nationalism: The Pre-Independence Phase.* ed. Richard Sisson and Stanley Wolpert, pp. 182-97. Delhi: Oxford University Press, 1988.

——"Dr. Ambedkar and the Mahar Movement." Ph.D. diss., University of Pennsylvania, 1969.

साक्षात्कार

बामसेफ (बैकवर्ड एंड मायनोरिटीज़ सेंट्रल गवर्नमेंट एम्प्लॉयज़ फ़ेडरेशन) दलित विमर्श समूह, 20 दिसम्बर, 2000—22 जनवरी, 2001

एस.आर. दारापुरी, दलित लेखक और सामाजिक कार्यकर्ता, पूर्व पुलिस अधिकारी, लखनऊ और कानपुर, मार्च-अप्रैल, 2000

एच.एल. दुसाध, दलित हिन्दी लेखक और कार्यकर्ता, दिल्ली, अगस्त-सितम्बर, 1998; फ़रवरी, जुलाई, सितम्बर और अक्टूबर, 1999; जून, सितम्बर और नवम्बर, 2000; मार्च, 2001

हीरालाल जाटव, दलित, पूर्व सरकारी अधिकारी और कार्यकर्ता, आगरा, सितम्बर, 2002

पुत्तूलाल जाटव, दलित, पूर्व ज़िला न्यायाधीश और कार्यकर्ता, आगरा, सितम्बर, 2002

चन्द्रभान प्रसाद, दलित स्तम्भकार, लेखक और कार्यकर्ता, दिल्ली और लखनऊ, अगस्त-सितम्बर, 1998; फ़रवरी, जुलाई, सितम्बर और अक्टूबर, 1999; जून, सितम्बर और नवम्बर, 2000; मार्च, 2001

गामा राम, दलित सामाजिक कार्यकर्ता और लेखक, पूर्व पुलिस निरीक्षक, लखनऊ, मार्च, 2000

डॉ. छेदीलाल साथी, अधिवक्ता, राजनीतिज्ञ और सामाजिक कार्यकर्ता, लखनऊ, मार्च-अप्रैल, 2000

दयाशंकर, दलित, पूर्व सरकारी अधिकारी, वकील और कार्यकर्ता, सितम्बर, 2002

श्यौराज सिंह 'बेचैन', दलित हिन्दी साहित्यकार, प्रोफ़ेसर और कार्यकर्ता, दिल्ली, दिसम्बर, 1998; सितम्बर-अक्टूबर, 1999

अनुक्रमणिका